국가大개조

국부론

국가大개조 국부론

초판 1쇄 발행 2018년 12월 1일

지 은 이	최익용
발 행 인	권선복
편 집	권보송
디 자 인	서보미
전 자 책	서보미
발 행 처	도서출판 행복에너지
출판등록	제315-2013-000001호
주 소	(07679) 서울특별시 강서구 화곡로 232
전 화	0505-613-6133
팩 스	0303-0799-1560
홈페이지	www.happybook.or.kr
이 메 일	ksbdata@daum.net

값 35,000원
ISBN 979-11-5602-664-8 93300

Copyright ⓒ 최익용, 2018

도서출판 행복에너지는 독자 여러분의 아이디어와 원고 투고를 기다립니다. 책으로 만들기를 원하는 콘텐츠가 있으신 분은 이메일이나 홈페이지를 통해 간단한 기획서와 기획의도, 연락처 등을 보내주십시오. 행복에너지의 문은 언제나 활짝 열려 있습니다.

한반도 대번영,
그 미래를 위한 선진화혁명

최익용 지음

국가 大 개조

국부론

도서
출판 행복에너지

내 조국 5천 년 역사는 국난이 연속된 역사이면서도 세계사적으로 자랑스럽고 위대한 역사를 쌓았다고 자부합니다. 이러한 유구한 역사와 전통에 빛나는 조국을 영원히 지키고 발전시키는 일은 선조에 대한 예의이며 후손을 위해서도 우리세대가 반드시 해야 할 소명이라고 여깁니다.

　그래서 필자는 '국가 대 개조 - 국부론'의 '21세기 대한국인 선진화 혁명'이라는 제하의 저술을 통해 위기의 역사고리를 끊고 초일류 통일선진강국으로 가는 길과 역사정신을 반드시 후손에게 전해야겠다는 사명감을 갖고자 했습니다. 오직 조국을 생각하며 때로는 늦은 밤까지, 때로는 동트는 새벽까지 사색, 고뇌하며 영혼靈魂이 녹여진 글을 쓰고자 했습니다.
　『국가 대 개조 - 국부론』을 쓰면서 우리 민족은 역사적으로 국력이 약해 상처 받는 경우가 많았다는 자괴감을 지울 수 없었습니다. 더욱이 최근 한반도 비핵화를 둘러싼 강대국들과의 외교, 도무지 돌파구가 보이지 않는 경제침체, 노블레스 오블리주 실종 등으로 인해 국민들은 여전히 힘든 삶을 보내고 있습니다. 해결해야 할 문제가 너무도 많지만, 이념을 둘러싸고 국론이 분열되어있는 상황입니다.

대한민국이 위기를 극복하고 초일류선진국으로 도약하기 위해서는 특정 분야에 국한된 개혁과 혁신이 아니라 나라 전체의 패러다임을 바꾸는 근본적이면서도 구체적인 혁명이 필요하다고 생각합니다. 필자는 이러한 혁명을 '국가 대 개조-국부론'의 '21세기 대한국인 선진화 혁명'으로 표현하고자 합니다. 정신혁명, 교육혁명, 경제혁명이 융합된 선진화 혁명을 통해 대한민국이 변화하길 꿈꾸며 감히 이 책을 출간케 되었습니다.

아무쪼록 제가 쓴 책이 우리 국민들의 정신, 교육, 경제 도약에 도움이 되어, 우리 조국 대한민국의 부국강병, 초일류 통일선진강국으로의 도약이 하루 빨리 이루어지길 간절히 염원합니다.

항상 저를 성원해주신 모든 분들께 깊이 감사드립니다.

2018년 가을

항산恒山 최익용

'대한민국을 가장 사랑한 지성인(知性人)'
위기의 대한민국이 초일류 선진통일강국으로
가는 길을 제시하다

위대한 대한민국 국민은 수많은 고난의 역사를 극복하면서 20세기 한강의 기적을 이루었다. 미국 하버드대학교 국제정치학회에서는 금세기는 2가지 기적이 있었다고 결론지었다. 이는 2000년 만에 잃은 나라를 복원한 이스라엘의 독립이었고, 또 다른 하나는 자원이라고는 사람밖에 없는 동아시아의 끝에 위치한 가난한 대한민국의 경제발전이었다.

미국의 전 국무장관 슐츠George Shults는 서울평화상 수상연설(1992년)에서 2차 대전 이후 탄생했거나 식민지로 있다가 독립한 85개 국가 가운데, '안보의 기적'을 이룩한 데 이어 '경제발전의 기적', '민주화의 기적'까지를 이룩한 나라는 대한민국만이 유일하다고 언급하였다. 또한 『중국의 부상浮上 The Rise of China』의 저자 윌리엄 오버홀트William H. Oberholt는 그 저술에서 덩샤오핑이 대한민국의 발전전략을 그대로 모방하였다고 평가했다.

이처럼 지난 대한민국 70여 년의 역사는 세계가 참으로 놀라는 기적의 역사로 국민적 긍지와 자부심을 가져야 하는데도 불구하고, 소수이지만 '실패한 역사'라고 스스로 비하하거나 사대주의 행태를 보이는 것은 자학사관의 산물이라고 아니할 수 없다. 더욱이 우리의 일부 지도자와 지식인들이 북한이나 주변국가에 대해 경이로운 시선으로 바라보면서, 정작 내 조국에 대한 나라사랑 정신이 결여되어 "분열과 대립의 진영싸움을 조장하여 위기를 가중시키고 있다."는 국민적 분노와 의구심이 커지고 있다.

금번에 출간된 『국가 대 개조 - 국부론』은 우리의 정치, 경제, 사회, 역사, 문화 등 모든 분야를 융합하고 미래방향을 명쾌하게 제시하여 초일류 통일강국으로 나갈 수 있는 비전과 꿈을 종합적으로 분석하였다. 특히 5천 년 역사인식에서부터 국가안보의 바른 이해는 물론 정치, 경제, 사회, 문화 등 각 분야를 망라하여 국가와 국민이 갈 길을 진솔하게 제시했다.

더욱이 구체적 해법으로 21세기 대한국인 선진화 혁명, 정신·교육·경제혁명의 삼위일체 해법, 1억 코리아 관광대국 건설의 당위성 등 수많은 아이디어는 국책연구소의 국가개발연구프로젝트라 할 만하다.

저자는 평생 주경야독의 '외길철학'을 이 저서에 담았다. 그의 애국심과 참 군인정신 없이 이 한 권의 책자는 잉태될 수 없었을 것이다. 이를 입증하듯 박정희 대통령 훈장(대위), 노무현 대통령 훈장(대령), 총리·장관 등 30여 개의 훈·표창을 받았다. 그렇게 그는 일생을 관통하는 일념과 혼魂으로 이 저서를 역사에 바치고 있다.

　내가 어떻게 살아가야 할 것인가를 고민하는 데나 급급한 이 시대에, 자신은 물론 대한민국을 위해 어떻게 살 것인가를 생각하게 하는 책이라고 생각된다. "내가 이야기할 때는 그냥 이야기다, 하지만 글로 쓰면 영원한 진실이다."고 말했다. 이 책이 진실로 승화되어 대한민국 르네상스 시대가 도래하는데 적극 기여하길 기원한다. 조국의 현재와 미래를 걱정하는 모든 독자께 이 책의 일독을 권유한다.

2018년 가을

전 경희대 총장 / 현) 세계태권도 연맹 총재 조정원

전 행정자치부 1급 홍춘의

저자인 최익용 박사는 평소 35여 년의 군 생활 및 15여 년의 겸임 교수와 강의로 활동한 경험을 토대로 대한민국의 운명과 역사에 대해 많이 연구를 하면서 자부심을 갖고 살아왔다.

이번의 『국가 대 개조 - 국부론』은 5천 년 역사가 위기의 역사라는 문제를 고민하는 데서 시작되어 오늘의 대한민국을 진단하고 있다. 급변하는 국제정세와 한반도 정세와 핵 문제, 침체를 면치 못하는 우리 경제, 특히 우리 사회 속에 내재하고 있는 고질적인 국민 분열과 대립의 문제 해법을 찾으려고 노력했다. 또한 '21세기 대한국인 선진화 혁명'은 정치·경제·사회는 물론 문·사·철의 인문학을 종합적으로 융합한 학문을 통해 조국의 문제를 고뇌하고 사색한 끝에 나온 영혼의 절규라 할 것이다.

이 책에서 '대한민국의 번영이 언제까지 지속될 수 있을까? 한국에 필요한 부국강병은 무엇이며 이를 어떻게 개발할 수 있는가? 우리가 경험했던 지속적이고 다양한 위기들은 어떤 특징과 문제를 가지고 있는가? 국민이 가난하고 불행한데 지도자들은 역량을 제대로 발휘하고 있는가?' 등의 수많은 저자의 고민이 절실히 느껴진다. 그 고민 끝에 나라사랑, 역사 사랑의 마음에서 『국가 대 개조 - 국부론』을 출간하게 되었을 것이다.

"구슬이 서 말이라도 꿰어야 보배"라는 속담이 있다. 필자는 대한민국 5천 년 역사가 유구하며 아무리 보배가 많다 한들 꿰지 않아 가난한 나라, 위기의 나라가 지속되면 소용이 없다고 늘 생각해 왔다. 그래서 '콘셉트에 의한 사고conceptiual thinking'로 국가 대 개조와 국부론이라는 각각의 개념에서 '21세기형 대한국인 선진화 혁명'의 '국가 대 개조 - 국부론'이라는 종합적 개념을 만들어냈다.

저자는 조국의 5천 년 역사 속에서 진정한 한국혼魂을 찾고 민족 DNA를 찾아 우리의 5천 년 역사 속에 내재된 한민족의 자랑스러운 영혼과 DNA를 통해 대한국인의 위대한 능력을 결집시키려고 노력했다. 이를 통해 대한민국이 자강→부국강병→선진국→초일류 통일 선진강국은 물론 팍스코리아Pax-korea의 대한민국 르네상스 시대를 열 수 있다고 확신하고 있다.

이 책은 한마디로 '대한민국 - 국부론'의 구현이자 그것을 희구하는 한 학자의 선언이며 염원이다. 탄탄한 시대정신을 바탕으로 이 혼탁한 세상을 향해 섬광처럼 날리는 일갈, 한 뼘의 성역조차 허용치 않는 준열함으로 우리의 환부를 신랄하게 파헤치는 저자의 목소리에는 처절한 외침, 애국의 절규, 국민 통합의 당위성이 절절히 배어있다.

저자는 동서고금을 관통하는 해박함으로 '국가 대 개조 - 국부론' 이 이 시대를 이끄는 아이콘임을 설득력 있게 우리를 설복, 각인시키는 데 성공했다. 그의 주장은 강렬하면서도 따뜻하다. 휴머니즘과 합리를 내재율內在律로 삼고 있기 때문이다.

이 책에서 말하는 '국가 대 개조 - 국부론'의 '21세기 대한국인 선진화 혁명'은 행복한 국가, 행복한 국민, 강한 나라를 만들기 위한 희망과 간절한 염원이 올곧게 담겨 있어 우리의 마음을 압도한다. 이는 저자의 향기로운 고집과 미더운 외곬이 아리따운 까닭이다. 또한 저자의 국부론이 'Made in Korea'이기에 자긍심으로 머리를 꼿꼿하게 들 수 있는 것이다.

저자가 염원하는 '국가 대 개조 - 국부론'의 부국강병한 대한민국이 도래하길 감수자로서 진심으로 기원한다. 이 책이 내우외환의 위기에 처한 대한민국에 새 희망의 단초가 되어 초일류 통일선진강국 건설의 길로 나가는 이정표가 되기를 바란다. 대한민국이 초일류 통일선진강국으로 나아가는데 함께 하고자 하는 모든 분들은 이 책을 꼭 사랑해 주실 것이라 믿으면서 감수의 글을 갈음한다.

2018년 가을
세종대학교 전 총장 이중화
전 한국교원대학교 제1대학장 신헌재
전 여주대학 교수 배종희

7부 | 서울, 1억 코리아 관광대국 건설

9부 | 북한관광의 꿈과 한반도 통일을 향해

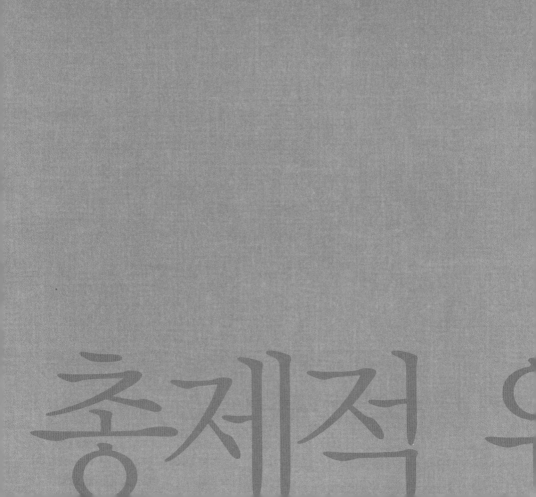
총제적 으

1부

총체적
위기 진단

제1장

국내외 위기 진단

1

국내적 위기 현상

5천 년 역사가 위기의 연속

'국가 대 개조 - 국부론'의 화두話頭는 '정신 차리자'이다.

대한민국의 미래는? 대한민국의 운명은? 나는, 우리는, 우리 국민은 어디로 가는가? 최근 혼돈으로 끌고 들어가려는 무리가 많아지고, 자유주의적 질서는 어지럽혀지고 있다. 국민들은 집단 이기주의에 빠져드는 가운데, 대한민국의 입지는 점점 어려워 지고 있다.

인류의 역사는 냉철하게 볼 때 힘이 지배하는 사회로서 영원한 우방도 적도 없으며 오직 국익만 있다. 최근 국제사회는 정글의 법칙이 더욱 노골화 되고 있다. 인류는 1·2차 세계대전을 경험한 후 UN을 비롯하여 유네스코, IMF 등을 통해 세계의 모든 나라가 국가 간의 관계를 제도, 규칙화 해놓았다. 그리고 이를 기반으로 국가관계를 형성하여 인류평화와 번영을 도모해 왔다. 그러나 요즘 미국 등 강대국들의 이기주의적 국익우선주의로 보호무역 강화, 패권주의 등이 기승을 부려 국제질서를 어지럽히고 있다.

역사적으로 패권국가들의 행태를 살펴볼 때, 철저한 자국 중심의 논리로 끊임없이 영토를 확장하여 패권국가를 이루고, 약소국들은 그 먹잇감이 되어왔다. 힘없는 나라는 평화와 국가안전을 지킬 수 없다. 국가가 존재하는 이유는 영토, 주권, 국민의 3대요소를 수호하여 국민의 생명과 재산을 지키는 것이다. 즉, 국태민안의 나라를 만들어 국민행복을 이루는 것이다.

영국의 정치철학자 홉스(1588~1679)는 『사회계약론』에서 "국가는 구성원들 사이의 계약을 통해 성립되며, 이 계약의 핵심은 각 개인이 무제한적 권리를 내려놓고 국가에 자신의 권리를 위임하는 것이다."라고 국가의 본질에 대해 말한다. 역사적으로 망한 나라의 국민들은 비참하다 못해 절규하다 대부분 죽어갔다. 최근 예멘, 시리아 내전으로 인한 유럽의 난민홍수는 국제정세를 불안하게 만들었다. 민생, 경제, 안보가 결여된 정의는 공허하다. 국가는 정치적 동물인 인간의 근본터전으로, 안전한 국가가 국민행복의 요람이다. 결국 국가다운 국가는 민생, 경제, 안보가 보장된 튼튼한 나라이다.

어느 국가를 막론하고 기회와 시련은 반복적으로 오고 간다. 그러나 우리나라는 유독 위기의 역사가 장기간 지속되어 한恨 많은 나라의 역사를 가지고 있다.

대한민국 5천 년 역사는 수많은 위기의 역사이다. 산술적으로 1.5년여마다(국난 932회, 내전 3천 여회) 가난과 고난의 삶을 이어왔다. 그 예로 삼국시대 전쟁 횟수는 460회에 이르는데 그중 내전을 275회(60%) 겪는 시대였다(삼국시대의 첩보전, 김영수). 6·25전쟁 후에도 지난 65년간 북한의 도발(3094회, 국방백서)이 자행되어 위기의 역사는 지속되었다. 이러한 역사를 살펴볼 때 우리 선조들이 반만년 역사를 보존한 것이 경이롭다. 우리 역사의 각론은 힘들었지만 총론은 위대하다고 볼 수 있다. 고난과 역경의 역사 속에서 꿋꿋이 살아남은 선조들의 자취가 남아 전통에 빛나는 5천 년의 역사를 이룬 것이다. 선조들이 모두 그 시대를 한탄하고 절망했다면 우리 나라는 오래 전에 소멸되었을 것이고 민족 역사와 문화는 아무 흔적도 남지 않았을 것이다.

그러나 우리 역사에서 왕들과 현대사의 대통령중 일부는 제 역할을 다하지 못하였다. 그 결과 국민들은 "이게 나라냐(국지불국: 國之不國)"라고 절규하는 불행의 역사가 반복되었는바, 주요 사례는 다음과 같다.

● 고구려는 쿠데타로 권력을 장악한 연개소문(665년)이 생生을 마감하면서 후계자인 삼형제에게 "너희는 물과 물고기처럼 화목하게 지내라. 벼슬을 두고 다투지 마라."라는 유언을 남겼다. 그러나 두형제는 치열한 권력다툼 끝에 장남 연남생이 당에 투항하고 차남 남건이 연개소문의 뒤를 이어 권력을 장악했으나, 형 연남생을 앞세운 당나라 군대에 어이없이 무너졌다. 더욱이 보장왕의 최측근 신하 승려 신성은 당나라 간첩으로 평양성 문을 열어줄 정도로 기강이 무너져 백성의 원성이 높았다고 전해지고 있다.

● 신라 진성여왕시대에는 부정부패와 황음荒淫으로 전국 곳곳에 민란이 극에 달해 백성들은 굶주림에 죽어갔다. 결국 신라는 후삼국으로 분열되고 내전이 격화되어 "이게 나라냐" 라는 백성의 울부짖음 속에 경

순왕은 나라를 고려에 헌납하였다.

● 백제 의자왕은 초기에는 해동성자로 불릴 만큼 훌륭한 왕이었으나, 점차 무녀 금화와 손자삼요損者三樂의 방탕放蕩과 황음에 빠졌다. 나라는 망하고, 왕은 당나라에 끌려가 비참하게 생을 마감하였다.

● 고려 말, 이인임(시중)의 국정농단을 위시하여 권문세족의 부정부패와 권력횡포가 극에 달했다. 백성은 농토를 빼앗겨 "이게 나라냐"라는 절규의 소리가 극에 달했다. 결국 이성계의 역성혁명이 일어나는 원인이 되었다.

● 조선 말, 군사력이 5,000여 명에 불과할 정도로 안보상태가 허술한데다 군사들에게 줄 월급이 모자라 쌀에 모래를 섞어서 지급하다 임오군란이 발생하여 청나라 개입의 빌미가 되었다. 거기에다 고종, 명성황후, 대원군의 권력투쟁과 사대부의 부정부패가 극에 달해 일본과 전쟁 한번 못 해보고 강제합병 당하는 비운을 맞이했다.

● 1945년 8.15해방 후에도 격렬한 좌우 이념투쟁과 6·25전쟁의 혼란으로 1인당 GDP 60불 수준의 가난한 백성은 초근목피로 연명하며 "이게 나라냐"라고 울부짖었다.

● 21세기에도 '이게 나라냐'라는 현상이 지속되어 2016년 촛불집회로 이어져 박근혜 대통령은 최초의 탄핵된 대통령이 되었다.

문재인 정부는 국가개조를 통해 '나라다운 나라' 건설을 적극 추진하고 있다. '나라다운 나라'가 되려면 사회구성원들이 국가를 신뢰하고 풍요롭게 살 수 있도록 근본적으로 위기가 없는 나라가 되어야 한다. 즉, 정치와 경제가 잘 이루어져서 국민들이 행복하도록 하는 것이다. 우리 지도층은 "이게 나라냐"라는 소리가 다시는 들리지 않게 국태민안의 나라로 국가를 대 개조하여 국민행복을 이루어야 한다. 이제 다시는 5천 년 위기의 역사가 악순환되지 않도록 모든 지도자와 국민이 하나가 되어 지혜롭게 나아가야 할 것이다. 대한국인大韓國人 모두의 국민의지와 결기가 필요한 시대이다.

표류하고 있는 한국호(號)

작금의 대한민국 상황은 절체절명의 위기에 직면해 있다. 20세기 독립국가 중 그 어떤 나라도 성취하지 못한 경제 발전과 민주주의 발전이라는 광채 아래 숨겨져 있던 어두운 그늘이 일시에 단면을 드러내고 있다. 우리나라 지도자들은 세월호 사건을 제대로 수습하지 못하였고, 급기야 박근혜 - 최순실 국정농단으로 분열과 대립이 사회 곳곳에 분출하여 대한민국 가치에 대한 혼란과 훼손이 심화되었다.

최근 중국, 러시아가 미국 주도의 세계 질서에 도전하는 중심축으로 부상하면서 국제 정세는 한 치 앞을 내다볼 수 없는 상황인데도 불구하고 우리는 내부 진영 싸움에 혈안이 되어 있다. 더군다나, 2018년 북미 회담으로 격변의 한반도 시대가 펼쳐지고 있다. 그런데 우리 내부는 리더십 부재, 부정부패, 도덕성 해이, 인성 실종의 문제뿐만 아니라, 계층과 지역, 나이와 출신성분을 따지며 배척하는 사분오열의 상태가 지속되고 있다.

세계사적 대격변의 시대에 대한민국호號는 어디로 가고 있는가? 우리 지도자들은 사회 정의가 중요하다고 말하면서도 자신들은 인성, 도덕성, 리더십 등에 어긋나는 행태를 보여 현재 두 명의 전직 대통령이 동시에 영어囹圄의 몸이 된 채 국가의 격을 떨어뜨리고 있다. 국제사회에서는 힘이 곧 정의인데, 우리끼리 집안싸움에 매몰돼 미래에 대비하지 못하는 우를 범하는 건 아닌지 심히 걱정된다. 지도층이 좌파, 우파로 갈라져 지속적으로 분열·대립하여 국민들의 속앓이는 계속되어가고 있다.

세계 최고의 저출산율, 자살율, 낙태율, 존속살인율은 물론, 청년 실업, 세대·계층 갈등, 빈부격차, 가정과 공동체의 해체, 도덕성의 붕괴, 가계부채, 성장 지체, 기업 부실화, 페미니즘, 위안부 문제 등 현안 문제는 태산 같다. 지도층의 탕평, 협치, 연정 등 정치적 통합 논의는 분분했으나 해법은 기대하기 어려운 실정이다.

도덕적으로 무장하고 필사즉생必死卽生 정신으로 달려들어 해법을 강구하고, 대전략과 지혜로운 정책으로 최선을 다해야 할 시대 상황임에도 불구하고 내 권한만 강조하고 책임은 안 지려는 이기주의 풍토로 법 위에 '정서법'이 있고 그 위에 '떼법'이 있는 사회가 됐다. 이래서는 중국 등 주변 4강국에 치이고 특히 한·중·일 경쟁에서 낙오될 수밖에 없는 상황이다. 나라가 망하는데 네 편 내 편은 아무 소용이 없다. 우리 국민 모두가 정말 정신 차려야 할 때이다. 특히 국가 지도자들과 노블레스 그룹은 환골탈태해서 애국심으로 무장해야 할 때이다.

한반도 운명을 좌우하는 대전환의 시대를 맞이했는데도 불구하고 국가 지도자들은 당파와 파벌로 패를 지어 싸우고 허송세월함으로써 국민들은 허탈해하고 분노한다.

우리가 비록 세계 10위권의 경제대국이라고는 하지만 국론이 분열되고, 국가의 역동성이 시들어지면서 국가적 불행을 우려하고 있다. 근간 분열 및 집단 이기주의가 사회의 주류를 이루고 있는 가운데 국가 리더십은 점점 힘을 잃어가고 있는 상태이다. 각종 문제가 일어날 때마다 당국과 정치권은 책임 떠넘기기에 급급하고 정치공방에만 신경 쓴다. 이런 식으로 가면 필경 한반도 평화번영의 기회를 놓쳐 돌이킬 수 없는 위기 상황으로 전락할지도 모른다.

정치리더십이 표류하여 정부와 국회는 경제·민생의 걸림돌이 된 지 오래다. 일자리 정부를 자처하면서도 청년실업이 늘어나 원성이 쌓이고 있다. 우리나라는 역사적으로 망국적인 당파 싸움으로 성城 밖의 적이 쳐들어오기 전에 성城 안의 지도자들이 분열·대립하여 나라를 잃은 아픈 역사를 가지고 있다.

조선 말기 실학자 박지원은 『열하일기』에서 조선 망국의 현상을 진단하고 대처 방법을 절절히 기록했으나 조선왕조는 이를 받아들이기는 커녕 금서로 지정했다. 박지원은 『열하일기』에 청나라면 어떤가, 누구에게든 배우고 또 배우자고 절규했지만 정조마저 『열하일기』 문체文體를 비판하고 속죄를 요구하는 실정이었다. 결국 『열하일기』는 필사본으로 돌고 돌다 1901년이 되어서야 출판되었으나, 이미 망국의 길에 들어서 때를 놓친 이후였다. 조선 지배층은 성리학 이념에 얽매이고 국제정세에 어두운 편벽함으로 외환의 위기에 대응하기보다는 당파싸움으로 허송세월한 아픔을 가지고 있다.

그런데 최근 듣기조차 민망한 '헬조선(지옥 사회)'이라는 신조어가 유행하고 있음에도 불구하고 우리의 당쟁은 조선말기보다 더 심화되고 있다. '헬조선'의 자기 비하감과 신세 한탄을 하는 젊은이들이 확산되는 조짐을 보여, 계속 악화되면 국가적 문제로까지 이어질 수 있다.

우리나라 청년들은 세계적으로 무한한 잠재력을 가지고 있는 나라의 보배로서, 실업문제로 우리 청년들이 주눅 들지 않게 해야 한다. 특히 정치인 등, 지도자들은 그들이 절망과 포기의 늪에서 빠져나올 수 있도록 도와주어야 한다. 이를 위해 효과적이고 실질적인 취업교육은 물론, 젊은이들의 인성과 정서문화를 이해하고 모든 지원을 강구해야 한다.

금수저를 물고 태어났다고 해서 행복하고, 흙수저를 갖고 태어났다고 해서 불행한 것은 결코 아니다. 근간 '흙수저 자성론'을 불피운 어느 대학생의 언론보도가 많은 사람들의 콧등을 시큰하게 만들었다.

"나는 흙수저라는 말이 싫다. 부모님이 그 단어를 알게 될까 봐 죄송하다. 나는 부모님에게 건강하게 자랄 수 있는 좋은 흙을 받았다. 그래서 감사하다. 가진 것은 쥐뿔도 없지만 덤벼라 세상아!"

이어령 이화여대 명예교수는 흙수저론에 대해 "자기의 몫을 찾아 자신의 목소리를 내는 것이 필요하다."라고 말하고, 도올 김용옥은 "젊은이들의 흙수저론은 말도 안 된다. 정치 참여 등 자신의 적극적인 행동이 요구된다."라고 강조한다.

흙수저가 자아실현을 통해 꿈수저, 금수저로 되는 길이 진실로 성공한 인생이다. 따지고 보면 예수도 공자도 가난하게 태어났으나(흙수저)

성현이 되었으며, 인간으로서 보낸 삶은 약자였으나 세계인이 믿는 기독교와 유교의 시조가 되었다. 윌리엄 셰익스피어(1564~1616)도 1564년 장갑 공장주의 아들로 태어나 초등학교(문법학교)에 다닌 것이 유일한 학력이었다. 그러나 토마스 칼라일이 "식민지 인도와 셰익스피어 가운데, 인도는 포기해도 셰익스피어는 포기할 수 없다"고 말하여 흙수저 출신임에도 세계적인 대문호가 된 셰익스피어의 위상을 확인하였다. 따지고 보면 우리나라의 건국 왕(고구려 주몽, 백제 온조, 신라 박혁거세, 고려 왕건)들과 전직 대통령 대부분이 흙수저 출신이었다. 백범 김구는 상민 출신의 콤플렉스를 극복하고 1944년 대한민국 임시정부 주석의 중책을 담당했다.

지금의 대한민국은 5천 년 역사 이래 가장 잘사는 시대이며, 한강의 기적을 이룬 세계가 동경하는 경제 10위권의 경제강국이다. '일체유심조一切唯心造'의 의미처럼 희망적, 긍정적, 진취적 사고방식으로 살아가는 것이 바른 인성과 바른 삶의 길이다. 부정적인 마음의 씨앗은 부정의 결과를 가져오고 긍정적인 마음의 씨앗은 좋은 결과를 가져온다는 것이 세상을 지혜롭게 살아온 사람들의 공통적인 생각이다. 흙수저, 금수저 생각보다는 '꿈수저'를 통해 자신의 꿈을 실현하는 세상이 더욱 아름답다 할 것이다.

경희대 임마누엘 페스트 라이쉬 교수는 자신의 저서 『한국인만 모르는 다른 대한민국』에서 한국인이 간과하고 있는 한국의 우수성에 대해 이야기한 바 있다. 한국은 이미 국제사회에서 남부럽지 않은 위상을 떨치게 되었으나, 스스로 자학적인 태도를 취하는 한국인들의 의식을 문제점으로 지적한다. 또한 한국의 진짜 심각한 문제는 바로 '국가 내부에 존재하는 갈등'이라고 지적한다.

근본적인 문제는 선진국을 마치 유토피아처럼 생각하는 한국인들의 인식이다. 자신들이 선진국의 반열에 있다는 현실을 직시하지 못한다. 그는 한국인들이 생각하는 것처럼 한국보다 대단한 높이에 위치한 '유토피아' 같은 선진국은 존재하지 않는다고 단언한다.

필자도 세계 여행을 통해 미국은 강대국이지 선진문화대국은 아니라는 인상을 받았다. 우리나라가 어떤 면에서는 미국보다 더 선진국처럼 잘살고 있다는 생각을 갖게 되었다. 한국이 '헬조선'이라고 자조하는 가장 큰 이유 중 하나는 '빈부격차'이다. 하지만 미국은 양극화 측면에서는 한국보다 훨씬 심각한데도 미국인들은 자신의 조국을 '헬아메리카'로 비난하진 않는다.

결국 한국인들이 '헬조선'이라는 자조에서 깨어나지 못할 경우, 개인과 국가발전의 기회를 스스로 포기하고 국제적인 신뢰를 잃게 됨은 물론, 대내적으로는 진짜 '헬조선'이라는 불편한 족쇄가 채워지는 결과를 초래할 수도 있다고 경고하고 싶다.

우리나라는 지금 청년실업, 소득 양극화 등으로 허덕이고 있다. 여기에다 경제 중추 연령대의 소득 위축마저 더해졌으니, 사상누각의 한국 경제 상황이다. 불과 얼마 전까지만 해도 "오 필승 코리아~"와 "대~한민국! 짝짝~짝짝짝"을 소리 높여 외치던 신명나는 흥의 문화마저도 실종되어 우리는 '죄수의 딜레마'라는 덫에 걸려 있다. 자기 지역, 자기 집단, 자기 세력의 이익만을 추구하다가 서로 뒤엉킨 채로 함께 벼랑으로 밀려가는 것이다. 문제의 해법이 뭔지는 뻔히 알고 있다. 그러나 서로를 믿지 못하고 네가 죽어야 내가 산다는 생각 때문에 노사문제 등 주요현안의 답을 풀지 못하고 있다.

우리의 국격이 세계적인 수준에 오를 때까지 우리는 국력을 다져야 할 때다. 지혜로운 대전략과 정책으로 세계의 강국들과 당당히 어깨를 겨루어 승리하고 선도국가가 되도록 해야 할 것이다.

정신, 교육, 물질(경제)문화 쇠퇴의 심각성

우리나라의 과거 역사는 홍익인간 정신과 동방예의지국의 나라로서 정신, 교육, 물질문화가 조화를 이루었었다. 그러나 조선말 강제합병, 6·25전쟁, 20세기 후반 산업화 혁명을 거쳐 오면서 매너 없는 나라, 공공성이 없는 나라, 떼법의 나라 등 부정적인 나라로 전락해 가고 있다. 최근의 한국 사회는 공공성의 가치를 상실한 채 표류하고 있다. 대한민국이 진정한 평화와 번영으로 나아가려면 정신, 교육, 물질문화가 조화를 이루고 성숙해야 한다.

일찍이 백범 김구 선생은 『백범일지』에서 높은 정신문화를 강조하면서 아름다운 나라가 되기를 항상 소원하였다.

"나는 우리나라가 세계에서 가장 아름다운 나라가 되기를 원한다. 가장 부강한 나라가 되기를 원하는 것은 아니다. 내가 남의 침략에 가슴이 아팠으니 내 나라가 남의 나라를 침략하는 것을 원치 아니한다. 우리의 부력富力은 우리의 생활을 풍족히 할 만하고 우리의 강력强力은 남의 침략을 막을 만하면 족하다. 오직 한없이 갖고 싶은 것은 높은 (정신)문화의 힘이다. 높은 (정신)문화의 힘은 우리 자신을 행복하게 하고 나아가서 남의 행복을 주기 때문이다. 인류가 현재에 불행한 근본 이유는 인의仁義가 부족하고 자비가 부족하고 사랑이 부족하기 때문이다. (중략) 홍익인간弘益人間이라는 우리 국조 단군의 이상이 이것이라고 믿는다."

김구 선생은 정신문화를 토대로 교육, 물질(경제)문화의 발전을 통한 행복한 선진국의 나라 건설을 꿈꾸었다. 그러나 현실은 정신문화가 추락하면서 교육, 물질문화가 쇠퇴하여 심각한 국가사회 문제로 악화되고 있다. 특히 우리나라는 전통 가치관이 잘 갖춰져 있는데도 불구하고 제대로 실현하지 못하고 있는 실정이다.

전통가치의 수직문화는 역사, 철학, 사상 등의 인문학과 고난의 체험으로 이루어져 쉽게 변하지 않는 문화로서 지혜를 이루는 기반이 된다. 반면 외면적 수평문화는 권력, 명예, 물질 등으로 이루어져 시대 상황 여건에 따라 자주 변하는 문화이다. 수직문화가 인생의 의미와 삶의 길을 찾는 심연深淵의 문화라면 수평 문화는 손자삼요(損者三樂: 교만한 것을 즐거워하고, 편안히 노는 것을 즐거워하며, 향락에 빠짐을 즐거워함)와 같이 본능적 쾌락과 재미를 추구하는 문화이다.

국가가 발전하려면 전통가치의 수직문화가 중심을 이루고 수평문화는 수직문화와 조화및 균형을 맞추어야 하는데 우리나라는 본말이 전도되어 사회가 혼란스러운 실정이다. 최근 수평문화가 수직문화를 압도하여 본능적 유희와 쾌락을 찾는 사회 분위기가 조성되고 물본주의物本主義 문화현상이 심화되어 사회문제로 대두되고 있다. 이로 인해 정신, 교육, 물질적 가치의 공동화 현상은 더욱 악화되고 있다. 이러한 공동화 현상은 다음 그림에서 볼 수 있듯이 여러 가지 문제를 야기하고 있다.

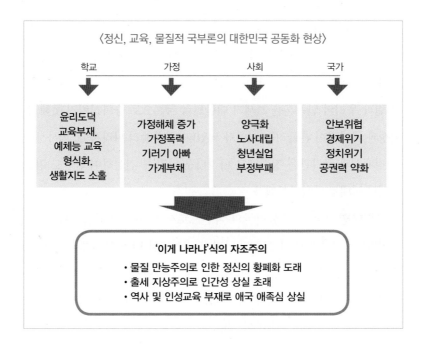

〈정신, 교육, 물질적 국부론의 대한민국 공동화 현상〉

학교	가정	사회	국가
윤리도덕 교육부재. 예체능 교육 형식화. 생활지도 소홀	가정해체 증가 가정폭력 기러기 아빠 가계부채	양극화 노사대립 청년실업 부정부패	안보위협 경제위기 정치위기 공권력 약화

'이게 나라냐'식의 자조주의
• 물질 만능주의로 인한 정신의 황폐화 도래
• 출세 지상주의로 인간성 상실 초래
• 역사 및 인성교육 부재로 애국 애족심 상실

5천 년의 긴 역사에서 지금과 같이 부정부패가 지능화된 전례가 없다. 대통령 측근, 총리, 정치가, 재력가, 관피아 등 노블레스 오블리주 실종 현상이 이토록 국가와 국민을 능멸한 적이 있었던가!

더욱이 정치가, 공직자 등 지도층의 패거리가 야합하여 생긴 조직적인 부정부패로써 민족혼을 더럽힌 죄업罪業은 정말 통탄스러운 일이다.

대한민국 공동화 상황에까지 이르게 된 것은 상당수 국민들이 인성, 도덕성, 리더십 실종 등으로 양심을 저버린 결과라 볼 수 있다. 우리의 위기 원인은 역사적인 문제와 적폐가 쌓여 도덕성, 인성이 실종됨에 있다. 우리 사회는 농경사회, 산업사회를 거쳐 현대의 정보화 사회에 이르기까지 산업화, 민주화 그리고 급속한 외래문물 유입 등 급격한 성장과 변화를 경험하였다. 더욱이 IMF를 거치면서 돈이 인간의 생명까지 좌우하자 물질만능주의에 물들어 국민인성이 더욱 훼손되었다. 동방예의지국의 전통에 대한 애정과 관심은 사라지고, 물본주의가 사회를 지배했다. 그 결과 우리의 민족혼을 21세기 대한민국 국혼으로 승화시키지 못해 정체성과 국가관이 흔들리는 시대가 되었다. 하루빨리 나라사랑, 역사사랑의 정체성과 국가관을 정립하고 '나라다운 나라'를 건설하여 한반도 평화번영의 시대로 나아가야겠다.

그렇다면 우리는 대한민국의 국민으로서 어떠한 결단을 내려야 할 것인가? 인성과 도덕이 실종된 나라가 되어 5천 년 역사의 한국혼을 표류토록 할 것인가? 아니면 동방예의지국의 자랑스러운 전통과 역사를 다시 살려 위기를 슬기롭게 극복하고, 초일류 통일선진강국으로의 발판을 만드는 당당한 국민이 될 것인가?

한 나라의 정신, 교육, 물질의 가치는 그 나라의 국민 정체성과 국가 정체성을 좌우한다. 대한민국 국민이 전통가치를 살리지 못한다면 외국의 전통가치에 지배를 받게 된다. 따라서 정신, 교육, 물질문화의 전통가치를 보존하고 살리는 것이 국가 융성 및 선진국으로 가는 지름길이다.

일찍이 우리의 인성과, 정情의 문화는 동방예의지국의 문화로서, 따뜻한 예의로 서로 보듬고 아껴주는 문화이다. 또한 우리에겐 홍익인간이란 민족혼이 있어 공동체 정신은 물론 나를 자제하고 희생하는 정신이 있다. 이제 그 정신적 씨앗을 함께 키울 수 있는 홍익인간의 이념과 민족혼을 살려 나가, 동방예의지국의 나라, 동방의 햇불로 다시 정신문화대국이 되도록 온 국민이 나서야 할 것이다.

2

국외적 위기 현상

5천 년 역사가 외침의 역사

지금 대한민국은 '내우외환'의 위기를 동시에 겪고 있다. 주변 4대 강국의 패권주의와 국수주의는 점점 지능화되어 위기와 도전이 반복되고 있다. 우리 국민은 자주국방능력과 의지를 키워 늘 대비해야 하는 운명이다. 지도자들은 육도삼략의 천시天時, 지리地理, 인화人和를 토대로 늘 전략을 연구하고 대처해야 한다.

최근 국제적으로는 주변 관계국과의 관계가 급속하게 재편돼 지금까지 지속됐던 기본 관계의 틀이 송두리째 흔들리고 있다. 대한민국은 과거에 머물려는 세력으로 인해 세계의 흐름에 대처하지 못하고, 체계적인 정책을 세우기 어려운 실정이다. 미국, 중국, 일본, 러시아에 둘러싸여 사면초가四面楚歌의 위기인데도 불구하고 대립, 분열이 심화되고 있다. 20세기 초 직면했던 위기가 백 년이 지난 오늘날 다시 재현되고 있는 현상이다.

조선시대에는 임진왜란 발발 20여 일 만에 한양이 점령되었다. 일본군이 서울로 진격하는 도중에 싸워서 빼앗은 성보다 빈 성에 들어간 경우가 더 많았다고 할 정도로 조선의 방비는 허술했다. 가장 먼저 나라를 위해 희생하고 결의를 다져야 하는 장군과 성주들이 도망을 가는 상황에서 왕(선조)마저 도성을 버리고 도망갔다.

심지어 40년 전의 임진왜란의 역사교훈을 망각하고, 1636년 병자호란 시 한양에 소동이 일어날까 봐 청군淸軍이 국경을 넘을 때 이를 알리는 봉화가 서울에 도달하지 못하게 했다. 청군이 침입하자 인조도 이틀 만에 남한산성으로 도망간 결과 47일 만에 삼배구고두三拜九叩頭의 치욕적인 항복으로 조선은 청군에 짓밟혔다.

6·25 전쟁 발발 전에도 신성모 국방부 장관은 "전쟁이 나면 점심은 평양에서, 저녁은 압록강에서 먹는다"라며 북진통일을 호언장담하였지만 막상 북한군이 서울에 진입하기도 전에 대통령 등 지도자들은 백성을 놔두고 먼저 도망갔다.

인류 역사는 전쟁의 역사로서 국방력이 뒷받침되지 않은 안보와 외교는 모래성에 불과하다. 군사력이 약한 나라는 국제사회에서 결코 국민을 보호할 수 없다. 우리 지도자들은 외교·안보 문제에 단합하지 못하고, 적폐積弊 등을 둘러싸고 이념적 분열과 대립이 지속되어 안보, 경제 위기에 제대로 대처하지 못하고 있다.

북한의 핵무장은 전직 대통령들의 전략 리더십과 혜안 부재로 인한 결과물이다. 노태우 대통령의 일방적인 비핵화로 전술핵무기는 철수되었고, 김영삼 대통령은 북이 핵폭탄을 제조하고 있는데도 무기수 간첩 이인모를 북송시켜 주고, 어느 동맹국도 민족보다 나을 수 없다는 대북

정책으로 핵무기 제조를 막지 못했다. 또한 김대중 대통령의 햇볕정책, 노무현 대통령의 포용정책은 북한의 핵무기 완성의 기회를 주어 사실상 실패한 정책이 되었다. 이와 대비되는 이명박, 박근혜 대통령의 대북 압박정책도 북한의 핵무장 완성을 저지하기는커녕, 핵무기 완성의 속도를 가중시키는 결과가 되었다. 역대 대통령의 선견지명의 전략과 지혜는커녕 후견지명도 없는 대북 핵정책으로 6자회담은 무용지물이 되었고 북한은 25년만에 핵무장을 완성했다.

2008년 글로벌 금융 위기 이후 침체를 겪던 세계경제가 거의 10년 만에 회복세로 돌아서고 있는데 우리나라만이 유독, 안보, 외교, 정치, 경제 위기를 동시에 맞이하고 있다. 최근 한국 경제학회는 정책 세미나에서 우리 경제가 처한 상황을 '절대 위기'라고 경고했다. 정치권과 정부가 지금이라도 정신 차리지 못하면 세계 경기가 회복돼도 그 대열에서 낙오하고 말 것이다.

2018년 3월 북·중정상회담에서 시진핑은 북한은 혈맹이라고 말하여 본색을 드러냈다. 북한과의 동맹이라는 이야기를 정상회담에서 서슴없이 언급하는 행태로 보아 중국의 저의가 실로 우려스럽다. 이제는 변화무쌍한 국제정치의 냉혹한 환경과 룰이 바뀌는 것을 분석하고 선제적으로 대응하여 국제정세 흐름을 제대로 인식하여 우리의 생존과 역할 확대, 미래를 도모해야 한다.

국가가 위태로우면 국민의 영혼마저 흔들려 비록, 살아 있으나 죽은 자와 같다. 국가를 지키는 일은 국민들의 생존을 위해 가장 귀중한 덕목이요, 책무이다.

한강의 기적을 이루고도 정신문화의 미성숙으로 지도자와 국민 모두
가 오만해지는 결과를 낳아 국가는 분열되고 대립과 투쟁으로 내우외
환의 대위기를 초래한 것이 아닌지 자성과 성찰을 해야 한다. 대내 위기
는 먹고 사는 문제이지만 대외 위기는 죽느냐 사느냐의 문제이다.

격랑의 파도에 휩싸인 한반도 위기

인류의 역사는 전쟁의 역사이다. 대대로 안보가 취약했던 국가는 전
쟁의 비극을 피할 길이 없었다. 과거 우리 조상들이 이어 온 삶을 살펴
보더라도 이 같은 사실을 확인할 수 있다. 안보정신이 강한 국가는 부흥
했으며 그렇지 못한 국가는 쇠퇴의 길을 면치 못했다. 이렇듯 안보는 국
가 운명을 좌우한다.

바다에서 가장 위험한 것이 태풍과 삼각, 사각파도이다. 3~4개 파도
가 동시에 일어나기 때문에 뱃머리를 어느 방향으로 잡아야 할지 몰라
위험에 빠질 수밖에 없다. 최근 대한민국의 주변 안보상황을 이런 현상
에 비춰봐야 한다.

조용헌 건국대 석좌교수는 다음과 같이 말한다.

배산임수背山臨水를 한반도에 대입하면 배산은 중국이다. 대륙의 에너지이다.
임수臨水는 어디인가? 일본과 미국으로 상징되는 해양 세력 아니겠는가.

한반도가 풍수적으로는 배산임수 명당이지만 지정학적으로는 대륙과 해양이
충돌하는 곳이다. 시절인연이 좋을 때는 이 만남이 융합으로 작용할 것이다. 시
절인연이 좋지 않으면 이 두 세력의 만남이 전쟁으로 나타난다. 역사를 돌아보면

애석하게도 융합보다는 충돌이 많았다.

대한민국은 국력이 약하면 대륙·해양세력의 충돌로 안보가 취약해지는 특성을 가진 나라다. 우리가 강하면 호랑이 같은 나라가 되고 우리가 약하면 양¥ 또는 토끼 같은 나라가 되어 스트롱맨(미·중·일·러)들에 의해 둘러싸여 먹잇감이 될 수도 있다. 한반도의 위험은 물론, 아태지역에서는 남중국해 및 센카쿠열도의(중국명: 댜오위댜오) 해양갈등으로 인해 신 냉전이 형성되고 있다.

한반도의 지정학적 위치를 흔히 '일본의 심장부를 향한 비수', '중국의 머리를 때리는 망치'라고 하지만 우리가 약하면 강대국들이 자국 우선주의로 우리에게 위협을 가할 수 있다. 국제정치학계 거두인 시카고대 존 미어샤이머 교수는 강대국들에 둘러싸여 가장 불리한 위치에 있는 두 나라로 한국과 폴란드를 꼽는다. "한국은 한 치도 실수가 용납되지 않는 지정학적 환경에 살고 있다. 국민 모두가 지혜롭게 전략적으로 사고해야 한다."고 충고한다. 우리 지도자들은 열강의 굴레와 위협에서 벗어나기 위해 어떠한 동북아 안보 구도가 한국 국익에 유리할지 고민해야 한다.

한반도는 지정학적으로 미·중·러·일 등 세계 최강의 군사 강국에 둘러싸인 동북아 교차로이자, 남북 200만 대군이 대치하고 있는 화약고다. 그래서 한반도를 둘러싼 국제정치는 곧바로 전쟁과 평화의 문제다. 어느 쪽으로 전개될 것이냐의 방향은 각국의 국가 '대전략grand strategy'에 입각한 동맹의 관리, 그리고 동맹의 역학 관계와 직결돼 있다.

현재는 북한은 핵무장 국가인 반면, 우리의 방어능력은 허술하다. 2018년도 우리 국방비는 43조 1,581억(400여억 불)인데 자주국방은 이루어지지 않고 있다. 북한보다 수십 배가 많은 국방비를 쓰면서도 북한에 끌려다니고 있다.

　미국의 경제학자 배리 아이켄그린 교수가 지적한 '초불확실성 시대 The Age of Hyper-Uncertainty'의 징후가 곳곳에서 확인되고 있다.

　① 잠에서 깨어난 '사자' 중국은 시황제 시대로 돌아가 우리를 동등한 국가가 아닌 조공국가로 여기며 군림하고 있고 시진핑 주석은 장기집 권체제를 구축하고 패권강화에 혈안이 되어 있다. 과거 세계 최강이었 던 영광된 제국(중화제국의 황제)으로의 복귀를 위해 미국과 치열하게 경 쟁하고 있다. 중화 민족주의가 만연하여 고고도미사일방어(THAAD · 사 드) 문제, 동북공정, 한 · 미 동맹관계, 북한의 비핵화 등을 빌미로 우리나 라를 언제든 겁박할 수 있는 나라이다.

　② 조심해야 할 '북극곰' 러시아는 푸틴 차르 시대로 돌아가 과거 소 련시대의 패권의 영광을 살리기 위한 국가전략을 끊임없이 구사하면서 UN안보리에서 중국과 더불어 북한 편을 들고 있다. 더욱이 북한에 핵 과 미사일 기술을 제공했다는 얘기가 계속 나오고 있어 북한 핵무기에 대해 적극적인 제재를 기대할 수 없다.

　③ 믿을 수 없는 '여우' 일본은 최근 군국주의 부활을 통하여 군사강 국이 되기 위해 국력을 집중하고 있다. 국가 의지에 따라 전쟁할 수 있 는 보통국가로 만들어 가고 있다. 더욱이 아베 수상은 북한의 도발을 이 용해 3개월이면 핵무기로 무장할 수 있다고 발언하며 군사력 강화에 열 을 올리고 있다. 또한 독도, 위안부 문제 등으로 끊임없이 문제를 야기

해 우리와 불편한 관계가 지속되고 있다.

이와 같이 우리나라는 열강들에 의해 국가 안보 문제에 시달린 나라이다. 한반도 분단의 비극의 원인은 결국 '디바이드 앤드 룰Divide and Rule'이라는 열강 중심 논리, 즉 '분할에서 통치하라'이다. 그 결과 대한민국은 현재 세계 유일의 분단·휴전국가가 되었다. 심지어 애국가(동해물과 백두산)마저 온전히 보존하지 못할 정도로 세계적으로 가장 열악한 안보 환경이다. 동해는 일본이 지속적인 공작으로 일본해Sea of Japan라고 국제적으로 명기하고, 백두산은 국제적으로 중국이 반을 차지(6·25 참전 대가)하여 장백산으로 부르고 있다. 그야말로 애국가의 정체성마저 제대로 지키지 못하고 있는 부끄러운 국민이다. 더욱이 한·미동맹도 '미국제일 우선주의'와 '보호무역주의'로 국제적 상황에 따라 언제든 변할 수 있는 상황에 직면해 있다.

국제관계에서는 영원한 적도 우방도 없듯이 우리나라를 위해 자국의 안전과 미래를 희생하는 국가를 기대할 수 없다. 국제관계는 철저한 약육강식의 논리로서, "안보는 미국이 지켜주겠지."라는 무사안일주의에 빠지면 결국 나라는 위태롭게 될 것이다.

1592년 9월 명나라의 심유경沈惟敬과 일본의 고니시 유키나가小西行長가 임진왜란 휴전을 협상하면서 고니시는 대동강을 경계로 일과 명이 조선을 분할해 갖는, 이른바 코리아패싱을 논의한 바 있었다. 강대국들이 한국을 배제한 협상에서 우리 운명을 결정하려 한 역사는 반복되었다. 청·일 전쟁, 러·일 전쟁 땐 한반도를 분할하는 위도까지 구체적으로 논의됐다. 현재의 남북 분단 상황이 2차 대전 말 얄타에서 강대국 간

흥정에서 비롯된 것은 알려진 대로다.

또한 1972년 베이징을 방문한 닉슨은 저우언라이周恩來를 만나 "북이든 남이든 코리안은 감정적으로 충동적인 사람들"이라고 했다. "중요한 것은 이 충동적이고 호전적인 사람들이 사건을 일으켜서 우리 두 나라(미국과 중국)를 놀라게 하지 않도록 영향력을 발휘하는 것"이라고 발언했다.

2017년 미·중정상회담 시 트럼프는 "시진핑에 따르면 한국은 사실 중국의 일부였다."고 말했다고 한다. 중국인들이 이런 인식을 가진 것은 사실로서 시진핑의 한반도 정책에 문제가 심각하다고 볼 수 있다.

우리나라는 북한의 비핵화를 둘러싼 국제 정세에서 북한과 미국 사이에서 훌륭한 중재 역할이 필요하다. 중국, 일본, 러시아의 강대국 논리가 한반도의 현안에 영향을 미치고, 북한과 미국이 한국과의 논의 없이 협상테이블로 향하는 이른바 '코리아 패싱'의 상황은 없어야 한다.

근간 북·미 비핵화 협상은 국가 사활이 걸린 문제이다. 북한의 핵무기의 위협이 북한의 완전한 비핵화로 이어지도록 고려시대 서희의 외교담판 이상의 혜안의 전략과 결기로 적극 대처해서 한반도 평화 번영의 길을 이루도록 해야 한다.

한·미동맹과 국가안전 보장

"평화를 원하거든 전쟁에 대비하라." 로마제국의 전략가였던 베게티우스의 금언金言은 오랫동안 서양의 정치 사상가들과 군사 지도자들에게 높은 평가를 받아왔다. 오늘날에도 국제관계를 현실주의적으로 접근하는 사람들에게 금과옥조처럼 여겨져 널리 회자된다.

한반도를 둘러싼 냉혹한 현실은 우리만의 힘으로 전쟁을 대비할 수 없게 만들고 있다. 혼자 힘으로 생존을 유지하기 힘든 지정학적 위치의 대한민국은 강한 나라와 동맹 관계를 중요하게 생각해야 한다. 세계 최강국인 미국과 동맹관계를 유지하고 있는 대한민국은 동맹관계를 통해 전쟁 방지는 물론 국가의 발전을 도모할 수 있다.

한·미동맹은 1953년 10월 1일 한·미상호방위조약을 체결한 이후 오늘에 이르기까지 대한민국 안보의 핵심적인 축으로 자리하고 있다. 6·25 전쟁 후 대한민국에서 전쟁이 다시 일어나지 않은 데에는 한·미동맹이 결정적 역할을 했다. 또한 한·미동맹 결과 대한민국은 참혹한 전쟁의 폐허를 딛고 한강의 기적을 이루어 세계 10위권의 경제대국이라는 찬사를 받으며 세계의 이목을 집중시켰다.

한·미동맹은 2018년 65주년을 맞이하는 역사를 이루었고 그 과정에서 숱한 갈등과 이를 극복하기 위한 노력 가운데 지속적으로 발전하였다. 한·미동맹은 한·미 FTA와 융합하여 국가 안보동맹은 물론 경제동맹으로서 대한민국 발전의 중추적 역할을 하고 있다.

한·미동맹은 단순히 국가의 이익만을 추구하는 차원을 넘어 자유민주주의의 가치를 지킨다는 점에서 더욱 그 의의가 있다. 이러한 의미에서 한·미동맹이 중요한 이유는 크게 다음과 같다.

첫째, 한·미 동맹은 1953년 체결된 후 한반도를 넘어 동북아 평화를 지키고, 대한민국의 기적적 발전을 뒷받침하여 경제동맹으로 발전했다.

한·미동맹을 통해 대한민국은 동북아의 평화적인 균형을 유지할 수 있다. 이러한 양상은 중국·일본·러시아라는 강국들에 둘러싸여 있는 현실에서 그대로 드러난다. 한·미동맹은 동북아 지역 내 강국 사이의 군비경쟁과 대립을 억제함으로써 균형을 유지하는 결정적 역할을 가능하게 한다.

둘째, 100여 년 전 미·일·러·중 4국 관계에서 미국과 중국 사이에서 어정쩡한 태도를 취하다가 얄타회담, 포츠담회담 등과 같이 우리의 운명이 우리와 상관없이 결정되거나 큰 영향을 받는 상황이 초래되면 그것이야말로 안보적으로 최악의 상황이다. 한·미동맹은 주변국의 경제적, 안보적 위협으로부터 우리를 보호해주는 역할을 한다. 특히 나날이 가중되는 중국으로부터의 위협은 한·미동맹으로 극복할 수 있다. 한·미동맹이 없었다면 2012년 3월에 중국이 우리의 이어도(수중 암초 한국 점유)를 중국 영토라고 주장했을 때 강력하게 항의할 수 없었을 것이다. 우리는 한·미군사동맹을 통해 국익을 지키고 균형자 역할을 해야 한다.

셋째, 북한의 완전한 비핵화 및 종전선언과 평화협정 등 한반도의 절대적 평화와 안전보장 전까지는 한·미동맹이 흔들려서는 안 된다. 한·미동맹은 북한의 남침으로 인한 전면전을 억제하기 위한 필수요소이며 한·미동맹 없이 비핵화를 성공시킬 수 없는 것은 명약관화한 일이다.

동북아의 치열한 경쟁에서 한반도의 비핵화와 평화를 위해서는 한·미동맹을 최상의 상태로 끌어올리고 외교적인 신뢰관계를 돈독히 해야 한다.

그러나 일부 한국인들의 반미정서는 한·미동맹의 걸림돌이 되고 있다. 그 예로 2018년 10월 해군 국제 관함식 행사에서는 로널드 레이건호가 반미단체의 반대로 제주 해군기지에 당일 입항하지 못했다. 레이건 호는 북핵위기가 불거질 때마다 한국에 파견됐던 미국 핵 항공모함으로서 북한비핵화 협상을 위해서는 물론 한반도 안보를 위해 우리에겐 꼭 필요한 전력이다. 더욱이 대한민국은 미국의 지원으로 6·25전쟁에서 기사회생한 특별한 맹방 관계를 가지고 있다. 이를 최대한 우호적으로 활용해서 내우외환 대위기를 자유평화통일의 대기회로 만드는 리더십을 발휘해야 할 것이다.

우리 국민들의 사즉생死即生 안보정신과 한·미동맹의 혈맹의 가치가 융합하면 비핵화와 더불어 자유평화통일과 국가번영이 이루어져 선진 통일강국이 될 것이다.

3

한·중·일 삼국은 가깝고도 먼 나라

극중(克中), 극일(克日)해야 나라가 산다

21세기에 세계의 패권 구도가 동북아 지역으로 옮겨 가면서 한국, 중국, 일본의 삼국 관계는 더욱 중요해졌다. 삼국은 전 세계 인구와 경제의 약 25퍼센트를 차지하기 때문에 삼국의 협력은 지역을 넘어 세계적으로 중요한 이슈다. 한·중·일은 지리적으로는 물론 정치, 경제, 사회, 문화 등 모든 면에서 운명적으로 삼각형 구도를 형성해 왔다.

한·중·일의 역사는 결코 홀로 성립되지 않는다.

군사적인 정복이 없었던 것은 일본과 중국, 몽골, 또는 러시아 사이에 한반도가 있어, 이곳에서 침입이 저지되었기 때문이다. 14세기에 중국에서 아라비아에 이르는 지역을 순식간에 정복한 몽골도 한반도를 완전히 지배하는 데는 30년이나 걸렸다. 몽골이 일본 정복을 단념한 이유는 일본의 역사에서 생각하고 있는 것처럼 '가미카제'가 불었기 때문이 아니라 조선의 저항에 힘을 다 써버렸기 때문이다. 그 반대의 경우도 있다. 16세기 말 도요토미 히데요시는 당시 압도적인 군사력을 가지고 명 제국을 정복하려고 했지만, 조선의 저항에 부딪혀 단념했다.
— 가라타니 고진, 송태욱 역『일본정신의 기원』

삼각형의 밑변을 한국, 좌우측 변을 중국과 일본이라고 할 때, 삼각형의 어느 한 축이 무너지면 좌우측 변이 모두 밑변을 덮치는 균형 파괴 현상이 일어난다. 고려시대 원나라의 일본 정벌이나 조선시대 때 일본의 명나라 정벌, 제2차 세계대전 무렵 일본의 중국 정벌은 물론, 난징대학살도 삼국의 이러한 구도를 잘 보여주는 사건들이다. 이 사건들은 중국과 일본이 동북아 패권을 잡기 위해서는 먼저 한국을 공략해야 하며, 한국이 이런 상황에서 살아남으려면 삼각형 구도를 잘 유지해야 한다는 사실을 말해준다. 이에 우리의 최선책은 일본과 중국의 균형자 역할을 할 수 있는 정삼각형 관계를 만들 수 있도록 부국강병을 이루는 것이다. 차선책은 미국과의 파트너십, 가치동맹, 정치동맹으로 양국 관계를 발전시켜야 하는 것이다.

한반도의 위기가 늘 국론 분열과 방심, 안보의 소홀에서 비롯됐다는 역사의 교훈을 잊는다면, 또 한 번 중국과 일본의 야욕에 희생당하는 일이 재현될 수도 있음을 우리는 명심해야 한다. 자기 성찰이 부족한 사람은 잘못되면 남을 탓한다. '잘되면 내 탓, 잘못되면 조상 탓'이라는 속담도 그런 의미다. 이런 사람은 자신이 무능하고 힘이 없어 어렵게 된 것이 아니라 상대가 힘세고 악질이라 그렇다고 주장한다. 한·중·일 삼국 관계에서 우리가 범할 수 있는 우愚도 이런 것이다. 모든 변수와 상대를 고려한 극중·극일의 리더십이 절실한 때다.

우리의 역사는 중국, 일본으로부터 자주독립을 제대로 지켜온 시기보다 침략과 부당한 외교·군사적 압력 등으로 시련을 겪었던 국난의 시기가 더 많았다. 조선시대의 임진왜란만 하더라도 일본을 얕잡아보다 침략당한 것이고, 정묘호란과 병자호란 역시 청나라를 오랑캐라 부르며 국방력을 키우지 않고 명나라를 떠받들다가 당한 것이었다.

한·중·일은 역사적으로 약육강식과 적자생존의 논리가 존재하는 격전국이다. 중일전쟁(1937~1945)은 동아시아의 세력 판도를 완전히 뒤바꾼 중요한 사건이었다. 중국은 이 전쟁으로 미국, 영국, 소련과 함께 세계 4대 강국의 하나로 부상했고, 일본은 무리하게 전쟁을 확대하다가 패망했다.

21세기 국제 정치·경제·문화의 관심이 동아시아로 옮겨지면서 한·중·일 삼국의 경쟁이 갈수록 치열해지고 있다. 이러한 때일수록 리더들이 솔선수범하여 국가의 자생력을 키우고 경쟁력을 확보해야 한다. 현재의 한·중·일 갈등의 저변에는 1894년 청·일전쟁 이후 100여 년 만에 패권을 회복하겠다는 중국의 의지가 깔려 있다. 또 중국의 부상에 열패감을 가지고 있던 일본은 아베 정권이 들어선 후 군국주의의 부활을 시도하고 있다. 이것은 중국과 일본이 동북아 지역의 '규칙 제정자rule-setter'로 등극하기 위해 치열한 경쟁을 하고 있음을 의미한다.

여기서 우리의 역할이 중요하다. 100여 년 전의 한국이 약소국가였다면 지금의 한국은 중견국가이다. 우리가 어떤 리더십을 발휘하느냐에 따라 한·중·일 관계의 균형자 역할이 결정되고, 지역 평화가 좌우될 수 있다. 현재의 한·중·일 관계는 북한 문제도 맞물려 있고 미국과 러시아까지 관련되어 19~20세기보다 더욱 복잡한 양상이다. 한·중·일 관계는 일방적으로 어느 한쪽이 주도하는 관계가 아닌, 어느 정도 힘의 균형이 유지되는 삼각 구도다. 역사와 영토 문제에서는 한국과 중국이 일본과 맞서고, 북한 문제에서는 한국과 일본이 중국과 맞서며 대립 구도를 유지한다. 우리에게는 중국도 일본도 절대 내칠 수 없는 존재다. 우리나라는 중국과 일본의 관계에 관한 한 모든 지혜와 역량을 동원해야 하는 역사적 운명을 지녔다.

한·중·일 삼국은 국수주의와 영토 분쟁(독도, 센카쿠 열도) 문제가 해소되기 쉽지 않으며 근본적으로 삼국의 역사가 복잡 미묘하게 얽혀 있다. 더욱이 최근에 중국이 경제적으로 부상하는 데 반해, 일본은 장기침체에서 벗어나기 위해 안간힘을 쓰고 있다. 일본 전체가 극우 민족주의를 지지할 가능성이 커진 것이며, 혐한론을 더욱 부추길 것으로 예상된다.

한편 중국이 부상하여 경제대국으로 발전해도 바꿀 수 없는 본능이 있다. 바로 중화中華 제국주의다. 중국의 힘이 커지는 것과 비례하여 제국주의 본능은 더욱 거세질 것이다. 이미 중국은 만만한 국가를 상대로 '힘의 외교력'을 보여주고 있다. 수천 년 역사를 돌아보면, 한·중 관계가 우호적이었던 적은 거의 없었다. 역사적으로 외침 932여 회 중 60%는 중국의 침략이고 40%는 일본의 침략이다. 그나마 최근에 우리를 함부로 대하지 못하는 이유는 한·미동맹과 더불어, 대한민국의 국가 위상이 높아졌고, 중국보다 국민소득이 높고 문화 수준이 앞서기 때문이다. 대한민국은 한·중·일 관계에서 자전거의 진행과 같은 운명이다. 자전거 페달을 계속 밟아 중국 및 일본과 균형을 유지하거나 앞서가지 않으면 균형은 깨질 수 있음을 명심해야 할 것이다.

우리가 이 땅에 살고 있는 한, 이웃인 중국과 일본의 존재를 무시할 수 없고 그들과 공존하면서 살아갈 수밖에 없다. 우리나라가 극중·극일을 통해서 대한민국이 부국강병의 나라가 되는 길만이 최선의 방책이자 최선의 길이다. 우리는 극중·극일 해야 산다는 5천 년의 역사적 교훈을 절대 망각해서는 안 된다. 극중·극일의 국민정신으로 중국, 일본이 우리나라를 존중할 수 있도록 국력을 증진시켜야 한다.

대(對) 중국 전략 – 중화주의의 함정

역사적으로 볼 때, 한漢 제국의 성립 이래 중원(중국)의 패자가 바뀔 때마다 한반도는 크고 작은 영향을 받아왔다. 국난 대부분이 중국과 관계될 정도이다.

중국 최초의 통일왕조 진나라에 이어 들어선 한나라는 무제 때 전제 통치제도를 확립하고 왕권을 강화하여 대외적으로 크게 영토를 확장하면서 고조선을 멸망시켰다. 또한 수나라는 고구려를 침략하다가 망했으며, 당나라는 고구려와의 전쟁에서 패하자 신라의 동맹국이 되어 고구려와 백제를 멸망시켰다. 이후 나당동맹을 어기고 신라를 공격했으나 매소성, 기벌포 전투에서 대패하고 물러섰다. 몽골족이 세운 원나라는 중원의 패자가 되자 고려를 침략하여 속국으로 삼았으며, 여진족이 세운 청나라는 정묘호란을 일으켜 조선과 형제의 맹약을 맺었다가 다시 병자호란을 일으켜 조선의 항복을 받음으로써 조선의 종주국이 되었다. 이어 중국은 6·25전쟁에 참전하고 그 대가로 백두산의 1/2를 할양받아 갔다. 우리나라를 21세기 세계 유일의 분단국가이자, 휴전국가로 만들었으나 6·25와 관련하여 단 한 번의 사과나 유감 표시도 없었다.

한반도의 대부분 왕조가 과거 중국에 조공을 바치고 세자 책봉까지 중국 황제의 윤허를 받아오던 습관의 영향으로, 아직도 사대주의 사상이 몸에 배어 있는 사람들이 있다. 21세기에도 국제 정세를 병자호란의 명·청明·淸 교체기와 같은 패권 교체기로 보면서 중국을 선택해야 한다는 잘못된 역사관을 가질 수도 있다. 우리의 자존自尊과 국가 위상을 지키는 일은 중차대한 문명사적 과제가 아닐 수 없다. 우리 국민들은 정부가 한·미동맹에 소홀하고 중국편향의 관계를 유지한다면 안보가 흔들리고 과거 중화 질서에 다시 편입되는 현상이 대두될까 우려하고 있는 실정이다.

프랑스 언론인 카롤린 피엘Caroline Pule는 『중국을 읽다』에서 "오늘날 중국의 꿈은 8세기 당나라에 버금가는 역사적 황금기를 누리는 것이다. 중국의 국가 목표는 강성한 당나라 시대의 부활이다."라고 강조했다. 중국이 꿈을 이루면 정치, 경제, 문화, 외교, 군사 등 모든 분야에서 세계의 기준이 되고, G2(미·중 두 나라가 국제사회 주도)가 아니라 G1(중국이 단독 국가로 국제사회 주도)이 된다. 20세기 '죽의 장막', '잠자는 사자'에서 21세기 '세계의 중심', '세계의 패권'을 향하고 있는 것이다.

중국은 1978년 개혁 개방을 이룩한 이후, 세계 역사상 가장 빠른 속도로 국부를 증진한 나라이다. 인구 13억 5천만의 거대국가인 동시에 급속한 경제성장(연평균 약 10% 성장)으로 2010년 일본을 따돌리고 세계 제2위의 경제국으로 부상하여 '팍스 차이나' 시대를 연 나라로서 국제정치에 힘의 구조변동이 발생하지 않을 수 없었다. GDP는 2017년 기준 약 55조 1,300억 위안으로 급성장하여 세계 1위의 외환보유국 및 수출국가로 발돋움했다. 중국은 2018년 시진핑 장기집권 체제를 맞아 위안화를 글로벌 기축통화화 하려는 등 새로운 국가좌표를 세우고 패권경쟁을 강화하고 있다. 또한 2020년에는 독자적인 우주정거장을 쏘아 올려 미국, 러시아 주도의 우주패권을 장악한다는 계획이다. 향후 중국의 영향력이 커질수록 한반도 정세, 특히 통일에 끼치는 영향도 커질 것이며 남북 관계의 긴장 국면을 해소하고 북핵문제를 해결해 궁극적으로 통일을 이루고자 하는 우리에게 기회와 도전으로 다가올 것이다.

『중국 공산당사』에서는 다음과 같이 말한다.[1]

중국 리더들의 전략은 모택동이 전면적으로 그 독자성을 전개한 1945년 7전대회 때의 당 헌장에서 다음과 같이 표현되고 있다. '중국 노동당은 중국 노동자 계급의 선진적 조직부대이며 그 계급조직의 최고형식이다'.

중국 공산당은 마르크스·레닌주의의 이론과 중국 혁명실천의 통일사상인 모택동 사상을 당의 모든 공작 지침으로 삼는다 하여 중국 혁명 실천의 통일사상이 모택동사상이다.

그 후 덩샤오핑의 사상으로 '도광양회(韜光養晦:재능을 숨기고 때를 기다린다)'와 후진타오의 '화평굴기(和平崛起: 평화롭게 우뚝 일어선다)'를 지나서 2013년 시진핑의 전략은 '주동작위(主動作爲: 대외 정책에서 해야 할 일을 주도적으로 한다)'로 이어졌다. 2017년 12월 19일 시진핑 중국 국가주석의 이름을 딴 사상이 작년 10월 당장(黨章·당헌)에 이어 이번에 헌법에까지 명기된 것은, 시 주석이 마오쩌둥에 버금가는 절대 권력을 구축했음을 의미한다. 2018년 시진핑은 일인천하시대를 연 후, 중국몽(中國夢: 21세기에 중국의 영광을 되살리기)을 부르짖고 있다.

또한 중국은 약소국에게도 '샤프파워(sharp power: 회유와 협박, 교묘한 여론 조작 등을 통해 영향력 행사)' 전략을 이용하고 있어 비난이 일고 있다. 이와

1 우노 시게아끼, 김정화 역, 『중국 공산당사』, (일월서각, 1984), p.13

같은 샤프파워 전략의 일환으로 티베트와 신장의 분리요구를 탄압하고 있다. 더욱이 동북공정으로 고구려, 백제, 발해의 역사를 모두 중국사에 편입하려 하는가 하면, 이어도가 중국의 관할 해역이라고 주장하는 등 한반도를 사대주의로 보는 중국 역사의 유전자가 너무나 선명하다. 중국은 역사 이래 가장 넓은 영역을 보유하고 있는 현재를 기준으로, 옛날 남의 나라 땅에서 일어난 일까지 중국의 영토에서 일어난 중국의 역사라고 주장한다. 우리는 이러한 두 얼굴의 중국을 예의주시하면서 동북공정에 치밀하고 적극적으로 대처해야 한다.

『왜 중국은 세계의 패권을 쥘 수 없는가』에서는 다음과 같이 말한다. [2]

중국의 청년 세대들이 진실에 눈을 뜨고 새로운 중국을 건설하기 위한 진실의 대장정에 나서리라는 점이다. 어쩌면 이러한 격동으로 인해 세계사는 또 한 번 거대한 변화의 소용돌이로 빠져들지도 모른다. 우리는 그러한 격동의 결과로 중국이 진정한 대국이 되어 세계를 리드해 나갈 수 있게 되길 진심으로 바란다. 이 바람이 정말로 중국을 사랑하는 우리 오랜 꿈이다. 중국이 진실을 향한 대장정에 나서는 것이야말로 첫 번째 대장정을 능가하는 위대한 여정이 되리라는 것이다.

도널드 트럼프 미 대통령의 참모인 피터 나바로 백악관 국가무역위원장은 중국 부상을 경계하는 책 『웅크린 호랑이』에서 "중국 공산당 중앙군사위원회는 2003년 중요한 전투 방식 중 하나로 '삼전 전략(심리전, 여론전, 법률전)'을 공식 승인했다"고 밝혔다.

● 심리전은 경제·외교 압력, 유언비어 등으로 상대국을 혼란에 빠

---

2 칼 라크루와, 데이빗 매리어트, 김승완 외 역, 『왜 중국은 세계의 패권을 쥘 수 없는가』, (평사리, 2011), p.473

뜨리는 것이다.

- 여론전은 국내외 여론을 조작해 사람들이 공산당 주장을 무심결에 따르게 하는 것이다. 대중對中 경제 의존도가 높은 한국을 두려움과 혼란에 빠뜨리겠다는 계산이다.
- 법률전은 합의문 등 문서로 상대국을 제압하는 것이다. 그 예로 '삼불(三不: 사드 불추가, 미국 MD 불가입, 한·미·일 3국 동맹 불추진)'을 한·중 합의문에 넣는 데 성공했다.

중국은 세계패권을 장악하기 위해 미국, 일본 등과 경쟁하고 있어 여러 국가의 경계대상이 되고 있다. 중국은 지금 동중국해에서 일본과 센카쿠 열도를 놓고 영유권 분쟁을 벌이고, 남중국해에서는 서사西沙, 남사南沙, 동사東沙, 중사中沙 등 4개 군도에 매장된 석유와 천연가스를 확보하기 위해 베트남과 필리핀을 상대로 영유권 다툼을 벌이고 있다.

중국에 대한 우리 정부의 대응은 베트남과 필리핀, 일본에 비해 소극적이다. 동북공정이나 이어도 문제가 불거질 때마다 임기응변식 대응을 하는 것이 고작이다. 지금부터라도 정부는 이어도가 우리나라 땅임을 입증할 수 있는 확실한 논거를 마련하고, 국제사회에 이어도가 우리 수역임을 적극 알려야 한다.

시진핑의 '중국몽中國夢'은 칭기즈칸의 원元과 같은 대제국 건설의 야망의 일환책으로 일대일로를 적극 추진하고 있다. 그런데 2018년 8월 중국을 방문한 말레이시아 총리가 말레이시아 동해안 철도사업, 송유관 사업 등 일대일로 프로젝트 3건을 취소하겠다고 발표했다. 가난한 개도국을 빚의 함정에 빠뜨리는 일대일로를 신식민주의라고 정면에서 비난했다. 그런 그들에게 대한민국은 한·당漢·唐이나 명·청明·淸 시기의 한반도일 뿐이다. 동북공정을 비롯한 역사공정을 보면 영토적 야심에 대한 의심도 거두기 어렵다.

중국은 지리적으로 우리나라에게 숙명적 존재다. 중국은 자신들의 이해에 조금이라도 어긋난다 싶으면 이웃 나라를 향해 서슴없이 폭력적 행태를 보인다. 우리는 역사의 교훈에서 알 수 있듯이 중국에 저자세 외교를 취해서는 절대 안 된다. 즉, 미래 대한민국은 대중국 관계에 있어 과거의 사대주의 외교는 절대 있어서는 안 된다는 민족의식이 필요하다.

진정 중국이 이웃나라들을 길들이려 하지 말고 대국으로서의 외교를 펼치기를 기대한다. 그러나 우리는 중국에 대한 기대를 하기 전에 우리가 먼저 극중克中정책에 만전을 기하여 수 천년의 사대주의와 조공역사를 완전히 끊어야 한다. 이것이 시대적 역사적 사명이며 대한국인의 책무이다.

'한국의 안보는 미국, 경제는 중국'이라는 관점이 더 이상 존재하지 않는다. '한국의 안보는 자유평화통일이 되는 날까지 한·미동맹과 자주국방, 경제는 다양한 국가와 협력'이라는 새로운 목표가 한국의 지향점이라는 것을 중국에게 주지시켜야 한다.

대중국 전략은 역사의 교훈과 가르침을 토대로 100년 대계 차원에서 지혜롭게 결정해야 한다. 단기적인 어려움이 있더라도 중장기 차원에서 국익과 국격 중심으로 지혜로운 전략과 전술을 구사하는 한편, 국력을 키워 과거 역사와 같은 사대주의 역사가 다시 재현되지 않도록 초일류 선진강국 건설로 나가는 것이 진정한 극중의 길이다. 우리 국민 모두가 결기와 애국심으로 무장해야 한다.

대(對) 일본 전략 – 일본과 독일의 역사 인식 차이

일본과 독일의 역사 인식은 매우 다르다. 일본(망언릴레이)과 독일(참회)은 극명한 대조를 이룬다. 아베 일본 총리는 2013년 8월 15일 전몰자 추도사에서 "아시아 여러 나라에 손해와 고통을 안긴 데 대해 깊은 반성과 더불어 희생당한 분들께 심심한 애도를 표한다."라는 부분을 빼버렸다. 지난 1993년 이후 20년째 모든 총리가 빠뜨리지 않았던 표현을 일부러 뺀 것이다. 또한 2014년 4월 29일 보도된 독일 언론과의 인터뷰에서 "일본은 독일의 화해와 사과 방식(철저하고 지속적인 사과, 배상, 처벌)을 따를 수 없다."라고 말했다. 아베 총리는 과거청산보다는 독도문제와 위안부 합의 이행을 지속적으로 요구하는 등 과거청산 문제에서 '독일의 자세를 배우라'는 한·중의 요구를 거부하고 있다.

독일은 끊임없는 사죄와 보상은 물론이고, 영토반환과 공통역사 교과서 편찬 등을 통해 피해국들과 화해를 시도했다. 그러나 일본은 자신들이 주변국을 침략한 '가해자'가 아니라 태평양 전쟁에서 원폭피해를 본 '피해자'라는 의식만 더욱 키워왔다. 독일 전범을 다룬 뉘른베르크 재판에서 나치의 반인류 범죄를 단죄한 데 반해, 일본의 도쿄 전범재판에서는 식민지배와 세균전, 위안부 등 반인류범죄는 처벌대상에서 빠졌다. 일본은 독일이 전후 유럽의 진정한 화해와 평화를 위해 어떻게 노력해왔는지 성찰해야 한다.

과거 임진왜란의 원흉이었던 도쿠가와 이에야스조차도 도요토미 히데요시에게 전쟁의 책임이 있음을 인정했다. 그러나 일본 정치인들은 1910년의 한일강제합병이 근대 국제법적 합의(을사늑약)에 의한 것이었다고 주장하며 침략사실을 부정한다.

유엔헌장 53조에는 아직도 '일본은 유엔의 적국'이라고 규정되어 있으며, 107조에는 '적국으로 규정된 나라가 침략전쟁을 할 때에는 유엔 가맹국이 안보리 결의 없이 그 국가를 공격할 수 있다'라는 행동지침까지 명시되어 있다. 일본이 국제사회에서 경제대국에 걸맞은 대접을 받으려면 과거사에 대해 반성하고 사과해야 하며, 다시는 그런 일이 재발되지 않게 하겠다는 약속으로 진정성을 인정받아야 한다.

일본은 아베의 장기집권 이후 전쟁을 할 수 있는 국가가 되었다는 분위기가 사실상 형성되어, 평화헌법 자체를 전쟁가능헌법으로 만드는 개헌을 시도하고 있다.

『신新 한일관계론』에서는 다음과 같이 말한다.[3]

한국과 일본은 아직도 가깝고도 먼 나라라 아니할 수 없다. 과거사 문제와 아직도 사라지지 않는 민족혼의 앙금, 중국위협론을 보는 상이한 입장, 한·미·일 삼국공조의 구조적 문제점, 일본의 보통국가화에 대한 한국의 생득적 위협, 북한을 다루는 데 있어서 한·일 간의 차이점 등 아직도 넘어야 할 과제는 숱하게 남아 있다. 단순히 시장경제와 민주주의, 그리고 사회문화적 협력의 강화만으로 해결될 수 있는 사안이 아니다. 국력, 국익, 국격, 민족적 정체성 측면에서 한·일 관계는 아직도 과도기적 전환국면에 있다고 평가할 수 있다.

일본이 미국과의 합의를 빌미로 독도 영유권 분쟁을 일으킬 가능성

---

3 한국 오코노기 연구회, 『신한일관계론』, (오름, 2005), p.31

일본: 반성을 모르는 국가	독일: 진실로 반성하는 국가
• 전쟁 범죄로 피해를 본 국가에게 영토할양은 커녕 분쟁(독도, 센카쿠 열도)을 끊임없이 일으킴 • 독도 영유권 주장, 동해를 일본해로 표기, 역사 왜곡 등 침탈 행위 지행	• 제2차 세계대전 후 영토의 상당 부분을 떼어주겠다고 선언한 후 실천. 도덕적 명분과 정치적 입지를 다져 EU에서 영향력이 가장 큰 나라로 발전 • 폴란드에 오데르–아니센 선 동쪽지역 영도 11만 km², 프랑스에 알자스로렌 지방(일본 규슈 면적의 70퍼센트) 영토 할양
• 1995년 무라미야 총리가 국회에서 일본의 침략 사죄담화 발표 • 2013년 4월 아베 총리는 국회에서 무라미야 담화를 부정하며 "침략에 대한 국제적 정의가 없다. 위안부 강제 동원 증거가 없다" 등의 망언 지속 • 침략에 대한 국제적 정의가 없다고 했지만, 1974년 UN총회 결의안 제 3314호에서 침략을 "다른 국가의 주권, 영토, 또는 정치적 독립에 위배되는 무장력의 사용"이라고 정의 • 아베총리는 침략을 사죄하기는 커녕 사실조차 인정하지 않고, 1910년 한일 강제병합이 근대 국제법적 합의에 의한 것이라고 망언	• 빌리 브란트 전 총리는 1970년 폴란드 비르샤바 유대인 위령탑 앞에서 무릎을 꿇고 희생자들에게 사죄하였으며, 메르켈 총리 역시 2009년 폴란드에서 열린 제2차 세계대전 반발 70년 기념식에서 무릎을 꿇고 사죄한 이후 2013년까지 지속적으로 사죄 • 1960년 '나치 피해 포괄 배상협정' 체결 후에도 추가 배상 문제 해결을 위해 1981년 '독일·프랑스이해증진 재단 출연 조약' 체결 • 2000년'기억 책임 미래재단'설립 • 2012년 구 공산권 거주 전쟁 피해 생존지 8만 명 추가 배상

※ 독일은 93조 여 원을 써가며 진정성 있는 반성으로 세계가 인정

도 있다. 최근 일본이 그 증거로 내세우려 하는 것은 '러스크 서한(독도는 1905년 이래 일본의 시마네현 오키 섬 관할에 있고, 일찍이 한국에 의해 영유권 주장이 이루어졌다고 볼 수 없음)'이다. 그러나 1953년 작성된 일본 외무성의 명령서는 '다케시마가 일본 땅이라는 1905년 시마네현 고시 40호를 공포한 경위와 섬에 대한 연역 등 사료를 보고하라'는 내용(시마네현의 단독결정)

이 공개됐다. 우리는 일본의 영유권분쟁에 대해 평소 철저히 준비하고 적극적으로 대응해야 한다.

일본은 근원적으로 동아시아 침략과 지배를 합리화하는 역사관을 갖고 있다. 이러한 역사관은 한국과 일본을 가깝고도 먼 나라로 항상 대립하고 충돌하게 해왔다. 일본은 이웃 나라 침략, 위안부 강제동원과 같은 잘못된 역사를 인정하는 역사관을 '자학사관'이라 주장하며 배척해 왔다. 그 대신 '일본의 역사는 무조건 옳고 자랑스럽게 여겨야 한다.'는 '무오류 사관'을 강조한다. 일본은 제2차 세계대전에서 패한 일본을 재기불능으로 만들기 위해 미국 점령군이 자학사관을 강요했다는 억지 주장을 펴고 있다.

역사적으로 일본은 우리로부터 정치, 경제, 문화 등 모든 분야에서 많은 혜택을 받으면서 성장했다. 『신한일관계론』에서는 다음과 같이 말한다.[4]

2001년 12월 일본천황의 기자회견에서 천황 스스로가 "환무천황桓武天皇의 생모가 백제의 무령왕의 자손이라고 일본속기에 기술되어 있는 바와 같이 한국과의 인연을 느끼고 있습니다." 라고 솔직히 발언하였다. 새로운 세기는 한·일 양국이 체제의 공유를 넘어서 상호의 역사와 전통을 존중해 나아가면서 의식의 공유를 향해 나아가야 할 시대라고 강조하였다.

그러나 일본은 삼국시대부터 끊임없는 침입과 약탈을 지속했고, 급기야 1910년 한일 강제합병의 만행까지 서슴지 않았으나 진정성 있는 사과는커녕, 역사왜곡과 독도 영유권을 끊임없이 제기하고 있다.

....

4 한국 오코노기 연구회, 『신한일관계론』, (오름, 2005), p.417

일본은 독도가 일본의 막부조차도 한국 땅이라고 명기했고, 일본의 고지도마저 한국 영토로 표기했었던 역사적인 사실을 아예 부정하고 있다. 한편 2017년 2월 16일 영남대 독도연구소는 1868~1912년(메이지 시대) 일본 소학교에서 사용하던 지리부도 교과서에 울릉도와 독도가 우리나라 영토라고 적힌 사실을 확인했다. 그러나 일본은 우리나라에 위기가 닥칠 때마다 독도를 빼앗으려는 시도를 보인다. 『2018년 방위백서』(14년째)에도 '독도는 일본 땅'은 물론 '동해가 아닌 일본해'를 추가했다.

일본은 타 국민에게 뼈아픈 고통을 안겨주었던 침략행위에 대해 일체 반성의 기미를 보이지 않고 역사를 왜곡하기에 바쁘다. 일본인 한국사 연구자인 미야지마 히로시宮嶋博史 교수 역시 『일본의 역사관을 비판한다』에서 일본이 전쟁책임에 대해 반성하지 못하는 이유가 봉건제론과 같은 우월주의 역사인식에서 비롯되었다고 지적한다. 이는 자국의 동아시아 침략과 우월론을 합리화하는 근거로 작동했다. 더 나아가 제2차 세계대전 패전 후 지금까지 전쟁에 대해 근본적인 반성을 하지 못하는 뿌리가 이 봉건제론이다.

일제침략기 및 강점기 때의 일본에게 조선은 더 이상 유교선진국도 문물수용의 매개체도 아니었다. 그저 대륙으로 진출하기 위한 교두보일 뿐이었다. 최근 일본이 독도에 집착하고 중국과 영토 분쟁까지 감행하고 있는 것을 보면 여전히 과거와 같은 대륙진출이라는 꿈을 꾸고 있는 것처럼 느껴진다. 극우 정치인들이 만들어가는 일본은 일본국민을 다시 고통과 번민의 시대로 몰아넣을 수 있을 것이다.

세계에서 일본을 우습게 보는 나라는 대한민국뿐이라는 우스갯소리가 있다. 사실 경제 규모 세계 3위, 군사력 세계 7위, 노벨상 수상자가 24명이나 되는 나라를 우습게 보는 것은 상식적이라고 할 수 없다. 하지만 일본이 그 위상에 걸맞지 않게 행동할 때가 있는 것도 사실이다. 독도, 위안부 문제나 과거 역사에 대해 일본의 유력 인사들이 막말할 때면 일본이 진정한 문명국가인지 의심하게 된다. 한때 일본이 '경제적 동물'이라고 비난받았듯이 자신의 이익을 위해서는 대의명분이나 체면도 쉽게 버릴 수 있다는 인상을 주기도 한다.

한일관계는 세계사에서 보기 드문 비극의 역사로 이를 완전히 해결하는 것은 정말 난해하다. 해결이 쉽지 않은 문제이므로 분노, 격앙 등의 일회성 대책을 지양하고 민족혼을 바탕으로 중·장기적인 정책으로 지혜롭게 적극 대처해야 한다.

한·일 양국의 문제를 해결하기 위한 해답은 사실상 우리의 극일克日 및 초일超日 리더십밖에 없다. 초일 리더십으로 일본을 앞서가는 것이 일본을 극복하고 일본을 반성하게 만드는 유일한 길일 것이다. 애국심을 토대로 대승적 외교를 벌이면서 하루 빨리 초일류 선진국 건설로 일본을 추월해야 한다.

제2장

국가 위기극복의 책무, 국가지도자

선견지명의 혜안 리더십이 필요한 지도자

대통령의 리더십

대한민국의 5천 년 역사를 살펴보면, 통치자의 리더십에 따라 나라의 기틀이 강건해지기도 하고 흔들리기도 했으며, 나라가 부흥하거나 쇠퇴하기도 했다. 특히 대한민국 대통령제는 전제군주주의와 유교문화의 영향을 받아 민주주의 국가임에도 불구하고 제왕적 대통령제 제도의 폐해가 지속되어 역대 대통령 모두가 불행한 대통령으로 임기를 마쳤다. 특히 대통령의 통치 메커니즘governing mechanism을 리더십과 권력 운영 면에서 볼 때, 대통령의 부정적인 통치력이 쌓여오면서 오늘날 내우외환의 위기를 가져왔다고 볼 수 있다.

우리 국민들은 대통령에 대한 기대도 항상 크고 국태민안을 실현하는 대통령이 나오길 학수고대한다. 좀 더 구체적으로 말하면. 대한민국 국민은 『묵자墨子』의 절용節用 편에 나오는 대통령 상像을 원한다.

성인위정일국, 일국가배야 聖人爲政一國, 一國可倍也

대지위정천하, 천하가배야 大之爲政天下, 天下可倍也

기배지, 비외취지야 其倍之, 非外取之也

인기국가거무용지비, 족이배지 因其國家去無用之費, 足以倍之

즉, 성인이 나라를 다스리면 그 나라를 배로 늘릴 수 있고, 천하를 다스리면 천하의 힘을 배로 늘릴 수 있다. 배로 늘림에 있어서는 따로 다른 나라의 영토를 빼앗는 것이 아니고, 나라의 사정에 따라 불필요한 경비를 줄이면 넉넉히 배로 늘릴 수 있다는 것이다. 유능한 리더는 국운을 상승시키고, 용렬한 리더는 국운과 국력을 쇠퇴시킨다.

국가 간의 국력 격차는 전적으로 그 나라를 이끌고 있는 리더의 역량에 좌우된다. 주지하다시피 인류의 삶은 당대를 풍미한 리더들의 역사다. 그들의 이합집산과 리더십 행태에 따라 국가의 운명이 결정된다. 특히 북한과 비핵화 협상이 엄중한 상황에서 미국, 중국, 일본, 러시아 등 열강들이 한반도를 두고 이해관계가 상충되어 안보문제가 늘 국가 제1의 핵심 사안으로 더욱 부각되고 있다. 한반도는 물론 동북아의 평화를 주도할 대통령의 탁월한 리더십이 더욱 절실하다. 우리의 대통령은 대전략은 물론 시·공간을 꿰뚫는 혜안의 리더십이 필수적이다. 미래지향적 사고와 역사학적 통찰로 국내외 정세변화에 탄력적으로 대처할 수 있는 능력을 갖추어야 한다.

대통령 리더십 평가 모델[5]

시대·정치적 여건 대통령 스타일	긍정적	부정적
적극적	적극적 성취형 (Innovator)	좌절형 (Frustrated)
소극적	소극적 대응형 (Guardianship)	실패형 (Inadequate)

역대 대통령들이 취임사에서 한결같이 국민에게 약속하고 다짐하는 대목이 있다. 경제발전과 민생의 안정, 안보확립, 부정부패의 척결 등 국가발전과 국민행복이다. 이러한 약속에도 불구하고 대부분의 전직 대통령들이 자신 또는 가족, 측근들이 거액의 뇌물을 받는 범죄를 저질러 국민을 배신하고 대통령직을 제대로 수행하지 못했다.

대통령 리더십의 힘은 도덕성을 기반으로 하는데, 우리 대통령들은 취임 초와는 달리 임기 말이 다가올수록 자신의 욕구를 제어하지 못해 도덕적인 문제로 극단적인 불행을 맞이했다. 이를 두고 마키아벨리는 『군주론』에서 "나라의 힘을 키우는 일보다 자신의 욕구를 쫓는 왕이 나라를 잃어버리는 경우가 흔하다"라고 말한다.

이명박 대통령은 흙수저 출신의 자수성가한 대통령으로 국민의 기대가 컸지만 탐욕의 물본주의로 추락하여 중형을 받았다. 또한, 박근혜 대통령 취임 당시, 국민들은 선덕여왕 같은 지혜로운 대통령이 될 것을 기대했다. 그러나 최순실 국정농단, 국정원 자금의 청와대 상납 등 크고

---

5 Richard Rose , "Eualuating Presidents," George Co. Edwards, Ⅲ, John H. Kessel, and Bert A. Rochman(eds.), Researching the Presidency(Pittsburgh, University of Pittsburgh Press, 1993). pp. 453~484.

작은 비리가 계속 드러나 선덕여왕은커녕 진성여왕으로 전락되었다는 평가가 많다.

전임 대통령 중 단 한 명도 퇴임 후 행복하지 못했다. 전임 대통령들이 불행한 대통령이 되었다는 것은 역설적으로 이야기하면 작금의 내우외환의 위기에 큰 책임이 있다는 의미일 것이다. 대한민국 대통령에겐 왜 이런 불행사史가 반복되는 걸까? 국민들이 잘못 뽑은 원인도 있겠지만, 전문가들은 한결같이 제왕적 대통령 중심제에 따른 탐욕과 부정비리 현상 때문이라고 입을 모은다. 한국의 정치는 국제 무대에서 '한국의 대통령 부패 비리 현상'이라고 불릴 정도로 국가의 격을 추락시키고 있다. 헌법상 행정·입법·사법 3권 분립 시스템을 갖추고 있으나 권력은 행정부 수장인 대통령에게 집중되어 있어 인사권만 가지고도 제왕적 대통령으로 월권할 가능성이 있다. 권력의 3대 축인 검찰총장, 국세청장, 국가정보원장은 물론 감사원장, 사법부 수장인 대법원장까지 대통령이 좌지우지할 수 있다.

우리 국민의 염원은 '전직 대통령의 불행한 업보를 완전히 끊어낼 수 있는 장치는 없을까?'이다. 제왕적 대통령제에서 절대 권력은 절대적으로 부패하므로 개헌을 통해 제왕적 대통령 제도의 폐해를 근본적으로 해소할 수 있도록 해야 한다.

아무리 유능한 정부라고 해도 모든 주요 정책을 몇 년 만에 완벽하게 해결할 수 없다. 적어도 8년 이상의 원대한 장기구상과 장기 전략에 입각하여 일관성 있게 밀고 나가야 함과 동시에 좋은 정책은 후임 대통령이 지속적으로 추진하여 장기적인 성장 동력을 구비해야 된다. 대통령 임기 5년 단임제는 대통령직을 훌륭하게 수행하기에 부족한 기간이다. 모든 걸 임기 내에 하려 하지 말고 10년 대계, 100년 대계의 국가 개조의 틀을 마련하고 기반을 조성해 나가야 한다.

　대부분의 후보들이 대통령에 당선되기만 하면, 산적한 제반 문제들을 일시에 해결할 수 있다고 자신하고 있다. 안보 위기, 경제적 불평등, 청년 실업, 교육 격차와 사회적 소수자 문제 등등 겨우 5년에 불과한 임기 동안 그 많은 문제를 단박에 해결할 수 있다고 외친다. 유권자들도 다르지 않아 자신이 지지하는 후보가 당선되기만 하면 자신이 꿈꾸고 바라는 사회가 금방이라도 도래할 것처럼 환호하고 있다. 그러나 5년의 임기 동안 대통령의 역할을 제대로 해내지 못한다면 사회문제는 해결될 수 없다. 대통령은 도덕적 철학가, 사색가가 되어 부국강병, 위민 등에지리더십을 중점으로 선택과 집중에 만전을 기해야 한다.

　리더가 시대 상황과 여건에 적합한 리더십을 발휘하면 역사는 순탄하게 흐르고 발전하지만, 리더가 제대로 된 리더십을 발휘하지 못하면 역사는 퇴보할 수도 있다. 임진왜란과 병자호란 같은 국난을 당했을 때도, 광개토태왕이 만주 정벌의 눈부신 역사를 이룩했을 때도, 모든 역사에는 반드시 리더가 있었다.

　대통령은 거시적인 대전략과 정책을 제시하면서 안정된 국가 분위기 가운데 국민이 편하고 신명나도록 해야 한다. 국민 대화합과 통합으로 높은 정신문화의 나라, 지성의 나라로 만들어 나라가 탄탄하고 국민이 행복한 국가로 개조해야 한다. 국민들은 "초일류 통일선진강국 건설"의 국가 개조 전략과 비전으로 영웅적 리더가 탄생하기를 간절히 염원하고 있다. 성공한 대통령, 존경받는 대통령이 되는 문화를 조성해서 광개토태왕, 성왕 세종대왕처럼 영웅 대통령이 많이 배출되는 자랑스러운 조국이 되도록 하여야 할 것이다.

포퓰리즘 정책 지양, 튼튼한 나라 건설

포퓰리즘Populism이란 대중인기 영합주의, 페로니즘, 자기의 정치적 야망을 달성하기 위해 국가와 사회 발전의 장기적인 비전이나 목표와 상관없이, 국민의 뜻에 따른다는 명분으로 국민을 속이고 선동해 지지를 이끌어 내려는 경향을 말한다. 대중의 인기를 이용해 선심성 정책을 표방해 정략적인 행동을 한다는 부정적 의미가 강하다.

세계적으로 포퓰리즘 정책을 폈던 그리스, 베네수엘라, 아르헨티나 등 많은 국가가 부도나거나 파탄에 직면한 사례를 목격해 왔다. 최근 이탈리아가 G7(선진국 모임)에서 제외될 위기에 처해 있어 EU가 긴장하고 있다. 이탈리아는 1,000조에 이르는 나랏빚을 해결하지 못하고 있다. 심지어 로마는 공원 잡초를 뽑을 예산마저 부족하다고 한다. 우리 정부도 포퓰리즘 정책의 문제를 사전 진단하여 국가 정치, 경제 등 모든 부문의 문제 요인을 사전 제거하여야 한다. '성장'과 '분배'의 조화는 경제 정책의 근간으로 분배 개선을 통한 양극화 해소가 '시대정신'이지만 경제성장이 전제되지 않은 분배 개선은 포퓰리즘으로 위태로울 수밖에 없다.

1975년 일본 월간지 『문예춘추文藝春秋』에 한 편의 논문이 실렸다. '일본의 자살自殺'(지식인 그룹이 공동 작성) 이라는 제하의 논문이 화제가 된 바 있었다.

동서고금 제諸 문명을 분석한 결과 모든 국가가 외적外敵 아닌 내부 요인 때문에 스스로 붕괴한다는 결론을 내렸고, 그들이 찾아낸 '국가 자살'의 공통 요인은 이기주의와 포퓰리즘(대중영합)이었다. 국민이 좁은 이익만 추종하고 지배 엘리트가 대중에 영합할 때 그 나라는 쇠망한다는 것이다.

기원후 1세기 클라디우스 황제 시대 콜로세움(원형경기장)에선 격투기 같은 구경거리가 1년에 93회나 열렸다. 대중이 권리만 주장하고 엘리트가 대중의 비위를 맞추려 할 때 그 사회는 자살 코스로 접어든다. 로마는 활력 없는 '복지국가'와 태만한 '레저사회'로 변질되면서 쇠퇴의 길을 걷게 됐다.

2018년 정부 예산이 작년보다 27조 원 늘어난 430여조 원으로 2017년 예산 대비 6.7% 증가하여 글로벌 금융 위기 직후인 2009년(10.7%) 이래 증가 폭이 가장 크다. 정부가 아동수당 도입, 기초연금 인상 등 복지 분야를 중심으로 적극적 재정 확대를 약속한 데 기인한다.

2017년 국가 채무는 682조 원인데 2018년은 700조 원이 넘어 2014년 국가채무가 533조 원에서 불과 4년 만에 700조 원을 넘게 된다. 국가채무 증가율을 볼 때 포퓰리즘 예산으로 국가 경제가 걱정되는 실정이다. 정권이 바뀔 때마다 포퓰리즘이 쌓이면 재정 불량국으로 추락하여 포퓰리즘으로 실패하는 나라가 될 수도 있다. 국회 예산정책처는 복지 확대를 위한 적자 재정이 지금처럼 지속될 경우 2060년 국가 채무가 기존 예상보다 3,400조 원 폭증한다고 경고했다.

포퓰리즘 정책의 부작용은 수년 뒤에야 나타나기 때문에 대중이 마약처럼 빠져들기 쉽다. 복지지출은 한번 늘어나면 다시 줄이기 어렵고, 증가폭도 갈수록 커지는 경향이 있다. 포퓰리즘의 유혹을 끊는 것이 진정한 지도자이고 그런 지도자가 있느냐 없느냐가 나라 운명을 가른다. 대한민국이 한 단계 도약하려면 지금과 같은 포퓰리즘 국정 운영 방식으로는 한계가 있음을 국민 모두가 다시금 인식해야 한다. 스위스 국민들처럼 포퓰리즘 정책이 낳는 포퓰리즘 시혜는 국민들이 먼저 거부하여 튼튼한 나라가 되도록 해야 한다.

2017년 슈뢰더 전 독일 총리가 방한하여 "정치 지도자는 직책을 잃을 위험을 감내하고라도 국익을 위해 어려운 결정을 내려야 한다. 어떤 정치인도 선거에서 패배하고 싶지는 않지만 포퓰리즘만은 안 된다. 인기 없어도 큰 국가 이익을 내다보고 용기 있게 행동해야 한다"고 강조했다. 우리 지도자들도 슈뢰더 전 총리의 용기 있는 리더십을 배워야 할 것이다.

슈뢰더 집권 당시, 독일이 처한 상황은 경제는 활력을 잃었으며, 복지·통일비용 부담과 경직된 노동시장이 발목을 잡고 있어 우리의 현 상황과 유사했었다. 그러나 슈뢰더는 많은 국민과 노동계 저항에도 불구하고, 연금·사회보장 제도를 손질하고, 노동시장을 유연하게 뜯어고치는 정부 주도 개혁에 나섰다. 그 결과 그는 선거에서 패배자가 됐지만 그가 물러난 후 개혁 성과가 활짝 꽃피었다. 독일 경제는 착실한 성장 궤도로 복귀했고 후임자인 메르켈 정권이 그 과실을 누렸다.

또한 프랑스 대통령 마크롱은 국가부채를 줄이기 위해 2019년과 2020년 연금 지급액을 0.3%씩만 인상하겠다고 결정했다. 물가 상승률보다 적게 올려주니 실질적으로 연금을 깎는 셈이다. 60세 이상 인구가 유권자의 30%인 1,200만명이나 된다는 걸 감안하면 결기가 있어야 가능한 일이다.

우리 정부가 발표한 정책들은 성장전략보다는 복지정책 중심이라 할 수 있다. 복지정책은 필요하지만 정작 지급할 돈을 어떻게 어디서 충당할 것인지 대책은 사실상 발표되지 않고 있다. 복지정책을 뒷받침할 수 있는 성장정책이 적극 추진되어야 선순환 경제 정책으로 경제 성장과 더불어 복지정책을 시행할 수 있다.

우리도 포퓰리즘 정책에서 벗어나 지속적인 성장과 복지가 조화된 정책을 펼쳐야 한다. 우리의 후손들이 재정이 튼튼한 나라에서 행복하게 살도록 만들어야 할 것이다.

2

3류 정치인의 행태

정치인의 리더십 결여

아리스토텔레스의 저서 『폴리티카politika』에 따르면 정치는 도시polis 또는 국가 운영을 다루는 방법이다. 독일의 막스 베버는 비슷하게 국가 운영에 영향을 미치는 모든 활동이 '정치'이며, 직업정치인의 자질로 '열정, 책임감, 균형감'을 강조하였다. 대한민국 정치인들은 서번트 리더십Servant Leadership으로 국가대위기를 기회로 만들어 국가 발전을 선도해야 한다.

그러나 우리 대부분의 국민들은 경제는 2류, 정치는 3류라고 생각한다. 정치가 경제, 관료를 선도해 위민 정치를 하고 국가 발전의 주축이 되어야 함에도 불구하고 특이한 현상으로 정치인들은 부정부패에 능한 인간군상人間群像으로 비난받는 국민 여론이 지배적이다.

세계적으로 품격의 정치인, 진정한 애국자라고 평가받는 미국의 존 매케인 공화당 상원의원이 세상을 떠나면서 많은 교훈을 남겼다. 정파와 상관없이 모두가 '조국에 헌신한 영웅'이라며 그를 기렸다. 대립각을 세웠던 도널드 트럼프 대통령도 가장 깊은 존경을 표한다고 했다.

한나라 장량에게 황석공이 주었다는 '삼략'의 상략에는 '나라를 어지럽히는 원천'으로 벼슬아치가 붕당과 패거리를 지어 공정함을 등지고 사리사욕만 앞세워 어질고 뛰어난 사람을 억누르고 내치는 것을 들었다.

정치인들은 내우외환의 위기를 외면하고 과거의 적폐 논란으로 정치적 공방만 벌일 것이 아니라 문제가 있는 부분은 검찰 수사 등 사법적 판단에 맡기고 정치는 정치가 할 일을 해야 한다. 우리 정치의 사분오열 현상은 불신과 분열로 엉켜 있으므로 자아진단을 통해 수신과 성찰의 의정 활동이 절실하다. 정치인이라면 정치 원리와 이치를 잘 꿰뚫고 역사의 흐름을 잘 파악하여 국민을 안정시키고 민심을 얻는 정치를 펴야 한다.

필자는 일찍이『대한민국 리더십을 말한다』에서 3류 정치 리더십에 대해 논한 바 있다.[6]

근간 국민들은 국회의원 등 정치인들을 3류가 아니라 동네 강아지 이름 부르듯이 비하하고 국회의원 특권을 모두 내려놓으라고 질타하고 있다. 심지어는 적폐의 근원이라고 원망하며 국회의원 소환 제도를 입법화하기를 원한다. 김영란법 대상 1호가 김영란법에서 제외된 것은 3류가 아니라 5류 수준의 집단에서나 가능한 행태라는 여론이다. 국회의원들은 빠른 시일 내에 모든 특권을 내려놓는 혁신적인 조치를 취해야 국민들이 공감하고 감동하여 존경하는 1류가 될 것이다.

세계경제포럼World Economic Forum의 여론조사 결과 정치인 불신도에서 한국은 85%로서 한국의 많은 국민들이 정치인들을 신뢰하지 않는 것으

---

6 최익용,『대한민국 리더십을 말한다』, (스마트비지니스, 2010) pp.102~113

로 나타났다. 싱가포르는 3%로 정치인에 대한 불신이 거의 없어 매우 대조적이다.

서울대 리더십 센터에서 조사한 자료에 따르면 우리나라 엘리트 집단의 공공 리더십 지수는 전반적으로 낮게 나타났다. 942점 만점으로 분석된 엘리트 집단의 공공 리더십 지수를 보면 시민단체 대표가 382.25점, 기업 최고경영자가 371.29점이었으며, 정치인과 지식인 집단은 각각 319.99점과 310.70점으로 아주 낮았다. 여러 엘리트 집단 가운데 정치인 집단이 특히 낮은 점수를 기록한 것이 눈에 띈다.

국민들에게 정치에 대한 불신을 넘어선 혐오가 깔려 있는데도 불구하고 정치와 국회가 싸움만 하고 이렇다 할 비전이나 희망을 제시해 주지 못하고 있다. 국가 발전을 선도하고 사회적 갈등을 해결해야 할 국회는 해법 마련은 고사하고 '난장판' 국회라는 조롱거리로 전락하였다. 불행하게도 정치계 리더는 전문성, 도덕성, 능력, 자질 결여 등 리더로서의 결격 사유가 많아 '정치다운 정치'를 기대하기는 어려운 실정이다. 대화와 타협이라는 의회민주주의의 원칙은 실종되었고, 정치권은 부패, 무능 집단으로 국가위기를 초래한 책임이 가장 커서 지탄 대상이 되고 있다.

동아대 이대규 명예교수는 기고문에서 다음과 같이 말한다.[7]

한국이 선진국으로 우뚝 서기 위해서는 무엇보다 정치권의 뼈아픈 반성과 피나는 노력이 선행되어야 한다. 정치권은 'Going Together' 캠페인을 통해 상대주의적, 공리주의적 그리고 합리주의적인 선진 정치문화 풍토를 조성해 나가야 한다. 정치권은 선진 한국 건설을 위해 견제하고 경쟁하면서 서로 도우며 함께 걸어가는 참신한 모습을 이제는 국민에게 보여주어야 한다.

----

7 http://www.kookje.co.kr/news2011/asp/newsbody.asp?code=1700&key=20180921.22025000756

1880년에 황쭌센(황준헌)은 일본을 방문한 조선 수신사修信使 김홍집에게 『조선책략』을 증정하며 조선이 당리당략으로 싸움만 하는 현실을 연작처당燕雀處堂으로 비유하면서 조롱했다. 연작처당은 '처마 밑에 사는 제비와 참새'라는 뜻으로, 편안한 생활에 젖어 위험이 닥쳐오는 줄도 모르고 조금도 경각심을 갖지 않는 것을 비유하는 고사성어이다. 마치 우리 정치인들이 위중한 나라의 위기 앞에서도 집안 싸움에 정신없는 행태가 연상된다. 정치인들은 작금의 연작처당의 심각성을 직시하고 환골탈태換骨奪胎의 자세로 거듭나야 한다.

정치인은 수기치인修己治人이어야 한다. 자신의 인격을 제대로 닦은 뒤에 남에게 봉사하는 치인治人의 일을 해야 한다는 의미이다. 정치인들은 노자의 말을 깊이 새길 필요가 있다.

탁월한 리더는 있는 듯 없고 없는 듯 있는 사람,

보통의 리더는 사람들이 갈채하며 따르는 사람,

최악의 리더는 사람들에게 손가락질 받는 사람,

최상의 리더는 말을 최소한으로 하고

과업이 완성되어 큰 목적이 달성되었을 때

사람들의 입에서 '우리가 스스로 해냈다'라는 말이 나오게 하는 사람

프랑스의 철학자 루소는 "국민은 섬기기 위해서가 아니라 자신의 자유를 보장받기 위한 위임자로 지도자를 선출한다"고 하였다. 정치인의 의식, 가치관, 행동 등 모두를 바꾸고 변혁적 리더십을 파격적으로 도입해야 한다. 여당이든 야당이든 새 물결 위에 배를 띄워야 한다. 그렇지 않으면 오도 가도 못 하고 갯벌에 얹힌 배가 되고 말 것이다. 서번트 리더십의 절대적 지혜가 절실히 필요하다.

한국정치인의 과제는 분열, 대립과 소모적 정쟁을 지양하고 여·야 간 정책대결을 통해 진정한 의미의 입법기관의 역할을 충실히 수행하여 선진국을 건설하는 것이다. 더 나아가 한국 정치인의 향후 과제는 최근 한반도 평화 번영의 기회를 놓치지 말아야 한다는 점이다. 정치인들은 현재의 위기를 기회로 바꿔야 할 책무가 제일 큰 만큼, 헌신적인 정치 리더십으로 초일류 통일선진강국이 되도록 '선진화 혁명'의 초석을 놓아야 할 것이다.

정치인의 부정부패

동서고금의 모든 나라에서 지도층의 인성이 살아 있지 않으면 그 사회·국가의 미래는 밝을 수 없다. "윗물이 맑아야 아랫물도 맑다."라는데, 이렇게 윗물이 혼탁하니 국가 장래가 걱정스럽다. 더욱이 외부에 드러난 비리는 빙산의 일각이며, 실제 저질러진 비리와 부정부패는 가늠조차 할 수 없다.

정치학의 아버지라 불리는 마키아벨리에 따르면 "시간이 흐르면 도덕성도 함께 부패하고, 치료를 하지 않으면 도덕성의 부패는 그 나라 정체성의 파멸을 불러온다."라고 한다. 너무도 정확한 표현이다.

「정치권 부패 척결이 훨씬 중하다」[8] 제하의 사설을 살펴보자.

정치인들의 부패와 도덕적 해이가 국민이 참을 수 있는 선을 넘어서고 있다. 국회 말고는 대한민국의 어느 조직체가 구성원의 7% 가량이 부패, 비리, 선거부

---

8 http://news.chosun.com/site/data/html_dir/2015/12/02/2015120204305.html

정 등의 사유로 직업을 잃거나 감옥에 갇히는 곳이 있겠는가. (중략) 민심은 국회의 타락과 부패에 진저리치고 있다. 법안 수백 개를 만드는 일보다 정치권의 썩은 부위를 도려내는 일이 몇 배 중요하다는 말도 나온다.

현재 EU 등 선진국에서는 정치를 봉사하는 직업으로 명예를 중히 여겨 봉급이 없는 나라가 많고 부정비리는 거의 없다. 그들은 국회의원이 힘들어 못 하겠다는 소리가 나올 정도이다. 북유럽국가 국회의원들은 대중교통을 이용하며 보좌관도 없다. 법안을 발의하거나 대정부 질의를 할 때는 자정을 넘어 퇴근하는 것이 다반사다. 특히 스웨덴에서는 가장 고된 직업이 정치인이다. 1995년 잉바르 칼슨 총리가 하야를 천명하고 집권 시민당이 총리후보 5명을 추렸으나 그중 4명이 총리직을 거부했다.

반면 우리나라 국회의원들의 혜택은 세계에서도 으뜸가는 실정으로 200여 개의 특권(불체포 및 면책, 세비 등 30여억 원)을 누리고 있다. 지금까지 용두사미로 그친 특권 내려놓기 약속을 이젠 지켜야 한다는 것이 국민 여망이다. 이제 우리 정치인들은 민심을 겸허하게 수용하여 나라 사랑 역사 사랑의 리더가 되어야 할 것이다.

3

영혼 없는 일부 공무원

대한민국 공무원은 국민들이 선망하는 직업으로 기대도 크다. 공무
원들은 국민들에게 모범을 보이고 선진국의 공무원처럼 빛과 소금의
역할을 해야 한다. 그러나 공무원들의 군림하는 행태가 개선되지 않고
무사안일주의로 예산낭비는 물론 효율성이 낮다는 것이 국민들의 지배
적인 여론이다. 더욱이 패거리 문화와 부정부패는 음성화되어 가고 있
다. 주요 공직자들은 퇴직 후에도 영향력을 발휘하는 등, 관피아의 집단
문화가 상존하고 있어 국민 불만이 해소되지 않고 있다. 일부 공무원들
은 선거 때마다 눈치보기식 행태에다 복지부동 근무 자세를 취하고 있
어 영혼 없는 일부 공무원이라는 소리를 듣고 있다.

공무원들은 철밥통이라는 소리를 들어가며 특권 계급화 되어가고
있다. 국민들은 공무원들이 갑이고 국민이 을이라고 생각한다. 민주주
의 국가에서는 공무원이나 국민이나 모두 주인으로서 동등한 주체이므

로 상호가 갑을 대상이 아니다. 구태여 갑을 관계를 따진다면 공무원이 공복公僕이기 때문에 공무원이 겸허하게 을乙의 자세를 스스로 취해야 하나 공무원 우월주의의 갑질 문화가 지속되고 있다.

더욱이 철밥통 같은 직업의 안정성, 장시간 근무에서 벗어난 일과 삶의 균형, 평균을 상회하는 생애 소득, 고령화 시대의 노후보장은 물론 출산, 육아휴직, 임시휴직 확대 등 좋은 것은 공무원 먼저 시행되고 있다. 최근에도 국회 인사청문회에서 고위관료의 위장전입, 부동산투기, 세금탈루 등 적폐 유형이 매번 거론되어 낯이 뜨거울 정도이다.

공무원의 도덕성과 청렴은 시대가 변해도 바뀌어서는 안 될 중요한 가치관이다. 특히 '청렴' 하면 떠오르는 게 다산 정약용의 『목민심서』다. 우리 공무원들은 정약용의 『목민심서』를 공직윤리의 교과서로 삼아 마음을 갈고 닦으면 도덕성이 강해져 청렴 공무원이 될 수 있을 것이다. 도덕성은 청렴을 잉태하고 청렴은 지혜와 비전을 생성하는 토대가 된다. 우리 공무원 등 모든 지도자들은 『목민심서』를 필독서로 정하는 한편, 정약용의 청렴한 인격을 존경하여 수신과 성찰의 거울로 삼아야 할 것이다.

공무원들은 국민 세금으로 봉급을 받기 때문에 '공무원혼魂'의 중요성을 깊이 인식해야 한다. 국가와 국민에 대한 충성심과 애정을 바탕으로 국가 발전을 위한 정책 목표를 수립하고 이를 달성하기 위해 열과 성을 다하는 자세가 기본일 것이다. 과거에는 정치인들이 진영 싸움 및 포퓰리즘으로 비합리적인 정책을 밀어붙이려고 할 때마다 관료들이 잘못된 부분을 조정하여 실행 가능한 정책으로 수정해왔다. 그러나 현재는 관료들이 탁상공론식의 정책에 동조하는 등 공무원 정신이 결여된 실정이다. 미국, 영국, 프랑스, 일본 등 주요 선진국은 파격적인 기업지원정책으로 경제부활을 본격화하고 있는데 반해, 우리나라는 관료들이 정치계 눈치를 보느라 지속적인 경제성장 등 선진국 도약의 장기계획 과제가 실종된 상태다.

그러다 보니 요즘은 공무원이 일반 직장인으로 변하고 있다는 우려의 목소리가 곳곳에서 터져 나온다. 공무원은 국가 경쟁력의 핵심이다. 그런 의미에서 공무원 정신이 희박해져 가는 상황은 매우 염려스럽다.

사私는 나요, 공公은 우리다. 사는 개인이요, 공은 전체다. 사는 작은 것이요, 공은 사보다 큰 것이다. 사에 사로잡히면 공이 안 보인다. 사심私心·사욕私慾·사감私感·사정私情은 우리의 눈을 흐리게 하고 판단을 어지럽게 하고 공익을 망각하게 한다.

우리가 일상생활에서 구호처럼 애용하는 말이 멸사봉공滅私奉公이다. 공무원은 대공정신大公精神으로 공익을 위해 개인의 생명조차 스스로 버린다는 뜻이다. 관료체제 안에서 높은 지적능력과 도덕성을 갖춘 인물로 성장하여 국가를 이끄는 것이 공무원이라 할 수 있다.

이제 우리 공무원들은 자아혁신의 정신혁명을 통해 수신과 성찰의 근무 자세로 자랑스러운 공무원, 영혼이 살아 있는 공무원으로 거듭 태어날 필요가 있다. 또한 국민의 비난이 아닌 국민의 사랑을 받는 공직자상의 확립을 위해 힘써야 한다.

공무원은 경제성장 등 국가발전을 이룩하는 데 중심역할을 해야 하는 핵심세력이다. 공무원, 관료집단은 잘하면 개혁 혁신의 원동력이지만 잘못하면 개혁의 대상이다. 그러나 근간 공직사회는 사기와 근무기강이 모두 떨어지다 보니 국가발전에 걸림돌이 되고 있다. 정권교체(선거) 시마다 중요 정책은 대통령 선거공약이라는 명분 아래 정치권에서 결정하고 있다. 일부 공무원들이 기회주의로 근무에 소홀하여 복지부동 적폐현상이 지속되고 있다. 공무원이 영혼 없는 공무원으로 전락할 수밖에 없는 환경이 조성되고 있다. 국가를 위해 정진하여 근무하겠다는 분위기보다는 상관의 지시에 따라 근무하는 무사안일주의의 근무가 될 수밖에 없다.

이제 우리 공무원들이 사명감을 가지고 국가를 위해 열심히 근무할 수 있도록 공무원 기강과 분위기를 쇄신시켜야 한다. 공무원이 소신껏 일할 수 있는 여건과 제도를 마련하여 공무원들의 사기를 올려주고, 혼魂을 불어넣는 근원적인 대책이 긴요한 실정이다.

정부는 2018년 3월 인사상 불이익 금지 조항을 담은 국가공무원법 개정안을 심의 의결했다. 영혼 없는 공무원에 대한 국민의 실망을 해소할 수 있는 계기가 되도록 해야 한다. 우리 모두 개정안이 실제로 힘을 발휘하도록 성원을 보내어 공무원들의 사명감을 확립하여야 할 것이다.

'리더는 많으나 리더십은 없다'는 말처럼 우리의 공무원들은 영혼이 고갈되어, 대한민국이 중국, 싱가포르 등 주변 국가보다 성장하지 못하고 오히려 정체된 상황이다. 우리 공무원들은 수십 대, 수백 대 일의 치열한 공시를 통해 등용된 인재들로 한국은 물론 세계가 인정하는 능력과 영혼을 갖춘 모범집단이 되어야 할 것이다. 공무원 정신, 공무원 영혼의 본보기는 싱가포르가 아니라 대한민국이 되어야 하는 것이 시대적 소명이라 생각한다.

국가 위기극복의 책무를 가진 국가지도자들은 현재의 위기상황에 대해 사명의식과 부끄러움을 느껴야 한다. 현대의 대표적인 사상가인 사르트르가 『존재의 무』에서 말했듯이 부끄러워할 줄 아는 양심을 가져야 한다. 국가지도자(공직자, 정치인)로서 책무를 다하지 못해 국가가 위기상황에 처한 것에 부끄러움과 죄의식을 갖고 성찰하여 환골탈태의 애국리더십을 가져야 할 것이다.

"나라가 바로 서면 천심이 순해지고(국정천심순: 國正天心順) 공직자가 깨끗하면 국민이 저절로 편안해진다(관청민자안: 官淸民自安)."라는 명심보감 성심편의 장원시壯元詩가 우리의 가슴에 울림을 준다.

한국의 전통적인 관료제도를 볼 때, 공무원에 의해 국가의 운명이 크게 좌우되었으므로 공무원의 역할은 다른 국가에 비해 비중이 매우 컸다. 따라서 유능한 공무원, 모범적인 공무원, 이른바 수신제가치국평천하身齊家治國平天下 정신에 입각한 참다운 공무원이 꽉 찬 나라가 되어 일류 선진국으로 도약하는데 초석이 되어야 하겠다.

제3장

세계사 중심에 선 한반도, 비핵화와 평화 번영의 길

한반도 화약고, 북한의 대변화

2018년 4월, 남북 정상회담 이전 – 세계 유일의 휴전, 냉전지역

북한 헌법은 오로지 노동당의 영도와 통제 속에 묶여 있다. 노동당 규약은 김일성 주체사상을 지도 이념으로 내걸고, 북한 내 사회주의 강성국가 건설과 한반도 전체의 사회주의화를 목표로 설정하고 있다. 또한 한반도 전체의 적화 통일전선 강화, 남한에서 미제 침략 무력 축출, 우리 민족끼리 자주평화 통일, 4대 군사노선(전 인민의 무장화, 전 군의 간부화, 전 국토의 요새화, 전 군의 현대화) 등을 중심으로 대남 적화 통일 전략을 70여 년간 지속적으로 추진해 왔다.

되돌아보면 분단에서부터 6·25전쟁, 정전협정, 북핵 위기에 이르기까지 한반도 냉전사는 70여 년간 지속되었다. 끊임없는 북한의 도발(출처: 육군군사연구소)은 해방 이후부터 총 3,094회로 대량의 인적, 물적 피해를 강요했다. 특히 NLL침범과 연평도 포격, 천안함 폭침, 사이버 테러, 미사일 도발 등 남북 긴장을 조성했는바, 주요 사례는 다음과 같다.

① 남한사회에 혼란조성을 위해 120명의 무장공비가 대규모로 침투했다.(울진, 삼척 공비 침투, 68.10.30~11.2)

② 현재까지 4개의 남침용 땅굴이 발견되었으며 발견하지 못한 땅굴의 수가 수십 개로 추정되고 있다. 심지어 7·4남북공동성명으로 남북평화회담을 하면서도 땅굴을 파고 있었다.

③ 대한항공 YS-11기 납북, 창랑호 납북, KAL-858기 폭파(115명 탑승자 전원 사망) 등 민항기에 대한 공격도 자행했다.

④ 특수훈련을 받은 김신조 등 무장공비 31명이 청와대를 습격(1968년 1·21사태)하여 대통령 살해를 시도했으나 실패로 끝났고 민간인 5명이 사망했다. 이어 우리의 대통령 시해를 위해 74년 광복절 기념식장에서 박정희 대통령 암살 시도(문세광 사건)에 이어, 83년 10월 9일 아웅산 묘지 폭탄테러(대통령을 시해할 목적)를 자행하여 정부 주요인사 등 21명 사망, 14명 중경상을 입었다.

⑤ 1976년 8월 18일 도끼만행사건이 발생하였다. 미루나무 가지치기 중이던 미군 장교 2명을 도끼로 살해하여 세계가 경악했다.

⑥ 제1·2차 연평해전(1999, 2002년), 천안함 피격사건(2010년), 연평도 포격도발(2010년), 목함지뢰도발(2015년) 등 도발을 멈추지 않았다.

⑦ 2017년 9월 3일까지 지난 25년 동안 6차 핵실험을 감행하여 현재 수십 개의 핵무기를 보유하고 있는 것으로 추정된다. 핵무기 투하를 위한 장거리 미사일 개발로 한반도 전역은 물론 미 본토까지 타격이 가능하다. 2017년 트럼프와 김정은 사이에 선제타격 운운, 핵 탑재한 미사일 단추가 내 탁자 위에 있다는 공언이 오고 갈 정도로 한반도에 전운이 감돌았다.

얼마 전까지만 해도 북한 위협이 더욱 증가되고 있기 때문에 우리가 누리고 있는 평화와 번영은 언제 무너질지 모르는 모래성과 같다는 국민 불안 여론이 고조되고 있었고 대부분의 국민들이 대한민국의 위기를 말해왔다.

이런 현상에 대하여 『벼랑 끝에 선 한국의 자유민주주의』에서는 다음과 같이 말했다.[9]

지금 대한민국에서는 반공적 자유민주주의 체제를 붕괴시키려는 세력과 이를 수호하려는 세력 간에 느슨한 형태의 내전이 진행 중이다. 두 세력 간의 내전은 1980년대 후반 반공적 자유민주주의에 반대하는 사상을 가진 혁명세력이 급성장하여 국민들의 사상적 합의idealogical consensus가 와해되면서 비롯되었다.

그들은 자신들의 혁명을 민족해방 민중민주주의혁명NLPDR: National Liberation People's Democracy Revolution이라고 주장했다. 본질은 대한민국의 사회주의화, 그리고 사회주의적 남북통일을 목적으로 하는 혁명이다. 그것을 추진하는 세력은 공산주의 세력이었다.

남북정상회담 전까지 북한은 국내외적으로 공감 받을 수 없는 일방적인 조건을 요구했었다.

① 북한이 보유한 핵무기나 미사일에 대해선 왈가왈부하지 말 것
② 대북 제재를 전면 중단할 것
③ 대북 한·미 군사훈련을 중지할 것

----

9 양동안, 『벼랑 끝에 선 한국의 자유민주주의』, (인영사, 2017), p.5

④ 미국과의 국교 정상화, 휴전협정을 평화협정으로 전환할 것

⑤ 주한 미군 철수

⑥ 한·미 동맹 폐지 등

이와 같이 북한은 군사적인 겁박을 통해 적화통일을 하거나 아니면 핵무기 공격으로 무력 정복하겠다는 의도였다고 할 수 있다.

지금의 한반도 상황은 철저히 비대칭적이다. 핵무기와 ICBM을 가진 북한이 대한민국의 재래식 군사력을 의미 없게 만들어 버렸다. 북한은 재래식 무기에는 투자를 줄이고 핵, 미사일, 생화학전 등 비대칭 전력을 강화하여 현대전 능력에서 우리를 압도하려고 획책하였다. 미국 핵우산만 찢어지면 대한민국은 김정은의 적화통일 야욕에 희생이 될 수밖에 없는 실정이었다.

2017년 북한 《노동신문》은 "우리가 자위自衛 억제력(핵무기)을 절대로 내려놓지 않으리라는 것쯤은 알고 덤벼야 하지 않겠는가", "제 것이란 아무것도 없는 괴뢰들이 그 무슨 '군사적 대응'을 떠들어대고 있는 것은 가소롭기 그지없다"고 공개적으로 우리를 무시하고 협박해 왔었다.

이와 같은 한반도 화약고의 70년 냉전 역사는 2018년 4월 27일 남북 정상회담을 계기로 평화, 새로운 시작의 전환점이 도래하였다. 우리 국민들은 북한의 진정성과 신뢰회복으로 완전비핵화를 이루어 남북이 공존·공영하는 국가로 남북통일을 향해 나가길 염원한다.

2018년 남북 정상회담 이후 – 한반도 평화 번영의 길을 향해

한반도의 70년 냉전 역사는 평화와 번영의 역사로 대전환하는 시대적 기운을 맞이하고 있다. 한반도에 더 이상 전쟁은 없다는 남북정상의 선언을 세계가 주시하고 있다. 세계의 이목이 집중되고 있어 전쟁하지 않고 새 평화의 세상을 창조할 역사적 씨앗의 발아를 보는 것 같다.

우리는 한반도 평화와 번영의 씨앗을 평창 동계올림픽에서 발아시켜 정상회담으로 이어졌다.

2018년 4월 27일 한반도의 운명을 가르는 남북정상회담이 개최되어 한반도는 세계가 주목하는 가운데 평화를 논하고 공동 선언문을 채택했다. 한반도에 전쟁 없는 새로운 평화시대 개막을 천명하고 화해와 평화, 번영의 남북관계를 선언했다. 두 정상은 "한반도에서 더는 전쟁이 없을 것이며, 새로운 평화의 시대가 열렸음을 8,000만 겨레와 전 세계에 엄숙히 천명한다"고 발표했다.

남북정상회담의 주요 요지는 다음과 같다.

● 남과 북은 남북 관계의 전면적이며 획기적인 개선과 발전을 이룩함으로써 끊어진 민족의 혈맥을 잇고 공동번영과 자주통일의 미래를 앞당겨 나갈 것이다.

● 남과 북은 한반도에서 첨예한 군사적 긴장상태를 완화하고 전쟁 위험을 실질적으로 해소하기 위하여 공동으로 노력해 나갈 것이다.

● 남과 북은 한반도의 항구적이며 공고한 평화체제 구축을 위하여 적극 협력해 나갈 것이다.

문재인 대통령은 남북정상회담으로 북미 정상회담 성사는 물론, 북한의 완전 비핵화와 북한체제 보장, 북한의 경제개발 합의에도 결정적으로 기여했다. 북한의 진정성이 문제가 되지만, 국내외적으로 냉전 역사의 대전환으로 대부분 긍정적 평가를 하고 있다.

문재인 대통령은 통 크게 대화를 나누고 합의에 도달해 세계인들에게 큰 선물을 하자고 했다. 김정은 위원장은 새 역사를 쓰는 출발선이라며 원점으로 돌아가지 말고 미래를 보며 가자고 했다. 두 정상은 한반도에 더 이상 전쟁은 없을 것이며 새로운 평화의 시대가 열렸음을 천명했다. 한국전쟁 후 65년간 이어진 한반도의 정전체제가 평화체제로 가는 큰 걸음에 전 세계가 주목하고 있다.

한편 1차 정상회담에 이어 2018년 2, 3차(평양) 정상회담까지 개최하여 확고한 비핵화 의지를 거듭 확인하고 연내 4차 정상회담(서울)과 종전선언을 목표로 뜻을 모았다. 평양정삼회담은 1차 정상회담의 구체적인 이행은 물론 보다 발전된 내용을 포함한다. 남북정상은 "한반도를 핵무기와 핵 위협이 없는 평화의 터전으로 만들겠다"라고 선언했다. 문재인 대통령은 "남과 북은 처음으로 비핵화 방안도 합의했다. 매우 의미있는 성과이다."라고 말했다.

이와 같은 흐름을 볼 때 분명 한반도의 변화는 오고 있다. 그것은 외부적으로는 거부할 수 없는 흐름인바 그 이유는 다음과 같다.

첫째, 체제 유지를 위해 핵미사일 개발에 혈안이 되어 있어 굶주린 주민들의 불만이 최고조에 달해 있다. 이미 주민 수백만 명이 굶어 죽었고, 현재 760여만 명이 굶주리고 있으며, 세계 최빈국에다 세계 최악의 인권으로 삶의 질이 세계 최하위이다.

둘째, 도덕성이 무너지고 부정부패와 내분이 심각하다. 반면 사상적 순수성을 강조하는 집단사고Thinking Group가 지배하는 사회로, 자멸의 위기 상황에 와 있다.

셋째, 북한의 핵미사일 완성으로 미국을 중심으로 유엔에서 북한에 대한 경제제재가 가중되어 북한 체제 유지가 어려운 상황에서 경제를 살리기 위한 어쩔 수 없는 전략적인 선택일 것이다.

넷째, 북한의 대부분 주민들이 세계화 물결에 따라 자본주의화된 장마당시장에 익숙해져 있으며 휴대폰 보급으로 외부정보 유입, 한국문화의 전파 등으로 북한 통치체제의 개혁, 개방이 불가피한 상황으로 전개되고 있다.

다섯째, 김정은 위원장은 2018년 2월 '제2 고난의 행군 없다' 제하의 자필 편지를 노동당 지방조직들에 보내 국내 불안을 진정시켰다고 하는 바, 이는 자생적 경제발전의 한계를 알고 중국 및 베트남의 개방정책을 일정 부분 받아들여 경제개발에 전력을 기울일 것이라는 의미일 것이다.

그러하기에 김정은 위원장은 남북정상회담, 북·미 정상회담, 북·중 정상회담 등을 통해 체제를 보장받는 조건에서 비핵화 등 과감한 선택을 할 수밖에 없었을 것으로 판단한다. 향후 북한이 신뢰를 회복하고 진정성 있는 비핵화 정상회담에 임한다면 체제보장 및 경제발전을 성공적으로 이룰 수 있는 좋은 기회를 잡을 것이다.

그러나 우리나라 국민들은 아직도 북한의 진정성에 의문을 제기하고 신뢰하지 않는 분위기다. 2018년 7월 31일 문화체육관광부가 한국리서치에 의뢰해 발표한 남북관계 인식 설문조사 결과는 다음과 같다.

남북정상회담과 북미 정상회담에서 한반도 비핵화가 합의됐음에도 우리 국민 중 43.2%는 북한이 핵·미사일을 '포기하지 않을 것'으로 전망, '포기할 것'이라고 내다본 비율(33.7%)보다 많았다. 또 우리 국민은 한반도 평화 체제 구축을 위해 추진해야 할 대북정책으로 북한 비핵화 조치(63.8%), 평화협정체결(38.0%), 남북 경제 협력(31.6%), 북한의 개혁·개방(27.0%), 남북 이산가족 상봉(24.5%) 순으로 꼽았다.

북한이 핵미사일 협상과 한반도 평화를 내세워 시간 벌기의 위장 평화 수단을 벌일 수도 있는 점을 고려해 치밀한 진단과 전략이 필요한 실정이다. 이럴 때일수록 우리는 '가슴은 뜨겁게, 머리는 차갑게'라는 말을 새길 필요가 있다. 마치 금방이라도 통일이 될 것처럼 흥분하거나 성급한 기대를 표출하기에는 아직 이르다. 문재인 대통령도 2018년 7월 "만약 국제사회 앞에서 북미정상이 직접 한 약속을 지키지 않는다면 국제사회로부터 엄중한 심판을 받게 될 것"이라고 말했다.

북한은 물론이고 주변국들과 긴밀히 소통하면서 치밀하게 상황을 관리해 가야 한다. 북한의 진정성과 신뢰가 확보되는 날까지 단기, 중기, 장기적인 치밀한 혜안의 전략이 요구된다.

특히, 한반도의 미래를 제대로 분석하려면 북한의 대외적인 변화와 더불어 대내적인 변화에서 숨어 있는 전략을 찾아야 한다. 즉, '표리부동表裏不同한 변화인가? 표리동일表裏同一한 변화인가?'를 정밀 진단하여 북한의 진정성을 확인해야 할 것이다. 진정성이 확인된다면 협상을 통한 최상의 해법을 찾고 상호 원-원 전략을 과감히 택해 검증하고 신뢰를 조성해야 할 것이다.

미래학자 존 나이스비트가 "변화의 대부분은 '무엇'을 하는가가 아니라 '어떻게' 하는가의 영역에서 발생한다."라고 말한 점을 교훈 삼아 한·미는 북한의 진정성을 정밀 분석해서 지혜로운 전략을 강구해야겠다. 한·미는 물론 이웃나라들이 모두 진정한 남북 화해를 위해 북한 체제의 변화의 속성과 본질, 지향점을 정확히 파악해서 마무리 협상을 잘 이끌어 내야 할 것이다.

북한이 선택할 수 있는 유일한 길은 핵을 포기하는 것이고, 이 목적을 달성할 때까지 우리는 한·미동맹은 물론 국제사회와 힘을 합쳐 대북 제재와 협상을 병행하면서 우리의 입장을 확실하게 인식시켜야 한다. 북한의 완전비핵화가 이루어지지 않으면 경제협력은 불가능하다는 점을 분명히 인식시켜야 한다. 향후 북한의 완전 비핵화 여부는 우리와 한·미동맹의 역할이 매우 중요하다.

판문점에서 열린 남북정상회담을 계기로 북한의 완전 비핵화를 토대 삼아 '종전선언→평화협정→평화체제'라는 한반도 평화 프로세스가 반드시 진행되도록 하여야겠다.

이제 남북 두 정상은 정기적인 회담과 직통전화를 통해 민족의 중대사를 긴밀하게 논의하고 신뢰를 쌓아 남북관계의 지속적인 발전과 한반도의 평화와 번영 그리고 통일을 향해 역사적 사명을 갖고 최선을 다해야 할 것이다. 이제 여야는 진영을 가리지 말고 국민 대통합과 통합으로 일치단결하여 완전한 비핵화를 통해 한반도 번영 평화의 길로 나아가는데 제 역할을 다해야 한다.

2

한반도 냉전 역사의 대전환
- 북미 정상회담과 북한의 핵

북한의 김정은 국무위원장과 미국의 트럼프 대통령은 2018년 6월 12일 사상 첫 북미 정상회담을 가졌다. 지난 70년간 한반도에서 6·25전쟁 등 적대관계를 유지해왔던 양국의 최고지도자가 직접 대화를 나눈 것은 제2의 몰타, 한반도판 몰타선언의 시작이라고 평가할 정도로 세계적인 사건이라고 할 수 있다. 회담의 주요내용은 다음과 같다.

● 새로운 북미관계 수립
● 한반도 평화 체제 구축 노력
● 북한의 완전한 한반도 비핵화 노력
● 6·25 전사자 유해 수습 및 송환

기존 미국이 주장하던 CVID(완전하고 검증 가능하며 되돌릴 수 없는 비핵화)

는 포함되지 않았다. 그러나 김정은의 확고하고 흔들림 없는 완전한 비핵화 선언을 인정해 북한에게는 명분을, 미국은 실리를 챙기는 전략으로 수정한 것으로 보인다.

그러나 김정은 국무위원장과 트럼프 대통령이 발표한 '싱가포르 공동성명'은 국내외 일부 전문가로부터 비판을 받고 있다. 'CVID'로 명확히 하지 않고 '완전한 비핵화$_{CD}$'로 명시한 것은 "북한에 휘둘린 실패한 회담"이란 부정적인 평가가 많다. 한반도 비핵화와 평화정책에 대해 큰 틀에서 합의했지만 합의문에 구체적인 비핵화 시간표와 검증에 관한 내용이 없다는 점에서 미래 협상은 순탄치 않을 것으로 보인다.

북미 정상회담 개최로 한국, 북한, 미국은 되돌아올 수 없는 대항해를 시작했다.

① 한국: 북한 완전 비핵화를 통한 한반도 평화와 번영
② 북한: 경제난 해결과 체제 보장
③ 미국: 패권 국가에 대한 북핵 도전 요인 제거는 물론 트럼프의 중간 선거·대선 전략

위와 같은 세 나라의 전략적 선택이 맞아 떨어지는 현 상황은 북한의 비핵화를 성공적으로 이끌어낼 수 있는 절호의 기회이다. 특히 북한은 경제난 해결과 체제 보장의 필요성이 절실한 상황이다. 이러한 문제는 북한의 사활이 걸린 문제로서 기존의 핵무장을 철회하고 한반도 비핵화로 노선을 변경할 수밖에 없는 상황에 처해 있다고 볼 수 있다.

역사는 언제나 리더들에게 선택을 강요하며, 국가 미래는 리더의 선택으로 만들어진다. 변화의 흐름을 파악했다면 무엇을 선택할 것인가

를 생각해야 한다. 우리 정부는 세계적 트렌드에 따른 탁월한 전략과 리더십으로 역사적, 시대적 사명을 완수해야 한다.

북미 정상회담 이후는 더욱 혜안의 리더십이 요구되는 상황이다. 특히 북미 정상회담의 결과에 따라 미국과 한국의 안보 이해가 달라지는 '디커플링decoupling' 현상이 발생할 수 있다. 만약 북미 정상회담 이후 평화제제 논의가 궤도에 오르면 한·미동맹이나 주한 미군의 필요성과 정당성을 훼손하는 주장이 많이 나올 수 있으므로 사전 예측 예방의 대전략이 요구된다. 한반도 문제는 한국·미국·북한의 회담 결과에 의해서 모든 일이 좌우되는 것은 아니다. 중국, 일본, 러시아와의 관계도 결코 소홀히 하면 안 된다. 특히 중국은 한국전쟁의 정전협정 관련국으로 한반도에서 자국의 영향력을 유지해야 한다는 입장이다.

현 시점에서 우리에게 절실한 것은 안보외교의 균형추 역할이다. 외교에서 극단주의는 역작용을 초래하는 바, 국익 중심의 중용·실용주의를 통한 조화로운 외교 전략이 필요하다. 한반도 평화체제 정착이라는 우리의 비핵화 목표를 이루기 위해 어느 쪽에도 치우치지 않고, 이해관계를 조정해 나가는 외교전략과 지혜로운 리더십이 어느 때보다 절실히 요구된다.

우리 국민들은 국민적 결기와 의지를 모아 정부의 전략과 정책을 적극 밀어줘야 한다. 합리적인 진보와 보수가 조화와 균형을 이루어 정부를 적극 지원해야 한다. 국민 의지와 국력을 결집시킬 때 우리 민족의 염원인 한반도 평화 번영의 새 지평을 열 수 있다.

21세기 세계적 가치와 메가트렌드는 평화와 번영이다. 특히 자유민주주의와 시장경제 체제를 통한 인류평화 번영이다. 정부의 강한 리더십과 국민대화합을 통해, 북한의 핵·미사일보다 더욱 강한 자유민주주의의 비대칭무기로 남북 평화시대의 문을 활짝 열고 평화와 번영의 시대를 맞이할 수 있을 것이다. 굳건한 한·미동맹을 토대로 북한이 비핵화의 길을 가는 것이 한반도 평화는 물론, 세계 평화를 위해서도 매우 중요한 일이다. 이러한 대 원칙을 전제로 북한과 진지한 협상에 임해야 할 것이다.

〈북미 정상회담 이후 한반도 안보[10]〉

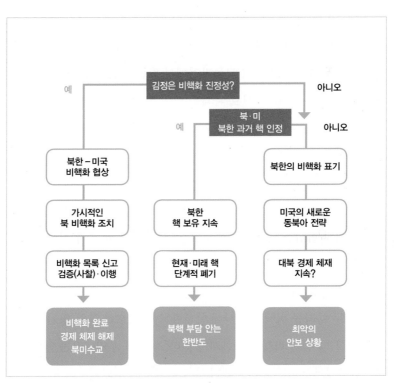

미국이 중국과의 패권 다툼을 북한 문제보다 우위에 두거나 북한이 중국과 과도하게 밀착하는 상황이 맞물린다면, 비핵화 협상은 멀고도

---

10 http://news.joins.com/article/22718149

험난한 과정이 될 수밖에 없는 실정이다. 어떠한 경우라도 북한의 핵을 인정하는 최악의 안보 상황은 절대 용인해서는 안 된다. 북한의 비핵화 포기로 인한 최악의 안보 상황은 막아야 할 것이다. 역사의 시계를 다시 되돌릴 수 없도록 예상되는 모든 변수에 철저하게 대비해야 한다. 북한의 국제사회 합류와 단계적 핵 폐기를 유도하여 한반도 비핵화를 이룰 수 있도록 해야 할 것이다.

지난 25년간 북핵 위기에서 핵협상의 어려움을 체험했기 때문에 문재인 대통령은 악마는 디테일에 있다며 소소한 협상 과정을 중요시하였다. 또한 국가안전보장회의 모두발언에서 한반도 문제에 대해 '북한 비핵화와 체제 보장이라는 안보 과제를 넘어 한반도 평화와 남북 공동 번영이라는 새로운 시대정신'에 입각해 능동적이며 포괄적인 한반도 평화 구축을 이루자고 했다.

2차 북미 정상회담은 2019년 초에 개최될 것으로 전망된다. 북한의 완전 비핵화 협상을 위해서는 핵무기·핵물질, 우라늄 농축 시설의 정확한 규모와 위치 등을 담은 북핵 신고서가 요구되므로 협상 과정은 많은 고비를 겪는 등 지난할 것이다.

결국 두 나라는 비핵화 협상에 합의할 수도 있으나 북한 정권의 특성을 감안할 때 완전 비핵화는 한계가 있다. 따라서 우리나라는 앞으로의 북미협상에서 '신고→검증→폐기'의 로드맵이 구체화되도록 관심을 기울여야 한다. 우리 지도자들은 한반도의 평화번영을 위한 유비무환의 지혜와 혜안의 전략을 발휘해야 할 것이다.

3

대한민국 평화번영의
르네상스 시대를 향해

역사는 과거의 발자취이며 현재와 미래의 거울이다. 동서고금을 막론하고 모든 국가의 흥망성쇠가 지속적으로 반복되는 이유는 무엇일까? 나는 그 답을 역사의 섭리, 역사의 순환에서 찾고자 한다. 역사의 순환에 따라 존 나이비스트는 21세기 문명은 이스트 터닝(east-turnning: 동양회귀)이라고 말한다. 동양회귀의 중심에는 한·중·일이 있는데 한·중·일 중에서도 대한민국으로의 회귀가 역사의 섭리라고 판단하고 염원한다. 그 이유는 다음과 같다.

첫째, 건국대 조용헌 석좌교수에 따르면 인간사에서는 예언이 빠질 수 없다. 일제강점기라고 하는 암울한 시기에 소태산少太山 박중빈(朴重彬·1891~1943)은 "조선에 어변성룡(魚變成龍: 물고기가 변해서 용이 되어 간다는 뜻)의 운세가 오고 있다"라는 예언을 하였다. 당시 식자층들은 일제의 지배가 최소한 100년은 계속될 것으로 생각하여 희망이 없다고 낙담했던 시대였다. 그러나 미래를 비관하여 영원히 오지 않을 것 같던 해방이 끝내는 왔고, 6·25라는 비극적 전쟁을 겪기는 하였지만 20세기 후반에 들어서면서부터 한국은 비약적인 발전을 하여 왔다.

비록 최근 내우외환의 어려움에 직면해 있지만 이것을 극복하면 대위기가 대기회로 반전하여 대한민국 르네상스 시대가 도래할 것이다. 세계적인 경영 사상가 마셜 골드스미스 박사는 "우리의 생각과 행동을 바꾸는 심리적 자극을 일컫는 트리거trigger는 갑자기 또는 예기치 않게 나타난다."고 말했다. 한반도의 완전 비핵화와 평화통일이 한국의 안보를 강화하고 경제발전을 촉진할 트리거로 작용할 수 있길 기대한다.

둘째, 일찍이 세계를 주름잡고 호령했던 패권국가들은 반도국가에서 출발했다.

- 그리스는 비록 조그만 발칸반도에서 출발하였지만, 오히려 그러한 조건을 적절히 활용함으로써 드넓은 바다와 바다 건너 대륙 곳곳에 그 위세를 떨쳤다. 오늘의 서양 문명은 그리스문화에서 유래된 것이요, 르네상스란 바로 고전 그리스 문화의 부흥 운동인 것이다.

- 세계를 제패하였던 이탈리아 로마는 이탈리아반도를 기점으로 대륙과 해양을 정복하여 세계 제국을 건설하였다. 그리스가 서양문화의 정신적 기반을 마련하였다면 로마는 그것을 구체적 형태로 보급하였고 유럽 민족의 생활과 전통을 형성시켰다. 팍스로마나(Pax Romana: 로마의 힘에 의한 평화)는 전 세계를 뒤덮고 로마의 영토는 유럽, 아시아, 아프리카 3대륙에 걸쳐 7천 5백만의 인구를 포용

하는 세계의 정치, 경제, 문화의 중심지로 이름을 떨쳤다.

● 근세 초기 대서양 시대의 막을 연 선두주자 스페인은 5대양 6대주를 누비며 그 영토에 해질 날이 없었던 나라이다. 지중해 시대의 주역인 그리스와 로마가 반도 국가였듯이, 스페인은 이베리아 반도에서 출발한 작은 반도 국가였다.

세계적인 역사학자 폴 케네디Paul Kennedy는 21세기에는 아시아 태평양 시대가 열릴 것이라고 말한다. 그는 앞으로 세계 역사는 한국, 중국, 일본이 주도하는 이른바 아시아 태평양 시대가 될 것이며, 그 시대를 이끌어갈 중심 국가는 한국이 될 것이라고 예측했다. 그 이유로는 한국이 지닌 '사회 도덕성'과 '문화적 혼', '자유민주주의 역량' 등 세 가지를 꼽았다.

대한민국 반만년 역사를 분석해보면 300년을 주기로 르네상스 시대의 융성기를 반복했음을 알 수 있다. 고구려 시대(3·6세기), 통일신라시대(9세기), 고려 중기(12세기), 세종시대(15세기), 영·정조 시대(18세기)가 그랬다. 21세기 대한민국 르네상스 시대의 도래는 역사적 섭리이다. 300년 주기의 역사의 순환에 따라 대한민국이 초일류 통일선진강국으로 발전할 것이라고 우리 국민들은 간절히 염원하고 있다.

아래와 같이 세계의 유명한 금융기관 등에서는 한국이 통일되어 선진강국이 될 것으로 언급하고 있다.

● 골드만삭스가 2007년 11월 발표한 보고서에 기술된 내용에 의하면 우리나라 국민이 2050년에는 미국에 이어 세계 2위로 잘살게 될 것이라고 한다.
● 2014년 세계적 투자 전문가 짐 로저스는 "1984년에 누군가 '동독과

서독이 5년 안에 통일된다.'고 말하면 '저 사람 미쳤다.'고 했을 것이다. 그러나 실제 그런 일이 일어났다. 똑같은 일이 한국과 북한에도 일어날 것이다. 통일이 되면 한국은 세계에서 가장 역동적인 나라가 될 것이다."라고 말했다.

● 모건스탠리에서도 2018년 "4월 대한민국이 통일되면 세계 제5위의 선진국이 될 것"이라고 발표했다.

● 서양의 기업들은 북한에 많은 원유가 매장되어 있고, 주요 광물 매장량이 세계 10위권이라 판단한다. 경제적 잠재 가치가 4천조 원에 이르는 것으로 추산된다.

위에서 한반도의 미래를 낙관적으로 전망하듯 최근 한반도 정세는 상전벽해와 같이 급변하여 한반도 평화와 번영의 시대가 도래할 조짐이다. 한반도가 세계평화의 중심지로 급변하는 역사적 대전환 시점에서 우리 정부의 역할은 그 어느 때보다 중대해졌다. 정부는 한·미동맹을 최대한 활용하여 북한의 완전 비핵화가 국운 상승에 유용하도록 적극 대비해야 한다.

역사를 거울이라고 하듯이 우리가 로마의 역사를 통해 한국을 비춰본다면 어느 것 하나도 반도국가 로마에 뒤지지 않는 조건이 구비되어 있다. 그렇다면 대한민국이 태평양 시대의 주도국이 됨은 물론 정신적으로 세계에 웅비할 팍스 코리아를 이루지 못할 이유가 없는 것이다.

세계 속의 한국으로 비상할 만한 상서로운 조짐이 도처에서 움돋고 있다. 미래에는 우리 국민의 웅대한 결의와 애국심에 따라 대한민국 르네상스 시대가 도래할 것이다. 국운 상승의 시대, 국가 운명의 대전환

시대를 맞아 이젠 대한민국 모든 국민이 하나로 똘똘 뭉쳐야 한다.

'제1부의 총체적 위기 진단'을 정리하자면 다음과 같다.

내우외환 위기의 근본 원인은 우리 국민의 고질적인 병폐인 진영싸움의 분열과 대립이다. 향후에도 이런 집안싸움이 지속된다면 대한민국에 큰 불행이 닥칠 수 있다.

우리 국민들이 민족적, 역사적 소명 의식에서 우리나라를 영원히 보존하고 아름다운 국가를 건설하여 후손에게 물려줄 수 있도록 튼튼한 나라를 만들어야 한다. 국태민안國泰民安의 국민 행복국가 건설은 물론, 어떤 나라도 대한민국을 넘보지 못하도록 국력을 갖추어야 할 것이다. 지금이야말로 충무공 이순신의 재조산하(再造山河: 나라를 다시 만들다) 정신을 이어 받아 국가 대 개조로 애국애족의 대한국인大韓國人이 되어야 할 것이다.

선조들이 지난 5천 년간 역사를 보존하기까지 흘린 땀과 피, 지혜에 새삼 놀라고 감격스러움을 생각할 때, 우리 지도자들은 온고지신溫故知新과 법고창신法古創新의 대전략과 혜안을 찾아서 진정한 국민정신과 의지를 발휘하여야겠다.

이젠 다시는 국가의 불행이 없도록 '국가 대 개조-국부론'의 '21세기 대한국인 선진화 혁명'을 통해 일류 통일 선진강국을 건설하는 것이 대한민국 국민의 시대적, 역사적 소명이라 하겠다.

국가 대 개조 -
21세기 대한국

국가 대 개조
– 국부론의
'21세기 대한국인
선진화 혁명'

국부론'의
선진화 혁명'

제4장

'국가 대 개조'의 의미

1

'국가 대 개조'란 무엇인가

국가 대 개조란 선진화 혁명으로 국가의 틀과 운명을 바꾸어 선진국을 이루는 것을 말한다. 세계 어느 나라든 국가 대 개조의 개혁, 혁신, 혁명의 과정 없이 선진국으로 발전한 경우는 없다. 더욱이 세계 패권국이 되는 나라는 이러한 과정을 끊임없이 반복하며 시대 여건과 상황에 맞추어 끊임없이 국가를 발전시키고 있다.

'해가 지지 않는 나라' 스페인은 이베리아 반도에서 출발한 작은 반도 국가였다. 반도국가라는 지리적 이점과 이사벨라 여왕의 전략에 힘입어 세계 패권국으로 발돋움 할 수 있었다. 단기간에 패권국가로 발돋움 할 수 있었던 이유는 진취적인 국민정신과 단결력, 지도자들의 탁월한 리더십 등을 통한 국가 대 개조가 이루어졌기 때문이다.

조선의 고종 황제와 일본의 메이지 천황 사이의 묘한 인연도 시사하는 바가 크다. 고종 황제와 메이지 천황은 동갑내기(1852년생) 황제지만,

역사는 대조적으로 평가한다. 고종은 12세, 메이지는 16세의 비슷한 나이에 즉위했으나, 고종은 흥선대원군의 섭정과 명성황후의 권력 행사 사이에서 갈팡질팡했던 우유부단한 리더십으로 개혁에 실패한 패자로 평가받는 반면, 일본의 메이지 천황은 메이지 혁명으로 개혁에 성공한 결과 청일·러일전쟁을 승리로 이끈 인물로 평가된다. 결국, 고종은 나라를 잃고 황제 자리에서 쫓겨났으나 메이지 천황은 일본 역사상 최고의 영웅이 되었다. 이와 같은 과거는 현재의 역사를 쓰기 위해 어떤 선택을 해야 하는지, 우리에게 국가개조와 국가 운명에 대해 끊임없이 묻고 있다.

일본의 메이지 혁명은 국가 통합을 이루고 혁명의 승화를 위해 지속적인 개혁, 혁신으로 유·무형적인 국가개조를 이루었다. 메이지 혁명이 있기 전까지만 해도 일본은 정치, 경제, 사회, 문화 등 전반적인 국력이 조선과 비슷한 나라였다. 여기서 나라가 발전하려면 국가 대 개조가 얼마나 중요한지 알 수가 있다. 우리는 국가 대 개조의 필요성을 절감하고 역사의 교훈에서 지혜를 찾는 슬기로운 국민이 되어야 한다.

일본의 국가 대 개조 성공은 사실상 탈번脫藩이 핵심으로, 이를 통해 국가대통합을 이루었다. 탈번이란 에도시대江戸時代에 사무라이가 일본의 번을 벗어나 낭인이 되는 것을 말한다. 300여 개의 번으로 이루어진 후진 선봉국가에서 메이지 혁명의 국가 대 개조로 112명의 근왕파들이 스스로 탈번을 선언한 것이다. 그리고 이들이 번을 초월하여 한 나라가 될 것을 결의한 결과, 오늘의 일본이 탄생하게 된 것이다.

반면 우리나라는 갑신정변, 동학혁명, 4·19혁명 등이 지속적인 개혁, 혁신으로 이어지지 않아 사실상 미완성, 실패한 혁명이 되었다. 무능한 조선의 조정은 동학혁명 진압에 실패하자 청나라와 일본을 끌어들여 망국의 요인을 제공했다. 우리는 사실상 개혁, 혁신, 혁명이 서로 상호 보완 및 융합되는 시너지효과가 이루어지지 못했다. 국가 대 개조에 번 번이 실패하여 우수한 국민의 잠재역량이 제대로 발휘되지 못하고 일본과 달리 발전의 기회를 상실하였다고 볼 수 있다.

지금 우리나라는 100여 년 전의 역사와 같은 상황에 놓여 있다. 대한민국의 생존전략이 대한민국 운명을 좌우하는 절대 절명의 시기로서 국가 대 개조가 반드시 효과적으로 이루어져야만 위기 근절은 물론 북한 비핵화를 통한 남북 평화번영의 역사적인 대전환 시대를 창조할 수 있을 것이다. 미래 대한민국의 번영과 영광은 물론 5천 년 역사를 보존할 것인가, 아니면 또다시 국난의 역사를 되풀이할 것인가는 우리 지도자와 국민의 역량이고 선택일 것이다. '국가 대 개조-국부론'을 통한 지혜로운 선택 이외에는 사실상 길이 없다고 생각한다. 대한민국은 국가 대 개조로 혁신과 개혁을 이루어 '나라다운 나라'를 만들어야 한다. 세계일류문명의 발전과 평화에 기여하는 자랑스러운 대한민국, 그리고 위대한 국민이 되도록 하여야겠다.

국가 대 개조는 국가의 틀과 운명을 바꾸기 위한 필요조건이다. 개혁과 혁신으로 유·무형적 국가개조를 통해 우리는 국력과 국격을 갖추도록 패러다임을 전환해야 할 것이다.

- 무형적 국가개조의 혁신Innovation은 질의 변화를 뜻하는 것으로서 정신, 문화 등을 완전히 바꿔서 새롭게 한다는 의미이다.
- 유형적 국가개조인 개혁Reform은 제도나 시스템 등을 새롭게 개선

하는 것을 의미하는 것으로서 개혁은 구조의 패러다임을 전환시키는 것이다.

국가 대 개조로 위기의 악순환 고리를 끊어야 영원히 국가를 보전하고 선진국으로 도약할 수 있다.

모든 국민이 역사의 장場에 참여해 때로는 경쟁하고 때로는 협력하면서 상호작용하는 가운데 역사의 흥망성쇠가 결정된다. 그래서 모든 역사에는 늘 명암이 존재한다. 위기를 기회로 발전시켜 일류 선진국을 건설하는 것이 '국가 대 개조'이다.

미래 대한민국이 '초일류 선진강국 건설'을 이루고 위대한 팍스코리아Pax-korea 시대를 열 수 있도록 '국가 대 개조-국부론'의 '21세기 대한국인 선진화 혁명'을 이루어야 할 것이다. 이것이 대한국인大韓國人의 시대적, 역사적 사명일 것이다.

여기서 '국가 대 개조-21세기 대한국인 선진화 혁명'의 무형적 사례 5가지와 유형적 사례 4가지를 제시하는 한편, 그 외의 세부적인 내용은 3부 정신(의식)혁명, 4부 교육(지식)혁명, 5부 경제(물질)혁명에서 제시하고자 한다.

2

무형적 국가개조 5가지 사례

국격 바로 세우기

우리나라는 물질적으로 풍요로운 세계 10위권 경제 대국大國, 세계 4대 메이저 스포츠(동·하계 올림픽, 월드컵, 세계육상선수권대회)대회 개최국이 되었지만 OECD 국가에 걸맞지 않은 국격을 갖고 있어 선진국 진입을 어렵게 하고 더 나아가서는 국가 위기까지 우려하고 있다.

21세기 국제관계는 국격이 국가 간 신뢰조성은 물론, 선·후진국을 구별하는 잣대로 그 중요성이 제고되고 있다. 삼라만상 모든 것에 격이 있듯이 사람에게도 나라에게도 격格이 있다. 사람의 격에 따라 평생의 운명이 좌우되듯이 국가도 국격에 따라 국운이 좌우되며 역사를 이루게 된다. 국력은 있어도 국격이 없는 나라를 선진국이라고 부를 수 없는 데서 국격의 중요성을 누구나 깊이 인식하게 될 것이다.

국격國格의 사전적 정의는 '나라의 품격'이다. 사람에 대해 '인격人格'이란 말을 쓸 때와 비견되는 말이다. 국격에 따라 나라의 흥망성쇠의 운명이 영향을 받게 되고, 국격을 높이는 것이 국민행복, 국가안보, 국가 경제력 등 일류 선진국이 되는 길이다.

사람의 인격이 총체적인 것이듯, 국격도 정신·교육·물질문화의 총체적인 결과물로서 국격을 높이려면 국가 모든 분야가 높은 격을 갖추어야 하는 것이다. 세계 각국은 국격을 높이기 위해 나라의 절대정신, 국혼國魂을 살리기 위해 최선을 다하고 있다. 미국의 개척정신, 영국의 청교도 정신, 중국의 중화주의, 일본의 사무라이 정신이 대표적이라 할 수 있는 바 그 내용은 다음과 같다.

첫째, 중국은 역사적으로 두 가지 절대정신이 있다. 중국의 본질적인 절대정신은 중화주의이다. 즉 중국이 천하의 제일이고 중심이라는 주의이다. 그러나 21세기 들어 유교가 사회주의 문제를 보완할 유력한 대안이라 여기고 경제대국 중국을 세계에 보여줄 수 있는 도덕적, 문화적 가치로서 유교를 장려하고 있다.

둘째, 일본은 제국주의 시대나 현 시대나 사무라이(무사도) 정신을 일본의 영혼으로 내세운다. 화려하게 폈다가 한꺼번에 지는 벚꽃처럼 무사는 죽을 때가 되면 미련 없이 목숨을 던지는 것이 영광이라는 뜻이다.

셋째, 미국은 개척정신으로 오늘날의 미국을 건설하였다. 미국은 역사가 짧은 나라이지만 영국과의 독립전쟁, 서부개척 등을 통해 50개 주에 달하는 거대한 나라로 세계의 중심국가가 되었다.

이러한 각국의 사상과 이념들은 국가의 정신문화이자 영혼이며, 기층을 형성하는 토대로 맥을 이어오면서 국격을 형성해 왔다. 우리나라도 한민족의 혼과 대한민국의 절대정신을 토대로 국격을 높여 초일류 선진강국으로 나가야 할 것이다. 이것이 바로 선조에 대한 예의이며 대한국인의 책무라 할 것이다.

우리의 절대정신과 국혼은 무엇인가? 대한민국 절대정신과 국혼은 모든 국민이 계층적, 종교적, 지역적 이해관계를 떠나 한마음으로 화합하고 상생하는 것이다. 우리가 찾고 회복해야 할 절대정신과 국혼은 정치, 경제, 사회, 문화적 이해, 또는 종교적 교리에 의해서 무시되거나 퇴색되어서는 안 된다. 국혼이 바로 서야 정치·경제·종교도 바르게 갈 수 있고, 신뢰 받는 나라가 되어 국격이 높아지는 것이다.

그러나 우리의 신뢰지수는 최하 수준으로 국격의 수준을 가늠케 한다. 특히, 국민들에게 충격을 주는 것은 2017년 말 기독교 윤리 실천위원회에서 조사한 신뢰지수 결과, 시민단체가 29.9%로 최고이고, 언론 10.9%, 사법 5.5%, 국회 2.2%로 OECD 국가 중 최하위 지수라는 것이다.

정신문화는 교육문화로 연결되고, 교육문화는 물질(경제)문화를 만들어 선진국을 건설한다. 사우디아라비아처럼 돈이 많다고 선진국이 아니듯, 국격과 정신 문화수준이 받쳐줘야 선진국이 되는 것이다.

우리나라가 지속적으로 성장하기 위해서 여러 국가들과 다양한 형태의 경제협력을 통해 새로운 시장을 개척해 나가야 하므로 FTA의 확산과 국가 간 금융협력 강화, 인재의 자유로운 이동 등 국제협력과 제도 개선을 위해 국격을 높이는 정책이 필요하다. 국격이 브랜드 파워를 키우고 세상의 모든 파워 브랜드는 그 브랜드만의 차별화된 가치를 제공하여 국격을 더욱 높이는 등 선순환작용을 한다.

서양인의 눈에 비친 동아시아의 국격과 동양인의 이미지를 편파적으로 요약한 말이 있어 소개해 본다.[11]

----

11 최익용, 『대한민국 5천년 역사리더십을 말한다』, (2014, 옥당)

"중국인은 더럽고, 일본인은 예의 바르고, 한국인은 슬라이(sly) 하다." 미국 사람들은 일본인을 동양 최고의 문명인으로 본다. 근대화의 선두주자로 한때 동양을 석권했고, 청일, 러일 전쟁에서 승리한 후 미·소를 상대로 전쟁을 치른 나라가 아닌가. 『국화와 칼』로 대표되는 일본의 국민성은 강자 앞에서 상냥하고 예절 바르기로 따라갈 인종이 없으며 국민소득과 교육수준이 높아 깨끗하고 매너가 좋은 나라로 꼽히는 것이다.

문제는 대한민국 사람들에 대한 평가다. 한국인을 그들 어휘로 '슬라이sly' 하다고 하는데 도대체 이 단어의 함의가 무엇인가? 냉철하게 말하자면, 이 말은 머리가 좋긴 하지만 그 좋은 머리를 좋은 방향으로 쓰지 않고 나쁜 방향으로 쓰는 것을 의미한다. 이기적으로 약아빠지고 기회주의 성향으로 겉과 속이 다르다는 의미를 내포하고 있다. 우리 국민들은 국가 이미지 제고와 국격을 갖추어 문화민족의 위상을 확립해야 한다. 높은 정신문화로 국민 개개인이 자아 정체성과 국가 정체성을 바로 세워 '슬라이' 하다는 인상을 극복해야 할 것이다.

우리 국민이 '슬라이'하다는 오해를 받고 있는 것은 국내외적으로 수치로서 자성하고 성찰해야 된다. 부족한 외교력과 홍보력으로 우리의 실상을 제대로 알리지 않은 것이 국격이 떨어지게 되는 요인이기도 하지만, 우리나라 자체의 문제도 있다고 볼 수 있다.

OECD 국가 중에서 국민행복지수, 건강지수, 취업률, 공익성, 시민성, 신뢰지수 등 높아야 할 순위는 하위이고 자살률, 실업률, 저출산율, 위증죄, 무고죄, 사기죄 등 낮아야 할 순위는 상위로서 국격이 낮아지는 현상을 한눈에 볼 수 있다.

한 나라의 국격은 리더와 국민이 쌓아온 사회적 자본과 국제적 자본이 융합하여 결정된다. 국격에 따라 국민 대우가 달라지고, 심지어 그 나라에 유입되는 인재 수준이나 수출품의 가치까지 좌우된다. 크게 보면 개인은 인격에 따라 운명이 좌우되고 국가는 국격에 따라 흥망성쇠가 좌우된다.

우리 국민들 스스로 국격이 부족하다고 생각하여 안타까운 실정이다. 더욱이 대한민국의 국격은 국제사회가 기대하는 수준에 못 미치고 있다. 우리는 정신 혁명, 교육 혁명, 경제 혁명의 융합 등을 통해 국격을 높여 일류선진국으로 나가야 한다.

적폐청산

최근 적폐 청산 문제가 사회적 이슈가 되어 적폐 청산의 중요성이 제고되고 있다. 적폐란 오랫동안 지속되고 고착화된 사회의 병폐이자 악惡을 의미한다. 정치학의 아버지라 불리는 마키아벨리가 "시간이 흐르면 도덕성도 함께 부패하고, 치료를 하지 않으면 도덕성의 부패는 그 나라 정체성의 파멸을 불러온다."라고 말한 것처럼 적폐청산은 국가 대 개조를 위해 반드시 거쳐야 할 과정이다.

최근 우리 국민은 국내외의 어려운 상황을 슬기롭게 극복하는 모습을 온 세계에 보여 주었다. 대통령 탄핵과 구속이라는 초유의 사태를 맞아서도 평화롭게 새 정권이 탄생할 수 있게 하였다. 진정한 적폐 청산은 모든 지도자와 국민의 자성과 성찰로부터 시작되어야 한다. "모든 잘못은 내 탓이요."라는 김수환 추기경의 말씀처럼 자아성찰과 자아 혁명을 토대로 개인의 적폐부터 청산되어야 국가 사회의 모든 적폐가 청산될 수 있다. 자강自彊을 통해 자아 혁명으로 나가서 모든 국민이 인격을 갖추어야 할 것이다. 자강은 '정신적으로 무지하고 나태하여 멀리하는 것뿐만 아니라 불의·부정의 유혹을 물리치려는 노력을 게을리해서는 안 된다'는 의미이다.

국가는 인격을 갖춘 개인이 모여 튼튼한 가정사家庭史를 이루고 가정사가 모여 국가 역사를 형성한다. 따라서 개인의 성실함이 모여야 비로소 건전한 사회를 이루고 건전한 사회가 튼튼한 나라를 만든다. 개인의 자강은 위기를 기회로 만드는 힘의 원천이 된다.

『관자』의 '권수權修'에서는 자강을 통한 자아 혁신, 혁명의 국가 대 개조가 필요하다는 것을 강조하고 있다.

제 몸이 다스려지지 않는데, 어찌 다른 사람을 다스리겠는가? 다른 사람이 다스려지지 않는데, 어찌 집안을 다스리겠는가? 집안이 다스려지지 않는데, 어찌 고을을 다스리겠는가? 고을이 다스려지지 않는데, 어찌 나라를 다스리겠는가? 나라가 다스려지지 않는데, 어찌 천하를 다스리겠는가? 천하는 나라의 뿌리고, 나라는 고을의 뿌리고, 고을은 집안의 뿌리고, 집안은 사람의 뿌리고, 사람은 몸의 뿌리고, 몸은 다스림의 뿌리다. [12]

적폐 청산은 '수신제가치국평천하修身齊家治國平天下'의 의미와 같이 국민의식을 바꾸는 근본적인 방법으로 내 안의 적폐, 우리 가정의 적폐, 우리 조직의 적폐, 우리 정부 조직의 적폐 순으로 청산한 후 제도개선과

----

12 http://www.kookje.co.kr/news2011/asp/newsbody.asp?code=2000&key=20170708.22016202252

시스템 정비를 통해 이루어 내야 된다. 팔이 안으로 굽는 식의 적폐 또는 불합리한 적폐 청산은 득보다 실이 더 클 것이다. 적폐 청산은 내로남불(내가하면 로맨스 남이하면 불륜)식 처리가 아닌 대인춘풍, 지기추상(待人春風 持己秋霜: 다른 사람을 대할 때는 봄바람처럼, 자기 자신을 대할 때는 가을 서리처럼. 『채근담』)의 냉철한 판단으로 행해져야 한다.

국가지도자들은 성찰의 자세가 절실히 요구된다. 국민들이 느끼는 적폐 중의 적폐 대상자는 국가지도자들이다. 국회의원, 지방의회의원, 국정원, 검찰, 경찰, 세무서 등 권력기관부터 먼저 적폐를 청산하여 '윗물이 맑으면 아랫물이 맑다'는 속담을 실천해야 할 것이다. 모든 지도자는 시민의 대표자로서 인격과 식견을 갖추고 품위를 지켜야 한다는 것이 국민들의 여망이기 때문이다.

맹자는 정치인의 덕목으로 여민동락(與民同樂: 무슨 일이든 민중과 함께 즐거움을 나눌 것)과 천명(민심이 곧 천심으로 천명은 민중의 소리이다)을 꼽는다고 말했다. 중국 고대 은나라를 창건했다고 전해지는 탕왕이 매일 사용한 반기(盤器: 세면기 같은 것)에는 "일일신 우일신日日新 又日新"이라는 글이 새겨져 있었다. 즉 날마다 잘못을 고치고 덕을 닦아 '날마다 새롭게 한다.'는 뜻이다. 이처럼 성현들은 한결같이 도덕성과 수신을 강조했다.

적폐 청산은 부정부패의 근원을 차단하고 대상자를 도덕적으로 치유하지 않으면 오적五賊처럼 지속적으로 발생된다.

김지하 시인의 '70년대 오적'이 21세기에는 오십적五十賊으로 늘어났다. 그 이유는 적폐의 진원지를 뿌리 뽑지 못하고 제도적으로 근절하지 못했기 때문이라고 판단된다. 따라서 적폐 청산은 제도적인 개선과 적폐의 진원지를 뿌리 뽑는 것이 핵심이다.

김지하 시인은 몇 년 전 한국 경제신문 인터뷰에서 우리나라에 만연한 노블레스 오블리주의 실종 현상을 극명하게 대변하고 있다. 그는 "1970년에 시詩 '오적五賊: 재벌, 국회의원, 고급공무원, 장성, 장차관'을 발표했으니 벌써 40년이 넘었군요. 요즘에도 '오적'이 있습니까?"라는 질문에 "오적? 오적이 아니라 오십 적, 오백 적이 설쳐요. 별의별 도둑놈들이 많아."라고 하였다.

전두환, 노태우, 김영삼, 김대중, 노무현, 이명박, 박근혜 정권에서도 정도의 차이는 있었지만, 비리는 끊이지 않았다. 정권 쟁취와 정치 과정이 뇌물을 챙기기 위한 도구에 불과했다는 생각이 들 정도이다. 우리나라처럼 정권 말기마다 대통령 측근이나 친·인척이 줄줄이 감옥에 가는 나라는 없다. 고위층의 공직 부패, 기업 부패, 시민 부패를 청산하지 못하는 한 GDP가 아무리 높아져도 대한민국이 선진국 문턱을 넘는 날은 오지 않을 것이다.

전직 대통령들의 사법처리를 통해, 절대권력을 가진 대통령의 통치 행위는 적폐 청산의 가장 중요한 대상임을 느낄 수 있다. 대한민국이 선진국이 되기 위해서는 전직 대통령이 적폐로 구속되는 사태가 더 이상 없도록 해야 할 것이다.

박근혜 대통령은 2016년 1월 5일, 새해 첫 국무회의를 주재하면서 "적폐가 경제 활력 회복의 걸림돌이라는 점을 분명히 인식해야 한다, 경제 활성화를 위한 정책도 중요하지만 그것을 갉아먹는 적폐나 부패를 척결해야 한다."라고 말하여 적폐의 용어를 맨 처음 사용하고 강조한 장본인이다. 그런데 그 장본인이 적폐 청산 대상으로 국격을 훼손하고 있으니 안타까운 현실이다.

적폐는 켜켜이 쌓여 고착화된 폐단이므로 쉽게 청산할 수 있는 성질의 것이 아니다. 철저하게 진실을 밝히고 단호한 법의 심판이 뒤따라야 잔혹한 불행의 사슬을 끊을 수 있다. 이는 진실과 정의, 정직의 시대로 가기 위한 불가피한 진통이다.

이제 모든 지도자, 공직자들은 도덕성과 청렴성이 실종된 현실을 겸허히 자성하고 적적폐를 청산해가야 한다. 더 나아가 모든 국민들도 정신과 물질이 조화를 이루는 가치관을 정립하여 절대적으로 적폐 대상이 되지 않도록 정진해야 할 것이다.

패거리 문화

'패거리'란 이념이나 가치처럼 '방향지향성'이 아닌, 지연·학연·혈연·관연의 '연고지향성'을 중심으로 함께 어울려 다니는 사람들의 무리를 낮잡아 이르는 말이다. 같은 패라는 집단의 울타리 안에서 서로만을 돌봐주며 존재의 안위를 구하고 공생하는 그들만의 진영논리를 통한 '끼리끼리' 문화가 바로 패거리 문화다.

역사적으로 패거리 문화가 형성된 요인은 무엇일까? 그 원인에 대해 수많은 학자가 다양한 관점을 제시했으나 논리적으로 설명되지 않는 점이 여전히 많다. 혹자는 깊은 역사적 뿌리를 지적한다. 서기 4~7세기 삼국이 치열한 경쟁을 벌였고 신라가 통일한 뒤 정복지역에서 실시한 심한 차별 정책에서부터 영호남 균열은 시작되었으며, 후삼국시대에 들어 더욱 악화되었다.

또한 조선왕조실록 중『선조실록』과『선조수정실록』이 그 대표적인 사례라고 할 수 있다. 선조실록은 광해군 때 권력을 잡았던 북인들이 편찬한 것이다. 그런데 광해군이 인조반정으로 왕위에서 쫓겨나면서 서인들이 권력을 잡게 되었다. 그러자 서인들은 "북인 세력이 편찬한『선조실록』은 서인 출신 인물을 공정하게 기록하지 않았다"며 실록의 내용을 수정해야 한다고 주장했다. 결국 서인의 뜻대로 내용을 수정해 편찬된 것이 바로『선조수정실록』이다.

조선시대에도 역사를 두고 대립, 지역적 편견과 차별로 인해 야기되었던 갈등은 8·15해방과 남북분단, 6·25전쟁과 남북한의 대치, 3공화국 이후의 영호남 갈등, 최근 대한민국 내 공직진출 및 승진 시 발생하는 지역·차별 인식으로 인한 지역갈등의 조짐 등으로 이어지며 적나라하게 드러나고 있다.

『대한민국은 있다』에서는 다음과 같이 말한다.[13]

알고 보니 그 고향 의대는 'OO향우회' 조직이나 마찬가지였다. 개천에서 난 이무기들이 끼리끼리 모여 '개천에서 난 용'에게 모질게 셔터를 내리고 있었다. 혈연에, 학연에, 지연에 치여서 그는 꿈을 접었다.

지연·학연·혈연·관연 등의 패거리 문화가 진화를 거듭하면서 나쁜 습관으로 악화된 것은 부정할 수 없는 사실로서 나쁜 DNA로 자리 잡지 않도록 노력해야 한다. 나쁜 습관은 국가발전에 암적 요인은 물론 망국의 근원이 될 수 있으므로 조속히 청산해야 한다.

서울대학교 송호근 교수는 한국의 뿌리 깊은 연고주의의 만연과 연

---

13 전여옥,『대한민국은 있다』, (중앙M&B, 2002), p.116

고비리의 비극적 폐해를 신랄한 어조로 고발한다.[14]

'커넥션 코리아' 온갖 연고를 총동원해 목적을 성취해내는 저돌성, 힘없는 '을'들의 십종경기를 느긋이 지켜보는 '갑'의 야비함, 줄 찾는 자와 대는 자들이 내지르는 허망한 교성으로 한국사회는 뻑적지근하다. (중략) 전통적 비리연줄망은 망국이란 최고의 비용을 치르고도 조선시대 이래 아직도 건재하다.

평균 3.5명이면 타깃에 닿는다는 한국의 고밀도 연줄망에서 연고緣故와 안면顔面의 활차가 위력을 발휘했다. 고학력, 전문직, 상위계층이라면 타깃과의 거리는 더욱 좁아지고, 그렇게 맺어진 연緣은 파워 커넥션으로 발전해 초대형 비리를 만들고, 또 기획 중이다.

사회단체 활동을 하는 한국인 성인 40% 중 상부상조를 열창하는 동창회, 향우회, 종친회 등 연고단체 활동이 6할을 넘고, 3할은 여가 및 종교단체다.

대부분의 사람들은 서울의 고위층과 커넥션을 만들어 출세하기 위해 옳고 그름을 가리지 않고 패거리 집단에 끼어든다. 우리의 패거리 문화는 삼국시대부터 역사를 뚫고 자라난 망국적 악습이다. 지금도 영·호남의 패거리를 비롯해 정계, 재계, 학계, 심지어 시골동창회까지 패거리 문화가 독버섯처럼 자라고 있다.

조선일보가 338개 공공기관(공기업, 준정부기관, 기타공공기관) 임원을 모두 조사한 결과, 문재인 정부 들어 새로 임명된 공공기관장 203명 중 91명(45%)이 정권과 관련 있는 '낙하산'인 것으로 나타났다.[15]

공공기관장에 임명된 전직 국회의원 9명 중 그 분야 전문가는 없다. 국민연금공단 이사장에 국사國史를 전공한 전직 의원을, 철도공사 사장에 전대협 의장 출

----

14 송호근, 「커넥션 코리아」, 2011년 6월 21일, 중앙일보
15 http://news.chosun.com/site/data/html_dir/2018/07/31/2018073103516.html

신 전직 의원을 임명하는 식이다. '낙하산의 꽃'이라는 감사監事 자리는 출판사 출신이 국립대학병원에, 경호 전문가가 수출입은행에 꽂히는 등 더 심각했다. 한 기관에 이사장과 감사, 이사 3명의 낙하산이 동시에 떨어진 기관도 있었다.

2018년 9월 이언주 의원(바른미래당)은 "어떻게 이렇게 잘 찾아서 구석구석 찔러 넣을까"라고 언급한 바 있는 바 그 내용은 다음과 같다. 청와대가 장악된 것처럼 행정부처와 권력기관, 사법부도 저네들끼리 요직을 나눠 가졌다. 심지어 눈에 덜 띄는 공공기관까지 그렇다. 바른미래당이 공공기관 340개의 인사 현황 전수 조사를 해보니 새로 임명된 1,651명 중 365명이 캠코더(캠프·코드·더불어민주당) 출신이었다.

로마의 흥망성쇠에 관한 책을 여러 권 쓴 시오노 나나미는 "나라가 망하는 비극은 인재가 부족해서가 아니라 인재가 있어도 그 활용 시스템이 제대로 작동하지 않을 때 일어난다."라고 말했다. 인재 등용을 제대로 하기 위해서는 패거리 문화 근절이 긴요하다. 역대 대통령 모두가 패거리 문화에 휩싸여 친인척 및 권력형 대형비리의 책임에서 자유롭지 못했다. 대통령 등 지도자들부터 패거리 문화를 척결하고 근절시켜야 한다.

특히 일의 옳고 그름은 따지지 않고 뜻이 같은 무리끼리는 서로 돕고 그렇지 않은 무리는 배척하는 '당동벌이黨同伐異'의 이분법적 사고가 영·호남 패거리에서 더욱 두드러져 각계로 확산되고 있다. 진정한 국가 대 개조를 위해서는 패거리 문화를 근절시키는 것이 무엇보다 시급하다.

노블레스 오블리주의 실종

선진국들은 '노블레스 오블리주(Noblesse Oblige: 국가·사회지도층의 지위에 있는 인사들이 상응하는 사회적·도덕적 책무를 다한다는 뜻)'의 전통을 갖고 있다. 로마가 1,000년의 역사를 유지할 수 있었던 것은 자신의 이익이 아닌 공익과 헌신으로 국가사회 변화를 선도하고 이끌었기 때문이다. 국민은 높은 사회적 지위를 가진 사람들이 도덕적인 의무를 다하는 '노블레스 오블리주'를 기대하지만 우리 사회 엘리트 계층에서 나타나는 모습은 정반대다. 약자를 상대로 갑질을 하고 권력에 유착해 각종 부정부패에 가담하는 '노블레스 말라드(Noblesse malade · 병들고 부패한 귀족)'의 전형을 보여주고 있다.

엘리트와 부유층의 비도덕적인 행태는 빈부 격차에서 오는 계층 간 갈등을 확대시키고, 결과적으로는 사회 분열을 초래하게 된다. 노블레스의 타고난 재물도 결국 한국 사회라는 공동체를 기반으로 존재한다는 사실을 깨달아야 한다.

그러나 한국은 노블레스 오블리주의 인성실종 현상으로 이른바 '노블레스 NO블리주'라는 신조어가 생길 지경이다. 노블레스 오블리주의 인성 실종은 국익이나 공익을 우선하지 않고 자신의 일신이나 친인척의 영달만을 생각하고 그 수단으로 금전이나 영예·권력을 얻는 것을 제일로 치고 눈앞의 이익에만 관심을 가지는 데서 나온다. 이런 부끄러운 인성은 나쁜 인성 문화 DNA로, '속물근성'에서 나오는 것이라고 할 수 있다.

이로 인해 대통령 친·인척 및 측근들의 비리사건을 비롯해 사회 각 계각층에서 부정부패가 만연해 있는 실정이다. 정치, 경제, 공직사회, 지역사회, 문화, 교육, 금융, 건설, 복지, 국방, 시민사회 등 어느 한 분야도 비리와 부정부패로부터 성한 곳이 없다.

국민들은 지금 우리 사회의 노블레스 오블리주 인성 실종 현상에 대해 분노를 넘어 자포자기 상태에 있다고 해도 과언이 아니다. 관피아, 정피아, 세월호 사건, 대한항공 갑질사건 등 노블레스 오블리주 인성의 실종 사례는 수를 헤아리기 힘들 정도다. 그런데 일본인은 1800년대 1%도 되지 않던 노블레스 계층(사무라이)이 자기부터 희생하고 혁신하는 주체세력이 되었다. 이른바 메이지 혁명의 성공은 주체세력인 사무라이의 계급적 희생(자살) 결과였다고 한다.

서울대 사회발전연구소가 행정자치부 의뢰로 한국 사회의 노블레스 오블리주 지수를 측정한 적이 있다. 실망스럽게도, 모든 집단이 합격선인 66점을 넘지 못했을 뿐만 아니라 평균 26.48점으로 낙제 점수였다. 대학교수 집단이 45.54점으로 최고였던 반면, 국회의원과 정치인은 16.08점을 얻어 가장 도덕적이지 못한 집단으로 나타났다.

이와 같은 현상은 고위공직자 92명의 군 면제 대물림은 물론 국적포기까지 불사하는 파렴치한 현상과 맞물려 있다. 매일경제는 다음과 같이 보도했다.[16]

우리나라 사회지도층의 병역기피현상은 심각한 수준이다. 4급 이상 고위 공무원과 현역 의원 가운데 본인과 아들까지 포함해 2대 이상 대물림 병역면제를 받은 소위 '병역 금수저'는 총 92명에 달했다. 매일경제가 취재한 결과 2017년 6월 말 현재 재직 중인 4급 이상 고위공직자 아들 1만 7,689명 가운데 병역면제를 받은 사람은 785명이었고, 이들 중에는 국적포기자도 31명 포함돼 있다.

우리나라 최고의 지도자집단에서 노블레스 오블리주 인성이 실종되

----

16 http://news.mk.co.kr/newsRead.php?&year=2017&no=77214

었다는 사실은 대통령, 정치인, 공무원 등 국가 중심세력이 도덕적 불감증으로 이어졌다는 데 있다. 이는 곧 정치허무주의, 정치무용론 등으로 확산되고 있다. 최근에도 공무원들의 노블레스 오블리주 실종상태가 보도되어 국민들이 실망하고 있다. 2018년 3월 공개된 공직자 재산변동 신고에 따르면 국토부(부동산 정책 주관) 1급 이상 고위직 9명 중 4명이 2주택 이상을 보유하고 있었다. 산하기관까지 합치면 공개대상자 25명 중 11명이 다주택자다. 또한 청와대 정부 고위직 32%(206명 중 65명)가 강남 3구에 집을 소유하고 있다. 소득 하위 20%가 1년간 순자산이 1,038만 원 늘어난 데에 비해 경제 부처 고위 공직자는 10배 넘게 증가했다. 이러한 현상이 더욱 악화될 경우, 국가의 리더는 물론 노블레스 계층에 대한 비난이 심화될 것이다.

2017년 12월 기준 현 정부 내각의 장관급 22명 가운데 14명(64%)이 대통령이 공약으로 걸었던 인사 배제 5대 원칙(병역비리, 부동산투기, 세금탈루 위장전입, 논문표절) 중 최소 하나 이상씩은 어겼다. 청문회를 지켜보는 국민들은 나만 도덕과 법을 지키는 어리석은 사람이 아닌가 자조하고 지도자들을 불신한다. 이러다 보니 우리 사회의 도덕성과 신뢰가 무너지는 청문회 휴유증이 일어나고 있다. 현대 민주주의 국가의 지도층은 높은 도덕성과 탁월한 능력을 갖춘 리더십이 반드시 필요하다 하겠다.

정치권 부패 척결을 강조하는 민심은 국회의 타락과 부패에 진저리 치고 있다. 국회의원 10%가량이 부패, 비리, 선거 부정 등의 사유로 직업을 잃거나 사법처리 되었다. 또한 출판기념회는 뇌물모금회라는 말까지 나올 만큼 부패통로가 되었다. 법안 수백 개를 만드는 일보다 정치권의 썩은 부위를 도려내는 일이 몇 배 중요하다는 말도 나온다.

최근 공정거래위원회 퇴직자 17명이 대기업들로부터 억대 연봉에 차량 제공이나 법인카드는 기본이고, 연봉과 별도의 성과급을 받았다. 전·현직 간부 12명이 대기업을 압박, 퇴직 간부 18명을 재취업시킨 사실이 드러났다. 김상조 공정거래위원장은 즉각 사과하고 퇴직자 재취업 관여 금지 등 쇄신 대책을 강구하고 있다고 발표했으나, 최근 취업비리는 다시 재현되고 있다.

청렴은 국가경쟁력이자 사회발전의 원동력이다. 사회적 지탄을 받는 공직비리 사건을 보면 국민의 공분을 사기에 충분한 것으로, 저지른 죄에 알맞은 죗값뿐만 아니라 가중 처벌함이 마땅하다. 부정청탁방지법(일명 김영란법)이 시행된 지 수년이 지났지만 '부패는 지속되고 있어 공직자들은 보다 공정하고 청렴해야 한다'는 것이 민심이다. 최근 사회, 국가적으로 문제가 되고 있는 부동산 가격 폭등도 따지고 보면 노블레스 오블리주 실종이 원인이라 할 수 있다.

우리는 역사적으로도 노블레스 계층의 타락으로 나라를 잃은 아픔이 있다. 구한말 주재 주요국가 외교관들은 한결같이 자신과 가족의 안위 외에는 관심이 없는 조선의 군정대신들을 비난하며 조선의 멸망을 경고했었다. 역사는 종종 그 자체를 되풀이 한다. 역사의 교훈을 반면교사로 삼아 노블레스 오블리주 회복에 결기를 다해야 한다.

역사 망각증후군

영국의 윈스턴 처칠은 "역사를 잊은 민족에게 미래는 없다"라고 말했다. 아픔의 역사는 곱씹고 기억해야만 다시 되풀이되지 않는 법이다.

독일은 자신들이 저질렀던 유대인 대학살, 홀로코스트의 과오를 잊지 않기 위해 그 흔적을 그대로 보존해 후세에게 교훈으로 남기고 있다.

300여 년이라는 짧은 역사를 가진 미국에서도 국기나 대통령 초상 등의 상징물과 각종 경축행사를 통해 자연스럽게 애국심 강화 교육을 하고 있는 반면, 5천 년 역사를 가진 우리나라는 오랫동안 역사를 제대로 가르치지 않았다.

2010년 국가보훈처 조사 결과, 10대와 20대의 현충일 의식지수는 5점 만점에 각각 3.81점과 3.98점에 그쳤다. 2013년 한 TV 방송에서는 현충일에 국기도 제대로 게양하지 못하는 세태를 꼬집었다. 현충일의 의미를 모르는 사람이 많다는 것은 제대로 된 역사교육이 이루어지지 않았다는 방증이다.

국가 없는 국민과 민족의 역사는 있을 수 없다. 이는 과거 우리 역사에서 일제 강점기 35년이 가르쳐준 뼈아픈 교훈이다. 국가는 국민과 민족의 방패이고, 국가의 존립을 위해 목숨을 바친 순국선열과 호국영령을 숭모하는 일은 그 시대를 사는 사람의 의무다. 그렇기에 역사를 잊어서는 안 되는 이유다.

조선은 1592년, 거의 무방비 상태에서 왜의 침공을 맞았다. 이 임진왜란으로 국토의 대부분은 폐허가 되었고, 백성의 절반이 죽거나 적국에 끌려갔다. 이어 인조도 병자호란의 비극을 맞이했으며, 인조 이후의 왕들도 현실을 외면한 채 당쟁과 왕실의 안위에만 급급했다. 당시 조선의 군대는 지휘·명령권이 불분명하고, 활과 화포 등이 구식 무기체계에서 벗어나지 못했다.

조선 말기 고종이 즉위할 당시, 총 병력 1만 6천 명 가운데 절반 이상이 노약자였을 정도로 군정이 문란하여 전투병력은 5,000여 명에 불과할 정도의 허약한 나라였다. 그러다 보니 명성황후가 일본군의 야밤 기습으로 난자당하고 불태워지는데도 저항 한번 제대로 못하고 눈물만 흘렸다. 을사늑약의 결정적인 계기가 된 러·일전쟁 당시 조선에는 3,400톤급 '양무함' 한 척밖에 없었지만, 일본은 1만 5천 톤급 군함 등 수십 척을 보유하고 있었다. 이미 근대적인 군사체계를 갖추고 군수산업을 육성하며 '서양보다 낫다'고 자부하고 있던 일본을 하찮게만 보고 제대로 대비하지 못한 조선은 일본이 막강한 군사력으로 러시아에 승리를 거두는 것을 지켜만 보다 식민지 신세가 되고 만 것이다. 1876년 강화도조약을 체결한 직후인 4月, 일본으로 파견된 수신사 일행들이 일본의 육군성, 해군성을 시찰하고 난 뒤 기록한 『수신사일기修信使日記』는 그 소감을 이렇게 기록하고 있다.

군사 훈련은 진군하고 퇴군할 때나 총을 쏘고 칼로 찌름에 털끝만큼의 어긋남도 없었으니, 실로 진짜 군대였다. 평화 시에도 항상 전투에 나가 적군을 대하듯한다.
— 김기수·김홍집, 《수신사일기》

그러나 조선은 열강들이 식민지 쟁탈전을 벌이던 당시의 국제질서를 제대로 이해하지 못하고 있었다. 냉엄한 국제질서 속에서 군사력을 갖추지 못했던 조선은 결국 1907년에 일본에 의해 군대를 강제 해산당하고, 3년 뒤인 1910년에는 강압에 의해 총 한번 쏘지 못하고 나라를 빼앗겼다. 뼈아픈 역사의 교훈을 잊은 결과였다.

현재도 크게 다르지 않다. 우리는 대한민국이 세계 유일의 정전 국가, 분단 국가임을 잊어버리고 국가 안보를 소홀히 하고 있다. 국가 안보란 언제든지 최악의 상황을 대비해야 한다는 것을 반드시 명심할 일이다. 스스로를 지킬 국방력이 없다면 수치스럽고 비참한 역사는 반복될 것이다.

중국과 일본은 역사 왜곡과 날조를 통한 역사 침탈을 서슴지 않고 있다. 중국은 동북공정을 통해 고조선이나 고구려가 고대 중국의 지방정권이 었다고 날조하고 있다. 한나라 초의 어용 사가 복승伏勝 등이 날조한 '기자조선설'의 폐해가 1천 년 이상 지속됐던 것을 볼 때, 이들의 역사 왜곡의 폐해가 어디까지 이어질지 알 수 없다. 일본은 한국 침략의 역사적 근거로 '임나일본부설'을 날조했고, 지금까지도 이렇게 왜곡된 내용을 중·고등학생들에게 그대로 가르치고 있다. 그리하여 지금까지도 이를 토대로 일본이 백제를 지배했었고 발해는 속국이었다고 날조한다. 그런데도 우리 정부와 국민들은 손을 놓고 있는 실정이다.

≪국제일보≫는 우리 역사의 사료가 유달리 없음에 대해 다음과 같이 말한다.[17]

기원 전에 쓰여진 역사서가 많은데 왜 우리나라에는 없을까. 고구려 때『유기留記』, 백제 때『서기書記』, 신라 때『국사國事』가 있었다는데 왜 전해지지 않을까. 『히스토리아』보다 1600여 년 늦게, 『모세오경』보다 2600여 년 늦게 삼국사기가 1145년에나 나왔을까. 한국 최초 역사서인『삼국사기』는 일본 최초 역사서로 현존하는『고사기』보다 500년 가까이 늦다. 이런 부족함을 통렬히 깨닫고『조선왕조실록』이라는 방대한 역사를 기록했을 듯싶다. 우리 자신도 부족함을 깨달아야 노력하며 도약할 수 있겠다.

우리의 이웃나라는 풍부한 역사자료를 갖고 있다. 그것도 모자라서 역사 왜곡을 통해 역사 침탈을 하고 있는데도 우리는 이슈가 될 때만 여론

---

17 http://www.kookje.co.kr/news2011/asp/newsbody.asp?code=0300&k
ey=20180615.22030005514

이 들끓고, 금세 언제 그랬냐는 듯 식어버리는 망각증후군을 앓고 있다. 역사의 교훈을 쉽게 망각하면 역사의식과 역사에 대한 주체의식도 쉽게 실종된다. 국가정체성이 확립된 국민이라면 올바른 역사의식을 가져야 한다. 국민의 힘과 긍지의 뿌리는 역사의식에서 나온다. 특히 국가의 리더가 주체적인 역사의식이 없으면 국민들로 하여금 힘과 긍지를 갖게 할 수 없다. 국민과 지도자의 역사의식이란 민족사와 세계사의 흐름 속에서 자신에게 주어진 시대적 과제가 무엇인지를 알고, 그것을 실현하기 위해 끊임없이 노력하는 자세다. 또한 자신이 추진하는 모든 일이 후대에까지 영향을 미치는 역사적인 행위라는 사실을 잊지 않고 항상 바르게 살기 위해 노력하는 태도다.

역사의 진실에 귀 기울여 정성스럽게 역사를 가꾸어야 한다. 역사를 이해하는 것이 자신의 자아정체성 확립은 물론, 국가정체성을 정립하고 세상을 이해하는 데 큰 도움을 준다는 것을 잊지 말아야 할 것이다.

일찍이 미국의 실용주의 철학자이자 심리학자인 윌리엄 제임스 William James는 『심리학의 원리The Principles of psychology』(아카넷, 2005)에서 "생각이 바뀌면 행동이 바뀌고, 행동이 바뀌면 습관이 바뀌고, 습관이 바뀌면 성격이 바뀌고, 성격이 바뀌면 운명도 바뀐다"라고 말했다.

나쁜 습관이 나쁜 운명을 만들듯이, 나쁜 습성은 국가 발전 및 국민 행복에 암적 존재가 된다. 나쁜 습성은 도덕성을 키워 제어하지 않으면 무의식적으로 작동해 결국 관습으로 발전된다. 또한 관습이 오래되면 돌연변이 DNA로 변종되어 고치기 어려워지고, 국가 발전을 좀먹는 원인이 된다. 2014년 세월호 참사 때 선원들이 보인 행태는 이런 나쁜 습성이 관습화되면서 일어난 일이라고 볼 수 있다. 3가지 나쁜 습관이 우리 국민의 DNA로 체화되기 전에 하루빨리 청산하여야겠다.

3

유형적 국가개조 4가지 사례

세종행정도시 완성 – 청와대 등 정부 이전

세종시로 청와대 등 정부를 완전히 이전해야 명실상부한 행정수도가 완성되는 것이다. 서울과 세종시로 분리되어 있어 국가경영의 능률성 저해는 물론, 국토 균형 발전 등 국가 발전에 큰 걸림돌이 되고 있는 실정이다. 근간, 행정수도 이전이 서울을 비롯한 수도권의 질 높은 발전은 물론, 전국의 균형 발전을 가져올 것이라는 전망이 지속적으로 제기되고 있다.

문재인 대통령은 2017년에 발표한 100대 국정 과제에서 세종시 육성 방안을 구체적으로 제시했다. 세종시를 제주도와 함께 연방제 수준의 자치 분권 모델로 완성하겠다는 방침이다. 2017년 정세균 국회의장실에서 〈한국리서치〉에 의뢰해 실시한 개헌에 대한 국민인식조사 결과에 따르면, 헌법에 수도首都 규정을 새로 만들어 청와대와 국회를 세종시로 이전할 수 있는 근거를 마련하는 것에 대해 찬성이 49.9%로 반대(44.8%)

보다 5.1포인트 높았다.

공주대 윤수정 교수는 2017년 11월, 정부 세종 컨벤션센터SCC에서 열린 '행정중심 복합도시(행복도시) 착공 10주년·세종시 출범 5주년 기념 심포지엄'에서 다음과 같이 발표했다.

세종시로의 행정수도 이전이 결코 현재 수도권의 쇠락을 의미하는 건 아니고 오히려 국토의 균형 발전을 도모할 수 있다. 중앙행정 기능을 보유하지 않은 미국 뉴욕, 중국 상하이를 그 사례로 하여 얼마든지 경쟁력을 확보할 수 있다. 중앙부처 이전이 서울의 상징성을 다소 떨어뜨린다는 우려도 있지만, 뉴욕에 있던 미국의 수도를 워싱턴으로 이전하여 뉴욕이 더욱 발전한 점을 감안할 때 서울과 수도권의 경쟁력을 절대적으로 떨어뜨리지 않고 상호 보완할 것이다.

청와대를 비롯한 중앙행정 기능과 국회를 세종시로 옮기면 모든 것이 서울에 집중돼 있다는 심리적 상징성이 완화되고 수도권은 질 높은 발전을 꾀할 수 있는 계기가 될 수 있다. 세종시가 실질적으로 국가 균형 발전을 이끌고 나아가 한국판 워싱턴으로 세계적인 명품도시의 기준으로 자리 잡을 수 있다.

지방분권을 통한 국가균형 발전은 지속 가능한 발전을 위한 최고의 국가발전 전략이라는 데는 이견이 있을 수 없다. 1987년 체제를 뛰어넘는 고도의 민주주의 실현은 물론이고 모든 국민이 고루 잘사는 나라를 만들기 위해서는 세종 행정수도 완성 등 지방분권 개헌이 필요하다는 게 시대정신이 되었다.

헌법 제123조 2항에도 국가가 지역균형 발전을 추진할 의무가 명시되어 있다. 세계적인 추세와 국내 실정을 종합적으로 판단할 때, 세종

행정수도의 완성이 시대적 당위성을 갖고 있으므로 세종시는 워싱턴처럼, 서울은 뉴욕처럼 발전시키도록 적극적으로 추진해야 할 것이다.

지방자치제 강화, 국가의 균형 발전 도모

대한민국의 균형 발전과 지역의 특성과 환경을 고려하여 선택과 집중의 특화 발전을 이루어야 한다.

대한민국 헌법은 총 10장으로 130개의 조문으로 구성돼 있으나 '지방자치'를 다룬 제8장이 2개 조(117, 118조)에 불과하다. 지방자치의 업무를 명시한 117조 ①, ②항과 지방의회를 둔다는 내용의 118조 ①, ②항이 전부이다. "지방자치제도만 있지 지방자치제다운 지방자치제를 할 수 있는 헌법적 제도는 사실상 없다"고 봐야 한다.

문재인 대통령은 2017년 5월 제왕적 대통령의 폐단을 낳을 정도로 중앙정부에 집중된 권력을 분산해 수도권과 지방이 상생하는 나라를 만들기 위해 2018년 개헌할 때 헌법에 지방분권을 강화, 연방제에 버금가는 강력한 지방분권을 공언했다.

문 대통령은 대선 공약을 통해 "자치입법권과 자치행정권, 자치재정권, 자치복지권"의 4대 지방 자치권 보장, 지방자치단체를 지방정부로 개칭 등의 방안을 내놓았다. 그러나 대통령의 발의에 의한 지방분권 개헌안이 국회거부로 불발되면서 분권과 자치 의지가 퇴색하고 있다는 여론이 대두되고 있다. 향후 정부는 지방 분권 및 균형 발전 의지를 발휘해 대통령 공약을 충실히 이행하여야 할 것이다. 정부는 지방자치제도 분권 강화를 통해 제4차 산업혁명, 관광산업을 핵심정책으로 발전시켜 대한민국 미래를 찾아야 할 것이다.

선진국들은 예외 없이 지방자치제를 강화하고 있다. 특히, 프랑스 헌법은 "프랑스는 민주, 사회주의 공화국이다."라고 천명한 제1조의 마지막 문장에서 "프랑스의 조직은 지방분권이다."라고 선언하고 있다.

근간 사회적 문제가 되고 있는 지역불균형과 적폐는 중앙 집중적인 정치의 폐해에서 비롯됐다고 해도 과언이 아니다. 그로 인한 위기를 극복하려면 당연히 지방분권에서 답을 찾아야 하는 한편, 제왕적 대통령제의 폐해를 극복하고 풀뿌리 민주주의를 제대로 뿌리내리도록 지방자치제를 제대로 시행하여야 한다.

민주주의의 완성을 위해서는 이제 지방분권의 정착에 힘을 쏟아야 한다. 지금처럼 국회의원이 과도한 권한을 행사하고 지방의원은 국회의원의 그늘에서 벗어나지 못하면 본연의 임무보다는 이권 등 잿밥에만 신경 써 '지방의회 무용론'의 비판을 피할 수 없다.

우리나라는 고도 압축 성장 시대를 거치면서 오랜 기간 중앙집권 방식에 익숙해 왔다. 동원할 수 있는 자원이 부족하던 개발 시대에는 공공정책의 일을 국가인 중앙정부가 하는 것이 보다 효율적이었을지 모른다. 그러나 경제와 민주주의가 발전함에 따라 중앙의 획일적 추진방식보다는 지역의 다양성을 살리는 분권 방식이 바람직해졌다.

지방정부는 항시 주민과 가까이 일하기 때문에 주민의 이해를 조정하기가 상대적으로 쉽다. 그뿐만 아니라 지방 분권은 지역의 특성, 다양화의 힘을 살릴 수 있다. 특히 4차 산업혁명과 같은 혁신의 시대, 성장동력은 다양성에서 나온다. 다양성은 획일화된 중앙집권 시스템으로는 힘들다.

지방분권 강화의 헌법 개정 등을 통해 연방제에 버금가는 강력한 지방분권으로 국가의 틀을 새 나라로 바꾸어 초일류 통일선진강국 건설의 꿈과 비전을 국민들에게 심어주어야 한다.

삼권(三權)분립은 민주주의의 핵심

자연 상태에서 각 개인은 생명·자유·재산 등에 대한 고유의 권리를 보전하기 위하여 자연적 권리를 포기하고 정치사회(시민사회)를 만들었다. 시민사회의 형성과정에서 로마공화정은 집정관(군주정), 원로원(귀족정), 평민회의(민주정)가 서로 견제와 균형을 이루어 권력을 나누어 가지도록 하였다. 로마공화정의 견제와 균형의 원리는 로크의 『통치 2론』(1689), 몽테스키외의 『법의 정신』(1748) 등을 통해 근대 자유주의 정치원리로 확립되었으며 현대국가의 삼권분립으로 이어졌다.

우리나라 삼권분립은 국가의 권력을 입법, 사법, 행정의 분리를 말하는 것이다. 국가의 모든 힘이 어느 한 사람이나 한 기관에 집중되면 그 힘을 마음대로 사용하여 문제가 생길 수가 있기 때문에 제1공화국 때부터 입법부, 행정부, 사법부를 나누어서 현재에 이르고 있다.

입법부는 국민에 의해 선출된 의원들이 법을 만들고 국가의 중요한 결정에 참여하는 회의 기관으로서 국회를 두고 있고, 행정부는 입법부에서 만든 법에 따라 집행하여 국가의 행정 업무를 수행하는 기관으로서 행정부의 최고 책임자는 대통령이다. 사법부는 어떤 문제에 대해 법을 적용하여 판단을 내리는 기관이다.

입법·행정(집행)·사법(재판)의 3가지 기능을 서로 다른 3개 기관에 분산시켜 견제와 균형을 이루는 것이 오늘날 삼권분립의 통례이며 권력분립이라고도 한다. 권력분립의 목적은 권력의 남용을 막고 권리의 보장을 확보하는 것으로서, 이것은 근대적·입헌적 의미의 헌법에서 필수불가결한 요소이다.

그러나 우리나라는 최근 사법행정권의 남용으로 사법부의 신뢰가 송두리째 흔들리고 있어 삼권분립이 크게 훼손되고 있다. 양승태 대법원장 시절의 재판거래 의혹(대법원의 전 수장이 청와대와 재판을 거래)은 사실이야 어찌되었건 많은 국민들이 의심의 눈으로 사태를 바라보고 있어 이것만으로도 국민의 법원에 대한 신뢰는 추락하고 있다.(2018년 6월 여론조사 결과: 신뢰23%, 불신67%) 만약 정치적 거래와 흥정의 대상이 사실이라면 사법농단의 중죄로서, 디케(정의의 여신)의 저울 한쪽에 사법부가 올라앉아 있는 꼴이다. 대법원 스스로 삼권분립을 포기한 행태이다.

우리 헌법과 법률에도 대통령, 정부의 행정 운영을 견제할 수 있도록 행정, 입법, 사법으로 삼권분립제도를 두어 대통령을 견제하고 있으나, 역대 대통령 때부터 많이 지적된 대통령의 제왕적 모습은 개선되지 않고 있다. 전방위적인 로비를 통해 재판거래가 이루어질 수 있는 상황이라면 견제와 균형의 원리는 더 이상 적용되지 않는다.

몽테스키외는 『법의 정신』에서 모든 정치권력을 가진 자는 권력을 남용하기가 쉽다며 권력집중의 문제점을 지적했다. 사법부가 바뀌어야 한다는 데 이의를 다는 사람을 찾기는 힘들다. 독립된 헌법기관인 개별 법관이 인사권자의 눈치를 보거나 다음 자리를 생각한다면 법원의 존재 의미인 '갈등의 최종 해결' 기능이 제대로 작동하기 어렵기 때문이다.

정치권은 선거법 위반 재판이나 비리 사건 재판 때문에 사법부의 눈치를 봐 왔다. 이러한 재판 권한을 가진 법관에 대한 인사권을 다른 곳으로 분산시키는 것은 근본적 해결책이 되기 어렵다. 사법부의 부패 및 사법부와 행정부의 권력거래는 법에 따라 더욱 엄중히 조사하고 삼권분립 제도가 원칙적으로 이루어지도록 해야 할 것이다.

법치(法治)는 민주주의의 요체

법치란 모든 사람이 '법 앞에 평등하다'는 관념에 기초한다. 로크나 몽테스키외 같은 사상가들은 신분과 관습의 뿌리 깊은 영향력에 대항하여 법치와 그것에 기초한 인간의 권리를 주장해 왔다.

법의 지배rule of law란 개념은 입헌정치의 시발점으로 일컬어지는 영국 대헌장에 처음 등장했다. 대헌장은 절대권력인 국왕도 법에 구속돼야 한다는 혁명적인 인식의 변화였다. 법의 지배는 침해돼선 안 되는 자연권과, 훼손돼선 안 되는 헌법적 가치를 인정하는 고차원의 통치방식이다. 이 자연권과 헌법적 가치는 공화정신으로도 불린다. 기본권과 인권의 보장, 민주적 시장경제, 자유통일 지향 등이 21세기 한국의 공화정신일 것이다.

법질서 준수 여부는 그 나라 국민의 의식수준과 사회발전의 정도를 말해 주는 척도다. 법치가 이루어지지 않는데도 선진국이 되려는 것은 마치 모래 위에 성을 쌓으려는 것과 다를 바 없다. 그러나 우리나라의 준법수준은 OECD 30여개 회원국 중 27위로 최하위권에 머물고 있는 실정이다. 그 주요 원인은 '한국은 떼법 공화국'이라는 것이 국내외 공통된 인식이다.

경찰청『주요 외국의 불법 집회시위 대응 현황 자료집』에 따르면 서울의 인구 100만 명당 집회·시위는 736건으로 홍콩(548건), 워싱턴 DC(207건), 파리(186건), 도쿄(59건) 등 주요 도시보다 월등히 많았다. 선진 국은 경찰의 위상과 리더십이 엄격한 데 비해 우리나라는 경찰 위상이 땅에 떨어져 경찰을 폭행하고 파출소에서의 행패는 다반사이다.

2017년 〈한국리서치〉가 실시한 준법실태 여론조사 결과는 다음과 같다.

- 사회 기관별 준법 순위: 시민단체(35%), 노동조합(23.3%), 청와대 (18.4%), 검찰과 경찰(16.2%), 대기업(16.2%), 국회(5.3%) 등의 순위
- 법을 지키면 손해를 보는가: '그렇다(72.7%)', '아니다(26.1%)'
- 우리나라의 법 집행이 공정하다고 보는가: '공정하다(38.3%)', '공정 하지 않다(60.6%)'

법을 어기고 질서를 어지럽히는 행위는 법과 원칙에 따라 철저히 처 벌하여 법치주의 정당성을 확립해야 한다. 선진국은 법질서 안에서 공 권력이 엄격하게 발휘되어 질서를 유지하고 국고 낭비를 막는다.

그동안 우리는 집단의 힘에 의해 법과 원칙이 훼손되는 현실을 자주 봐 왔다. 국가 사회의 안위를 책임지고 있는 공권력에 도전하는 불법과 폭력의 현장을 제대로 다스리지 못한다. 그러다 보니 불법 시위로 인한 사회·경제적 손실비용이 최대 12조 원, 국내총생산의 1.5%에 달하는 것으로 추정되고 있다.

역대 정권에서 대통령은 수시로 법질서 준수를 강조했지만, 정치, 경 제, 사회의 주요 범법자들을 8.15광복절, 연말연시 등을 이용해 지나치 게 특별 사면을 해줘 법정신을 훼손하고 있다.

우리의 국격을 좌우하는 결정적 요소는 법치의 확립이다. 법치문화가 조성되어 있는 나라는 국격이 높은 나라이다. 폭력과 무법과 무질서가 횡행하는데도 이것을 다스릴 공권력이 확립되지 않아 국격을 훼손시키고 있다. 기강이 무너진 나라는 국격을 논할 자격조차 없다. 법이 있어도 이를 집행할 능력과 의지가 없는 정치인과 공무원들은 국가의 기강과 질서를 시급히 확립하여 국격을 높여야 한다.

우리나라는 성숙한 민주주의 국가, 위대한 국민임을 자랑하면서도 떼법, 무법이 기승을 부려 국격을 저하시키고 있다. 법을 지키지 않으면 무법사회가 되고, 폭력이 정당화되는 사회에서 국민들은 먹이가 된다.

민주국가의 핵심가치는 법치다. 법치가 무너지면 나라 근본이 무너지는 것이다. 누구라도 법 위에 있어서는 안 되며 만인이 법앞에 평등해야 한다. 따라서 온 국민이 법과 질서를 확립하는 원칙과 실천이 요구된다.

영국이 어떻게 세계에서 가장 모범적인 법치국가가 될 수 있었는지 널리 알려진 일화는 지금 우리가 되새겨봐야 할 대목이다.

윈스턴 처칠이 의회에 늦자 신호 위반을 지시했다. 교통경찰에게 적발된 운전기사가 "수상이 탄 차"라고 하자 경찰관은 뒷자리의 처칠을 보며 "처칠 수상 같은 분이 위반을 할 리 없다"면서 딱지를 뗐다. 처칠은 며칠 후 경찰관의 근무 자세를 높이 평가하며 경시청장에게 특진을 지시했는데 경시청장 역시 "경찰인사법에 특진규정이 없다."라며 이를 거부했다.

우리는 국민들이 법과 질서만 제대로 지켜도 부정부패가 척결되고 법질서가 세워지면 국격도 높아지고 자연히 국가 경쟁력도 강화된다. 국민들이 정부의 통치 리더십을 신뢰하면 할수록 국격은 자연스럽게 높아지는 것이다.

제5장

21세기 대한국인
선진화 혁명의 의미

1

'대한국인 선진화 혁명'이란 무엇인가

대한민국의 5천 년의 역사는 위기와 고난의 연속이었다. 현재도 절박한 역사의 시간이 고조되어 한반도 역사의 대전환 시대가 전개되고 있다. 최근 미·중 패권 싸움이 치열한 가운데 북한의 완전비핵화 문제가 세계적인 이슈가 되고 있다. 우리가 잘해야 비핵화는 물론 한반도 평화번영이 이루어질 수 있는 절체절명絶體絶命의 시대이다. 대전환의 역사 시대는 거대하고 일관된 어떤 흐름이 있어야 가능하다. 헤겔은 이를 시대정신이라고 말했다. 한반도 평화번영의 대변화 시대를 맞이하려면 '21세기 대한국인 선진화 혁명'의 시대정신이 꽃을 피워야 할 것이다. 따라서 한반도 역사 대전환의 시대를 평화번영의 시대로 맞이하기 위해 '21세기 대한국인 선진화 혁명' 해법을 제시하고자 한다.

선진화 혁명이란 문화구조와 레짐(체제)을 바꾸어 초일류 통일선진강국을 건설하는 것이다. 현대사의 시대적 문제를 대한국인의 선진화 혁명으로 승화시키는 것은 국격제고는 물론 국가발전을 이루는 큰 위업이라고 판단한다. 대한국인의 절대정신과 국혼으로 선진화 혁명을 이루어야겠다.

우리나라는 2차 세계대전의 신생독립국으로서 70여년 만에 선진국으로 진입한 기적의 나라임에도 불구하고 내우외환의 대위기를 맞이하고 있다. 61년체제(5·16 쿠데타) 이후의 산업화 혁명시대와 87년체제(6·10 민주화항쟁) 이후의 민주화 혁명시대가 화합하여 선진국가로 도약해야 함에도 불구하고 지속적인 적대적, 대립적 이념과 반목으로 선진국가 도약은커녕 위기를 지속시키고 있다. 이젠 두 시대가 대승적 차원에서 융합, 화합하여 21세기 시대정신을 창조하도록 과감하게 '21세기 대한국인 선진화 혁명'으로 나가야 하는바, 그 이유는 다음과 같다.

첫째, 우리나라는 동학혁명, 4·19혁명, 6·10항쟁 등 많은 대중혁명을 거쳐 왔지만 선진국으로 진입하지 못했다. 더욱이 수많은 국민이 대중혁명, 대중운동 등에 참여했지만 사회 도덕성과 국가 정의 등 정신문화는 성숙하지 못하고 오히려 도덕성 상실, 양극화 등 사회불안이 더욱 증가되는 실정이다. 이러한 상황을 극복하기 위해서는 대중혁명을 완성할 선진화 혁명이 제대로 이어져 이루어져야 한다.

둘째, 21세기 시대정신은 해묵은 이념에 의한 갈등과 극단주의가 아닌 한국적 중용, 실용주의 사고와 정신을 통한 정신혁명·교육혁명·경제혁명이 융합된 선진화 혁명정신이다. 현대사에서 대한민국의 제1혁명은 땀의 산업화 혁명이었고, 제2혁명은 피의 민주화 혁명이었다. 이젠 제3의 선진화 혁명을 위해 '정신혁명·교육혁명·경제혁명'의 '국가 대 개조-21세기 대한국인 선진화 혁명'이 긴요한 시대이다. 선진화 혁명을 이룩하여 지식의 나라, 지성의 나라, 정신문화대국을 건설하여 국민

대화합·통합으로 일류선진국이 반드시 되도록 해야 할 것이다.

셋째, 대한민국 대위기의 본질이 분열과 대립에 있다고 볼 수 있다. 따라서 '내 탓이오'라는 자아성찰을 통해 자아 혁명, 자강으로 위기를 극복해야 한다. 나 한사람의 변화가 우리 가정, 우리 조직의 변화를 불러오고, 더 나아가 개인의 변화가 확산되어 국민 전체의 변화를 가져오는 문화가 정착될 수 있는 아래로부터의 혁명이 이루어져야 한다. '정신혁명·교육혁명·경제혁명'을 통해 부국강병→일류 선진국→초일류 통일선진강국→팍스 코리아의 꿈을 꾸고 실현하겠다는 국민의지(정신)를 정립해야 한다.

우리 민족은 홍익문명을 살려 살기 좋은 세계로 이끌어갈 시대적 소명 앞에 서 있다. 우리에게 부여된 소명 앞에서 결코 주저하거나 소극적이어서는 안 된다. 한민족의 절대정신과 국혼을 발휘해 우리의 정신과 문화를 세계에 전파하고, 인류평화와 발전에도 기여할 수 있어야 할 것이다. 이를 위해서는 선진화 혁명 활성화로 지식·지성의 나라가 되어 정신 문화대국이 될 때만 가능하다.

즉, 대한민국의 생존과 번영을 위해서는 '21세기 대한국인 선진화 혁명'의 시대정신을 창출하여 국가와 사회를 견인하고 지속적인 개혁, 혁신, 혁명으로 '국가 대 개조-국부론'을 구현해야 한다. 우리 국민들은 모든 세력들이 화합하여 국부를 창출하고 부국강병의 나라를 만들어 외세에 의존하지 않는 자주 독립국가를 간절히 원하고 있다. 이젠 우리 역사에서 불행(위기지속의 나라)의 고리를 반드시 끊고 선진국을 건설하여 자랑스럽게 후손에게 물려주어야 한다.

이를 위해 지도자들은 서번트 리더십으로 위민爲民, 여민與民을 위해서 분골쇄신하고 국민들은 국가수호와 선진국 건설의 결기와 의지를 갖고 지도자를 중심으로 뭉쳐야 한다. 나 자신부터 우리 가정, 회사, 사회, 나라 전체가 정신(의식)혁명·교육(지식)혁명·경제(물질)혁명으로 상전벽해의 국가 대 개조가 필요한 시대적 상황이다.

　'21세기 대한국인 선진화 혁명'은 내우외환의 대위기를 대기회로 반전시키는 결과가 되어 대한민국 역사의 대전환이 될 것이다. 따라서 지금처럼 한반도 평화 번영의 씨앗이 움트는 시기에 우리의 모든 역량을 총 동원하여 선진화 혁명을 통해 남북통일의 시대를 마련토록 해야 한다. 더불어 우리 국민들은 역사적 소명의식과 사명감으로 한반도 번영과 평화의 시대를 반드시 열어야 한다.

　'21세기 대한국인 선진화 혁명'을 통하여 대한민국 모든 지도자와 국민이 하나 된 의지로 뭉쳐 국태민안의 행복한 대한민국을 건설해야 한다. 더불어 자강→부국강병→초일류 통일선진강국을 건설하고 팍스코리아 시대를 향해 힘차게 나아가야 할 것이다.

2

'21세기 대한국인 선진화 혁명'으로
대한민국 운명 개척

작금의 대한민국 운명은 갈림길에 서 있다. 선진화 혁명을 통해 선진 국가로 가는 길과 내우외환의 위기 속에서 고난의 역사를 지속하는 길이 놓여 있다. 필자는 대한국인이 산업화 혁명, 민주화 혁명을 토대로 정신, 교육, 경제혁명을 융합하여 국가 혁명을 선진화 혁명으로 이룩해야 할 운명의 시대라고 판단한다. 국제사회의 냉엄한 정글의 법칙에서 살아남고 주위 열강으로부터 시련을 받지 않는 나라가 될 수 있는 길은 '21세기 대한국인 선진화 혁명'이다.

대부분의 국가 혁명은 주체 세력의 성격에 따라 위로부터의 혁명, 아래로부터의 혁명, 옆으로부터의 혁명으로 나눌 수 있다. '위로부터의 혁명'은 지배 계급의 계획 아래 타협적으로 단행되는 혁명을 말한다. 고려 왕건과 조선 이성계의 역성혁명이 그 전형적인 예다. '아래로부터의 혁명'은 정치적으로 성숙한 계급이 민중의 지지 아래 자주적으로 단행하는 혁명으로, 혁명의 가장 전형적인 형태다. 프랑스 대혁명과 영국의 청교도 혁명, 러시아의 공산혁명 등이 이에 속한다. '옆으로부터의 혁명'은 민중의 지지 아래 지식인 계층에 의해 단행되는 혁명으로, 우리나라의 4·19 혁명 유형이다. 최근 넓은 의미에서는 산업화 혁명, 지식혁명, 과학혁명 등도 이 유형에 속한다. 이 책에서 주창하는 '21세기 대한국인 선진화 혁명'은 산업화·민주화 혁명의 화합을 토대로 역사적 소명과 시대적 사명을 대승적으로 승화시키는 혁명이며, 초일류 통일선진강국으로 국가의 운명을 바꾸는 데 그 의의가 있다.

21세기에도 백여 년 전과 같이 주변 열강이 우리를 위협하는데다 국익 중심의 외교안보가 치열하게 전개되고 있다. 더욱이 미·중의 패권 경쟁이 21세기 신냉전시대로 치닫고 있는 상황에서 대한민국의 운명은 어디로 가는가 모든 국민이 고뇌하고 혜안의 해법을 찾아야 할 때다.

필자는 이러한 시대적 사명과 역사적 소명의식에 따라 '21세기 대한국인 선진화 혁명'으로 승화시켜 국가 대위기를 대기회로 반드시 전환시켜야 한다고 판단한다. 그 이유는 대한국인이야말로 '21세기 대한국인 선진화 혁명'을 성공시킬 수 있는 민족DNA와 애국심으로 무장되어 선진화 혁명을 이룩할 수 있는 잠재역량과 역동성을 구비한 국민이기 때문이다.

19세기 아시아 국가들은 근대화 과정 속에서 세계의 흐름에 적응하지 못하고 위기를 맞았었다. 그런데 일본은 유일하게 메이지 유신의 대통합에 이어 더 과감한 개혁, 혁신과 더불어 지식혁명을 이루어냈다. 유신의 지지층이었던 사무라이 세력들의 반발에도 불구하고 세계의 흐름에 뒤처지지 않기 위해 서양문물을 받아들이는 메이지 혁명에 나섰다.

일본이 아시아에서 근대화에 성공한 국가로 발돋움한 점은 주목할 필요가 있다.

또한, 알렉산드로스 대왕은 10년 원정으로 유럽, 아시아에 걸친 대제국을 건설했다. 알렉산드로스가 사망한 뒤 동·서양 문화가 융합한 헬레니즘 시대를 열어 '헬레니즘 문화'가 발전했다. 이는 '알렉산드리아'라는 그리스식 도시를 건설하고 현지의 제도, 시스템, 관습을 존중했기 때문에 가능했다.

베트남의 국민들에게 젖어든 호찌민의 혁명정신은 세계강국 프랑스, 미국, 중국을 연이어 물리치는 애국의 신화를 창조했다. 호찌민은 애민정신과 청백리의 지도자로 '3꿍정신 (국민과 함께 살고, 함께 먹으며, 함께 일한다)'을 주창하며 베트남 혁명을 평생에 걸쳐 주도하여 베트남 통일을 이룩했다.

우리는 세계사 속에서 약소국들이 국민의 결단을 통해 혁명으로 민족의 갱생을 이루었던 경우를 쉽게 찾아볼 수 있다. 백여 년의 침략과 압박 속에 3등 국가로 전락했던 덴마크는 덴마크 민족의 어버이로 숭앙받고 있는 니콜라이 그룬트비히와 엔리코 달가스라는 혁명적 지도자의 등장으로 국가를 구원했다.

대한민국이 20세기 중반 세계에서 가장 빠른 산업화, 민주화에 성공했음에도 불구하고, 선진국이 되지 못하는 가장 큰 이유는 산업화 세대와 민주화 세대가 화합하지 못하고 분열, 대립으로 국가 발전 동력을 잃었기 때문이다.

최근 우리나라는 갈등→분열→대립의 사회, 국가적 문제가 악성종양으로 악화되고 있다. 진영 간의 독선과 권력집착이 강화되어 분열·대립을 치유하기는커녕 감정이 깊어지는 현상이다. 2018년 11월 5일 문재인 대통령과 여야 5당 원내대표는 청와대에서 상설협의체 첫 회의를 가졌다. 극한적 대결과 반목이 만연해 온 우리 정치사를 과감히 개혁하여, 민생·경제 살리기와 외교·안보 등 국가 현안을 해결하는 장場이 되어야 하겠다. 정복국가와 피정복국가가 헬레니즘 문화도 꽃피우는데 단일민족, 단일세대(세기)가 화합, 통합하는 시너지 효과를 거두지 못하는 것은 우리 시대의 패거리 싸움, 양극화, 리더십 결여 등의 무능력 때문이라고 우리 후손들은 아쉬워 할 것이다.

위와 같은 역사적 교훈에서 대한민국의 지향점은 자명해진다. 우리가 지향하는 목표는 우리만을 위한 배타적 의미가 아니라 '21세기 대한국인 선진화 혁명'을 통해 초일류 통일선진강국을 건설하고 세계평화에 공헌하고 기여하는 것이다. 대한민국 운명이 팍스코리아 비전을 가질 수 있는 운명이 되도록 '국가 대 개조-국부론'의 '21세기 대한국인 선진화 혁명'을 적극 추진할 것을 감히 제안하는 바이다.

3

'21세기 대한국인 선진화 혁명'은
'소리 없는 국민 대화합 혁명'을 통해

어느 나라든 지도자가 정치와 경제적 목적을 위해 국민을 선동하고 분열을 조장한다면 힘들여 쌓아놓은 제도와 사회구조는 모래 위의 성처럼 일순간에 무너져 국가 불행을 초래한다. 이에 반해 지도자들이 노블레스 오블리주 정신으로 헌신하고 솔선수범 리더십을 발휘한다면 국민 통합과 화합은 자연스럽게 이루어질 것이다.

최근 한국보건사회연구원의 '사회통합 실태 및 국민인식 조사' 결과에 따르면 한국인들은 현재 한국의 사회통합 상황에 대해 불만이 큰 것으로 나타났다. 극도의 이기주의, 패거리주의, 선동정치 등으로 나라를 분열시키고 어지럽히는 행태가 지속되고 있기 때문이다.

21세기 대한민국의 혁명의 콘텐츠는 위기 시마다 국민을 선동하는 위험한 도박과도 같은 대중운동이 아니라 시대 발전에 부응하는 선진화 혁명이 되어야 한다. 따라서 '21세기 대한국인 선진화 혁명'의 실천

해법으로 '국민 대화합, 통합 혁명'을 주요 화두話頭로 정신혁명, 교육혁명, 경제혁명을 통한 초일류 통일선진강국 건설의 이론과 실제를 제시하고자 하는바, 그 시대적 배경은 다음과 같다.

역사적 의미에서 우리나라는 조선(고조선 건국)이라는 나라 이름의 의미처럼 고요한 아침의 나라, 동방예의지국의 나라이다. 이러한 역사적 전통적 의미를 살려 소요 없는 국민대화합 혁명으로 국가의 격을 높여야 한다.

우리나라는 반세기만에 산업화, 민주화를 성공시킨 나라로서 세계가 주목하는 나라가 되었다. 1960년 4·19혁명은 국민이 주체가 되어 독재정권을 교체한 대한민국 건국 후 최초의 자유민주주의 혁명이었다. 4·19혁명은 학생주도의 국민혁명이었으며, 국민이 국가 수호의 주체 세력으로 역사의 주체가 되어야 함을 보여준 혁명이었다. 4·19혁명이 추구한 자유민주주의 이념은 현재의 국가이념일 뿐 아니라, 미래에도 변하지 않을 대한민국의 국가이념이다. 4·19 혁명을 통해 정치적 이상주의와 민주주의의 가능성을 처음 확인한 민주주의 발아發芽기의 혁명이라고 할 수 있다.

또한 1987년 6월 민주화 항쟁은 6월 10일을 정점으로 20여 일 동안 전국적으로 확산된 시민항쟁의 민주화운동이다. 6월 민주항쟁은 대학생이나 노동자 중심이었던 시민운동에서 벗어나 사무직 근로자까지 포함한 전 국민적 저항운동으로, 민중이 역사의 주체가 되어 군사독재체제를 종식시키고 대한민국에 절차적 민주주의를 뿌리 내리게 했다는데 역사적 의의가 크다 하겠다. 1987년 6월 민주항쟁을 통해 87년직선제 헌법(87년체제)의 민주화 시대를 열었으나 미완의 하드웨어적 민주주의 혁명이었다. 2016년 촛불집회는 1960년 4·19혁명과 1987년 6월 민주화항쟁의 성과로 이어온 하드웨어적 민주주의를 소프트웨어적 민주주의 완성으로 한 단계 발전시켰다는 데 의의가 있다고 볼 수 있다.

우리는 4·19혁명 → 6월 민주화항쟁 → 촛불집회를 통해 우리는 민주주의 성숙과 국가 대 개조의 기반을 이루어 놓았다. 이제 대한민국은 폭력적, 불법적 시위가 아닌 자유평화의 국가 대 개조를 이룰 수 있는 성숙한 나라가 되어야 한다. 향후 '21세기 대한국인 선진화 혁명'으로 국가 대 개조를 반드시 이루어야 한다고 판단되는 바 그 이유는 다음과 같다.

① 대한민국 주요 도심지는 각종 시위대들의 불법시위, 도로 점거 등으로 시도 때도 없이 교통이 막혀 평화로운 도시 분위기를 훼손시킨다. 불법 시위와 떼법 시위가 국격을 추락시키고 국민 심성을 피폐하게 만든다. 결국 도심의 기능을 저해하고 시민생활에 큰 지장을 준다.

② 막스 피카르트는 "살아 있는 침묵을 가지지 못한 도시는 몰락을 통해 침묵을 찾는다"라고 하였다. 서울 등 주요 도심지의 질서를 확립하여 고요한 나라의 '생각하는 거리', '대화의 거리'로 승화시켜야겠다. 정의롭고 공평하고 품위 있는 사회는 타인을 존중하고 타인의 자유와 권리를 훼손하지 않는 배려의 사회다. 이것은 모든 민주주의 국가가 내세우는 가치로서 민주주의가 성숙할수록 집단의 아우성이 아니라 대화를 통한 해결이 가치를 드러낸다.

③ 선진화 혁명은 슘페터의 창조적 파괴처럼 공공과 민간의 조화를 통한 창의·창조로써 개혁과 혁신으로 실천하는 것이다.

우리는 전 인류사의 성과물인 민주주의 원리를 대화와 타협으로 풀어서 폭력, 점거, 농성, 시위 등 불법적인 행태가 근절되도록 시민 문화를 바꾸어야 한다. 경찰에 따르면 2018년에 전국적으로 총3만 7478건 집회·시위가 열려 지난해 같은 시간(2만 3749건)보다 58%나 늘어났다. 주말마다 광화문광장 일대 주민들과 상인들은 '못 살겠다' 고통을 호소하고 있다. 인근 직장인들은 거의 하루도 빠지지 않고 시위대가 운동권 노래를 틀어대는 바람에 환청에 시달릴 정도다. '시위대만 국민이냐'는 불만의 소리가 급증하고 있는 실정이다. 정부는 합법과 불법을 명확히 구분해 엄정하게 대응하여 성숙한 시위 문화가 되도록 해야 한다.

폭력 시위, 소요가 잦은 나라는 후진국이다. 혁명을 가장한 폭력 시위는 집단 또는 정치적 이익을 관철하여 사회불안을 조성한다.

일찍이 마키아벨리도 '혁명rivoluzione'이란 말을 거의 사용하지 않았는바, 그 이유는 군중 또는 집단에서 열정으로 가득한 젊은이들이 혁명이란 단어를 사용하는 것은 위험천만한 일로 생각하기 때문이다. 그래서 정치를 통해 갈등하는 여러 의견을 조율해 조금씩 진전을 이루는 것이지, 정적을 처단하고 공직을 독점하는 혁명이 아니라는 사실을 알려주려 했던 것이다.

우리도 광장민주주의가 아닌 진정한 민주주의 제도를 발전시키고 성숙토록 하여 국격을 높이고 국가 위상을 제고하여야 한다. 대한민국 5천년 역사와 전통을 보존하고 일류 선진국으로 도약하기 위해서는 보수, 진보주의를 넘어 중용과 실용주의를 발전시켜 '대한민국 애국주의'로 국민 대화합, 통합의 혁명을 구현해야 한다.

『오자병법』의 1편 '도국圖國'에서 선진강국의 길을 도모함에 있어 친만민(親萬民: 백성과 허물없이 지냄)으로 인화人和를 핵심요소로 삼았다. 민·관·군이 일치단결하여 '소리 없는 국민대화합 혁명'을 통해 위대한

국가 대 개조를 이룰 때 일류 선진국을 이루어야 한다는 것이 역사가 가르쳐 주는 교훈이다.

고대 로마인들은 사회적 규범을 지키고 이를 닦는 매너를 통해 문명인을 자처했다. 우리도 동방예의지국의 문명인 후손으로서, 도덕적 해이, 인성 실종은 물론, 떼법, 새치기, 각종 소음, 쓰레기 등 일상적 무례에 모두 지치는 사회현상을 '소리 없는 국민 대화합 혁명'으로 말끔히 해소해야 할 것이다. 아리스토텔레스의 정치학은 "모든 공동체는 선한 목적을 달성하기 위해 형성된다. 이런 공동체들 가운데 가장 포괄적인 것은 바로 국가이다."라는 말로 시작된다. 이와 마찬가지로 우리나라도 국가라는 공동체가 선한 목적을 달성토록 선진화 혁명을 이뤄야 한다.

21세기 대한민국은 민주주의가 성숙한 나라로서 30-50클럽(소득 1인당 3만 달러와 인구 5천만 명 이상인 나라)에 세계 7번째로 가입하도록 국력을 집중시켜야 한다. 각종 불법 집회, 시위 등 후진국 형태의 반지성문화 행태를 근절시켜 선진국으로 도약해야 한다는 의미에서 21세기 대한국인 선진화 혁명을 통한 '소리 없는 국민 대화합 혁명'을 감히 주창한다. 이의 일환책으로 '정신혁명·교육혁명·경제혁명'의 융합으로 '21세기 대한국인 선진화 혁명'을 통한 초일류 통일선진강국을 향해 매진하여야겠다.

4

조화調和와 상생相生의 길

조화(調和)와 상생(相生)의 길

대한민국은 홍익인간 이념과 정신을 토대로 반만년의 유구한 역사를 가진 세계적으로 보기 드문 자랑스러운 나라이다. 역사적으로 볼 때 정체성을 확립하고 온 민족이 화합한 시기는 국운이 융성하였다. 반면에 국론이 분열되어 갈등이 지속될 때 외침의 역사는 시작되었고 민족은 고난의 시대를 맞이했다.

현대 한국은 세계적인 '갈등 사회'다. 2017년 한국경제연구원이 경제협력개발기구OECD 회원국 35개국을 대상으로 '사회갈등지수'를 산출한 결과 우리나라의 잠재 갈등 지수는 1.88로 멕시코(3.92), 터키(2.46)에 이어 3위였다. 삼성경제연구소에서는 사회적 갈등으로 인한 경제적 비용이 연간 최대 246조 원으로 추산된다고 분석했다. 더욱 심각한 건 한국의 사회갈등지수는 점점 상승 추세라는 점이다.

대한민국 국민은 자부심과 자존심을 갖고 국가 정체성을 토대로 공동체 정신으로 화합해야 한다. 우리가 사랑하는 우리의 조국 대한민국을 일류 선진국가로 만들려면 최우선적으로 갈등, 분열을 뛰어넘어 국론을 통일하고 대화합을 해야 한다. 가정은 가화만사성, 조직은 인화단결, 국가는 국민총화가 이루어져야 국민들은 긍지와 자부심 그리고 희망을 가질 수 있다. 그래야 진정한 애국심이 나온다. 국민이 애국심을 갖고 조국을 수호한다는 것은 국가의 영토뿐만 아니라 국가의 이념과 가치를 지키는 것을 포함하는 포괄적인 개념이다.

올바른 이념과 가치를 토대로 화합, 통합하는 것은 나라다운 나라로 국격을 세우는 일이다. 어느 조직이든, 사회든 화합과 통합이 되어야 비전을 가질 수 있다.

대한민국은 조화·상생은커녕 분열과 갈등으로 자유민주주의의 기본 가치가 흔들리는 위태로운 상황이다. 대한민국은 조화·상생은커녕 분열과 갈등으로 자유민주주의의 기본 가치가 흔들리는 위태로운 상황이다. 분열과 갈등의 혼란이 국민의 밥그릇마저 깨뜨릴 것 같은 우려를 자아낸다. 국가를 이끌고 선도해야 할 리더 그룹들이 협치는커녕, 마치 치킨게임을 벌이는 것 같은 행태를 보이고 있어 국민들은 불안하다.

근간 여론 조사기관에서 사회통합에 대해 20세 이상 2,012명을 대상으로 전화로 설문한 결과는 다음과 같다.

현재 사회통합에 가장 부정적 영향을 미치는 사회 갈등 요인으로 계층 간 갈등에 대해 '심한 편' 혹은 '매우 심한 편'이라는 응답이 전체의 76.5%로 가장 많았다. 이어 '이념 갈등은 심하다'는 응답이 68.1%였으며 '노사 갈등'이 67.0%, '지역 갈등' 58.6%, '환경 갈등' 57.8% 순이었다.

'사회통합을 위해 가장 시급히 해결해야 할 갈등이 무엇인가?'라는 질문에 전체의 57.6%가 '계층 간 갈등'을 꼽았고 '노사 갈등' 37.3%, 지역 갈등 32.3%, 이념 갈등 30.6% 등이었다.

'사회통합의 전제조건'에 대해서는 전체의 30.7%가 '경제적 약자 배려'라고 응답했으며 '기회 균등' 22.1%, '시민의식 제고' 21.3%, '법치주의 제고' 18.5%였다.

국가는 중심 철학과 중심 가치가 필요하다. 세계화로 국제 경쟁은 점점 치열해지고 세계정세는 급변하고 있다. 국민 대화합의 리더십을 발휘하지 못할 경우, 국내 혼란은 물론 국제적 경쟁의 거대한 파도를 넘어서기가 너무나 힘들다.

우리에게는 머뭇거릴 시간이 없다. 여·야도, 보수·진보도 국가라는 틀에서 한 가족이다. 영남과 호남도 이웃사촌이다. 양극화 계층도 영원히 같이 살아야 할 한 식구이다. 남과 북도 언젠가 통일되어야 할 단일민족이다. 세계 그 어느 나라보다도 우리 민족은 통합하고 또 화합해야 한다는 것은 5천 년의 역사와 전통을 자랑하는 단일민족 단일국가로서 어린아이까지도 잘 알고 있을 것이다.

21세기 세계의 기운은 '동양 회귀East-Turning'로 아시아 시대의 호기를 맞고 있는데 갈등과 분열의 집안싸움으로 국운상승의 기회를 놓치는 일이 있으면 절대적으로 안 된다. 여야는 내우외환의 위기를 전화위복의 기회로 만들기 위해 대승적 차원에서 정치력을 발휘해서 국민 대통합을 이끌어야 한다. 양보와 타협을 통해 장애요소는 법과 원칙에 따라 순리적으로 사안별로 차근차근 일을 풀어나가야 한다.

최근 우리 사회 일각에 '나와 다름'을 '틀림'으로 여기고 무시하는 경향이 있다. '다름'은 결코 '틀림'의 기준이 될 수 없다. 우리 사회의 안정과 화합을 위해서도 당연한 일로서 어떠한 경우에도 나와 다른 생각을 가진 이들을 무시하지 않고 좋은 이웃으로 존중하고 포용해야 한다.

나와 다른 것은 배척 대상이 아니라 공존 대상이다.

우리가 지향해야 할 가치는 '동이불화(同而不和: 겉으로는 동의를 표시하면서 속마음은 그렇지 않음)'가 아니라 '화이부동(和而不同: 남과 사이좋게 지내기는 하나 무턱대고 한데 어울리지 않음)'이어야 할 것이다. 화이부동의 세계야말로 대동大同의 사회라고 할 수 있다.

우리의 5천 년 역사는 국난과 전쟁을 극복해 온 역경의 역사다. 이러한 역경의 역사에서 중요한 것은 정신주의와 물질주의의 조화이다. 공자는 정치가 바르면 음악도 바르다고 했다. 음악의 본질은 조화다. 공자는 정치의 지향점을 음악의 본질인 조화에서 찾은 것이다. 성왕 세종대왕도 정치가 익혀야 할 필수 덕목에 음악을 넣었다.

우리의 고질병인 물질주의의 갈등과 분열을 청산하고, 대립적인 이념의 조화, 사회적 양극화를 해소하는 평등과 효율의 조화, 세대 간의 소통과 배려의 조화 등을 이루는 것이야말로 현대사회의 주된 화두다. 정치·경제·사회·문화·군사 등 사회 각 분야의 조화를 통해 국민 상생과 대통합시대를 열어, 남북통일 등 국가와 민족의 대명제를 풀어야 한다.

우리 선조들은 정신과 물질의 인성문화의 조화가 중요함을 역설해 왔다. 정신과 물질의 조화 없이는 진정한 선진국이 될 수 없다는 것이 동서고금 역사의 교훈이라 할 수 있다.

사실 물질문명의 발달 자체는 긍정적인 것이다. 물질이라는 것이 현재의 많은 인구가 먹고 살 수 있는 경제력의 원천임을 부인할 수 없지 않은가. 더욱이 주위의 나라들이 모두 높은 수준의 물질문명을 이룩한 상태에서 우리나라만 물질문명의 바탕인 과학과 기술이 뒤처지고 군사력을 지탱할 예산을 낭비하여 갖추지 못한다면 국가를 수호하기가 불가능에 가까울 것이다.

그러나 인간이 단순히 물질적 풍요를 누리며 편안하게 사는 것만으로는 인간다운 삶이 실현되지 못한다. 인간을 인간답게 하는 것은 양질의 정신문화 생활에 있다. 물질은 문명의 발전을 이루지만 정신문화가 뒷받침될 때에만 진정한 행복과 발전이 이루어진다. 그런데 우리가 물질적인 풍요와 육체의 안락에 너무 지나치게 탐닉耽溺하게 되면 도덕인성이 실종되어 결국 개인·조직·국가가 망하는 결과를 가져온다.

최근 많은 미국인들이 소유와 소비로는 도저히 채워지지 않는 행복을 찾아서 또는 치열한 경쟁에서 오는 스트레스와 불안을 달래기 위해 숭고한 정신세계를 찾아 나서고 있다. 미국인들은 경제 최강국임에도 불구하고 양극화, 마약, 총기사고 등 사회불안으로 오히려 훌륭한 복지제도 등을 가지고 있는 유럽인들이 더 행복해 보인다고 부러워하며 이민을 택하는 사람들도 있다고 한다. 이는 정신과 물질의 조화가 중요함을 웅변하는 것 같다.

필자는 『리더다운 리더가 되는 길』에서 다음과 같이 언급했다.[18]

"아름다운 사회를 건설하기 위해서는 정신주의와 물질주의의 조화가 필요하다. 물질문명의 목표는 모든 과학기술과 금융을 지속적으로 발전시켜 인류과학문명발전에 기여토록 하되 반드시 정신문화의 도덕성과 사랑, 봉사정신이 연계되어야 한다. 이로써 물질주의의 역기능은 작아지고 순기능이 강화되어 인류와 역사발전에 기여할 것이다. 그렇지 않을 경우 인류와 지구는 스스로 멸망을 초래

----

18 최익용, 『리더다운 리더가 되는 길』, (다다아트, 2004), p.95

할 수 있다. 따라서 정신문화와 물질문명의 올바른 조화는 궁극적인 목표인 우리 사회의 풍요와 번영에 반드시 필요하다."

바른 도덕성과 인성이 정신주의의 바탕이 되어 물질주의와 결합하면 근본적으로 문제가 발생하지 않고, 문제가 있더라도 바로 치유될 수 있다. 새가 두 날개가 있어야 날듯이 대한민국 국부론을 실천하려면 정신과 물질주의의 조화와 가치 추구라는 두 축의 균형유지가 중요하다.

조화와 상생정신을 통해 자신은 물론 이웃과 더불어 살아가는 공존의 지혜를 불어넣어야 한다. 국민 모두가 윈·윈WIN-WIN 하는 사회풍토를 조성하는 것이 상생의 원리이다.

상생 없이는 국민총화와 국민 행복은 물론 통일한국을 건설할 수 없다. 한국형 조화와 상생모델을 만들어 적극 추진해야 한다.

5

진영 갈등 청산
― 대한민국 애국주의 발현

    우리나라는 역사적으로 삼국시대부터 한일강제합병까지 당쟁, 사화 등으로 극렬히 대립하고 분열되어 결국 망국의 나락으로 추락한 뼈아픈 교훈을 가지고 있다. 삼국시대, 후삼국시대의 비극적 내전도 대립, 분열의 결과였다. 특히 일본 강제합병은 19세기 말 대원군 세력과 명성황후 세력의 극심한 대립이 결정적인 원인이었다. 이와 반대로 미국의 건국 대통령(조지 워싱턴, 존 애덤스, 토마스 제퍼슨)들은 '뭉치면 살고 흩어지면 죽는다(Strength in unity)'의 국민 대화합과 통합으로 대영제국을 이기고 독립을 쟁취하였다. 이처럼 나라의 흥망성쇠의 가장 큰 요인은 '대화합이냐, 분열이냐'가 좌우했다. 다시 말해 대화합으로 뭉치면 흥하고, 분열과 망한다는 것이 역사의 교훈이다.

    문재인 대통령은 2017년 6월 6일 현충일 추념사에서 "애국에 보수도 진보도 없다."고 애국심을 강조했다. 이전까지 대한민국 정치를 구분 짓던 진보와 보수를 뛰어넘어 대한민국 수호를 위한 그 모든 행위를 애국이라는 개념에 통합함으로써 이분법적 대결구도를 뛰어넘겠다는 의지를 선언했다.

우리는 국론 분열을 막고 흩어진 민심을 모아 국민통합과 안정을 찾도록 국가정체성을 정립해야 한다. 『노무현이 만난 링컨』에서는 다음과 같이 말한다.[19]

링컨은 국민통합을 통한 국가의 재건만이 미국의 미래를 약속한다는 사실을 호소했다. 대통령에 재선된 링컨은 취임사에서 남부의 분리주의자를 응징하자고 하지 않았을 뿐더러 남북전쟁을 정의와 불의, 선과 악의 대결로 보지도 않았다. 그는 차원 높은 종교철학적 관점에서 화해와 관용으로 갈등을 해결하자고 촉구했다.

국가정체성의 뿌리는 국가의 기본이념과 가치를 토대로 해야 한다. 우리의 기본 이념과 가치는 5천 년 역사의 토대를 이룬 홍익인간 정신과 이념에서는 좌우를 떠나 공동체 정신으로 더불어 사는 것이다.

홍익인간 이념은 메소포타미아 문명 등 4대 문명만큼 일찍이 태동한 사상과 철학으로, 현대 대한민국 건국이념과 교육이념으로 이어져 내려오고 있다. 이와 같이 우리나라는 수천 년 전에 현대의 자유민주주의 체제와 유사한 이념을 가진 위대한 전통과 역사를 가졌음에도 불구하고 최근 이념 등의 진영 싸움으로 국력을 소모하고 위기를 초래하여 국가발전을 저해하고 있다.

---

19 노무현 지음, 『노무현이 만난 링컨』, (학고재, 2002), p.276

대한민국이 추구하는 보편적 가치인 자유와 평등에 대한 입장의 차이가 너무 크다. 보수 내지 우익은 자유와 성장을 중요시하는 반면, 진보 내지 좌익은 평등과 분배에 더 역점을 두고 있다. 그 실천방법으로 자유주의·자본주의와 사회주의·공산주의로 나뉘어 경쟁하였으나 양자는 모두 모순에 직면하여 스스로를 수정하며 진화·발전하여 자유민주주의·자본주의경제가 자리 잡았다. 정반합正反合의 법칙으로, 좌익과 우익의 이념이 경쟁하는 것은 건전한 이념으로 국가를 발전시키고 국민의 행복을 증진시킨다. 그러나 우리나라는 진영 경쟁이 아니라 진영 간 죽기 살기 식으로 싸우는 형국이다.

21세기는 극단의 시대로서 극단의 치달음이 사회와 국가안정을 저해하고 있다. 끊임없는 탐욕과 경쟁으로 균형과 중용의 힘이 어느 때보다 긴요한 시대이다. 고故 이영희 교수는 2005년 자서전 『대화』 출간 간담회에서 유연한 사고를 주문한 바, "세상일에는 절대 선도 절대 악도 없다. 단시일에 목적을 달성하려는 것, 타협을 배격하고 독선적인 것 같은 지난날 운동 방식에서 탈피해 너그럽고 지혜로워져야 한다"라고 말했다.

또한 고려대 최장집 명예교수는 『양손잡이 민주주의』에서 정치인들에게 요구되는 행동 원리는 양손잡이 민주주의로 진보와 보수가 한국사회핵심문제에 대해 각각의 비전과 대안으로 경쟁을 펼쳐야 한다고 강조했다.

눈앞의 정치적 이해에 매달릴 때가 아니다. 정치권은 국론분열을 야기할 만한 언행을 삼가고 초당적으로 협력하는 의연한 모습을 보여야

한다. 김황식 전 총리는 기고문을 통해 다음과 같이 언급했다.[20]

우리나라에서 끊임없이 전개되는 것이 보수·진보, 좌우이념 논쟁입니다. 국가의 정책은 물론, 개인의 성향까지도 어느 한쪽으로 구분하여 밀어 넣어야 직성이 풀리는 사회 분위기입니다. 그러나 당사자 본인도 그 평가에 언제나 수긍하지는 않는 것 같습니다. 또한 같은 당사자라도 사안과 상황에 따라 입장이 엇갈리기도 합니다. 이는 보수와 진보를 가르는 기준들이 애매하기도 하고 기준들 사이에 일관성이 유지되는 것도 아니기 때문입니다. 흔히 기존 질서나 가치를 존중하되 변화가 필요하면 점진적으로 고쳐 나가는 것이 보수이고 기존의 잘못을 보다 적극적으로 개혁해 나가는 것이 진보라고도 하지만, 이것도 부분적인 설명에 지나지 않습니다.

부단히 변화 개혁하되 극단에 치우쳐서는 안 될 일입니다. 기존의 이득에만 얽매여 이를 놓지 않으려는 우파는 추醜하고, 현실을 무시하고 이상에 치우쳐 꿈만 꾸는 좌파는 철이 없다 할 것입니다. 성장과 분배가 조화를 이루며, 자본가와 노동자가 서로 존중·배려·협력하며, 기존 가치의 존중과 새로운 가치에의 모색이 자연스레 교차하는 사회가 우리가 지향해야 할 사회입니다.

5천 년 역사가 국난의 역사이고 현재도 북한의 완전 비핵화가 세계적 대이슈로 대두되었다. 완전비핵화는 대한민국 국운을 좌우하는 중대사로 진보·보수주의로 갈라져 극렬하게 싸우기보다는 '대한민국 애국주의'의 국민대화합과 통합이 절실하다는 것이 국민들의 간절한 여망이다. 보수와 진보 양자는 서로 선의의 경쟁을 하고 때로는 협력해야 하는 관계로 발전하는 사회가 건강하고 국가가 이상적으로 발전할 수

----

20 http://news.mk.co.kr/column/view.php?year=2017&no=84889

있다.

프랑스 드골 전 대통령은 '애국자는 자기 국민에 대한 사랑을 우선시한다'고 말했다. 애국주의 리더십이라 생각한다. 지도자들이 관심을 가져야 할 것은 미래를 위한 국민 사랑의 위민, 애민 리더십이다

대한민국의 이념은 국가 정체성에 맞는 올바른 길을 가도록 이정표를 세우는 길이다. 국가지도층이라면 이젠 보수 진보 가릴 것 없이 참된 보수, 참된 진보로 '대한민국 애국주의'의 애국심이 넘쳐야 한다. 모두가 대한민국의 미래를 위해 이념의 양극화, 극단화는 지양하고, 국가 미래의 비전과 꿈을 제시하고 부정부패 근절 등 적폐 청산에 나서야 할 것이다. 적폐의 뿌리가 되고 있는 진영싸움, 극단적인 이념과 정치를 청산해야 한다.

민주주의 국가에서는 건전하고 실력 있는 보수와, 진보세력이 반드시 필요하다. "새는 좌우의 날개로 난다"라는 말이 있듯이 우리나라의 보수, 진보도 새처럼 잘 날 수 있는 세력으로 튼튼하게 성장하여야 한다.

인간은 세상을 객관적으로 보지 않고, 자신에게 유리하게 왜곡하는 경향이 있다. 특히 보수·진보의 극렬한 좌우이념 대립은 자신의 실수는 용납이 되고 타인은 용서할 가치가 없다고 생각하여 대한민국 국민을 사랑하고 존중하는 데에서 벗어나 있다. 내로남불의 이기주의 사고방식을 버리고 "상대방에게는 봄바람처럼, 스스로에게는 가을 서리처럼 엄하게 대하라"는 『채근담』의 포용과 덕을 갖추어야 한다.

대한민국의 발전과 국민행복을 위해 이 시대에 필요한 것은 '대한민국 애국주의'이다. '대한민국 애국주의'는 중용, 실용주의로써 이념에 얽매이지 않고 대한민국과 대한민국 국민을 지키는 숭고한 정신이다. '대

한민국 애국주의'를 통해 국가 정체성을 올바르게 정립하여 대한민국의 모든 국민들이 하나로 결속하는 국민 대통합을 이루어 낼 수 있다.

최근 국민들은 진영 갈등과 싸움이 더욱 악화되어가는 현상에 안타까워하고 있다. 정치에 대한 불신이 늘어나고 환멸을 느껴 '제발 집안싸움 그만두고 위기를 기회로 만들라'는 것이 국민의 소원이다. 엄중한 국제정세는 물론 한반도 평화번영의 시대를 열기 위해서는 모든 지도자들은 당리당략과 이기주의 근성에서 벗어나야 한다. 대통령 등 국가 주요 지도자들은 정치 리더십의 주요과제로 협치를 극대화하여 진영갈등 청산으로 국론 통합의 길을 반드시 가도록 해야 할 것이다. 대한민국의 미래를 위한 헌신적인 리더십과 대승적인 정치가 너무나 절실한 실정이다.

국가정체성이 바로 서야 국민이 긍지와 자부심을 가질 수 있고 진정한 애국심이 나온다. 이젠 진영 싸움을 그치고 대한민국의 수호와 나라 발전을 위해 진정한 '대한민국 애국주의'를 발휘해야 할 것이다.

'국가 대 개조─국부론' 의 '21세기 대한국인 선진화 혁명' 해법

국가 패러다임 대전환의 의미

패러다임 대전환이란 무엇인가

모든 국가의 패러다임은 그 시대를 이끌어가는 것으로 미래 패러다임의 발전 추세를 예견하고 선제조치하는 것이 국가 발전의 원동력이다. 과학철학자 토마스 쿤이 1962년에 내놓은 명저 『과학혁명의 구조』에서 새롭게 제시한 개념인 '패러다임paradigm'은 한 시대 사람들의 견해나 사고를 근본적으로 규정하는 인식의 체계, 사물에 대한 이론적인 틀 등을 의미하는 것으로서 국가 개조의 패러다임 대전환도 근본적으로 나라의 틀을 새로 세우고 국가를 개조하는 것이다.

『성공하는 사람들의 8번째 습관』에서는 다음과 같이 말한다.[21]

'패러다임'이란 말은 원래 과학 용어인 그리스어 'paradeigma'에서 왔으나, 오늘날에는 인식, 가정, 이론, 준거 틀, 세상을 보는 시각이란 의미로 사용된다. 정확한 패러

---

21 스티븐 코비 지음, 김경섭 역, 『성공하는 사람들의 8번째 습관』, (김영사, 2005), p.45

다임은 먼저 원인을 설명해 주고, 그 다음에는 문제해결의 길잡이가 되어 안내한다.

대한민국의 패러다임을 시대상황 흐름에 맞추어 선진화 혁명의 패러다임으로 대전환해야 한다. 유럽을 떨게 한 바이킹족이 엄격하게 통제된 사회였기에 새로운 패러다임으로 위기를 극복할 사고조차 하지 못해 바이킹 문명이 멸망된 반면, 이누이트족은 소빙하기에 적응의 방식을 유연하게 받아들이는 패러다임 대전환으로 생존할 수 있었다. 21세기 급변하는 상황과 여건 하에서 우리가 어떠한 환경 변화에도 현명하게 적응하여 진정한 강자가 되는 것이 패러다임 전환의 효과이다.

20세기식의 패러다임으로는 21세기 대변화의 파도에서 대한민국호의 순항은 어려울 수밖에 없다. 21세기 시대 상황은 급격히 변화하고 있음에도 불구하고 대한민국 패러다임이 최근의 세계사적世界史的 시대 상황을 따라가지 못한다면 국가발전은 어려울 것이다.

일찍이 로마는 물론 미국(독립전쟁), 영국(산업혁명), 프랑스(명예혁명), 독일(비스마르크), 스페인(아메리카 대륙 발견), 일본(메이지 유신) 등 나라마다 시대에 맞는 패러다임 전환으로 튼튼한 일류 선진국의 기반을 구축하였다.

우리는 선진국 같은 나라들의 혁명적 과정을 겪으면서도 혁명적 완성보다는 미완성에 그쳤었다. 외침과 내전 등 싸움에 많은 세월을 보낸 불행한 역사로 인해 제대로 된 패러다임 구축이 어려웠었다.

다행스럽게 우리 국민은 세계 제일의 IQ와 역동성을 가진 민족 DNA을 통해 역사적으로 불행한 시기의 패러다임을 벗고 한강의 기적을 이룩했다. 그러나 98년 IMF 이후 대대적인 구조개혁과 구조조정으로 체질을 개선하고 신성장의 발판을 마련하여 선진국에 진입했어야 했으나 지도자의 리더십 결여는 물론 고도 압축 성장으로 인한 후유증으로 기회를 놓쳤다.

국가 대 개조의 결연한 의지로 새로운 패러다임을 구축하지 않으면 역사의 불행이 재현될 수도 있다. 지난 IMF 때는 물론 세월호 사건 등, 나라의 어려움과 부정부패 등 적폐 문제가 야기될 때마다 새로운 패러다임 구축 문제가 대두되었으나 시기를 놓쳐왔다. 특히 내우외환의 상황과 여건에서 패러다임 전환, 국가 대 개조 없이는 대위기를 대기회로 반전시킬 수 없다.

우리의 21세기는 20세기 문제를 안고 출발하기 때문에 새로운 패러다임의 대전환으로 극복하고 발전시켜야 한다. 지난 세기는 산업화·민주화의 동시 성공으로 풍요한 국민 행복을 가져다줄 것으로 기대했으나 인성실종, 도덕적 해이moral hazard, 역사의식 결여, 리더십 부재 등 정신, 교육, 물질문화가 무너지는 충격을 겪어왔다.

'21세기 대한국인 선진화 혁명'을 통해 정신·교육·경제혁명을 융합시켜 패러다임 대전환을 이룩하는 것이 우리에게 주어진 시대적, 역사적 사명임을 절대 간과해선 안 된다. 천동설에서 지동설로 패러다임의 대전환이 일어났듯, 혁명적인 패러다임 대전환을 통해 선진화 혁명을 이룩하여 자랑스러운 나라, 튼튼한 나라, 위대한 조국을 건설하여 후손에게 물려주어야겠다.

리더가 국가 운명 좌우

(1) 대한민국 리더십의 패러다임 대전환 긴요

국가와 조직의 흥망성쇠興亡盛衰는 리더와 리더십에 달려있다. 그러나 지금 우리나라는 리더 고갈의 나라, 리더십 위기라는 지적과 우려가 고조되고 있다. "우리시대의 가장 보편적인 갈망 가운데 하나는 강력하고 창조적인 리더십에 대한 굶주림이다"라는 번스James Burns의 절규처럼 우리는 지금, 사회 모든 분야에서 창조적이고 효과적인 리더십을 요구하는 시대에 살고 있다.

리더십은 그 시대의 문화와 가치를 배경으로 생성된다. 우리문화와 가치, 그리고 상황에 알맞은 리더십이 필요하다. 리더십은 그 시대를 이끌어가는 원동력이다. 21세기 역사 대전환의 시대를 맞아 새로운 리더십 패러다임의 전환이 필요하다.

지금까지 리더십은 '주어진 상황 속에서 목표 설정이나 목표를 설정하기 위하여 개인 혹은 집단의 행동에 영향을 미치는 과정'이라고 생각하여 '영향력 행사'가 리더십의 주도적 개념으로 받아들여지고 있었다.

그러나 '영향력 행사'만으로는 팔로워들의 동의를 얻어내기에 부족하다. 21세기에는 기존의 리더십 정의를 지배하던 '영향력 행사'의 개념도 '공감과 감동의 서번트 리더십'으로 변화되고 있다. 필자는 이러한 이론을 박사학위 논문 (한국형 이심전심 리더십 모형 구축에 관한 연구)에서 제시한 바 있다. [22]

----

22 최익용 박사논문,「한국형 이심전심 리더십 모형 구축에 관한 연구」(세종대 박사학위 논문, 2006), 1~67pp

리더십이란 리더Leader와 팔로워Follower의 상호작용 형태와 결과에 따라 각각의 리더십 모형이 생긴다. 특히 팔로워가 동의해야만 리더십이 생성되고 그 리더십이 정당화되어 권위와 지속성이 보장된다. 리더와 팔로워가 '상호동의 → 공감 → 감동 → 이심전심 리더십 → 이심전심 조직체'의 과정을 거쳐야 구성원이 심복心腹, 승복承服하여 리더십의 극대화를 기할 수 있다고 본다.

21세기 현대의 리더십은 인간적인 정과 배려, 자아실현, 사랑과 봉사, 개인과 직장의 조화 등 인간 가치 중심의 리더십이 핵심적 요소로 더욱 부각 될 것이다. 이와 같은 리더십 유효성Effectiveness 제고를 고려할 때 공감共感과 감동感動을 바탕으로 한 한국형 '이심전심리더십'의 개념은 현재는 물론 미래지향적 측면에서 새로운 패러다임의 리더십으로 반드시 필요한 것으로 생각한다.

21세기 대한민국 상황과 여건에 맞는 리더십으로 패러다임을 대 전환시켜 초일류 강국으로 도약해야겠다.

(2) 리더가 되기 전에 인간이 되라

인간의 삶이란 사람과 사람의 관계 속에서 인성의 결과물을 생성하여 모든 운명을 낳는 과정이다. 사람의 인간성은 개인의 행복은 물론, 조직·국가의 운명을 좌우하는 데 핵심요소로 작용한다.

웨이슈잉은 하버드 대학의 교육목적을 "사람이 되는 것"이라고 말한다.[23]

하버드의 핵심적인 교육 이념인 '인문(인성) 교육'은 이곳의 전통으로도 불린

----

23 웨이슈밍 지음, 『하버드 새벽 4시 반』, 이정은 역. (라이스메이커, 2015), p.230

다. 하버드의 교육은 맹목적인 성공이나 1등 대신에 먼저 '사람'이 되는 것을 기본
으로 하고, 그 다음이 '인재(리더)'를 양성하는 것을 목적으로 한다. 다시 말해서,
하버드 교육이념은 인문학을 바탕으로 다음 세대의 진정한 인재를 양성하는 것
이다.

현대는 인공지능시대로 협업과 소통의 인성이 더욱 중요시된다. '더
불어 사는 세상, 인간이 되라'라는 화두가 인간의 기본임을 명심해야 한
다. 독일의 시인 베르톨트 브레히트(1898년~1956년)의 「독서하는 노동자
의 질문」이라는 시를 음미해 보자.

시저는 갈리아 사람들을 무찔렀지.

그의 옆에 요리사는 없었던가?

책장을 넘길 때마다 등장하는 승리.

그런데 누가 승리자들의 연회를 위해 요리를 만들었던가?

이 시에서 역사는 강자와 승자만의 것인가에 대한 질문을 던지고 있다.

요리사는 언제든지 교체할 수 있지만 알렉산더와 시저는 유일무이한
존재인가? 역사적 관점에서 보자면, 알렉산더, 칭기즈칸도 따지고 보면
기존 세력을 등에 업은 인간관계의 우연의 결과물일 수도 있다.

인간은 서로를 해치지 않고 보호해야 한다. 더불어 사는 세상, 나부
터 인간다운 인간이 되어 더불어 같이 가면 얻어갈 수 있는 이익이 많고
멀리, 오래, 행복하게 갈 수 있다. 탐욕을 줄이고 만족할 줄 아는 것(소욕
지족: 小慾知足)과 자기 분수에 만족할 줄 아는 것(안분지족: 安分知足)을 지켜
더불어 살아가면 우리의 인성은 이해와 사랑이 샘솟아 행복해질 것이다.

일찍이 루소는 "자신의 성품(인성)을 지혜롭게 개발하여 인간관계를

잘 이어나가야 한다."라고 주장했다. 21세기 인류는 지구촌의 종말을 우려하며 살고 있다. '지금 알고 있는 것을, 그때 알았더라면' 하고 후회하는 시대가 없어야 개인은 물론 조직, 국가, 더 나아가 지구촌의 평화와 번영이 보장될 수 있다.

여러 꽃들이 어울려서 피어 있을 때 가장 아름답듯이, 사람도 이타주의의 공동체, 공동선善 정신으로 어울려 살아갈 때 세상은 더욱 아름다워질 것이다. 리더가 되기 전 인간다운 인간이 되어 더불어 같이 가면 얻어갈 수 있는 이익이 많고, 멀리, 오래, 행복하게 갈 수 있다. 탐욕을 줄이고 만족할 줄 아는 인간다운 인간으로 살아가면 더욱 행복해질 것이다.

(3) 리더다운 리더가 꽉 찬 나라가 선진국

우리나라는 강대국 사이에 자리 잡은 작은 땅덩어리에, 자원은 없는데다 산악이 70%인 척박한 땅이다. 사계절이 뚜렷하여 좋은 점도 있으나 의·식·주에는 생존비용이 많이 든다. 누구나 열심히 살지 않으면 생존마저 어려운 열악한 자연환경을 가지고 있다. 그래서 지난 5천 년 가난을 면해본 시대가 드물고 초근목피로 연명한 세월이 많았다. 그래서 우리나라에만 '보릿고개'라는 특별한 고개가 있지 않은가. 훌륭한 리더가 국가를 경영한 시대에만 겨우 가난을 면했다. 과거는 소수의 리더를 통해 가난을 뛰어넘어 자주국가의 강국 위상을 구축했던 시대였으나 21세기 민주주의 국가시대에는 모든 국민이 리더가 되는 시대가 도래했다.

4강(미·중·일·러)에 둘러싸인 지정학적 여건 속에서 우리나라가 주권

국가의 위치를 확보하려면 백 마디 말과 외교보다는 실질적인 실력, 즉 부국강병으로 뒷받침해야 하는데, 이러한 국력은 지도자에서만 나오는 게 아니라 모든 국민이 셀프·슈퍼리더(스스로 관리하고 조직을 이끌어 나가며, 리더가 되도록 타인을 돕고 이끌어주는 사람)가 되어 국민화합과 통합을 이룰 때 가능하다.

'나' 스스로가 셀프 리더가 되어 국민의식부터 높여야 한다. 그리고 슈퍼 리더가 되어 내 주변의 셀프 리더들을 슈퍼 리더가 되도록 이끌어 리더가 꽉 찬 나라가 되도록 해야 한다. 이러한 셀프·슈퍼 리더들이 조직구성원(국민)을 이루어야 진정한 선진국이 될 수 있다.

특히 21세기 들어서도 주변 열강이 한반도를 위협하는 상황에서 세계 모든 국가로부터 한국의 주권을 인정받고 존중받으려면 모든 국민과 리더가 환골탈태로 새로 일어나 부국강병의 초일류 선진국가를 건설해야 한다. 이것은 사조思潮의 관점에서 한국 근대역사의 대표적 민족주의를 주장한 단재 신채호 선생의 글에서 그 정신을 찾아볼 수 있다.

을사늑약으로 나라가 넘어가기 직전인 1905년 12월 단재 신채호 선생은 대한매일신보에 쓴 논설 '이날 또 목 놓아 운다: 시일야방성대곡'에서 "앞으로 하와이의 이민과 같이 미국 영토에 붙어살까. 해삼위의 유민같이 로서아(러시아) 땅에 예속돼 살까 ···."라고 하였다. 당장 나라가 위기에 빠져 있는데, 정치인의 협치는 보이지 않고, 논쟁과 다툼을 일삼는 최근의 행태에 대해 경종을 울리는 소리일 것이다.

나라의 힘은 절대 소수의 리더로부터 나오는 것이 아니다. 한 나라의 힘은 리더십과 팔로어십이 융합된 결과물이며, 그 힘의 방향은 국민의 수준과 의식에 의해 결정된다. 그러나 대부분의 국민은 그 힘의 원천이 바로 '나'라는 사실을 망각하고 산다. 더 이상 국민의 의지가 아닌, 정치적 변동이나 외세의 침입 같은 외적인 사건이 나라의 운명을 지배하지 않도록 국민적 의지와 결기가 요구된다. 21세기는 모든 국민이 리더가 되는 시대이다. 우리 국민들은 셀프, 슈퍼 리더가 되어 국가 리더들을 감시하면서도 따라가는 지혜로움이 있어야 한다. 국민들이 리더가 되는 바른 길을 찾아갈 수 있도록 늘 관심을 갖고 지원해야 국가의 발전도 따라온다.

미국 하버드 케네디스쿨 교수 바버라 켈러먼Barbara Kellerman은 『팔로워십Followership』에서 다음과 같이 팔로어를 크게 다섯 가지 유형으로 나누어 분석했다. 첫째, 무관심자Isolate(제일 나쁜 팔로어), 둘째, 방관자Bystander(무임승차자), 셋째, 참여자Participant(일반적인 조직의 팔로워), 넷째, 운동가Activist(신념의 참가자), 다섯째, 완고주의자Diehard (상황에 따라 리더보다 더 리더 같은 역할을 하는 자) 이다. 나는 이 중 완고주의자가 대한민국 국민들의 실상에 가장 적합한 팔로어라고 생각한다. 즉, 상황에 따라 리더보다 더 리더처럼 행동하고 중요한 역할을 하는 팔로어들이다. 바버라 켈러먼은 "때로는 방관하지 말고 리더를 옳은 길로 인도하고, 내부 고발도 하고, 자기 일처럼 열심히 해야 좋은 팔로어"라고 말한다.

현대는 국민 모두가 리더가 되는 시대이다. 누구나 셀프리더, 슈퍼리더는 물론, 내셔널 리더, 글로벌 리더로 발전할 수 있다. 진정한 국민은 슈퍼 리더가 되어 윈·윈하는 사람이다.

한국의 내우외환 현상을 극복하려면 온 국민이 애국애족 리더십을 가져야 한다. 진리는 늘 가까운 곳에 있다. 내 집, 우리 직장, 우리 학교,

우리 마을 등 내 주변의 쉽고 작은 일부터 실천하는 것이 답이다. 그것이 국민 모두가 리더로 살아가는 방법이며, 셀프 리더, 슈퍼 리더, 코어 리더, 내셔널 리더, 글로벌 리더로 가는 길이다.

현명한 리더는 대중의 인기에 영합하지 않고, 양심과 소신에 따라 문제를 해결한다. 훌륭한 리더는 모든 일을 이치에 따라 물 흐르듯 상선약수 上善若水 리더십으로 다스리는 사람이다. 지금 나와 우리 가족, 우리 사회, 우리나라가 과연 옳은 길로 가고 있는가? 나와 가족을 위해, 이 사회를 위해, 이 나라를 위해 내가 해야 할 일이 무엇인지를 깊이 생각하며 살아야 한다. 운명의 한반도, 운명의 내 고향, 운명의 내 땅이라는 의식의 대전환이 있어야 새 역사 창조가 가능하다.

(4) 리더십 교육 소홀의 문제

우리나라는 리더 빈곤의 악순환의 지속으로 인해 선진국 진입에 문제를 겪고 있다. 리더다운 리더의 부재 현상은 리더십 교육의 부재, 리더십 문화의 부재로 이어지고 있다. 출세하고 돈을 잘 버는 사람이 훌륭한 사람이고 유능한 리더로 여겨지기 때문에 진정한 리더를 키우고 리더십 문화를 조성하는 데 문제가 있다. 국가에 빛과 소금 역할을 할 인물을 키우는 것이 진정한 리더육성 교육이다.

불행히도 우리나라는 '누구나 리더가 될 수 있다'라는 리더십 교육 문화가 조성되지 않고 있어 안타깝다. 한국의 미래를 짊어지고 자라나는 리더들의 싹을 길러 주기는커녕 방해하고 망가뜨리려는 현상들이 정치, 경제, 사회, 교육 등 모든 분야는 물론, 각계 각층에 도사리고 있어 국가적 대책과 국민적 관심이 긴요하다.

지금까지는 리더십 교육을 집단 또는 구성원에게 끼치는 리더십의 영향력에 국한하는 것이 일반적이었다. 그렇게 영향력에만 초점을 맞추면 리더를 중심으로 한 일방적이고 타율적인 리더십을 떠올리기 쉽다. 반면, 리더십의 효과에 초점을 맞춘다면, 팔로어의 자발적이고 적극적인 행위를 유도하는 공감의 리더십이 최상의 리더십이 된다. 성왕 세종대왕의 위민爲民과 여민與民의 리더십 같은 경우가 대표적인 공감의 리더십이라 할 수 있다.

우리 교육에는 제대로 된 리더십 교육과정이 없어, 국가의 지도층마저도 적절한 리더십을 갖추지 못하였다. 국가의 지도층이 공감과 소통의 리더십으로 국민의 생각을 읽고 갈등을 미연에 방지하지 못한 결과, 쉽게 해결할 수도 있었을 문제가 증폭되고 사회의 갈등으로까지 번지게 되어 국가적으로 큰 손실을 초래한다.

체계적인 리더십 교육을 받고 자라난 인재들은 정치, 경제, 사회 분야 곳곳에서 핵심적인 리더로 국가를 이끌어 나간다. 미국이 수많은 위기 속에서도 쓰러지지 않고 초강대국이 될 수 있었던 이유는 바로 리더십 교육에 대한 투자 때문이라고 해도 과언이 아닐 것이다.

조선 초기 국가적인 프로젝트의 일환으로 집현전이 만들어졌던 것도 이와 같은 측면에서 생각해 볼 수 있다. 슈퍼리더였던 성왕 세종대왕은 건국 초기의 인재부족 현상을 심각한 문제로 받아들여 '두뇌집단'인 집현전 설립을 가장 먼저 진행하였다. 집권 초기의 혼란스러운 상황에서도 집현전 설립을 가장 서둘렀다는 것은 그만큼 세종대왕이 리더 양성 교육에 많은 관심이 있었다는 것을 의미한다.

리더십에는 정형화된 모델이 없다. 리더십은 존재하는 리더의 수만큼 그 모형도 다양하게 생성될 수 있다. 그래서 사랑, 봉사, 혁신, 화합, 도전, 지혜, 열정, 변화, 권위, 감성, 지성, 원칙, 전략, 비전, 가치 등의 이름을 붙인 다양한 리더십이 존재한다. 이 모든 유형의 리더십에 공통되는 요소가 바로 '공감과 감동'이다. 리더십은 사람의 마음을 움직이는 것이다. 체계적인 교육을 통해 공감과 감동의 이심전심 리더십 문화를 조성하여 권위적인 영향력 행사보다는 민주적이고 인간적인 공감과 감동의 리더십 교육문화를 조성해야 한다.

(5) 리더십 부재의 나라

『이솝우화』에는 리더십에 관한 이야기가 있다. 한 마리의 호랑이가 이끄는 백마리 양의 무리와 한 마리의 양이 이끄는 백 마리의 호랑이 무리가 싸움을 벌인다면 그 결과는 어떻게 될까? 백 마리의 호랑이 무리는 리더인 양을 닮아 온순하고 순진하게 변할 수 밖에 없으며 싸우는 방식도 양의 무리의 형태를 닮아 갈 수밖에 없다. 그렇지만 한 마리의 호랑이가 이끄는 백 마리의 양들은 호랑이 리더를 닮아가 결국 호랑이가 이끄는 양의 무리가 승리하게 된다.

이와 같이 우리나라 리더십은 호랑이(국민)무리를 이끄는 양(리더)의 모습과 같아 승리할 수 없는 구조적 리더십을 가지고 있어 근본적 문제가 되고 있다. 아무리 국민의 능력이 뛰어난 국가라 해도 리더의 능력이 부족하다면 위기가 지속되어 불행을 초래할 수 있다. 이렇듯 리더와 리더십은 조직, 국가운명을 좌우한다고 할 수 있다. 국가의 흥망성쇠는 리더와 리더십에 달려있다고 해도 결코 과언이 아니다.

현재 우리나라는 리더십 부재를 우려하는 목소리가 커지고 있다. 지도자가 강력한 리더십을 발휘해야 하는 시대적 상황임에도 불구하고 리더다운 리더보다는 양같은 리더, 양의 탈을 쓴 늑대같은 리더가 더 많다는 것이 국민들이 우려하는 바이다. 국민들의 수준은 호랑이 수준인데 리더들은 양처럼 무능력하여 국민들에게 비전을 제시하지 못하고 있다. 국가의 개혁, 혁신, 혁명을 통한 국가발전이 어려운 현실이다.

이처럼 리더십의 부재는 국가적 문제로 대두되고 있으나 해법은 보이지 않는다. 리더십 부재는 아버지의 권위가 실추된 가정, 교사의 권위가 무너진 교육현장, 기업가 정신을 망각한 부도덕한 CEO, 지도력을 상실한 일부 정치가 등 리더십 부재로 인한 문제가 사회적으로 확산되고 있다.

진정한 리더는 끊임없는 수신과 학습으로 훌륭한 인성을 갖추고, 탁월한 능력으로 조직발전을 이끄는 사람이다. 진정한 리더와 반대되는 개념은 출세주의 리더이다. 진정한 리더와 출세주의 리더는 수단과 목적에서 모두 차이가 있다. 진정한 리더는 능력과 인격을 갖추고 봉사와 헌신을 통해 자신과 조직의 행복을 함께 창출하는 반면, 출세주의 리더는 영혼이 없는 사람으로서 위선적인 행동과 기회주의, 물본주의를 추구하면서 오로지 돈과 권력, 개인의 명예를 얻는 데 수단과 방법을 가리지 않는다.

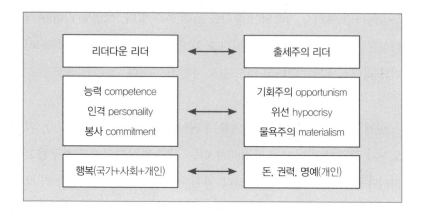

리더다운 리더	←→	출세주의 리더
능력 competence 인격 personality 봉사 commitment	←→	기회주의 opportunism 위선 hypocrisy 물욕주의 materialism
행복(국가+사회+개인)	←→	돈, 권력, 명예(개인)

　국가지도자가 올바른 리더십을 발휘하지 못하면 국민들은 불만을 토로하고 반발하기 마련이다. 부안 방폐장 사태, 광우병 사태, 세월호 참사, 메르스 사태, 최순실 국정농단 등 대형사건·사고가 빈번하게 발생하는 이유도 리더십의 부재로 설명할 수 있다.

　그렇다면 한국의 리더십은 어디로 가야 할 것인가? 과연 우리나라는 언제쯤 가정·사회·국가의 리더십 부재 현상을 극복하고 진정한 리더십의 모습을 회복할 수 있을까? 바로 지금이야말고 진정한 리더십의 정체성을 찾아야 할 때다.

　호랑이다운 호랑이가 뛰어난 리더십으로 나라를 이끌고 호랑이 무리 같은 국민들이 팔로워십을 발휘하여야 한다. 국가적 리더와 국민들이 동일한 정체성으로 뭉칠 경우 일당백의 시너지효과를 발휘해 위기를 대기회로 만드는 자랑스러운 대한민국이 될 것이다.

(6) 리더를 육성하고 보호하자

리더십이 발휘되려면 '리더', '상황', '팔로어', '의사소통'이라는 네 가지 구성요건이 필요하다. 이러한 요건은 조직이 추구하는 목표와 대처방법, 조직구성원(팔로어)의 성격에 따라 달라진다. 따라서 리더는 시시각각 변하는 상황에 공감할 수 있는 최적의 방법을 마련해 스마트 리더십을 발휘해야 한다.

현재 우리 사회에서는 공감을 넘어 감동을 주는 올바른 리더, 영웅을 찾기가 쉽지 않다. 왜 그럴까? 우리 문화는 현재의 리더를 육성·보호하고 미래의 리더를 창조·발굴하기는커녕 리더의 싹을 자르는 문화이다. 그러나 일본은 역사적인 인물의 '영웅 만들기'를 통해 국민의 단결과 국가발전을 도모했다. 대표적인 예는 우리나라에서도 오랫동안 베스트셀러였던『대망』이라는 소설이다. 이 소설에는 세 명의 영웅이 등장한다. 과감한 추진력의 오다 노부나가, 신출귀몰한 용병술의 도요토미 히데요시, 그리고 대망을 안고 끊임없이 자기 절제를 하는 도쿠가와 이에야스, 소설은 이들을 일본역사의 불세출의 영웅으로 그리고 있다. 각 인물의 장점을 부각함으로써 영웅화한 것이다. 일본 사람들은 메이지유신 시대의 역사 속에서 숱한 신화와 영웅을 창조하고 발굴했다. 그리고 근대화에 선구적 역할을 했다고 떠받들고 있다.

중국의 영웅 만들기는 일본의 영웅 만들기에 비해 훨씬 노골적이었다. 『열국지』를 통해 춘추오패春秋五覇, 즉 중국 춘추시대 5인의 패자로 제나라의 환공, 진나라의 문공, 초나라의 장왕, 오나라의 왕 합려, 월나라의 왕 구천 등을 영웅화했다. 영웅 만들기의 백미라고 할 수 있는『삼국지』는 제갈공명, 유비, 조조, 손권, 관우, 장비, 주유, 조자룡 등을 지금까지 추앙받는 영웅으로 만들었다.

박우희 세종대 총장은 세계 총장협의회에서의 환담 내용을 다음과 같이 말했다,

"중국에는 있는데 한국에는 없는 것이 있다. 그 중 하나가 '공칠과삼功七過三'의 문화다. 등소평鄧小平이 모택동毛澤東의 행적을 평가하면서 그의 공功이 일곱 가지이고 과過가 세 가지인데, 공이 과보다 크기 때문에 그를 중국 근현대사의 최고지도자로 받들어야 한다고 주장한 것이다. 이는 인생만사에 공과 과, 득得과 실失, 미美와 추醜의 상반된 면이 공존한다는 만물의 진리를 가리키고 있다. 이런 인식을 바탕으로 중국의 통치체제는 안정되고 사회와 경제가 그 바탕 위에서 큰 흔들림 없이 발전하고 있다."

그에 비해 우리나라는 역사적 사실에 근거해 영웅을 창조하고 발굴하는 작업이 너무 미미하다. 영웅을 지나치게 미화하는 것도 물론 나쁘지만, 역사적으로 뛰어난 인물이 많음에도 영웅을 창조·발굴하는 것은 고사하고, 현재 리더의 보호 및 육성조차 쉽지 않으니 안타까운 일이다. 우리나라는 다른 사람의 업적과 공헌을 인정하는 데 인색하며, 리더와 영웅이 보호받는 환경을 조성하지 못했다. 심지어 자신의 정적과 경쟁자는 물론, 자기보다 잘난 인물은 사소한 과오라도 들춰내고 트집 잡아 크지 못하게 밟으려는 풍토가 있다. 그러면서도 국정이 어지럽고 사회가 혼란에 빠지면 진정한 영웅이나 지도자가 슈퍼맨처럼 등장해 난세를 극복해주기를 바란다.

역사 속 영웅 리더들을 발굴하고 창조하려면 역사학자나 철학자도 중요하지만 시인, 소설가, 동화 작가, 드라마 작가, 만화가, 교육자 등

창작자와 스토리텔러의 역할도 매우 중요하다. 고대 그리스의 영웅 아킬레우스와 오디세우스도 당시의 작가이자 음유시인인 호메로스의 서사시 『일리아스』와 『오디세이아』에서 창조되지 않았는가? 우리나라의 광개토태왕, 태조 왕건, 성왕 세종대왕, 성웅 이순신, 명의 허준 등도 모두 역사서보다는 소설, 드라마, 영화에서 영웅으로 부각되어 널리 전파되었다.

문·사·철文·史·哲을 경시하는 풍토에서는 인문학의 결핍으로 인해 역사 속 영웅들이 발굴되고 창조될 수 없다. 역사 속 영웅 리더들을 발굴하고 창조하려면 먼저 국민들에게 상상력을 불어넣어 주는 창작자들이 많이 배출되고 존중받는 사회가 되어야 한다. 이와 아울러 국민들이 책 읽는 문화를 조성토록 하여 지식 사회, 지성 사회, 철학 국가가 되어야 리더다운 리더를 양성할 수 있는 문화가 조성되는 것이다.

'사촌이 땅을 사면 배가 아프다.', '배고픈 것은 참을 수 있지만, 배 아픈 것은 참을 수 없다.' 식의 사고가 판치는 문화 풍토에서는 좋은 리더가 나올 수 없다. 어떤 국가조직이든 일단 리더를 선출했으면 구성원과 함께 잘 성장할 수 있도록 여건을 만들어주고 보호해야 한다. '공칠과삼功七過三'의 성숙한 관용과 배려의 리더 평가가 필요한 시대이다. 그래야 리더가 꽉 찬 나라가 되어 아름다운 선진한국을 건설할 수 있다.

2

'국가 대 개조 – 국부론'의 '21세기 대한국인 선진화 혁명'

'21세기 대한민국 선진화 혁명' 실천모형 구축

〈삼위일체 국부론: ①정신혁명 ⇄ ②교육혁명 ⇄ ③경제혁명〉

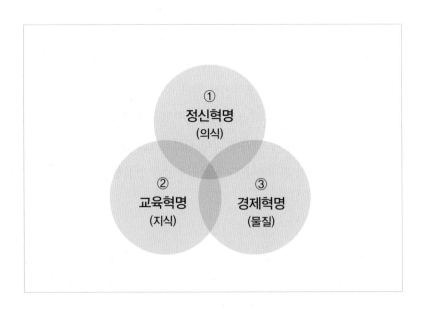

필자는 '국가 대 개조 - 국부론'의 이론과 실제로 '초일류 통일선진 강국 건설'을 위한 삼위일체 국부론의 모형을 제시하고자 한다. 이른바 삼위일체의 '대한민국 국부론'의 3가지 실천방안인 정신(의식) × 교육(지식) × 경제(물질)를 융합하여 시너지 효과 극대화의 해법을 찾으려 한다.

'국가 대 개조 - 국부론'의 '21세기 대한국인의 선진화 혁명'은 우리 나라의 시대상황과 여건은 물론 세계적 흐름에 한발 앞서 미래를 대비 한 이론과 실제이다. 21세기 선진화 혁명은 중장기적 전략으로 근본적 인 제도와 시스템의 변화를 이루어야 한다. 헤겔이 법철학에서 "미네르 바의 부엉이는 해가 진 뒤에야 날개를 편다"고 한 것처럼, 지나간 현상 을 해석하고 비판하기는 쉽다. 국가 지도자들은 꾸준한 학습과 성찰을 통해 늘 과거를 분석하고 미래를 예측하여 비전을 제시하는 역할을 해 야 할 것이다. 따라서 선진화 혁명 실천모형 구축을 통해 모든 국민이 공감과 감동을 갖고 초일류 통일선진강국을 건설하여 팍스코리아를 꿈 꾸는 위대한 국민, 위대한 조국건설의 희망과 비전을 제시하고자 한다.

① 정신혁명(의식): 인성, 도덕성, 역사의식 등

② 교육혁명(지식): 창의적·자아주도 교육, 철학 교육, 리더십 교육 등

③ 경제혁명(물질): 벤처기업 경쟁력 강화, 제조업·첨단산업의 제4차 산업혁명의 선도화, 1억 코리아 관광대국 건설 등

이를 위해 삼위일체 국부론의 정신혁명, 교육혁명, 경제혁명의 융합, 조합, 결합을 이루어 시너지 효과를 거두어야 한다. 국내외적으로 상황 과 여건이 변할 때마다 스마트한 정신·교육·경제혁명의 이론과 실제 를 지혜롭게 융합하고 응용하면서 효과를 극대화시켜야 한다.

〈대한민국 국부론, 삼위일체 국부론 확산모형〉

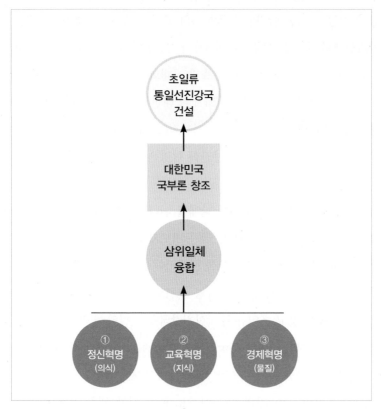

'국가 대 개조 - 국부론'의 '21세기 대한국인 선진화 혁명'은 국민 화합과 통합으로 자랑스러운 나라를 후손에게 물려주고 인류문명 발전과 자유·평화에 기여하는 나라를 건설하는 데 있다. 대한민국 5천 년의 유구한 역사와 전통이 영원히 이어지도록 국가 정체성을 정립하고 국민 행복국가를 건설하는 것이다.

대한민국이 5천 년의 역사 속에서 수많은 시련과 위기를 극복하고 한강의 기적을 이뤘듯이 우리 민족은 반드시 초일류 통일선진강국으로 일어서기 위해 통합된 국민 의지로 역동성을 발휘해야 한다. 국가 대 개조는 범국가적인 운동으로 혁신, 혁명적인 해법을 강구하지 않을 경우 사실상 실천이 어려운 대 과제이다. 이러한 대 과제를 실천할 수 있도록 국민 의지와 결집력이 발휘되어야 국가가 발전할 수 있는 것이다. 1940년 전시戰時 거국 내각 총리가 된 처칠은 '피와 땀과 눈물'을 국민들에게 요구했고, 히틀러의 마수에서 영국의 승리를 이끌어 노벨평화상을 받았다.

대한민국도 선진화 혁명의 모형 구축을 실현하기 위해서는 백척간두진일보百尺竿頭進一步의 절박하고 간절한 나라사랑 리더십이 필요하다. 처칠의 통치 리더십이 세계에 큰 울림을 주었듯이 우리에게도 국가의 운명을 밝게 바꾸는 영웅적 리더가 필요하다. 우리의 지도자들은 성왕 세종대왕보다 더 애민·위민리더십을 발휘하여 국민들이 공감하고 감동하여 리더들을 존경하는 나라가 되어야 한다. 대한민국은 분단 휴전국가로서 모든 국민과 지도층이 대승적으로 화합, 통합되어 제2의 대한민국 신화, 기적을 낳아야 한다. 그렇지 않으면 대한민국의 미래는 희망이 없을 것이다.

주택가격 폭등 문제의 '21세기 대한국인 선진화 혁명'해법 제시

(1) 주택가격 폭등 현상의 문제

근간 주택(아파트) 가격 폭등으로 인한 문제가 사회·국가적으로 대두되었다. 대부분의 나라에서는 의·식·주가 복지의 기본으로 자리 잡고 있다. 우리나라는 의식주에서 '의'와 '식'의 복지는 어느 정도 갖추었다고 볼 수 있으나 '주'住 문제는 기본적 보장은커녕 양극화로 인한 국민갈

등 문제가 국가적 재앙으로 악화되고 있는바, 그 현상은 다음과 같다.

첫째, 주택 가격 폭등은 노태우 대통령 시대부터 사회문제가 되어 현재까지 지속되고 있다. 그 후 노무현 대통령은 17번째 부동산 안정대책을 전개했다. 그리고 이명박, 박근혜 정부에서는 부동산 정책을 활성화한다는 명목으로 대출규제를 무리하게 완화시켜 지금의 부동산 폭등을 조장하는 데 영향을 주었다. 현 정부에서도 2018년 9·13 대책 등 연이어 대책을 내놓았으나 백약이 무효라는 것이 시중 여론이다.

둘째, 주택 가격 폭등으로 수십 년간 지속된 부동산 문제는 계층, 지역 간의 양극화로 비화되어 국민통합을 저해하고 있다. 우리나라의 UN 발표 행복국가 순위는 57위이지만 국민행복 체감지수는 하위권이다. 주택 보유 여부, 주택의 위치(서울·지방, 강남·강북)에 따라 빈부가 갈라져 양극화의 주요 요인이 되고 있다. 더욱이 "사촌이 땅을 사면 배가 아프다"는 속담이 사회적인 현상으로 옮겨지고 있어 주택가격 급등이 국민 정신 건강과 사회건강을 저해하고 있다.

셋째, 투기꾼들이 불로소득의 극대화를 노리고자 아파트 가격 폭등을 유도해 서민들을 울리고 있다. 또한 우리나라 일부 공무원과 부유층이 학군제 폐지 반대, 강남 집중개발 등 강남 우대정책을 지속적으로 추진하여 아파트 가격 상승을 조장하였다. 2018년 9월 서울 강남지역 99㎡(30평) 규모 아파트 가격이 평균 15~20억원을 넘어섰다고 한다. 젊은 세대가 결혼을 기피하고 출산을 주저하는 근저에도 집 문제가 깔려있다. 대부분의 국민들이 허탈해하는 것은 물론 젊은이들은 좌절하고 있다. 최저임금 8,350원으로 서울지역에 30억짜리 아파트를 장만하려면 하루 8시간 1년 중 300일을 꼬박 일하며 단돈 한 푼 쓰지 않고 144년간 고스란히 모아야 한다고 한다.

넷째, 더욱이 문제가 되는 것은 고위 공무원과 부유층의 도덕적, 사회적 책무 실종 현상이다. 그 예로 2018년 10월 2일 정의당 심상정 국회의원은 다음과 같이 발표했다.[24]

부동산 관련 세제, 금리, 공급 등 주요 정책을 결정하는 기획재정부 고위공직자의 절반 이상이 집값 폭등의 진원지인 서울 강남 3구(강남, 서초, 송파)에 집을 갖고 있는 동시에 다주택 소유자인 것으로 나타났다. 이들 경제 관료가 과연 서민 입장을 제대로 반영한 부동산 대책을 수립할 수 있겠느냐는 의구심이 제기된다.

청와대와 기재부, 국토교통부 등 행정부처 1급 공무원 이상 및 관할기관 부서장 등 모두 639명의 재산변동을 신고한 관보를 분석한 결과, 전체의 33%인 210명이 강남 3구에 주택을 소유하고 있다고 밝혔다. 특히 부동산을 포함해 경제 정책 등을 집행하는 기관 중 강남 3구 주택 보유 비율은 기재부 54%(13명 중 7명), 한국은행 50%(8명 중 4명), 국토부 34%(29명 중 10명)를 각각 기록했다.

사정기관 고위공직자의 강남 3구 주택 비율은 더 높았다. 국세청 80%(5명 중 4명), 공정거래위원회 75%(4명 중 3명), 금융위원회 69%(13명 중 9명), 대검찰청 60%(35명 중 21명)이다. 청와대는 29%(52명 중 15명)였다.

강남 3구 주택 보유와 관계없이 전국에 주택을 두 채 이상 보유한 고위공무원도 전체 639명 중 298명으로 47%에 달했다. 전국 2주택자 비율은 공정위 75%(4명 중 3명), 금융위 62%(13명 중 8명), 국세청 60%(5명 중 3명), 국토부 55%(29명 중 16명), 기재부 54%(13명 중 7명) 순으로 높았다.

심 의원은 "부동산 관련 정책을 입안하고 집행하는 고위공직자들이 집값 폭등으로 먼저 이익을 보는 구조"라며 "정부가 아무리 부동산 대책을 발표해도 신뢰가 가지 않는 건 당연하다"고 했다.

----

24 http://www.seoul.co.kr/news/newsView.php?id=20181002500119&wlog_tag3=naver

이와 같은 현상은 행정부는 물론 입법, 사법부 역시 마찬가지이다. 부정부패에 휘둘린 나라의 현실에서 어떻게 나라가 온전할 수 있는지 위기의식을 느끼지 않을 수 없다.

강남 지역이 부동산 투기 진원지인 것은 모든 국민이 알고 있는데, 그 지역에 고위 공무원들이 다수 거주하면서 아파트 가격 폭등을 조장 또는 방치하고 있어 도덕적, 사회적 책임을 면할 수 없다는 것이 사회적 인 여론이다.

일부 부유층과 졸부들은 강남에 사는 것을 특권인 양 자랑하고 아파 트 가격 상승을 자랑 삼아 이야기하여 서민들의 마음에 큰 상처를 주고 있다. 마치 이런 현상은 조선시대 16세기 붕당정치(사색당파: 노론, 소론, 남 인, 북인) 폐해의 하나로 노론층이 북촌(청계천 기준 북쪽)에 거주하면서 특권 층(100여 년: 경종~철종)을 이루고 '자녀들에게 남촌에 가지 말라'고 하여 당 시 국론분열 등 사회문제로 대두되었던 역사가 재현되는 현상이다.

영국 『이코노미스트』지는 창간 175주년 기념호에서 자유주의 경제 체제를 위협하는 주요 요인 중 하나로 부동산 양극화를 꼽았다. 젊은 세 대가 높은 집세를 감당하지 못해 빈곤층으로 전락하는 상황을 방치해 서는 자유주의 체제의 미래가 없다는 것이다. 문제는 수도권 부동산 시 장을 놓고 정부와 투기자본이 대립하며 지방은 '고래 싸움에 새우등 터 지는 격' 이 되는 것이다. 서울 집값은 '미친 집값'이 되는 데 반해 지방 부동산은 붕괴되어 미분양 사태가 심각하다. 결국 부동산 양극화는 지 역, 계층의 양극화를 가져오고 있다. 이와 같은 부동산 폭등 현상은 세 계적 문제이긴 하나, 유달리 우리나라의 양극화 현상은 사회·국가적 문제로 악화되어 해법이 필요하다.

(2) 주택가격 폭등의 해법

정부는 주택가격 폭등 문제 해소를 위해 최선을 다하였으나 부동산 안정화 대책이 실효를 거두지 못하였다. 이에 따라 정부는 주택공급확대 등 각종 부동산 종합대책을 수립하여 2018년 9월까지 8차례에 걸쳐 발표하는 등 적극 대처하고 있어 효과가 기대되나 근원적 해법으로는 부족하다는 여론이다.

그래서 필자는 주택가격 폭등의 문제는 정신, 교육, 경제문제가 복합적으로 작용한 악성 암덩어리와 같기 때문에 부동산 대책만으로는 실효를 거두가 어렵다고 판단한다. 중증의 암환자는 외과 수술과 더불어 치료약을 투입하여야 효과적으로 암을 극복할 수 있다. 이와 마찬가지로 주택가격 폭등의 근원문제는 선진화 혁명의 수술 해법으로 해결하는 한편, 부동산 종합 대책은 치료약으로서 꾸준히 복용토록 해야 된다고 판단된다.

따라서 향후 정부의 부동산 종합대책은 지속적으로 추진하는 한편, 부동산 폭등의 근원적 요인을 선진화 혁명의 해법으로 제거하여야 부동산 기득권이 무너져야 부동산 폭등의 문제는 근원적으로 해결될 수 있다. 부동산 폭등으로 기득권층이 점점 더 많은 것을 누리는 사회의 고리를 끊는 일이 바로 암수술로 근원을 제거하는 것이다. '국가 대 개조-21세기 대한국인 선진화 혁명'의 근원수술 해법으로 다음과 같이 '정신혁명 ⇄ 교육혁명 ⇄ 경제혁명'의 이론과 실제를 제시한다.

첫째, 정신혁명으로 고위 관료와 부유층의 도덕적·사회적 책무 이행

(제2장, 제4장 참조)

둘째, 경제혁명으로 국가부채, 가계부채 대책강구(제15장 참조)

셋째, 교육혁명으로 학군제 폐지(제12장 참조), 대학 입시제도 개선(제12장 참조), 대학 구조조정(대학의 서울집중 현상 해소)등의 제도 개선 및 시스템 구축이 필요하다.

특히 주택가격 폭등 문제는 국가 사회적으로 갈등, 분열, 대립 등 유·무형적 혼란을 유발하고 있다. 따라서 정부는 서울 집값의 주택가격 폭등 문제를 부동산 대책등 경제 문제로 국한하지 말고 정치, 경제, 교육, 사회 등 국가적 주요문제로 심층 분석하여 종합적인 해법을 찾아야 할 것이다.

3

국력방정식 함의
- 정신, 교육, 경제 혁명의 결과물

국력방정식에서 국력은 중요하다. 부국강병의 국력에 따라서 국제 사회의 등급이 형성된다. 조선은 임진왜란, 병자호란을 거치면서도 전쟁을 포기한 나라가 되어 일본이 강제 합병하였다. 광복 이후에도 한국은 현대무기 하나 없는데 북한은 중무장하여 6.25 기습남침을 자행했다. 얼마 전까지만 해도 북한은 핵무기 미사일로 무장해서 경제력이 40배 이상 큰 한국을 무시하고 좌지우지했다. 이러다보니 외국에서도 다음과 같이 한국을 무시하는 풍조를 보이고 있다.

① 시진핑 주석은 미국 트럼프 대통령에게 "한국은 중국의 일부였다." 고 터무니없는 역사왜곡을 했는바, 사대주의와 중화주의의 부활을 꿈꾸고 있는 현실이다.

② 일본은 "한국에 언제까지 사과해야 하느냐"라고 하지만 그들 속마음엔 진실한 '사과'가 없다. 사실 사과하고 싶어 사과하는 나라

가 얼마나 될지 모르겠다. 독일이 사과할 수밖에 없는 것은 사과하지 않으면 큰 화禍를 입힐 수 있는 영국, 프랑스 등 강대국들이 독일의 상대이기 때문이다. 일본은 한국을 그런 상대로 보지 않는다. 이게 한·일 관계의 본질이다.

③ 러시아는 북한의 핵무기 문제해결보다는 남북을 이용한 국익 챙기기에 신경 쓰고 은연중 북한을 미중 외교에 이용하고 있다.

이러한 대내외적 상황에서 한국의 국력은 무엇인가? 국민적 결의와 결기를 통한 대화합과 통합은 물론 한·미동맹을 통한 철통같은 안보태세로 국력을 갖추어야 한다.

국가전략은 성장 모멘텀을 국가목표로 설정하는 작업이며, 국민 의지는 국민 모두가 단합된 마음으로 목표를 추구하는 자세다. 목표를 뚜렷이 하고 일하는 사람에게 인센티브 체계가 잘 작동하며, 경제적 약자에게는 기회를 제공해 주는 것이 필요하다. 개인의 부富뿐만 아니라 국가 전체가 잘살려면 국력을 신장시켜야 한다는 의지가 뚜렷해야 한다.

여기서 클라인의 '국력방정식'이 지닌 국부론의 함의를 생각해보자.[25]

1980년에 간행된 『World Power Trends and U.S. Foreign Policy for the 1980s(세계 국력 추세와 1980년대 미국의 외교정책)』이라는 저서에서 처음 개진되었고, 1994년에 간행된 『The Power of Nations in the 1990s: A Strategic Assesment(1990년대의 세계 각국 국력: 전략적 평가)』에서 다시 쓰인 레이 S. 클라인 박사의 국력방정식은 다음과 같다. P=(C+E+M) x (S+W)

---

25 레이 S. 클라인 著; 金錫用 역 『國力分析論』 (國防大學院 安保問題研究所, 1981)

라는 공식인데 여기서 P는 국력ₚₒwₑᵣ을 뜻하고 C는 Critical Mass, 즉 국토 면적, 인구 규모 등 국가의 자연적 조건, E는 경제력을 의미하며 M은 군사력을 의미한다. 또한 S는 전략을 의미하고 W는 국민의 의지를 의미한다.

유형요소   무형요소

P = (C(Critical Mass) + E(Economy) + M(Military)) X (S(Strategy) + W(Will))
국력 (P) = ((영토·인구) + (경제력) + (군사력)) X ((전략) + (국민의 의지))

즉, 국력(P) = (C+E+M) x (S+W)라고 수학 공식화되어 적시됐다.

클라인 교수는 다음과 같이 강조하고 있다. C, E를 각각 200점으로 계산하고 있는데 각 나라들에 대해 절대적인 수치가 아니라 상대적인 수치를 부여하고 있다 미국, 중국, 브라질, 러시아, 호주, 캐나다 등은 땅 넓이에서 100점 만점 국가로 간주하고, 인구가 1억이 넘는 국가들을 100점으로 간주하여 중국, 미국, 러시아, 브라질 등은 인구와 영토에서 각 100점씩, 즉 C에서 200점 만점을 받는 나라이며 경제력은 미국을 200으로 놓고 다른 나라들에게 상대적인 수치를 부여하고 있으며, 군사력의 경우, 미국과 러시아를 100으로 계산하고 있다.

미국은 1990년대 초반 광대한 영토, 1억 이상 인구, 세계 최고의 경제력으로 (C+E+M)에서 만점인 500점에 해당하는 나라였고 C와 M은 만점이나 경제가 파탄 난 러시아는 410점(인구 100점, 영토 100점, 군사력 100점, 경제력 110점), 일본은 310점(영토 30점, 인구 100점, 군사력 50점, 경제력 130점) 등으로 계산했다.

클라인의 국력방정식 중 뒤에 있는 항목은 무형의 국력요소인 국가

전략Stategy과 국민의 의지Will를 상징하는 S, W이며, S와 W를 더하여 1을 기준으로 숫자를 부여하고 이를 유형의 국력요소와 곱했다는 점이 큰 특징이라 하겠다. 전략과 국민의 의지가 높은 스위스와 대만에게는 1.5, 이스라엘에게는 1.4를 부여했으며, 이 나라들은 양호한 전략과 의지 덕택에 실제 국력의 1.5배 혹은 1.4배를 발휘하는 나라들이다. 의지와 전략이 부실한 버마, 방글라데시, 앙골라 등은 S+W가 0.4에 불과하다.

즉, 클라인의 국력방정식 중 결정적인 중요한 부분은 정신혁명의 국민 의지와 국가전략을 의미한다. 이 부분은 0이 될 수 있으며, 그 경우 전체 국력이 영(0, 제로)이 될 수 있는데 이는 기존의 어떤 국력분석에서도 볼 수 없었던 분석방법으로 정신의 중요성을 강조하는 것이다. 국가전략과 국민 의지가 없는 경우, 국력 총량이 0이 될 수도 있다.

대로마 제국의 멸망은 동서로마 간의 반목, 정치적 불안정, 경제침체, 도덕성 타락 등에 기인하여 순식간에 국민(리더)의 의지가 약해지면서 초래되었다. 국민의지가 0에 가까워진 로마는 하루아침에 무너졌다. 즉 탑을 쌓기는 어려워도 무너뜨리기는 쉽다는 국력방정식의 교훈을 결코 잊어서는 안 되겠다.

영국, 프랑스 등 세계의 주요 선진국들은 국가적인 대혁명을 거친 후 산업혁명, 지식혁명 등으로 국민의지가 승화되어 국력으로 결집되는 과정을 거쳐 왔다. 대한민국이 국력방정식의 의지로 통합만 된다면, 5대 강국으로 우뚝 설 수 있다. 미래 5대 강국은 현재의 미·중·일·러에 아시아에서는 한국, 인도와 유럽에서는 영국, 프랑스, 독일이 추가되어 9개국이 치열하게 경쟁할 것이다. 우리가 국민의지를 통한 선진화 혁명을 이룬다면 결국 치열한 경쟁을 이겨내고 5대 강국이 될 것으로 판단된다.

국력방정식에서 우리가 배워야 될 함의는 국민 의지가 없으면 국가 대 개조와 선진화 혁명은 이루어질 수 없다는 것이다. 우리 국민들은 국민총화로 결집하고 강력한 국민의지로 정신혁명 ⇄ 교육혁명 ⇄ 경제혁명으로 반드시 '21세기 대한국인 선진화 혁명'을 이룩하도록 혼신을 다해야 할 것이다.

2부 '국가 대 개조 - 21세기 대한국인 선진화 혁명'을 정리하자면 다음과 같다.

우리나라는 수많은 위기의 역사를 극복하고 5천 년 유구한 전통을 보존한 세계에서 보기 드문 나라이다. 그러나 한편으로는 위기의 역사가 한 많은 역사가 되어 대부분 국민들은 가슴에 응어리를 가지고 있다.

이제 우리 국민들은 이러한 한의 역사, 위기의 역사고리를 끊어야 하는 시대적 소명을 안고 있다. '21세기 대한국인의 선진화 혁명'으로 시대적 소명을 실천해야 한다.

① 개인은 자아정체성 정립으로 자강, 자아 혁명으로 선진시민이 되고

② 가정은 가화家和로 행복한 가정을 이루고

③ 사회는 인화단결로 선진 사회를 이루고

④ 대한민국은 국민총화, 통합으로 선진국의 길로 힘차게 나가야 한다.

촛불정신이 승화되어 동방의 횃불, 세계의 횃불로 타올라 통일한국이 인류의 등불이 되도록 기필코 선진화 혁명을 이룩하여야겠다.

국가 대 개강
선진호

국가 대 개조
– 국부론의
선진화 혁명 전략

– ① 정신(의식)혁명

제7장

과거역사의
정신문화적 분석

1

5천 년 역사와 홍익인간 이념

  역사의 수레바퀴를 5~6천 년 전으로 돌려보면, 당시 지구상에서 '잘 나가던' 문명을 일컬어 세계사에서는 4대 문명권이라고 한다. 이집트, 메소포타미아, 인더스, 황하문명이 그에 해당한다. 역사의 진실에서 보자면, 기록문화의 취약과 역사는 승자의 것이라는 패권주의적 논리 때문에 황하문명보다 더 일찍이 발달된 고조선 시대의 위대한 홍익인간의 사상은 퇴조되어 세계사에서는 희미한 존재로 전락할 수밖에 없었다.

  홍익인간의 이념은 위만조선의 쿠데타와 고조선의 멸망으로 배제의 역사로 흐를 수밖에 없었다. 더욱이 삼국시대의 고구려, 백제, 신라가 장기간 내전을 벌여 국력을 소진함으로써 중국의 침략에 대륙을 잃어버림과 동시에 주요 역사자료도 거의 다 훼손되어 홍익인간 관련 사료는 대부분 사라졌다고 볼 수 있다. 일부 보존되어 전해져온 사료도 일본의 식민통치하의 역사·문화 말살정책으로 말미암아 더욱 훼손되고 왜곡될 수밖에 없었다.

홍익인간 사상을 잉태한 환국(하늘이 세운 나라)시대와 배달국(신시·神市: 신이 세운 도시국가)시대는 우리나라의 상고시대로서 역사적 사실의 진위여부에 대한 논쟁이 현재 일부 사학자들 사이에 진행 중이지만, 대체로 단군왕검 이전 홍산문화紅山文化의 발원과 그 문화의 근원이 된 환웅·환국과 배달국 시대가 이유립과 계연수에 의하여 상당 부분 확인되고 있다.

홍익인간 사상철학의 형성		
환인시대(BC 7197)	환웅시대(BC 3898)	단군시대(BC 2333)
환국	배달국	고조선
3,000년(7대)	1,500년(12대)	2,000년(47대)
홍익인간 창시	홍익인간 실천(천부경)	홍익인간·제세이화 이념 정립

조선에서는 단군을 기리는 김육의 『잠곡유고』에 실린 「단군전각」이라는 시를 음미해보자.

백성이 주인인 거룩하고 성스러운 땅 / 그곳 황궁에 하늘에서 사람을 내려보내 / 동방에서 처음으로 임금이 되었다오 / 중국의 요임금과 같은 때라네 / 태백산의 용은 멀리 날아갔고 / 아사달의 학도 멀리 가버렸네 / (중략)

우리 민족의 조상이 되는 동이족은 일찍이 아시아 대륙의 동북쪽에 자리 잡고 인류문명의 한 줄기를 이룩하였다. 중국 『예기』 왕제 편에는 "동쪽에 사는 사람들을 이夷라 하는데 어질고 착하며, 군자들의 나라이고 불멸의 나라이다."라 하였다.

『논어』에도 공자가 늘 동이의 땅에 와서 살고 싶어 했다는 구절과 주나라에서 사람의 도리를 잃었을 때는 언제나 동이족에게서 배웠다는 구절이 있다. 중국의 『산해경』에는 우리 민족의 의관은 그 예의에 맞는 품행인 인성을 의미하고 대검은 그 용기가 가득 찬 모습인 무풍을 의미한다.

동쪽바다 안, 북쪽바다 모퉁이에 조선이란 나라가 있다. 하늘이 다스리는 그 사람들은 물가에 살며 남을 아끼고 사랑한다. 東海之內 北海之隅 有國名曰朝鮮. 天毒 其人水居 偎人愛之
— 『산해경』, 권18 「해내경」

『삼국유사』, 『여지승람』에 기술된 단군신화의 기록을 보면, 홍익인간, 제세이화(濟世理化: 세상에 있으면서 다스려 교화) 이념이 있다. 홍익인간과 제세이화 사상은 환웅 치리治理의 근본이요 배달국의 건국이념이다. 우리 선현의 고귀한 유산인 동방예의지국의 인성도 홍익인간 정신과 이념에서 나온 것으로, 우리의 윤리, 도덕의 근본이 되고 있으며 인내천人乃天 사상으로 발전하였다. 인내천이란 사람이 곧 하늘이라는 동학의 기본 사상으로 전통적인 민간 신앙, 유교, 불교 등도 모두 녹아 있으며 모든 사람이 평등해야 한다는 뜻을 담고 있다. 이런 훌륭한 전통을 계승하기 위해서는 홍익인간 정신과 이념을 발전시켜 동방예의지국의 전통을 지키면서 정신문화가 높은 국격을 갖춘 나라가 되도록 해야 할 것이다.

홍익인간 이념과 정신은 한민족의 운명과 새로운 창조로 거듭나면서 5천 년 역사의 문명을 이끌어낸 서사가 되었다. 신화는 그 민족의 생활사의 단면이며, 심층 깊숙이 잠재된 철학을 반영한다. 우리나라 창조 신화로는 단군신화가 대표적으로 역사이자 신화의 의미를 동시에 갖추고 우리 민족 정신사를 이루는 모태다. 많은 민족이 건국신화를 갖고 있지만,

창조신화를 가진 민족은 유대인 민족과 한민족을 포함해 몇 안 된다. 단군조선은 2,000년 이상 홍익인간의 이념을 실천하며 '백성은 지혜롭고, 사회는 행복하고, 나라는 존경받는 세상을 이루었다.

독일의 철학자 프리드리히 헤겔Friedrich Hegel은 "역사는 그 속에 스스로 전진하는 정신 또는 영혼을 가지고 있다."라고 하면서, 이것을 '절대정신'이라고 칭했다. 많은 나라가 이 절대정신, 고유의 사상과 이념을 바탕으로 역사를 이어왔다. 한국의 홍익정신 중국의 군자의 도, 일본의 사무라이정신, 유럽의 기사도정신, 미국의 개척정신 등이 있다. 이러한 사상과 이념들은 각 국가의 정신문화의 기층을 형성하는 토대로 맥을 이어오면서 국가의 정체성을 유지·발전시켜 왔다.

태조 이성계는 '단군조선'의 역사적인 정통성을 계승하고자 1392년에 집권한 후 그는 국호를 '조선'이라 하고 '단군제'가 치러지게 했다. 고려 중·후기 원나라의 침략 위기 때와 조선 말기 일본의 노골적인 국권 침탈의 위협이 있었던 시기에, 수많은 의병이 일어나 나라를 위해 목숨을 바치고 사상적·계급적 차이를 뛰어넘어 민족적 대단결을 이룬 3·1운동의 중요한 정신적 배경도 홍익인간 정신을 향한 소망이었던 것이다.

1919년 상하이 임시정부는 고조선을 세운 단군왕검이 10월 3일에 나라를 세웠다는 기록에 근거해 그날을 건국기원일인 개천절로 정했다. 또한 1948년 제헌국회는 상하이 임시정부의 법통을 계승한다는 취지로 나라 이름을 대한민국으로, 국가연호를 단기 원년 즉 기원전 2333년으로 정했다. 그리고 대한민국 정부수립 후 1948년 '연호에 관한 법률'에 의해 단군기원, 즉 단기일을 국가의 공식 연호로 법제화했다. 1949년 10월 '국경일에 관한 법률'을 제정해 음력 대신 양력 10월 3일을 개천절로 정하고, 홍익인간 이념을 건국이념으로 정했다. 우리의 교육법 제1조와 더불어 교육기본법 제2조는 홍익인간이념 아래 전인교육을 목표로 한다.

지금 세계는 '극단적 양극화로 인류문명사에서 큰 전환점에 직면했으나, 서구식 합리주의 논리로는 그 답을 찾지 못하고 있다. 하지만 정작 우리는 우리의 것을 외면하는 사이, 세계철학자들은 우리 고유의 사상과 생활문화에서 그 답을 찾고 있었다. 독일의 유명한 실존주의 철학자 마르틴 하이데거는 1960년대에 프랑스를 방문한 서울대 박종홍 철학과 교수를 초청한 자리에서 "내가 유명해지게 된 철학사상은 동양의 무無사상인데, 동양학을 공부하던 중 아시아의 위대한 문명의 발상지가 한국이라는 사실을 알게 되었다."라면서 "동양 사상의 종주국인 한국의 천부경(최초의 하늘의 계시를 적은 경전)의 홍익인간사상에 대해 이해할 수 있도록 설명해 달라."라고 요청했는바, 그 설명은 다음과 같다.

① 弘: (넓을 홍) - 널리 사람들을 두루(공동체주의)

② 益: (더할 익) - 이롭게 하라. 해치지 말고 도움을 줄 것(이타주의)

③ 人間(사람 인, 사이 간) - 나를 넘어서 인류와 함께(인간 존중)

홍익인간 철학은 모든 사람에게 널리 이익이 되는 경제와 공동체 개념을 제기하고 인간존중 공동체주의를 강조한다. 홍익인간의 정신과 이념은 나라가 융성할 때는 물론, 민족의 수난기에도 호국정신이자, 국혼으로 영원히 피어날 것임이 분명하다.

2

충·효·예 - 대한민국이 원조元祖

우리 역사의 모태인 환국시대(BC 7197)부터 조선왕조까지 이어져 내려온 '충忠·효孝·예禮' 사상의 줄기를 문헌상의 기록을 찾아 제시함으로써 대한민국이 충·효·예 사상의 원조임을 증명하고자 한다.

첫째, 환국시대에는 '다섯 가지의 가르침[26] 이 있었는데,

① 성실하며 거짓이 없어야 할 것

② 부지런하여 게으르지 않을 것

③ 효도하여 부모의 뜻을 어기지 않을 것

④ 깨끗하고 의로워 음란하지 않을 것

⑤ 겸손하고 온화하여 다투지 않을 것

이 중 ③항에 효孝의 가르침이 있다.

----

26 고동영, 『단군 조선 47대사』, (한뿌리, 1986)

둘째, 배달국시대에는 '3륜 9서'가 있었는데 3륜이란 사람이 반드시 지켜야 할 3가지 윤리로서 애愛, 예禮, 도道이다. 여기에서 애愛의 윤리란 하늘로부터 받은 것이고, 예禮의 윤리는 사람으로 말미암은 것이며, 도道의 윤리는 하늘과 사람이 함께한다는 것이다.

셋째, 고조선시대에는 단군8조교와 중일경이 있었는데, "너희는 어버이로부터 태어났고, 어버이는 하늘로부터 강림하셨으니 오직 너희는 어버이와 하늘을 공경하여 이것이 나라 안에 미치면 바로 충효이다."라고 되어 있다.

넷째, 삼국시대는 신라의 화랑도, 고구려의 조의선인(皂衣仙人: 검은 옷을 입고 전시에 나라를 위해 목숨 바쳐 싸우는 무사집단), 백제의 무사도 등을 통해 효의 일반적인 의미는 '자식이 부모에게 향하는 일방적 수직논리'로 알려져 왔다고 할 수 있다. 또한 삼국시대에는 불교가 전래되면서 효자경, 부모은중경 등 효에 관한 불교경전이 들어와 효행사상이 깊어졌다.

다섯째, 고려시대는 불교를 국교로 삼은 관계로 충·효·예의 관습이 불교경전에 의해 지켜져 왔다. 고려 말 간행된 『명심보감明心寶鑑』은 효와 선의 생활화를 발전시키는 데 크게 기여하였다.

여섯째, 조선은 개국과 함께 성리학을 중심으로 한 유교정책을 실시하여 국가시책과 일반민중의 생활양식을 모두 충·효·예에 의한 유교적 생활방식으로 개혁하였다. 퇴계 이황은 "어버이를 섬기는 정성으로 하늘의 도리가 밝혀진다."라고 말했다.

이렇듯 우리의 충·효·예 정신은 중국보다 훨씬 앞서 자리 잡고 발전하였다. 그야말로 우리 고유의 홍익철학과 사상적 바탕 위에서 지켜져 왔음을 알 수 있다.

영국의 역사학자인 토인비 박사는 "한국의 효 사상, 가족제도 그리고 경로사상은 인류의 가장 위대한 사상으로 세계인이 따라야 할 위대한 문화유산"이라고 극찬했고, 미국 하버드대학 엔칭연구소 투웨이밍 소장은 국제적인 새로운 윤리를 제정할 것을 제의하면서 그 핵심윤리로 "한국의 효 사상·경로사상을 기본으로 하자."라고 제창했다. 그러나 최근에 효의 의미를 부정하는 일들이 발생하고 있어 안타깝기 그지없다. 정신문화를 높여 충·효·예 정신과 전통을 회복해야 한다.

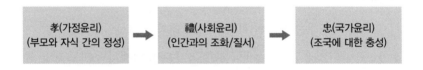

① 효는 덕의 근본으로 아랫사람의 윗사람에 대한, 윗사람의 아랫사람에 대한 사랑과 정성이 담겨져 있음을 알 수 있다. 가정에서의 효는 사회에서 지켜져야 될 예의 기초가 되며, 국가의 기강인 충의 기반이 된다.

② 예를 지킴으로써 남에게 폐를 끼치지 않고, 불편을 주지 않음으로써 조직이나 집단의 구성원이 조화를 이루고 질서를 유지하게 된다.

③ 국가에 대한 충은 임금에 대하여 신하와 백성으로서의 본분을 다할 것을 요구하는 사상, 참마음에서 우러나오는 정성이라 할 수 있다. 오늘날의 애국심이다.

유교의 역사는 2500여 년에 불과하나 우리 충·효·예 역사는 반만년 이상임을 결코 잊어서는 안된다. 우리의 전통적인 충·효·예 사상에 대하여 자부심을 가지고 그 정신을 적극적으로 본받고자 하는 역사적 사명감을 가져야 한다.

3

선비 정신

선비는 예의, 청렴, 의리, 지고, 학식 등을 겸비하고 실천하는 이를 뜻한다. 선비라고 하면 책을 읽는 모습이 떠올라 나약하거나 유약하다고 오해하는 경우가 많다. 하지만 나라가 어려울 때에는 항상 선비가 있었다. 그 예로 임진왜란 때도 있었던 '선비 정신(나라가 위태로울 때 목숨을 바친다)'은 현대인들이 반드시 배워야 할 덕목이며 한국적 노블레스 오블리주이다.

藏器於身, 待用於國者, 士也. 士所以尙志, 所以敦學, 所以明禮,
(장기어신, 대용어국자, 사야. 사소이상지, 소이돈학, 소이명예,)
所以秉義, 所以矜廉, 所以善恥, 而又不數數於世也.
(소이병의, 소이긍염, 소이선치, 이우불수수어세야.)
몸에 역량을 간직하고 나라에 쓰이기를 기다리는 사람이 선비다.

선비는 뜻을 숭상하고, 배움을 돈독히 한다. 예를 밝히고, 의리를 붙든다. 청렴을 뽐내고, 부끄러워할 줄 안다. 하지만 또 세상에 흔하지가 않다.

― 신흠(申欽, 1566~1628)의 〈사습편士習篇〉

역사 속 선비들은 탐욕을 멀리했다. 오로지 수신과 학습에 정진하며 청빈한 생활을 추구했던 선비 정신이 5천 년 역사 보존을 가능케 했다. 예부터 선비들은 '집은 겨우 비를 가리는 것으로 족하고, 옷은 겨우 몸을 가리는 것으로 족하며, 밥은 겨우 창자를 채우는 것으로 족하다.'라며 가난을 떳떳하게 여기고 겸손함을 미덕으로 여겼다. 우리 선조들은 청렴과 검소를 몸소 실천해 사리사욕을 멀리했던 공직자를 '청백리淸白吏'라 부르며 존경과 칭송을 보냈다.

한국학중앙연구원 이배용 전 원장은 조선 중종시대의 유학자이자 정치가인 조광조의 과거급제 답안을 보고 "선비들은 과거답안을 쓸 때도 목숨을 걸고 소신을 밝혔다."라고 하였다. 하지만 "우리는 한 가닥 신념도 정치논리도 찾아보기 어려운 정치인들, 소신도 철학도 없는 지식인들, 설계도 없이 미래를 꿈꾸는 젊은이들에게 절망하고 있다."고 말했다.

독일의 저명한 사회학자 베버(Max Weber: 1864~1920)는 "구미의 기사도나 개척정신에 맞먹는 한국의 정신적 전통을 들라면, 나는 조선시대의 문인 신분층을 밑받침한 정신적 정통, 즉 선비 정신을 꼽겠다."라고 말한다. 선비는 '자기 자신의 수양을 통해 타인을 교화시키며, 내면적으로 성현의 덕을 갖춤으로써 국가사회에 왕도를 구현한다.'라는 이념으로, 사회현실 문제에 깊이 관여하면서도 현실세계에 매몰되지 않고 이를 초극하는 세계를 지향하는 태도가 바로 선비 인격의 발현인 것이다.

선비사상을 외래 사상인 유교적 가치에서만 그 근원을 찾고자 함은 잘못이다. 오히려 선비사상은 우리 민족의 오랜 역사 속에서 부각되어 온 한국적 고유의 인간상과 매우 밀접한 관계가 있어 둘 사이에 상당한 수준의 유사성을 지니고 있으며, 그런 연유로 유교적 인격체로서의 선비가 우리에게 친근했던 것임을 알아야 한다.

다산 정약용은 선비 정신의 국가구현 목표를 "백성을 위한 옳은 정치를 펼치는 것"이라고 했다. 정약용의 『목민심서』에서는 수령의 자세에 대해 "청렴은 수령의 본本이요, 모든 선善의 근원이요, 덕의 바탕이니, 청렴하지 않고서는 수령이 될 수 없다."라 한 바 있다. 이것이야말로 선비 정신의 귀감으로 한 시대를 살아가며 갖추어야 할 덕목과 자세이다. 특히 현대의 정치인, 관료, 언론인 등 모든 공인들이 반드시 지켜야 할 덕목인 바, 솔선수범의 섬김 인성이 너무나 필요하다.

작금의 대한민국 상황은 혼돈의 상태이다. 선비정신이 우리의 정신사를 다시 일으켜 세울 각성제가 되도록 학습하고 성찰하는 계기를 가져야겠다.

4

동방예의지국의 인성문화, 호국護國의 힘

    우리나라가 수많은 국난 속에서도 5천 년 국가를 보존할 수 있었던 인성 DNA는 무엇일까? 그것은 찬란한 동방예의지국의 문화 덕택이라고 『한국인에게 무엇이 있는가』에서 홍일식 고려대 총장은 말한다.[27]

    중국, 크기로 보나 인구로 보나 어마어마한 이 나라는 역사적으로 볼 때 불가사의한 하나의 큰 용광로였다. 역사상 한족漢族에게 걸려들어 녹아들어가지 않은 민족이 없고, 녹아들어가지 않은 문화가 없다고 해도 과언이 아닐 것이다. 여기에서 하나 주목할 만한 사실이 발견된다. 한때는 각자가 자기 역사의 주체였을 이 55개 소수민족 중에서 지금 중국 영토 밖에 독립주권 국가를 이루고 있는 민족은 우리와 몽골, 오직 둘뿐이라는 사실이다.

    그러면 문제는, 우리 민족이 무슨 힘으로, 어떤 경로를 거쳐, 중국이라고 하는

---

27 홍일식, 『한국인에게 무엇이 있는가』, (정신세계사, 1996), p36

거대한 불가사의의 용광로 속에 녹아들어가지 않고 지금까지 수천 년 동안 고유한 영토를 확보하고, 고유한 주권을 지니고, 혈통의 순수성을 보존하고, 독자적인 문화와 언어를 지켜올 수 있었을까?

나는 그것이 바로 다름 아닌 '문화의 힘'이었다는 결론을 내리게 되었다.

대한민국 국민은 문화민족으로서 조상의 애환과 꿈이 민족 DNA를 통해 전승되어, 겨레의 빼어난 자질과 진선미眞善美의 정신이 번득인다. 그리하여 우리는 인류 앞에 얼과 빛을 내세우는 정신대국의 문화임을 자처해왔다. 이는 우리의 고대사에서만 있었던 현상이 아니라 호국인성 DNA가 민족사 전체를 관통하며 지속되어 온 현상 및 결과물이다. 우리 민족의 전통 정신문화는 이러한 역사 속에서 형성되고 전개되었다.

일본군 장수로 조선에 쳐들어왔다가 투항하여 왜군과 싸워 임진왜란과 정유재란 승리에 크게 기여한 숨은 장수가 많이 있다. 그 대표적인 인물이 사야가(김충선, 1571~1642)이다. 사야가는 임진왜란 시 도요토미 히데요시의 선봉장 가토 기요마사 휘하의 장수였으나 일본의 전쟁광이었던 도요토미 히데요시의 선봉대임에도 불구하고 효유문(曉諭文:알아듣도록 해명한 글)을 내걸고 경상도 병마절도사 박진 장군에게 항복문서를 보내어 투항했다. 조선은 동방예의지국이자 예의의 나라로서 일본이 침략할 명분이 없다면서 조총부대 500명, 장병 3,000여 명을 이끌고 귀순하여 곽재우 등의 의병과 함께 조선 방어에 75회 출전하여 전승을 거두었다. 항복문서의 내용은 다음과 같다.

임진년 4월 일본군 우선봉장 사야가는 삼가 목욕재계하고 머리 숙여 조선국 절도사 합하에게 글을 올리나이다. 지금 제가 귀화하려 함은 지혜가 모자라서도 아니요, 힘이 모자라서도 아니며, 용기가 없어서도 아니고, 무기가 날카롭지 않아서도 아닙니다.(중략) 저의 소원은 예의의 나라에서 성인의 백성이 되고자 할 뿐입니다!

예의라는 말은 참 깊은 의미가 새겨져 있는 영혼의 단어다. 사람과 나라의 문화에 있어서 가장 존중해야 할 어구가 바로 이것이다. 당시 사야가 김충선(선조가 성을 하사)은 수군을 지휘하던 충무공 이순신 장군을 이을 만한 육지 전투의 영웅이었다. 김충선과 함께 투항한 장병들은 조총 제작기술, 화약제조법, 조총부대 조직, 왜군에 대한 각종 정보 제공 등 다양한 활약으로 조선군 승리에 크게 기여했다. 예의의 나라를 수호하기 위한 김충선 장군은 이후로 10년간 자진하여 북방의 여진족을 방어·소탕하였고, 이괄의 난과 병자호란에서 활약하다 인조가 항복하는 것을 계기로 초야로 묻혀 오직 조선을 위한 기도로 일관하다 생을 마감했다. 지금 우리는 그를 조선의 삼난三亂공신으로 부른다. 그는 일본의 예의문화가 조선에서 이어받은 것이라는 역사적 사실을 잘 알고 실행한 덕장이자 진정한 애국자였다.

우리는 민족정기를 강조한다. 민족정기가 시들면 국가도 민족도 설 땅을 잃는다. 그런데도 우리는 그 민족정기가 호국인성의 DNA가 형성되었다는 사실을 잊기 쉽다. 민족문화에 대한 재인식은 물론 그 올바른 전승과 창출에 각별한 관심을 가져야 한다.

5

8대 DNA 발현 - 다이내믹 코리아

한국인의 내면에 체화된 8대 DNA - 대한민국 5천 년의 성장 동력

모든 인류가 태초에 똑같이 시작한 문명이 어찌하여 흥망성쇠가 갈렸는지 생각해보자. 오랜 세월 인간의 종교, 의지, 태도, 습관, 문화 등이 켜켜이 쌓여 고유한 민족성이 형성된다. 우리 민족은 5천 년을 살며 어려운 자연조건과 주변 국가의 침입 등 도전을 극복해냈다. 이 과정에서 우리만의 고난 극복 인자가 체화體化했는데, 그것을 필자는 리더십 8대 DNA로서 홍익인간, 민족주의, 문화 창조력, 민주주의, 신명, 은근과 끈기, 교육열, 호국정신이라고 명명한다. 이 8대 DNA가 서로 결합함으로써 창의적이고 근성 있는 국민성을 만들었고, 이것이 결국 우리 민족의 전인적 성장全人的 成長을 가능케 했다. 이와 같은 현상을 영국의 석학 아놀드 토인비Arnold Toynbee는 '도전과 응전'으로 설명한다.

"자연과 환경의 도전은 그 문명에 커다란 시련을 가져다준다. 이러한 시련을 극복하고자 노력하는 과정에서 인간은 신앙을 갖고 자연을 개척하며 환경에 적응하는 노력을 기울이게 된다. 여기서 새로운 종교와 문명이 탄생되고, 도전과 응전이 이루어진다. 따라서 도전은 적절한 응전이 따를 때 문명 등 창조를 위한 계기가 되는 것이다."

한 사회가 내외內外의 도전을 얼마나 유효적절하게 대응하느냐가 인류와 문명의 성장과 쇠퇴를 결정짓는다. 특히 수천 년 동안의 종교와 문명이 숙성되어 형성된 것이 우리 민족의 8대 DNA라고 판단되는바, 그 이유는 다음과 같다.

첫째, 토테미즘과 불교, 유교, 도교 등 여러 종교가 수천 년간 융합되어 숙성된 결과물이 우리 민족의 역사 문화와 민족DNA를 잉태한 것이다.

둘째, 우리의 종교는 홍익인간 정신의 널리 이롭게 한다는 공동체정신이 반만년 이전부터 자리 잡아 삼국시대에는 불교를 포용해서 문화를 융성시켰고 민족정신을 살찌게 하여 8대 DNA가 자리 잡게 되었다.

셋째, 신라시대에는 유·불·선교를 융합하여 풍류도로 발전시켜 신라의 발전을 견인하면서 우리 민족의 고유한 8대 DNA를 더욱 발현시키는 역할을 하였다. 더욱이 풍류도를 화랑도로 발전시켜 신라통일에 밑거름이 되고 화랑도 정신을 꽃피워 우리 민족의 8대 DNA를 승화시키는데 기여했다.

넷째, 고려시대는 불교가 국교로서 유교의 정치이념을 받아들이고 종교로서 서로 다른 상황에서도 불교가 유교를 포용하면서 상호 융합하여 불교문화를 발전토록 하면서 8대 DNA가 더욱 성장토록 했다.

다섯째, 조선시대는 유교가 국교임에도 불구하고 불교를 탄압하지 않고 성왕 세종대왕은 불교활동을 하면서 한글창제 시에는 신미대사의 도움을 받았고 한글창제 후에는 월인천강지곡月印千江之曲을 완성했다.

한편 조선말과 3.1운동 등 일제강점시대에는 대종교, 불교, 기독교 등 여러 종교가 융합하여 독립활동의 중심을 이루어 다종교문화, 종교다원주의가 8대 DNA 정신의 꽃을 피웠다.

여섯째, 2014년 8월 프란치스코 교황이 방한할 때 명동성당에서 7대 종단 지도자들이 모여 교황의 방한을 환영했다. 세계에서 한국처럼 다종교 국가로서 모든 종교가 공존하는 모습은 홍익인간 이념의 8대 DNA 결과물이다. 우리 종교가 수천 년 동안 융합되어 공존해 왔기에 가능한 일이다.

향후 우리의 8대 DNA는 우리 민족의 큰 잠재역량과 성장동력은 물론, 인류 평화에 디딤돌 역할을 하게 될 것이다.

인류의 역사는 전쟁의 역사이고 한반도는 전략적 요충지였다. 그러나 우리 민족이 지정학적 약점과 자원 부족, 그리고 강대국들의 패권 다툼 속에서 5천 년 동안 생존할 수 있었던 것은 8대 DNA가 시너지 효과를 발휘하여 보국保國과 호국護國의 역할을 했기 때문이다. 5천 년 역사를 돌이켜보면, 크고 작은 내우외환으로 백성들은 가난과 고통을 면키 어려웠다. 반만년 역사 보존이 신기할 정도로 모진 국난 극복의 역사를 이어왔다. 우리나라는 일제 강점기, 6·25전쟁 등 절체절명의 시기를 잘 견뎌내고, 제2차 세계대전 이후 식민지에서 해방된 나라 가운데 유일하게 선진국으로 발전했다. 최근에는 세계에 한류 붐을 일으키며 문화 강국, 스포츠 강국, IT 및 정보화 강국으로 괄목할 만한 성장을 거두고 있다.

대한민국은 선진국 대부분이 100~300년(유럽 300년, 미국 150년, 일본 100년)만에 이룬 산업화와 민주화, 정보화를 어떻게 반세기도 안 되는 기간에 이루어내고, 한강의 기적이라는 신화를 만들어냈을까? 일제의 수탈과 6·25전쟁으로 폐허가 되다시피 한 나라가 반세기 만에 경이롭게 성장한 원동력은 무엇일까? 세계가 궁금해하는 해답은 대한민국 5천 년 역사 속에 숨어 있다. 5천 년 세월 속에 발휘된 8대 DNA 민족성이 기적의 도약을 이루어낸 근원이 되어 우리는 약 반세기 만에 세계의 변방에서 중심 국가로 진입해 세계 평화에 기여하고 어려운 나라를 돕는 나라가 되었다.

(2) 8대 DNA의 시너지 효과

8대 DNA는 한국인의 정신과 이념의 토대를 이루며 잠재력을 계발하고 발휘하게 하는 동인이자, 한국인의 역동적인 기질의 뿌리라고 볼 수 있다. 우리 민족은 8대 DNA 덕분에 다른 나라에서 하지 못한 일을 할 수 있었으며, 미래에도 다른 나라가 가지 못할 길을 갈 수 있을 것이다. 이를 수레바퀴의 원리로 설명해보겠다.

수레바퀴 살輻은 생존과 직결된 쌀米을 의미하며, 살을 둘러싸고 있는 원과는 떼려야 뗄 수 없는 관계다. 원과 살로 이루어진 수레바퀴는 상호작용의 상징이기도 하며, 순환과 변화를 의미하기도 한다. 다시 말해, 8대 DNA는 수레바퀴처럼 서로 상호작용하고 영향을 미치며, 상호 결합·융합되어 시너지 효과를 낸다.

첫째, 역사 리더십의 핵심 역량인 홍익인간 사상 DNA는 8가지 DNA의 중심에 위치해 리더가 종합적인 사고로 문제를 해결할 수 있도록 지원하는 동시에 리더십을 강화하는 기본적인 역할을 한다.

둘째, 민족주의 DNA의 민족론과 국가론을 토대로 강한 인내력과 열정이 정신력을 기반으로 제공된다.

셋째, 문화 창조력 DNA는 홍익인간 사상 DNA와 융합하여 민족주의, 민주주의 사상, 신명, 은근과 끈기, 교육열, 호국정신 등이 시너지 효과를 발휘할 수 있게 하는 촉매 역할을 한다.

넷째, 민주주의 사상 DNA는 그동안 리더가 쌓아놓은 데이터베이스이자 문제 해결에 필요한 자원을 민주주의 정신과 이념으로 조합·활용하게 해 자유민주주의의 가치를 높인다.

다섯째, 신명 DNA는 지능과 감성의 조화로 능력을 더욱 극대화해 삶의 신바람과 행복을 증대시킨다.

여섯째, 은근과 끈기 DNA는 다른 DNA를 지속적으로 추진하는 열정으로 오랜 기간 유지되어 곰삭음 같은 효소 역할을 하게 된다.

일곱째, 교육열 DNA는 이성적인 판단과 감성적인 마인드의 융합으로 문제를 정확하게 진단하고 해결할 능력을 제공해 총체적인 역량 제고에 기여한다.

여덟째, 호국정신 DNA는 다른 DNA 대부분이 작용할 때 공통의 희망과 평화가 되어 아가페agapē, 필리아Philia와 같은 형이상학적 힘을 심어주고, 더 나아가 애국심과 이념의 기반을 이룬다.

이 8대 DNA를 상황에 맞게 결합하고 융합한다면 리더십뿐 아니라 안보와 창조경제, 문화 등 다양한 분야에서 예상 밖의 폭발적인 시너지 효과를 낼 수 있을 것이다.

① 홍익인간 사상 DNA: 근본 및 중심역할

단군신화는 우리 민족이 위기에 처하거나 큰일을 마주할 때 민족정체성을 불러내고 민족을 통합하는 기능을 했다. 다시 말해, 단군신화는 민족 시원의 상징이지만 시대상황에 맞추어 받아들여짐으로써 상상 속의 허구가 아니라 살아 있는 역사가 되었다. 따라서 단군신화와 그 속에 살아 숨 쉬는 홍익인간 사상은 우리 민족의 민족성을 좌우하는 토대가 되었다고 해도 과언이 아니다.

② 민족주의 DNA: 한국의 혼魂

민족주의는 자기 민족 중심의 파괴적이고 반 평화적인 이념으로 오해받기 쉽다. 그러나 민족주의는 인간에 대한 뜨거운 애정을 바탕으로 하는 이념이다. 일본, 독일 등의 민족주의를 연상하면 자동적으로 제국주의를 떠올리기 쉽지만, 역사 속에서 침략전쟁을 일으킨 나라들이 민족주의 때문에 그런 것은 아니었다.

우리가 지향하는 민족주의는 단지 우리만을 위한 배타적 의미가 아니라, 우리 민족의 능력을 발휘하여 세계 평화에 공헌하는 것이다.

한민족의 도약을 설계할 때 빼놓지 말아야 할 사람들이 있다. 세계를 누비는 한국 상인들, 즉 한상韓商의 성장 가능성은 무한하여 언젠가 유대인상商의 저력을 추월할 수 있을 것이다. 현재 세계 175개국에 퍼져 있는 750여만 명의 재외 동포를 연결하는 세계적 차원의 한민족 네트워크가 구축되고 있다는 것도 큰 장점이다. 이 네트워크가 국가 경제와 연계될 때 그 시너지 효과는 엄청날 것이다.

조규형 전 재외동포재단 이사장은 '한상, 글로벌 코리아의 기수'라는 기고문에서 "오늘날 세계화의 조류 속에서 국가 간의 경계는 흐려지고, 민족 간의 유대가 강화되고 있다."고 말했다. 세계화의 시대에 세계를 아우르는 민족적 네트워크를 구축할 수 있는 한민족 동포사회는 한국 미래의 큰 축복이다.

우리 민족은 지금 이 세계를 보다 살기 좋은 세계로 이끌어갈 시대적 소명 앞에 서 있다. 한민족 리더십을 발휘해 우리의 정신과 문화를 세계에 전파하고, 인류 평화와 발전에도 기여할 수 있어야 할 것이다.

우리 한상들이야말로 다이내믹한 활동력으로 글로벌 코리아의 기수 역할을 하고 있어 국가 경제영토 확장의 상징이고 대한민국의 국력으로 중요성은 날로 제고되고 있다.

③ 문화 창조력 DNA: 한류의 기반

공동생활을 하는 인간집단을 사회라고 할 때 하나의 사회를 이루고 있는 사람들이 다 같이 가지고 있는 사고방식이나 감정, 가치관을 비롯해 의식구조, 행동규범, 생활원리를 통틀어 우리는 '문화'라고 말한다.

문화는 우리 민족과 타 민족을 구별 짓는 경계이고, 민족의 바탕이자 얼이며, 힘의 근간이다. 또한 문화는 오랜 세월 동안 축적되고 다져진 인류의 업적이다. 5천 년 민족의 삶이 쌓여 생긴 뿌리이자 결과물이 문화다. 나무가 죽었다가 되살아나는 것은 뿌리가 있기 때문이다. 우리 민족이 많은 질곡桎梏을 겪고도 도약할 수 있었던 것은 튼튼한 민족문화의 뿌리가 있었기 때문이다.

④ 민주주의 사상 DNA: 인본주의의 애민사상

1948년 5월 10일 제헌국회의원 선거는 5천 년 역사상 최초의 보통·평등·직접·비밀·자유선거였다. 민주적인 선거제도의 도입은 민주주의의 종주국인 영국에 비해 불과 20년 뒤졌을 뿐이다. 그 원동력은 무엇일까?

그것은 우리 역사에 배어 있는 고유의 민주주의 가치 덕분이다. 우리 역사가 내재적으로 서구 민주주의와 다른 홍익인간 사상에 뿌리를 둔 고유의 민주주의 가치 및 인성을 인본주의로 구현한 역사임을 강조한다. 우리가 민주화를 훌륭히 이끌어낼 수 있었던 것은 고조선부터 이어진 인본주의와 인내천人乃天 정신에 기인한다.

결국, 대한민국 5천 년 역사에 깔려 있는 인본주의 철학이 현대에 이르러서는 민주화를 아주 빠른 시간 안에 이루어내는 방향으로 작동한 셈이다.

⑤ 신명 DNA: 흥興의 문화

우리나라 사람들의 신명은 바람처럼 다른 이들에게 번지고, 그래서 신바람이 일면 자신이 가진 능력을 훌쩍 뛰어넘는 능력을 발휘하게 된다.

흥으로 세상을 살아가는 방식은 오랜 역사를 통해 우리 몸에 내재된 한민족의 유전자라 할 것이다. 이심전심의 마음은 우리의 삶을 흥이 넘치게 만든다. 2002년 월드컵 붉은악마 응원단에서 볼 수 있듯이 우리 지도자들이 국민의 인성을 선도하고 희망과 비전을 준다면, 국민은 부국강병과 통일의 역사적 과업을 흥의 문화로 신나게 이룰 수 있을 것이다.

우리나라 사람들은 모이면 춤을 추고, 노래를 부른다. 한국인의 신명은 긴장이 아니라 풀어진 상태에서 얻는 활력이다. 특히 한恨을 흥興으로 푸는 8대 DNA 신바람은 우리 민족이 스스로 낙천성을 기르고 화합하면서 긴장을 푸는 고유의 방식인 셈이다.

⑥ 은근과 끈기 DNA: 곰삭음의 DNA

우리나라 사람들이 국내외에서 한강의 신화는 물론, 세계 10위의 경제, 한류, 스포츠 강국 등 민족적 저력을 유감없이 발휘하는 것은 은근과 끈기의 민족성 때문이라고 해도 과언이 아니다. 미국의 유대인들이 한민족의 끈기를 인정하고 상권을 물려준 일화도 있을 정도다.

은근과 끈기의 민족성은 끈질긴 저항정신으로도 나타났다. 일제강점기에 독립을 쟁취하기 위해 투쟁한 영웅들 중에 안중근 의사, 이준 열사, 윤봉길 의사 등 수많은 독립투사들이 항일 독립운동에 앞장섰다.

⑦ 교육열 DNA: 세계가 주목하는 한국의 교육법

제2차 세계대전 이후 최빈국에서 선진국으로 가장 빠르게 경제 성장을 이룬 나라가 한국이라는 평가가 이어지면서 우리나라의 교육방법과 정책이 세계의 주목을 받고 있다. 세계의 이런 관심을 증명이라도 하듯 최근 중국, 일본은 물론이고 미국, 러시아, 인도, 프랑스 등 전 세계 학생들이 한국으로 몰려들고 있다. 교육과학기술부는 2018년 4월 현재 외국인 유학생이 15만 명에 달한다고 밝혔다. 그동안 선진국으로 학생들을 내보내기만 하던 우리나라가 어느새 유학을 오는 외국인 학생이 더 많은 나라가 되었다.

세계가 주목하는 우리의 교육방식에는 어떤 강점이 있을까? 우리는 해방 직후 건국 과정에서 교육이념과 교육방침을 수립했다. 이때 채택된 기본이념이 고조선의 건국신화에서 이끌어낸 홍익인간 정신이었다. 홍익인간 이념을 토대로 널리 인간을 이롭게 하는 교육을 펼치겠다는 교육철학이 담겨 있는 것이다.

⑧ 호국정신 DNA: 다종교문화의 호국 인성

우리 민족은 예부터 당시의 환경과 형편에 맞는 신앙을 가졌다. 최근의 조사결과를 보면, 한국에는 자생종교와 외래종교를 합쳐 50개 종교와 500여 개 이상의 교단, 교파가 있다. 그런데 이렇게 다양한 종교가 모여 있는 집합소임에도 우리 땅에서 타 종교 간의 종교분쟁이 일어난 적은 없고 오히려 호국 정신으로 승화되어 나라를 지키는 문화가 형성되었다.

리처드 도킨스는 인간이 만든 문화를 다음 세대에 전달하는 것을 '밈 meme'이라고 했다. 유전자가 인간을 복제하는 단위라면, 밈은 문화를 복제하는 단위가 된다. 우리가 기억해야 할 것은 우리 스스로 원하든 원하지 않든, 우리의 유전자와 문화유산은 다음 세대로 이어지고 진화한다는 사실이다. 우리의 8대 DNA도 리처드 도킨스의 이론과 같이 우리의 후손에게 계속 이어지고 진화하기 때문에 우리가 바른 DNA를 형성토록 해야 된다는 것이다.

우리 민족의 8대 DNA가 발현되면 초인적인 능력을 발휘하나, 8대 DNA가 약화되면 무기력하기 짝이 없어 국민의 역동성이 사라진다. 국민들이 역동성을 발휘하는 여부는 바로 8대 DNA를 결집시키는 지도자들의 리더십에 달려 있다.

우리 민족은 위기를 기회로 극복하여 전화위복의 결과를 가져오는 DNA를 가지고 있어 5천 년의 자랑스러운 역사와 전통을 유지하고 있다. 이렇게 위대한 우리 국민의 저력을 결집시켜 한국형 일류 선진국을 실현할 수 있는 진정한 대한국인의 DNA가 형성되길 바란다.

제8장

현재의
정신문화 분석

1

인성이란 무엇인가

인성의 중요성

우리나라는 동방예의지국東方禮儀之國 → 동방불예지국東方不禮之國 → 동방망례지국東方亡禮之國으로 전락하고 있다.

대한민국은 세계 최초로 인성교육을 법으로 의무화한 나라가 되었다. 이 특이한 인성교육법의 등장은 '동방예의지국'이라 불릴 만큼 예와 공경의 문화로 존경받던 우리에겐 위기를 알리는 신호이기도 하다. 어떻게 하면 가슴 따뜻하고 인정이 넘쳐나는 동방의 찬란한 빛의 나라로 돌아갈 수 있을까? 필자는 그 답을 '정신혁명'으로 높은 정신문화를 갖추는 데서 찾고자 한다.

정신문화란 우리 민족과 타 민족을 구별 짓는 경계이며, 민족의 바탕이요, 얼이며, 힘의 근간으로 국가의 최대 자본이다. 또한 인성문화는 오랜 세월 동안 축적되고 다져진 인류의 업적으로 인류의 최대 자본이다.

우리에게는 세계 어느 나라보다도 훌륭한 역사와 문화 그리고 환경과 조건이 갖추어져 있다. 우리가 한국 혼과 다이내믹한 민족성으로 21세기의 신화를 창조했다는 점은 세계 어느 누구도 부인하지 못할 것이다.

대한민국은 지난 반세기 동안 남북한 분단이라는 열악한 조건에서도 전 세계가 깜짝 놀랄 만큼 경제의 고도 압축 성장을 일구어냈다. 그러는 동안 국민들은 지나친 경쟁에 내몰렸고, 우리 청소년들도 예외가 아니었다. 새벽부터 늦은 밤까지 공부와 씨름하며 보내는 그들에겐 건전한 인생관과 원만한 대인관계 등 인성을 함양할 겨를이 없었다. 주입식 암기수업과 오직 개인의 이익과 권리를 추구해 온 에고이즘egoism이 지나친 경쟁과 출세지향주의에 함몰된 결과 삶의 기본이 되는 인성과 예禮의 상실을 불러왔다.

2017년 총 범죄 발생건수는 200만 8,000건으로 집계됐다. 조그만 범죄에서부터 세상을 떠들썩하게 하는 흉악한 범죄에 이르기까지 다양한 유형의 범죄가 발생(OECD국가 중 최고)하였다.

미국의 사회학자 로익 바캉은 미국이 1970, 1980년대에 강력한 형벌 위주의 정책을 펼쳤으나, 발생 범죄는 4배, 교도소 수감자는 5배 폭증한 것을 근거로 형벌 강화 정책이 범죄를 예방하는 데 한계가 있다고 주장하였다. 따라서 우리는 정신문화를 높여 바른 인성의 나라가 되어 근본적으로 범죄를 줄이는 대책이 필요하다.

물질과 출세가 최고의 선善으로 치부되어 합리적 사고를 상실하는 사회적 병리현상을 초래하여 비정상적 행동이 일상에 만연했다고 볼 수 있다. 이들의 정신적 방황은 자아정체성의 혼란과 함께 많은 부분에서 사회부적응 문제를 가중시키고 있다. 세계적으로 높은 자살률, 불법

성매매, 이혼율 등도 이러한 현상과 무관하지 않다.

우리는 5천 년 유구한 배달겨레의 홍익정신, 화랑 호국정신, 선비 정신은 물론, 5백 년 유교 중심의 드높은 도덕적 가치를 자랑해 온 민족이다. 해방 이후 우리나라는 세계가 공인하는 종교다원화 국가(50개 종교, 500여 개 교단)로 성장해왔을 뿐만 아니라 교육의 보급률과 향학열은 세계 어느 선진국들을 능가해 온 것도 사실이다.

그런데 이러한 모든 여건들을 갖추었음에도 불구하고 국민인성은 땅에 떨어져 있을 정도며, 사회윤리는 걷잡을 수 없이 타락상을 드러내고 있다. 민주화와 산업화를 이룩해낸 위대한 국민들로서 자랑스러워할 자격이 충분한 데 반해, 인성이나 도덕성에서는 심각한 자가당착에 빠져 있다. 이러한 국가·사회적 질환이 치유되지 못한다면 국민인성 파괴의 위기가 다가올 것을 우려하여, 인성교육 진흥법이 제정되었으나 시행은 미진하다.

올바른 인성은 건강한 몸·마음·정신에서 나온다. 만물의 영장인 사람은 마음과 생각에서 말과 행동이 나오며, 행동이 습관이 되고 습관이 운명이 되는 순환과정을 밟는다.

인성이란 이 세상을 이끄는 가장 중요한 동력이며 한 개인의 삶을 궁극적으로 평가하는 결정적 요소다. 국가를 좌우하는 원동력이자, 성공하는 미래를 향해 달려가는 세상을 강력하게 움직이는 힘이 인성이다. 인성은 평상시에도 중요하지만 특히 삶의 위기 때에 더욱 잘 드러난다. 인생에서 위기의 시간이 도래할 때 종종 한 개인이 가지고 있는 성품이 적나라하게 드러나면서 그 모습에 사람들은 감격하기도 하고 또한 실

망하기도 한다.[28]

그리하여 좋은 인성은 축복이요, 나쁜 인성은 저주가 되는 것이다. 우리는 후세에 어떤 정신을 물려줘야 할 것인가를 스스로 자문해 볼 때다. 예수도 "세상에서 가장 추한 것은 인성이 타락한 사람"이라 한 바 있다.

이제 우리 모두는 각자의 마음속에 도사리고 있는 부끄러운 인성, 즉 속물근성을 버려야 한다. 내 욕심만 채우면 그뿐이라는 식으로 나에게 도움이 된다면 다른 사람의 사정은 돌보지 않는 출세주의·이기주의·물질주의의 노예로 살아가는 삶으로부터 벗어나야 한다. 인성이 무너지면 개인도 조직도 국가도 무너질 수밖에 없다.

인성은 흥망성쇠(興亡盛衰)의 근본 요인

동서고금을 막론하고 개인은 물론 모든 조직·국가의 흥망성쇠가 지속적으로 반복되는 이유는 무엇일까? 필자는 그 답을 인성에서 찾고자 한다. 인성은 인생의 무대로서 개인은 물론 조직·국가의 운명을 만드는 결과물結果物이다. 다시 말해, 인성문화의 결과물이 쌓여 운명을 만들고 그 운명이 쌓여 개인·조직·국가의 흥망성쇠를 좌우하는 것이다.

사회란 단순히 둘 이상의 사람들의 집합을 말하는 것이 아니다. 생각하는 방식, 희로애락을 표현하는 방식, 가치를 추구하는 방식, 법과 규

----

28 김보람, 석사학위 논문, 「유아를 위한 기독교 성품교육 연구」, (장로신대대학원, 2010), p.2

칙을 만드는 방식 등을 공유할 때, 우리는 그들이 하나의 사회를 이루었다고 말한다. 하나의 사회를 이루고 있는 사람들이 다 같이 가지고 있는 사고방식이나 도덕성·가치관을 비롯해, 의식구조·행동규범·생활원리를 통틀어 '인성문화'라 한다. 인성문화는 공통의 생활과 문화의 총체로서, 개인과 집단에 직·간접적인 영향을 주고 운명을 결정하는 바, 예를 들면 다음과 같다.

첫째, 에디슨은 누구도 생각 못 하는 기발한 생각을 해낸 천재가 아니라, 굳이 따지자면 팀을 조직하고 운영하는 방법이 지혜로운 인성의 소유자라고 볼 수 있다. 에디슨이 세운 면로파크의 연구원 14명은 사실 에디슨이라는 집합명사였고, 에디슨은 고객과 접촉하거나 언론을 상대하는 등 인간관계에 더 많은 시간을 보냈다.

둘째, 로마의 시스티나 성당 가운데 천장을 뒤덮고 있는 〈천지창조〉는 미켈란젤로가 인류사에 남긴 걸작이다. 그가 천재성을 유감없이 발휘한 데는 3가지 조건이 성립되었다.

① 그를 밀어준 동료 13명과의 팀워크 및 지혜로운 인성의 대인관계

② 그의 재능을 알아보고 기회를 준 메디치 가문의 후원

③ 그는 평생을 2~3시간만 자며 위대한 화가, 조각가, 건축가, 시인으로 혼신을 다했다.

최근 기업에서는 학생들의 스펙 못지않게 인성을 중요시한다. 재산과 지위는 가졌지만 나쁜 인성의 사람을 교양인이라고 부르지 않듯이, 국력國力은 있어도 국격國格이 없는 나라를 선진국이라고 부를 수 없다. 국격은 근본적으로 인성 등 정신문화 수준이 결정하는 것이다.

사람의 운명은 인성에 따라 수시로 변화하여 누구나 자신만의 고유한 인성의 인생 그래프를 그려가며 살아간다. 인간의 삶이란 무수한 선택의 연속이고, 그 선택은 인성에 기초하여 결정되고, 그 선택의 결과는 운명으로 나타난다. 즉, 인성이 선택을 결정하고 그 선택은 운명으로 귀착하게 된다. 좋은 인성은 좋은 운명을 만들고, 나쁜 인성은 나쁜 운명의 결과를 낳는다.

숙명은 부모, 가족, 고향, 조국 등과 같이 변하기 어려운 요인인 데 반해, 운명은 인성, 열정, 신념 등에 따라 항상 움직이고 변하는 것이다. 그래서 운명은 인성에 의해 내가 스스로 노력한 만큼 변화시키고 개척하는 것으로서, "인성은 운명이다."라고 정의하는 것이다. 개인은 물론, 모든 조직, 국가, 세계의 운명은 "뿌린 대로 거두리라."라는 예수님의 말씀과 같으며 부처님도 자작자수自作自受, 인과응보因果應報 하셨다. 즉 어떤 인성인가에 따라 희로애락, 행복과 불행이 좌우된다고 보는 것이다.

조선시대 태종의 장남 양녕과 3남 충녕의 인성도 극명하게 대조된 결과, 운명 역시 크게 엇갈렸다. 양녕은 일찍이 세자로 책봉되었으나 손자삼요의 인성으로 세자 자리에서 물러났다. 이에 반해, 충녕은 깊고 넓고 지혜로운 위대한 인성으로 왕의 자리에 오르고 성군의 위업을 이룩하였다.

우리는 "인성이 운명이다."라는 명제를 명심하여 어떤 인성으로, 어떤 선택을 하여, 어떤 운명의 길을 가는가에 대해 개인은 물론, 특히 국가 지도자들이 항상 고뇌하면서 운명의 길을 개척해 나가야 한다.

인성은 개인, 모든 조직, 국가, 지구촌의 흥망성쇠를 좌우하기 때문에 인성은 최대의 자본, 자산이라 할 수 있다. 또한 인생의 운명은 인성의 자본과 자산에 따라 좌우된다는 결론을 도출할 수 있다.

인성은 인간의 밑천(자산)으로서 바른 인성은 행복의 밑천이 되고, 나쁜 인성은 불행의 씨앗이 된다. 나의 인성이 내 밑천에서 더 나아가 가정의 밑천이 되고 국가사회 발전의 밑천이 된다. 불경과 주역에서는 "적선지가 필유여경積善之家 必有餘慶, 적불선지가 필유여앙積不善之家 必有餘殃"이라 한다. 즉, 착한 일이 쌓이면 반드시 경사로운 일 등 축복을 받고, 나쁜 일이 쌓이면 반드시 재앙이 온다는 이야기이다. 소크라테스 역시 "악한 행위를 하는 사람은 다른 사람은 물론 자신에게도 해악을 끼친다"고 말했다. 동서고금의 역사를 볼 때, 인성이 개인은 물론 모든 조직, 국가, 인류의 흥망성쇠를 좌우한다는 교훈을 결코 잊어서는 안 될 것이다.[29]

----

29 최익용, 『인성교육학, 이것이 인성이다』, (행복에너지, 2016), pp.84~85

2

도덕성이란 무엇인가

도덕성의 중요성

도덕성은 한 사회에 속한 사람들의 말이나 행동의 좋고 나쁨을 판단하는 정신적 기준이며, 한 사회의 정신적 가치체계를 의미한다. 그것은 부모에 대한 태도, 가정에서의 태도, 이웃에 대한 태도, 조직에서의 태도, 자신에 대한 태도에 관한 것이다. 따라서 모든 사람은 자신의 도덕성 확립뿐만 아니라 솔선수범과 열정을 통해 다른 구성원 개개인이 도덕성을 확립하도록 하는 것도 매우 중요하다. 리더는 조직 구성원에게 도덕성의 중요성과 필요성을 마음 깊이 인지시킬 필요가 있다.

도덕적인 사람들이 손해를 보는 듯한 현실 앞에서 우리는 '인간이 왜 도덕적으로 살아야 하는가.'라는 물음에 답할 수 있어야 한다. 맹목적인 복종으로써 도덕성을 요구하는 것은 아무런 변화를 가져올 수 없다. 인간이 도덕성을 지켜야 하는 이유는 결코 추상적인 것이 아니다. 도덕성은 우리가 살아가는 데 있어서 매우 구체적이고 분명한 결과를 가져다

주기 때문이다.

무소유의 철인 소크라테스는 "부정이 아무리 많은 이득을 보장한다 할지라도 올바른 행위만이 진정으로 행복을 보장해주기 때문에 올바른 행동을 해야 한다"고 말했다. 소크라테스의 말처럼 행복을 위해 사람들이 스스로 도덕성을 갖춘다면 사회적으로 여러 가지 비용이 줄어들 것이다. 외부의 법적인 감시가 없어도 사람들이 도덕심 때문에 나쁜 행동을 하지 않는다면 감시 비용이 줄어들기 때문이다. 도덕을 사회적 자본이라고 말하는 이유가 바로 여기에 있는지도 모르겠다.

법정 스님은 1996년 당시 1,000억 원의 대원각을 시주받아 사찰(길상사)을 열었다. 길상사를 열기 전까지 대원각의 주인이 10여 년 동안 시주를 받으라고 해도 거부하고 그곳에서 하룻밤도 잔 적이 없었다고 한다. 법정 스님의 무소유 정신은 부정, 탐욕을 버리고 맑은 사회를 만들라는 도덕의 중요성을 강조하는 뜻일 것이다.

최근 우리 사회에 김영석(91)·양영애(83) 부부의 400억 기부가 신선한 충격을 주고 있다. 부부는 과일 장사를 시작으로 평생 모은 400억 원 상당의 부동산을 고려대에 기부하였다. 어려운 학생들을 돕고 싶다는 양영애 씨는 "평생 구두쇠 소리를 듣던 내가 인재를 기르는 데 보탬이 돼 기쁘다"고 말했다. 특히 세 아들 모두가 부모의 기부에 적극 앞장서서 귀감이 되고 있다.

신뢰나 도덕이 약한 사회는 그것을 관리하기 위해 많은 비용이 소요되기 때문에 경제적으로도 발전이 더딜 수밖에 없다는 주장은 설득력이 있어 보인다. 그렇다면 도덕적으로 산다는 것은 개인적으로 행복해지는 일일 뿐만 아니라 경제적으로도 사회에 기여하는 것이다. "하늘에는 반짝이는 별, 내 마음속에는 도덕률이 있다"고 한 칸트처럼 모든 구성원의 마음속에 '도덕률'이 살아있다면 그 조직의 미래는 밝을 것이며 한마음 한뜻의 '이심전심 조직체'가 될 것이다,

미셸 보바는 자신의 책 『건강한 사회인, 존경받는 리더로 키우는 도덕지능』에서 "도덕성이 높은 아이들일수록 후일 사회적으로도 성공하고 행복한 인생을 살게 된다. 도덕성 지수는 이미 사고방식이 굳어진 후에는 바로잡기 어려우므로 가능한 한 어렸을 때부터 부모나 교사가 직접 길러주어야 한다"고 말했다.

현대 사회에 등장하는 각종 문제는 바로 도덕성 결여로 야기된 것이다. 따라서 한국의 정치, 경제, 사회적 제반문제를 해결하려면 먼저 리더의 도덕성을 확립해야 한다.

어느 시대든 권력이 도덕적 정당성을 상실하면 그 권위를 잃게 된다. 사회적 혼란을 수습할 명분과 힘을 잃을 뿐만 아니라, 스스로 그러한 혼란의 제공자가 된다. 그러므로 우리 사회의 고질적인 부정부패를 일소하기 위해서는 도덕성을 갖춘 리더 그룹이 정부와 지도층의 기반 및 주도권을 확립해야 한다. 정부와 사회의 모든 조직과 기업 등 모두가 부정부패를 척결하지 않는다면 한국은 절대 선진국이 될 수 없을 것이다.[30]

도덕성과 국가 사회적 책임

인간에게 제일 중요한 가치관은 궁극적으로 도덕성이라 할 수 있다.

---

30 최익용, 『대한민국 리더십을 말한다』, (이상biz, 2010), pp.357~358

가치관은 어떤 목적이나 행동에 대해 어떤 것이 더 중요하고 더 올바른 가를 판단하는 데 기준이 되는 개인의 신념을 말한다. 따라서 도덕적 가치관은 인간의 삶의 질을 결정한다.

도덕성은 동서고금을 막론하고 개인과 조직, 국가의 흥망성쇠를 좌우하는 중요한 요소다. 정도를 추구한 제갈공명은 "천하를 얻더라도 도덕성과 신의를 잃으면 모든 것을 잃는다."며 평생 동안 청렴과 도덕성을 최고의 가치관으로 삼고 살았다.

강정인 서강대 교수는 칼럼에서 도덕성 해이에 대해 다음과 같이 말했다.

우리 사회에서 돈 있고 배운 자라고 할 수 있는 이들이 법치를 악용하면서 처벌만 피하면 만사법통萬事法通이고, 자신들의 도덕적 타락과 양심의 마비에 대해서는 전혀 아랑곳하지 않는 도덕 불감증이 두렵다

우리 사회는 도덕성의 결여로 인한 부패가 만연하고 있다. 세월호 참사 등 대형 사고들도 도덕성 결여로 인한 어느 구석 썩지 않은 곳이 없는 부패 구조의 결과물이었다. 따라서 우리는 하루빨리 도덕성을 최고의 가치관으로 삼고, 부패와 비리의 적폐를 단절하는 시스템을 만들어 청렴문화가 뿌리내리도록 해야 한다.

가난해서 나라가 망하는 경우는 거의 없지만, 사회 지도층의 부도덕성이 나라를 망하게 하는 경우는 허다하다. 공직자 등 사회 지도층의 도덕성은 리더십의 기반이 되는 최고의 덕목이라고 할 수 있다.

우리의 리더들이 도덕성을 몸소 실천하는 모습을 보인다면 구성원들은 이를 무의식적으로 체득하게 되며, 스스로 도덕성을 함양하게 된다. 뿐만 아니라 리더의 청렴결백한 모습은 그 리더에게 신뢰감을 갖게 한다.

도덕성을 실천하는 리더의 모습은 팔로어들에게 일종의 행동 표본이 되어 사회와 국가로 도덕성을 전파하는 시너지 효과를 낸다. 리더가 신화를 창조하고 성공하는 방식은 다양하지만, 실패하는 방식은 유사하다. 실패한 리더들은 외부적인 요인보다는 내면적 결함, 다시 말해 도덕적 해이나 윤리적 실수 등, 내적요인으로 스스로의 권위를 손상시키는 경우가 많다.

우리나라의 지도자들은 오래전부터 도덕성 해이로 한심한 행태를 보이고 있다. 지도자들의 부도덕과 부정부패를 근절해야 우리나라가 일류 선진국가로 건설될 수 있다. 그렇지만 날이 갈수록 일부 지도자들은 더욱더 도덕적으로 타락하고 이기주의와 파벌주의적인 행태를 지속하고 있다. 국가 운영을 잘해서 국격을 높여 일류 선진국가로 만들겠다는 사명감은커녕 출세와 물욕에 사로잡혀 있다. 이제는 온 국민이 힘을 합쳐 지도자의 사명감 결여와 부정부패 행태를 발본색원해야 한다.

도덕적으로 깨끗하고 투명한 지도자만이 강건한 조직을 이끌 수 있으며, 청렴성을 통해 사회에 빛과 소금의 역할을 실천해야 한다. 리더의 청렴성은 요즘처럼 어려운 세상에서 빛나는 자질이 아닐 수 없다. 많은 사람들이 윤리나 도덕이 사람을 구속하는 것으로 잘못 알고 있다. 그리고 도덕적일수록 사회적으로 손해 보고 무기력한 존재가 된다고 잘못 믿고 있다. 이는 도덕성의 상실에서 오는 일종의 후유증이다.

사회규범으로서의 윤리와 도덕은 자나 저울과 같아서 행위의 준거가 된다. 만일 시장의 상인이 자나 저울을 제멋대로 만들어 사용한다면 사고파는 사람 사이의 질서나 신뢰는 하루아침에 무너지고 말 것이다. 또한 윤리와 도덕은 교통법규와 같아서 그것을 무시하고 마구 건너고 달리다가는 자신은 물론 남도 불행하게 만들 것이다. 도덕이야말로 인간을 떳떳하게 만들 뿐만 아니라 가장 협동적인 일원으로 활동하게 한다.

도덕성은 단기간에 생기는 것이 아니므로 체계적인 교육과 학습, 성찰을 통해 지속적으로 함양시켜 나가야 한다.

도덕은 인생의 근본이요, 사회를 이루는 근간이며, 역사의 원동력이다. 튼튼한 도덕이 바탕이 되어야 경제와 안보도 따라올 것이다. 우리는 홍익인간정신, 선비사상, 두레정신 등 한국 고유의 정신들과, 준법정신, 정직성, 책임의식, 공정성 등 서구 합리주의의 정신들을 조화시켜 우리만의 도덕성을 만들어내야 한다.

3

역사란 무엇인가

역사 의식의 중요성

E. H. 카는 그의 저서 『역사란 무엇인가』에서 "역사란 역사가와 역사적 사실들의 끊임없는 상호작용 과정이며, 현재와 과거 사이의 끊임없는 대화다."라고 정의한 바 있다. 이러한 관점에서 볼 때, 우리가 역사를 알고 배우고 통찰해야 하는 것은 그것이 나 자신의 삶의 흔적에 어떤 형태로든 관여하게 마련인 까닭이다.

크로체도 같은 맥락에서 "모든 역사는 현대사"라고 말한다. 그런데 우리 국민들은 조국의 역사를 제대로 알지 못하고 역사의식이 결여되어 있다. 조국과 끊임없는 상호작용과 대화를 하지 못할 뿐만 아니라 올바른 국가정체성이 정립되지 않고 있는 실정이다.

대한민국 국민은 반만년의 유구한 전통과 역사 속에서 수없는 위기를 극복하고 그때마다 다시 일어선 위대한 민족이다. 20세기 후반 한강의 기적으로 세계의 주목을 받은 가운데 그 어느 나라 국민들보다 새천년 21세기를 벅찬 희망과 웅비의 비전으로 맞이했다. 그러나 많은 해외 교포, 유학생, 해외 주재원들은 "외국인들이 대한민국을 신생 독립국으로 알고 비하하는 것에 실망하고 충격을 받았으며, 이에 대한 국가적 대책이 시급하다"고 말한다. 또 "우리 동포들이 대한민국 5천 년 역사를 제대로 알지 못하고 있고, 외국인들에게 당당하게 내 나라 역사를 이야기할 제대로 정리된 역사 자료가 없다"고 아쉬워한다. 이 때문에 많은 외국인들이 우리 역사를 알게 되었을 때, 대한민국 역사가 5천 년이라는 사실에 놀라고, 한국인 대부분이 자기 나라 역사를 잘 모른다는 사실에 더욱 놀라며, 한국인이 자기 나라의 역사를 모르면서도 부끄러워하지 않는다는 사실에 더더욱 놀란다고 한다. 실로 부끄러운 일이 아닐 수 없다.

국가 없는 국민과 민족의 역사는 허구다. 과거 우리 역사에서 일제 강점기 35년이 가르쳐준 뼈아픈 교훈이다. 국가는 국민과 민족의 방패이고, 국가의 존립을 위해 목숨을 바친 순국선열과 호국영령을 숭모하는 일은 그 시대를 사는 사람의 의무다. 조선은 1592년, 거의 무방비상태에서 왜의 침공을 맞았다. 이 임진왜란으로 국토의 대부분은 폐허가 되었고, 백성의 절반이 죽거나 적국에 끌려갔다. 이어 인조도 병자호란의 비극을 맞이했으며, 인조 이후의 왕들도 현실을 외면한 채 당쟁과 왕실의 안위에만 급급했다. 당시 조선의 군대는 지휘·명령권이 불분명하고, 활과 화포 등이 구식 무기체계에서 벗어나지 못했다. 조선 말기 고종이 즉위할 당시, 총 병력 1만 6천 명 가운데 절반 이상이 노약자였을 정도로 군정이 문란했으며, 심지어 고종은 명성황후가 일본군의 야밤 기습으로 난자당하고 불태워지는데도 저항 한번 제대로 못 하고 눈물만 흘렸다.

심지어 조선은 열강들이 식민지 쟁탈전을 벌이던 당시의 국제질서를 제대로 이해하지 못하고 있었다. 냉엄한 국제질서 속에서 군사력을 갖추지 못했던 조선은 결국 1907년에 일본에 의해 군대를 강제 해산당하고, 3년 뒤인 1910년에는 강압에 의해 나라를 빼앗겼다. 뼈아픈 역사의 교훈을 잊은 결과였다. 스스로를 지킬 국방력이 없다면 수치스럽고 비참한 역사는 반복될 것이다.

자기 가정과 가문의 역사를 알지 못하는 사람에게 제대로 된 자아정체성을 기대할 수 없듯이, 제 나라의 역사를 모르는 국민에게 국가정체성이 바로 서길 기대하기는 어렵다. 역사를 제대로 알수록 정체성이 뚜렷하게 정립되고, 정체성이 정립될수록 스스로 당당하고 행복해진다.

200년 남짓한 짧은 역사 속에서도 '영웅 만들기'를 끊임없이 시도하고 있는 미국, 공자의 부활을 통해 문화혁명 이래 무너진 역사 속 인물들의 영웅상을 그려내며 공산당 통치에 적극 활용하고 있는 중국, 소설과 만화를 포함한 문화 전 분야에서 자국의 역사를 미화하며 끊임없이 리더를 만들고 영웅상을 재창조하고 있는 일본의 사례와는 판이한 우리의 현실이 안타깝지 않을 수 없다. 이제라도 대한민국 사회는 자기 부정의 함정에서 탈출해 역사 속 위인들의 명암을 올바로 보고, 그 속에서 긍정적인 요소들을 집중적으로 배우고 제대로 된 역사의식을 고취해야 한다.

우리는 대한민국 역사의 흐름과 그 속의 위인들을 통해 우리에게 주어진 과제를 인식하여야 한다. 올바른 인식이 없이는 올바른 해결책도 나올 수 없다. 현시대의 역사정체성 확립을 위한 일련의 과정은 우리의 후손에게 올바른 역사의식을 심어줄 수 있는 중요한 의무임을 명심하여야 한다. 따라서 역사를 이해하는 것은 자신의 자아정체성과 국가정체성을 정립하고 세상을 이해하는 데 큰 도움을 준다.

역사의식과 역사사명으로 무장한 애국자는 쳐들어오는 외적 앞에서 국민과 나라를 위해 목숨을 내놓기를 주저하지 않는다. 우리 역사 속 수많은 애국지사와 무명용사들처럼 말이다. 올바른 역사의식은 애국심으로 승화되어 역사 르네상스의 기반이자 역사리더십의 요체가 된다는 것을 기억해야 할 것이다.

대한국인의 역사사명

마르크 블로크는 "역사는 사람들에게 진실을 향한, 즉 정의를 향한 새로운 길을 열어주었다."라고 말한다. 나는 이 말이 내포하는 의미, 즉 올바른 역사가 정의를 바로 세운다는 진리를 믿어 의심치 않는다. 시대정신으로 투시하는 역사에는 진실이 있고, 정의가 있으며, 그러기에 아름다움이 있다. 그러한 맥락에서, 중국의 역사침탈과 일본의 역사왜곡을 끝까지 추적하고 확인해서 역사의 진실을 되찾아야 할 대한국인의 역사 정신 의무와 권리를 강조하는 바다.

대한민국의 미래를 위해 오늘의 역사를 올바로 판단하는 지혜와 사명감이 절대적으로 필요하다. 역사 앞에 부끄럽지 않은 양심 있는 국민들이 하나로 뭉쳐 대한민국 보존과 발전에 앞장 서야 한다.

그러나 불행하게도 우리나라는 고질적인 식민주의, 사대주의 사관의 영향으로 한·중·일 역사전쟁에서 밀려나고 있다. 중국의 동북공정은 오히려 심화과정에 들어갔고, 일본의 역사왜곡 문제해결은 답보상태다. 한·중·일 역사전쟁이 한창인데 우리의 역사교육은 지금 무장 해제된 상태다.

중국은 오래전부터 패권적 역사 왜곡에 공을 들여왔다. 우리 고구려와 발해 역사를 중국사 일부로 편입시키려고 이른바 동북공정 작업을 지속적으로 강화하고, 2000년대부터 주변국의 역사 자료까지 손을 뻗치고 있다. 더욱이 최근 백제역사까지 자국의 역사라고 공정작업을 하고 있다. 고구려, 발해의 역사에 이어 백제의 역사까지 손대려 하니 팽창주의가 심히 우려스럽다.

일본도 최근 역사적 과오에 대해 사죄는커녕, 오히려 군국주의로 치달아 우리나라는 물론 미국, 중국, 독일 등 세계 주요국의 거센 비난을 받고 있다. 그럼에도 불구하고 일본은 독도 등에 대한 영유권 주장과 위안부 문제 등 해외 홍보정책을 강화하는 중이다. 독도가 일본의 한반도 침탈과정에서 가장 먼저 강점당한 우리의 땅인데도 불구하고 일본이 그 사실을 부정하는 것은 제국주의 침략에 대한 반성을 거부하는 것이다.

또한 일본은 한국 침략의 역사적 근거로 '임나일본부설'을 날조했고, 지금까지도 이렇게 왜곡된 내용을 중·고등학생들에게 그대로 가르치고 있다. 지금은 일본이 백제를 지배했었고 발해는 속국이었다고 날조한다. 우리는 일본의 행동에 감정적으로는 분개하고 있지만, 정작 역사학 연구와 교육을 통한 대처 수준은 미흡하다.

중국과 일본에서 끊임없이 역사왜곡과 침입을 위해 천여 명이 우리 역사 연구를 하고 있지만 우리나라의 고대사 연구 전문가는 수십 명에 불과하다. 중국과 일본은 우리나라의 모든 분야를 집중 연구하고 분석하면서 대응전략까지 준비하고 있는데 반해, 우리는 중국과 일본을 제대로 파악할 능력이 없다보니 심층 분석과 해법이 소홀하다. 그러다 보니 중국과 일본의 역사 왜곡에 논리적으로 대응하지 못하고 있다.

우리가 일본에 강제합병 당하고 일시 중국의 속국이 된 역사적 아픔이 있지만 아무것도 하지 않은 클라인의 국력방정식(제6장 세부내용 참조)의 함의를 웅변하고 싶다. 제2차 세계대 전시 프랑스가 독일에 점령당했다. 프랑스 곳곳에서 침략에 저항하는 레지스탕스 운동이 일어나 독일군에 끌려가는 포로가 있었다. 그중 한 명이 자기는 아무 일도 하지 않았다면서 억울함을 호소했다. 그러자 앞에서 끌려가던 다른 포로가 "당신이 아무 일도 하지 않았기 때문에 우리가 지금 이렇게 끌려가고 있다"고 말했다. 우리 국민들은 중국과 일본에 크게 당했음에도 불구하고 이러한 현상을 아직도 깨닫지 못하고 있다. 화두에서 말한대로 '정신 차리자!'를 소리쳐 외치고 싶다. 이 책을 쓰면서 나도 모르게 '정신 차리자!'라는 말이 저절로 나온다.

중국의 동북공정에 맞서 설립된 고구려 연구재단은 2년 만인 2006년 동북아역사재단에 통합됐다. 기껏 고조선, 부여, 발해의 역사만 가볍게 다뤘을 뿐이다. 그러니 아직도 중국 지도부와 국민에게는 한국이 중국의 속국이었다는 인식이 강하다.

우리의 역사는 줄기보다는 곁가지를 가지고 치열하게 논쟁하면서 대립, 분열되어 국가정체성과 애국심마저 훼손시킨다. 대부분의 침략국들이 역사전쟁을 기반으로 영토전쟁에 돌입한다는 사실을 떠올릴 때, 대한민국의 미래에 대한 우려가 커질 수밖에 없다.

우리 역사상 가장 위대한 고구려의 광개토태왕의 사료를 찾아낸 것도 불과 100여 년 전이다. 19세기 후반 일본인 학자에 의해 광개토태왕비가 중국에서 발견되어 비문이 훼손, 왜곡되었다. 우리 학자가 아니라 일본 학자 손에 의해 발굴된 이후 뒤늦게 정리한 것은 역사의식의 결여는 물론, 후손으로서도 자성해야 될 일이다.

함성득은 저서에서 다음과 같이 말한다.[31]

여러분도 아시는 역사학자 이병도 선생이 돌아가시기 2년 전에 우리나라의 역사기술은 잘못됐다고 말했습니다. 일부 역사학자들은 이병도 선생이 압력을 많이 받고 정신적으로 유약해져서 우스운 얘기를 했다고 치부하기도 합니다. 이병도 선생의 말씀은, 단군을 신화로 만든 것은 역사학자들은 명확한 사실만을 근거로 하여 역사를 기술할 수 있는데, 단군에 관한 기록들이 다 지워져 버려 어쩔 수 없었다는 것입니다. 그래서 신화적으로 기술을 하였는데 이는 대단히 큰 잘못이었다고 회고하였습니다. 단군조선의 역사는 2000년의 공백이 있었지만, 충분히 증거가 있었고 지금 중국에도 남아 있습니다. 그러나 일본 사람들이 그것을 다 지워버렸고, 자기네 역사가 우리의 역사보다 앞서는 것으로 기술했으며, 우리는 그런 역사를 배워왔습니다. 이병도 선생은 그 부분에 대해서 크게 후회를 했습니다. 단군은 그 당시 왕조 중의 걸출한 왕조였으며, 우리나라에 사실상 존재했던 단군왕조가 신화로 둔갑한 것입니다. 모든 기록을 말살한 것은 일본의 책임이고, 우리가 추적하지 못한 것은 우리의 책임이라고 했습니다. 우리의 후손들은 영특한 사람이기 때문에 언젠가는 역사를 바로잡아줄 것입니다.

현대 우리나라의 역사정신은 선조들에게 부끄러울 정도이다. 근현대사 분야에만 많은 학자들이 집중되어 좌·우편을 가르면서 분열되어 한·중·일 역사전쟁에서 참패하고 있다. 우리는 올바른 역사의 중요성 인식

---

31 함성득, 『한국의 대통령과 권력』, (나남출판, 2000), p.182

과 역사교훈을 통한 혜안과 비전으로 국가전략과 정책을 수립해야 한다.

고토(古土)에 대한 소명의식

역사적으로 만주(중국대륙)는 물론 대마도도 우리 땅이었다. 중국의 동북 지방(요령성·길림성·흑룡강성)과 내몽골 동부, 러시아의 연해주·아무르주·하바롭스크 남부는 오랫동안 중국이나 러시아와 구별되는 역사 공동체를 이루어왔다. 역사적으로 '만주'라 불린 이 지역의 주인은 동호東胡·숙신肅愼·예맥濊貊족이었다. 세 종족은 2,000년 넘게 이 지역을 무대로 흥망성쇠와 합종연횡을 거듭하다가 19세기 중반부터 서쪽과 북쪽에서 밀고 들어온 중국과 러시아에 영토를 내주고 말았다.

우리가 기억해야 할 북방 영토는 압록강-백두산정계비-토문강-송화강-흑룡강-동해에 이르는 지역이다. 이곳은 오늘날 중국의 간도와 러시아의 연해주를 포함하는 지역으로, 한반도 면적의 두 배가 넘는 광활한 땅이다. 간도와 연해주는 고조선과 부여, 고구려와 발해가 지배해 온 땅으로, 이후에도 조선인들이 계속 점유하며 살아온 곳이다. 발해가 망한 뒤 1천여 년 동안 거란과 여진이 지배했지만, 중국의 한족이 지배한 적은 없었다. 중국이 만주 지역을 지배한 것은 100여 년밖에 되지 않는 근대의 일이다.

그런데 1860년 청나라는 러시아와 북경조약을 맺으면서 연해주 일대를 조선의 동의도 없이 러시아에 넘겨주었다. 또한 을사늑약으로 대한제국의 외교권을 빼앗은 일본은 1909년 청나라와 간도협약을 맺어 간도를 청나라에 넘겨주었다. 이렇게 우리나라는 우리의 북방 영토인간도와 연해주를 남의 손에 빼앗기고 말았고, 일본에 강제 합병되고 6·25전쟁을 겪으면서 북방 영토를 되찾을 기회를 잃고 말았다. 그러나 민족회의에서는 100년(2010년 9월 4일)이 되기 전에 국제사법재판소에 청·일 간 간도협약 무효 및 간도반환 요구 관련 제소(2010년 9월 1일)를 하였다. 간도가 영영 중국땅이 되는 것을 방지하기 위해 청·일 간 간도협약 무효 및 간도반환 요구관련 제소를 하였다.

인류의 역사는 수많은 민족이 자신들의 터전을 지키고 찾기 위해 투쟁한 역사라고 볼 수 있다. 대표적으로 1948년의 이스라엘 건국은 유대인의 민족정신이 발현되어 2천여 년 만에 되찾은 영광이다. 또한 중국의 덩샤오핑鄧小平은 영국이 홍콩에 대한 식민지 통치 기간을 연장하려 하자 "지금의 중국은 과거의 청나라가 아니다. 홍콩은 불평등 조약으로 점령되었다. 따라서 불평등 조약은 무효이다"라고 주장해 이를 무산시켰다.

불평등 조약, 강박에 의한 조약, 보호국의 권한 외 행위에 의해 체결된 조약은 국제법상 무효에 해당하며, 무효나 종료 사유가 있는 조약의 상속도 인정되지 않는다. 1963년 UN 국제법위원회가 제출한 '조약법에 관한 빈 협약'은 위협과 강박으로 체결된 조약은 무효라고 규정하고 있으며, 그 전형적인 예로 1905년의 을사늑약을 들고 있다. 당시 황제였던 고종의 비준 없이 외무대신 박제순과 내각총리대신 이완용의 이름만으로 체결된 것이므로 을사늑약은 무효이며, 더 나아가 일본이 제2차 세계대전에서 항복했으므로 일제에 의한 조약 일체가 무효다.

그런데도 간도협약은 여전히 살아 있다. 북한은 중국과 국경조약을 체결해 간도 영유권을 포기해버렸다. 두만강 최상류인 홍토수를 국경의 경계로 정해버린 것이다. 간도 영유권의 근거였던 백두산정계비는 1931년 사라지고, 현재 받침돌만 남아 있다. 북방 영토는 우리의 영토라고 주장할 수 있는 법적·물질적 근거가 충분한 곳이다.

조선과 청나라의 국경선이 압록강 - 두만강이 아니라 그 이북에 위치해 있음을 '조선정계비구역약도', '백두산정계비도', '로마 교황청의 조선말 조선 지도(1924년 제작)' 등이 입증하고 있으며, 우리나라가 간도를 선점하여 개간했다는 것은 '무주지 선점이론'에 의한 영토 획득의 의미가 있다. 또한 조선 조정에서 1900년과 1903년에 간도를 평안북도 및 함경도에 편입해 주민들에게 세금을 징수하고 치안 및 경비를 수행했다는 기록이 있는데, 이는 명백히 국가의 행정 단위로서 기능을 했다는 증거다.

북조 발해는 고구려의 후신이었으며, 우리의 민족국가였다. 그러나 김부식의 역사 호도와 일제 관학자들의 역사 왜곡 때문에 발해가 우리의 역사에서 사라지고, 대동강 이남의 남조 신라가 이 시대 한국사의 전부인 것처럼 왜곡·강조되었다. 이로써 민족의 역사 강역은 대륙에서 반도로 축소되었다. 현실 안주에 빠진 패배주의적 자기 비하 의식 때문에 잃어버린 고조선, 고구려, 발해의 옛 땅인 동북아 대륙을 되찾기는 고사하고, 되찾아야겠다는 의지마저 포기한 채 민족의 역량이 위축되어 안타까운 현실이다.

이제 우리는 민족주체성 부재와 역사 왜곡의 늪지대에서 과감히 탈피하여, 고구려의 유장 대조영이 세웠던 우리의 민족국가 발해를 우리 역사 속에 복원시켜 '통일신라시대'가 아닌 '남북국시대'로 이해함으로써 민족적 웅지를 펼쳐가야 한다. 동이족의 역사 무대도, 고조선과 고구려, 발해의 역사 강역도 다름 아닌 동북아 대륙이었고, 만주 벌판이었기 때문이다.

지해범은 '마오쩌둥, 요동은 조선 땅'에서 이렇게 말했다.[32]

"중국이 고구려사에 욕심을 내는 것은 만주 땅에 대한 한민족의 연고권 주장을 미리 차단하겠다는 뜻이다. 이런 마당에 마오쩌둥이 50년대 말부터 60년대 초 '요동은 원래 조선 땅'이라고 한 말들이 공개됐다. 중국 외교부가 펴낸 마오 발언록에서 이종석 전 통일부 장관이 찾아냈다. 마오는 64년 베이징에서 북한 최용건에게 '당신들 경계는 요하 동쪽(요동)인데, (중국) 봉건주의(왕조들)가 조선 사람을 압록강변으로 내몬 것'이라고 했다. 저우언라이周恩來 총리도 63년 조선과학원 대표단을 만나 '두만강·압록강 서쪽이 유사 이래 중국 땅이라거나 조선은 중국 속국이었다고 하는 것은 터무니없다'고 말했다. 마오와 저우언라이의 발언은 중국이 밀어붙이는 동북공정을 흔드는 자료가 될 수 있다. 그렇다고 흥분할 일은 아니다. '만주 땅은 우리 땅'이라는 목소리가 커질수록 중국은 경계심을 키우고 한반도 통일을 꺼리게 된다. 지금 필요한 것은 '영토 회복' 구호가 아니다. 13억 중국인의 마음과 시장을 얻는 '문화·경제 영토 확장'이다."

또한 조병현 북한 토지 연구소장은 다음과 같이 말한다.

우리가 안고 있는 영토문제가 빠른 시일 내에 해결될 가능성은 그리 높지 않다. 우리가 간도와 대마도에 대한 영유권을 주장한다 해도 당장 찾을 수 있는 것은 아니다. 그렇다고 주장하지 않으면 찾을 수 있는 기회조차 갖지 못하게 된다. 자료를 축적하고, 올바른 영토의식과 역사관을 확립하면 반드시 기회가 찾아올 것이다.

....

32 http://news.chosun.com/site/data/html_dir/2014/02/28/2014022803669.html

영토회복에 있어 가장 중요한 것은 영유권에 대한 정부의 공식적인 입장 표명이다. 지금과 같이 정부의 소극적인 태도가 지속될 경우 권원의 포기 내지 영유권에 대한 묵인으로 해석될 수 있다. 그러나 우리 정부는 영토문제에 대해 적절히 대응하지 못하고 있는 것이 사실이다. 정부가 나서지 않으면 국민이 나서야 한다, 지금 당장은 찾을 수 없더라도 영토 관련 자료를 정리하고 교육하는 일은 오늘을 살아가는 우리의 사명이다. 통일 한국에서 영유권을 주장할 수 있도록 이제 국민이 나설 때가 되었다.

부산 코앞에 있는 대마도도 안타깝게 간도와 연해주처럼 빼앗긴 땅이 되었다. 역사적으로 고유한 우리 땅이었던 곳이 조선의 공도 정책으로 일본의 땅이 되어버린 것이다.

이와 같은 현상은 최근까지도 이어지고 있다. 2014년 4월, 국토해양부는 900개가 넘는 무인도를 새로 국토에 편입시켰다. 슬픈 역사를 와신상담으로 승화시킬 수 있는 민족정신이 살아나서 나라 사랑, 역사 사랑의 국민이 되어야겠다. 대한민국의 암적 존재와 같은 역사망각 습성을 버리지 못한다면 우리는 슬픈 우리의 역사를 되풀이할 수밖에 없다.

제9장

미래의 정신혁명
7가지 실천전략

1

높은 정신문화는 국가의 근본

한민족의 전통적 정신문화는 현대의 문명세계에 자랑스럽게 내놓을 수 있는 동방예의지국의 표상이다. 21세기에 향후 우리 국민들이 대한 민국 5천 년 정신문화를 토대로 더욱 예의의 나라로 발전할 때, 한민족 의 자부심과 정신문화의 가치가 더욱 고양되어 선순환적 발전을 이룰 것이다.

대한민국의 아름다운 일류 선진국 건설은 정신문화의 바탕 위에서만 실현 가능하다. 정신문화대국으로 다시 돌아가야 하는 것이 역사적·시 대적 명제는 물론, 대한국인大韓國人의 책무이다.

우리나라는 인성, 도덕성, 역사의식, 리더십의 실종 등 정신문화의 퇴행으로 국가 위기를 맞이하고 있다. 정신문화는 선진국 건설의 필수 요인으로, 정신문화 없는 경제건설은 사실상 불가하고 설령 선진국 진 입에 일시 성공했더라도 사상누각이 되어버린다. 정신문화를 토대로 지식, 지성 문화가 조성되어야 선진국건설이 가능하며 그 기반은 인문학이다.

우리가 내우외환의 대위기를 극복하기 위해서는 위기를 기회로 만드는 대전략과 정책으로 국가 개조를 통해 새로운 나라로 건설해야 한다. 이를 위해서는 먼저 정신혁명을 토대로 정신 문화강국을 만들어야 한다. 개인뿐만 아니라 국가적, 사회적으로도 정신문화가 교육문화, 물질문화를 좌우하기 때문에, 국가의 운명은 정신문화에 달려있다고 해도 과언이 아니다.

국민정신(의식)은 개인뿐만 아니라 국가나 단체조직을 결속시킴으로써 국가성장의 발판이 될 수 있다. 따라서 '선진국=높은 정신문화'의 등식이 성립된다고 볼 수 있다.

인도의 마하트마 간디는 망국의 요인으로 "원칙 없는 정치, 도덕성 없는 상업, 노력 없는 부, 인격 없는 지식, 인간성 없는 과학, 양심 없는 쾌락, 희생 없는 신앙"의 7가지를 꼽았다.[33]

즉, 도덕, 철학, 노동, 인간성, 윤리, 헌신 등이 없는 정신문화는 사회악의 요인으로 나라가 망하는 길이라고 갈파喝破한 것이다. 하나하나 음미하면 작금의 한국문제를 그대로 꼬집는 것 같다.

정신문화는 인간을 진정 인간답게 만드는 것으로 어떻게 인간이 인간다워질 수 있는가에 대한 끊임없는 성찰과 정진을 통해 인간다운 삶

---

33 마하트마 간디 지음, 박홍규 역, 『간디 자서전』, (문예출판사·2007), p.154

을 탐구하고 실천한다. 인성, 도덕성, 역사의식 등 한민족의 전통적 정신문화는 동방예의지국의 상징으로 현대의 문명세계에 자랑스럽게 내놓을 수 있다. 향후 우리 국민들이 대한민국 5천 년 정신문화대국을 토대로 더욱 예의의 나라로 발전할 때 한민족의 자부심과 정신문화의 가치가 더욱 고양될 수 있다. 뿌리가 든든해야 튼튼한 나무로 성장하여 열매를 거둘 수 있다. 정신은 뿌리(근본), 교육은 줄기, 경제는 열매로서, 정신문화대국 → 인성대국 → 초일류 통일선진강국으로 선순환적 발전을 이룰 것이다.

근간 정신문화가 쇠퇴하여 인성, 도덕성 실종으로 동방불예지국東方不禮之國의 나라가 되었다. 정신혁명 기반 없이 교육혁명, 경제혁명은 이루어질 수 없으며, 설령 일시적으로 이루어진다 할지라도 사상누각에 불과하다. 특히 국가의 위기는 대외적 요인보다 대내적으로 정신문화가 무너질 때 외세가 그 틈을 이용해 침입하면서 이루어진다.

저급한 정신문화 수준으로는 절대 선진국으로 갈 수 없다. 정신혁명을 기반으로 교육혁명과 경제혁명을 융합시켜 시너지 효과를 통해 "국가 대 개조 - 국부론"의 국민적 소망을 이루어야 할 것이다.

2

국민 인성 바로 세우기 운동
- 동방예의지국으로 회귀

우리는 인성실종의 국가 위기가 전화위복이 되어 '지식국가 → 지성 국가 → 인성국가 → 인성문화대국 → 동방예의지국 → 세계의 모범적 인 인성문화대국'으로 발전할 수 있도록 단기·중기·장기 계획을 치밀 하게 수립하고 범국가적·범국민적으로 적극 추진해야 한다.

인성이 바닥을 드러내면서 2014년 인성교육진흥법까지 만들었지만 시행은 부진하여 안타깝다. 범국민적·범국가적으로 적극 추진해서 동 방예의지국의 인성을 반드시 회복해야 한다. 인성교육을 범국가적으로 실시하여 독서문화 → 지식문화 → 지성문화 → 인성대국으로 국가를 개조, 세계를 선도하는 모범국가건설을 추진해야 한다. 더 이상 인성회 복을 지연시킨다면 인성대국의 시대, 국민 행복시대, 그리고 초일류 통 일선진강국의 시대로 가는 인성회복의 골든타임을 놓칠 수 있다는 것 을 알아야 한다.

인성진흥법 입법의 취지대로 '국가인성 바로 세우기, 정신문화 바로 세우기'를 통해 동방예의지국으로 다시 돌아가지 않으면 우리나라는 국가 위기를 치유할 수 없을 뿐만 아니라 미래 희망이 없다.

전통을 지키고 가꾸자는 것은 과거 역사와 옛것만을 고집하자는 것이 아니고, 역사정신과 온고이지신溫故而知新으로 지혜와 창조의 밑거름을 복원하자는 것이다. 모름지기 새로움(지신)이란 옛것을 바탕(온고)으로 이루어져야 한다. 즉 옛것의 바탕 없이 새로운 것이 있을 수 없다는 것이 역사의 가르침이다. 옛것은 낡고 역사는 고루한 것이 아니라, 현재의 원형이고 바탕으로 혁신과 창조를 불러온다. 그러므로 우리는 동방예의지국의 인성문화대국을 회복해서 반드시 대한민국 르네상스 시대를 열어야 한다.

〈 인성교육진흥법 〉

입법목적	건전하고 올바른 인성을 갖춘 시민 육성
인성교육의 정의	내면을 바르고 건전하게 가꾸며, 타인·공동체·자연과 더불어 사는 데 필요한 인간다운 성품과 역량을 기르는 교육
인성의 핵심가치	예(禮), 효(孝), 정직, 책임, 존중, 배려, 소통, 협동 등 8대 가치
인성교육종합계획	교육부 장관, 5년마다 수립, 시·도 교육감, 연도별 시행계획 수립·시행
국가인성교육진흥위	교육부·문화체육관광부·보건복지부·여성가족부 차관 및 민간전문가 등 20명 이내 구성(신설)
유치원 초·중·고	학교장은 매년 인성교육과정 편성·운영해야
가정 인성교육 인증제	부모는 학교 등에 인성교육 건의 가능 학교 밖 인성교육을 위한 프로그램·교육과정 인증제 실시
교원연수 강화	일정 시간 이상 교원들의 인성교육 연수 의무화. 사범대·교대, 예비교사의 인성교육 역량 위한 과목(신설)

우리는 항상 자각과 성찰로 마음을 가다듬고 세상의 이치와 순리에 따라 인간다운 인간으로서의 삶을 가꾸고 완성해 가는 과정에 충실해야 한다. 개인의 인성을 회복하는 것은 개인·가정행복은 물론, 국민 행복의 근본이 되는 예의의 나라, 동방예의지국으로 다시 돌아가는 것이다.

인성을 법으로 회복하고 제도화하기에는 사실상 문제가 있다고 볼 수 있다. 그러나 동방예의지국의 인성이 무너지는 현실에서 법이라도 만들어 인성이 무너지는 것을 막고, 회복해야 된다는 절박감은 우리 국민 모두가 공감할 것이다.

그러므로 인성을 회복하는 데 인성교육진흥법뿐만 아니라 도덕·윤리와 같은 '법을 넘는 정신'의 가치문화가 반드시 함께 작용해야 한다. 따라서 인성교육진흥법 추진은 인성교육 강화를 통해 예(禮)를 비롯한 8대 핵심가치(예, 효, 정직, 책임, 존중, 배려, 소통, 협동)의 문화를 꽃피워 인성 회복을 주도하도록 해야 할 것이다.

우리나라 대부분의 국민들은 물론, 정부에서도 인성교육의 필요성에 대해서는 공감대가 형성돼 있었지만, 입시 위주의 학교풍토에서는 그 실효성을 갖지 못하고 있다. 이제는 인성교육진흥법을 토대로 인성교육 및 인성회복 운동에 적극 나서야겠다.

3

도덕성 회복 운동

도덕성은 행동의 준칙으로 인간이 사회생활을 해나가는 데 공동체의 질서를 유지하고 개인과 조직은 물론, 국가의 흥망성쇠를 좌우하는 중요한 요소이다. 더욱이 공직자 등 사회지도층의 도덕성은 사회의 기반이 되는 최고의 덕목이라고 할 수 있다.

'도덕'이라는 용어는 항상 많이 사용되고 있지만, 진정한 도덕성이 무엇인가에 대하여 명확하게 말하기보다는 단지 추상적으로 도덕성을 강조하는 경향이 많다. 도덕적인 사람은 스스로 도덕적 원칙을 지키며 살아가고 다른 사람들로부터 도덕적이라는 평을 듣는 사람이다. 반면에 도덕주의적인 사람은 자신은 도덕적 원칙을 소홀히 하고 남에게 도덕을 강요하는 사람이다. 미국 독립에 기여한 공로를 인정받아 '미국 건국의 아버지'로 불리는 벤저민 프랭클린은 자신의 성공비결로 가치관 정립을 통한 '도덕성의 완성'을 꼽았다.

도道는 우리가 가야 할 옳은 길이요 덕德은 우리가 지켜야 할 올바른 행동원리로서, 도덕은 인생의 근본이요 사회를 이루는 근간이며 역사의 원동력이다. 믿음과 예의와 본분으로 통하는 길이 상식의 원천이며 도덕의 시발점인 것이다. 세상에는 운이 트여 탄탄대로를 걷는 행운도 있지만 가던 길을 잃고 미로를 걷는 불운도 많다. 잘 나가던 길도 도리에 어긋나면 운명이 바뀐다. 도덕을 잃어버리면 '부도덕'이 되고 염치가 없으면 '몰염치'다. 인간사의 마지막 보루가 도덕이다.

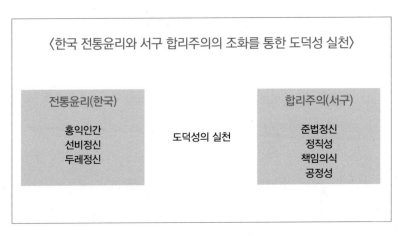

〈한국 전통윤리와 서구 합리주의의 조화를 통한 도덕성 실천〉

전통윤리(한국)

홍익인간
선비정신
두레정신

도덕성의 실천

합리주의(서구)

준법정신
정직성
책임의식
공정성

병든 사회는 '도덕불감증'에 시달리며 불신의 고통을 겪는다. 고금을 통해 도道가 무너진 국가치고 온전한 나라가 없었다. 도道가 떨어지면 멸망이 찾아온다. 가야 할 길이 막히면 방황과 탄식의 수렁에 빠진다. 도의가 통하지 않고 도덕이 실종된 풍토는 희망이 없다. 스승이 안 보이고 어른도 없다.

인간은 공동체의 존립근거가 되는 윤리를 지킴으로써 도덕성의 회복과 함께 그에 대한 실천을 이룰 수 있다. 그렇기 때문에 우리는 한국, 동양의 전통윤리와 더불어 서구의 합리주의를 조화롭게 실천하여 진정한 도덕성을 발현해야 하겠다.

노자의 『도덕경』 10계경十戒經 제18장 「아몰장我沒章」에 "대도폐유大道廢宥"라는 말이 있다. 이는 크게 득도하게 되면, 이 세상에 있었던 모든 사악한 생각과 물질은 물론 번뇌와 고통마저도 모두 크게 폐하고 떨어져 나감을 의미한다.

도덕성이란 단순히 지켜야 할 규범 정도로 그치는 것이 아니라 옳고 잘못된 것에 대한 개인의 인간적 믿음체계를 말한다. 한 사람의 가치체계와 사상을 완전히 뒤바꿀 수 있는 것이 되어야 한다. 단순히 '착하게 사는 것'의 도덕적인 삶보다는, 도덕적 가치관이 사고체계 속에 뿌리 깊게 박혀 있어야만 그 사람의 진정한 삶이 드러날 수 있는 것이다. 지금 우리가 살고 있는 삶의 터전이 몹시 불안정하다고 느끼는 것은 우리 스스로 도덕적으로 타락했기 때문이다.

인간이란 자신은 현명하기 때문에 올바른 길을 가고 있다고 생각하기 마련이다. 하지만 반성과 성찰을 통해 보면 평가는 다를 수 있다. 우리는 자신을 겸허히 받아들이고 일일삼성一日三省하는 자세를 생활화하여 도덕성을 확립해야 한다. 도덕적으로 완전한 인격을 갖추기 위해 매일매일 수신과 성찰의 생활을 위해 최선을 다해야 한다. 도덕성은 단기간에 생기는 것이 아니므로 체계적인 교육을 통해 지속적으로 함양해 나가야 한다.

4

역사의 교훈에서 찾는 혜안의 해법

역사는 과거의 발자취이며, 현재와 미래의 거울이다. 따라서 역사의 특징과 교훈은 현재 우리가 직면한 여러 문제를 해결할 해답의 실마리를 제공한다. 어둡고 혼란할 때에는 역사책을 읽어서 그 속에서 지혜를 찾아보라는 의미의 혼일독사昏日讀史라는 말이 있다. 역사는 문제해결에 길잡이가 되는 판례집으로서 현재 우리나라가 겪고 있는 위기의 상황에 지혜와 교훈을 줄 수 있다.

주지하다시피, 인류의 삶은 당대를 풍미한 리더들의 역사다. 그들의 이합집산과 리더십 행태에 따라 국가의 운명이 결정된다. 역사적인 교훈을 살펴보면, 대부분의 갈등과 혼란, 위기의 문제는 리더들의 자격 결여에서 야기되었다. 한국 사회 전반에 산적한 문제들을 해결하려면 무엇보다도 먼저 지도자들의 역사의식을 토대로 해법을 찾아야 할 것이다.

역사는 과거의 실수를 반복하지 않기 위한 지식과 지혜의 보고 역할을 한다. 역사의 흐름에 뒤처지는 국가와 민족은 번영하지 못하고 지리멸렬하거나 망한다는 사실이다. 역사의 교훈이 중요한 이유가 여기에 있다 할 것이다.

역사는 어느 시대나 갈등 등 해결하기 어려운 과제들이 존재해 왔다. 때로는 이익을 두고 때로는 미래로 나아갈 방향에 대한 의견 차이로 인해 다툼이 있었다. 그러나 그 갈등을 풀어내고, 바람직한 해결을 하고자 했던 노력이 역사가 주는 귀중한 교훈이다.

우리의 주변국들이 역사왜곡을 통해 역사침탈을 하고 있는데도 우리는 이슈가 될 때만 여론이 들끓고, 금세 언제 그랬냐는 듯 식어버리는 '냄비근성'이 있다. 역사의 교훈을 쉽게 잊어버리면 역사의식과 역사에 대한 주체의식도 쉽게 실종된다. 국가정체성이 확립된 국민이라면 올바른 역사의식을 가져야 한다. 국민의 힘과 긍지의 뿌리는 역사의식에서 나온다. 특히 국가의 리더가 주체적인 역사의식이 없으면 국민들로 하여금 힘과 긍지를 갖게 할 수 없다.

이와 같이 중요한 역사의 교훈을 우리는 너무 쉽게 망각하여 역사의 불행을 재현하고 있다. 너무나 뻔한 역사적 흐름에 우리 대한민국만 적응하지 못하고 있어 안타깝다. 최근 약육강식의 국제정세가 더 강화되어 국익에 따라 먹고 먹히는 '헬지구'가 되어 가는 현실에서 내우외환의 위기를 자초하고 있는 지도자들의 행태를 볼 때 우리는 역사의 교훈에서 우리가 나아가야 할 길을 찾고, 지혜로운 해법을 강구해야 할 것이다.

5

독서는 국력, 국격의 기반

독서는 정신문화를 살찌우는 쌀(밥)과 같은 역할을 한다. 그러나 우리나라 대부분의 국민들이 책을 읽지 않는 풍토에 젖어들어 정신문화의 융성을 기대하기 어렵다. 독서를 하지 않는 사람은 철학이 없고 지혜가 없어 인간다운 삶을 사는 데 부족하다. 국민이 지적 능력이 넘치고 지혜가 넘치는 정신문화가 자리 잡아야 제대로 된 선진국이 될 수 있다.

우리는 책에 대한 열정과 애정을 대대로 유전자 속에 간직해 온 민족이다. 일례로 150여 년 전 병인양요(1866) 때 프랑스 장교가 남긴 『조선원정기』에 우리 민족의 책 사랑에 대한 기록이 남아 있다. "아무리 가난한 집이라도 집 안에 책이 있다는 사실이다…" 이러한 책에 대한 애정이 한국인의 문화 유전자로 남아 세대를 거듭하며 이어져야 하나 최근에는 세계에서 제일 책을 읽지 않는 나라로 전락하였다.

역사적으로 유명한 리더들은 왕성한 독서가이다. 위대한 업적을 쌓은 인물들은 모두 책을 가까이하여 '박람강기博覽强記', 즉, 책을 많이 보고 잘 기억함을 공통적으로 공유하고 있다. 이는 흔히 독서를 많이 하여 아는 것이 많음을 이야기하는 것으로 '박학다식'의 말과 상통한다.

"사람은 책을 만들고, 책은 사람을 만든다."라는 말이 있다. 책과 인간의 관계를 잘 표현한 명언이다. 토머스 바트린은 "책이 없다면 신도 침묵을 지키고, 정의는 잠자며, 자연과학은 정지되고, 철학도 문학도 말이 없을 것이다."라고 말했다. 독서란 결국 남이 어렵게 획득한 지식이나 정보를 빌려다 내 인생을 살찌게 하는 행위라 할 수 있다. 우리는 평생을 연구하여 한 권의 책을 남긴 사람의 지식을 단 며칠 만에 내 것으로 만들 수 있다. 그것이 바로 독서의 힘이다.

리더는 세상을 읽고 시시각각으로 변화하는 세상에 대처하며, 지속적으로 창조 및 혁신을 해야 한다. 훌륭한 리더가 되는 길은 동서고금을 막론하고 독서에 있으며 현대에는 더욱 그렇다. 책을 읽으며 공부하는 습관은 하루아침에 붙는 것이 아니므로 어릴 때부터 책 읽는 습관을 들여야 하는 것이다. 시대가 바뀌어도 변하지 않는 '본질'이 바로 독서문화이다.

우리 사회는 발렌타인데이, 화이트데이 등 상업적인 날은 잘 알고 있지만 정작 '책의 날'이 있는지조차 아는 사람은 많지 않다. 4월 23일은 '세계 책의 날'이다. 공식 명칭은 '세계 책과 저작권의 날'로 1995년 제28차 유네스코UNESCO 총회에서 제정됐다. 유네스코 총회는 결의안을 통해 역사적으로 인류의 지식을 전달하고 이를 가장 효과적으로 보존한 책이 중요하며 도서의 보급이 문화적 전통에 대한 사람들의 인식을 발전시키고, 이해, 관용, 대화를 기초로 한 사람들의 행동을 고무시킨다는 점 등을 들어 '책의 날'을 제정했다.

"을야지람乙夜之覽"이란 말은 '제왕의 독서'란 뜻이다. 밤 9시부터 11시까지를 뜻하며 이 시간이 되어서야 제왕은 독서할 시간을 낼 수 있다는 뜻에서 나온 말이다. 세종, 성종, 정조가 독서광이었던 것은 잘 알려져 있다. 성공한 국왕은 모두 지식기반 경영과 독서를 통한 경영을 했다. 특히 성왕 세종대왕은 "내가 지금도 독서를 그만두지 않는 것은, 다만 글을 보는 사이에 생각이 떠올라서 정사政事에 시행하게 되는 것이 많기 때문이다."라고 말했다. 세종은 집현전 학사를 대상으로 하여 재능이 있는 선비를 뽑아 휴가를 주고 입산독서를 하게 하되, 그 비용은 관에서 매우 융숭히 공급했으며 경사, 백자, 천문, 지리, 의약, 복서 등을 연구하게 하였다.[34]

창의, 사고력을 키우는 독서는 반복 독서 후 중요도를 스스로 판단하고 자신의 방식으로 꼼꼼히 기록해야 효과가 증대된다. 책은 오늘날 바로 이 자리에서 우리들에게 가장 나은 길을 제시하는 훌륭한 스승의 역할을 할 수 있는 것이다. 좋은 책은 세상을 보는 안목을 넓혀준다. 삶의 지혜를 얻고 사고의 깊이를 더하는 데 독서만 한 것은 없다. 읽기혁명이 절실히 필요한 시대이다.

박정희 대통령 재임시절 후쿠다 다케오 일본 전 수상이 내한하였다. 그 당시에는 대일무역적자폭이 지금과는 비교가 안 될 정도로 크다 보

---

34 이한우, 『세종, 그가 바로 조선이다』, (동방미디어, 2003), p.180

니 일본상품 불매운동이 범국민적인 운동으로 확산되고 일본에 대한 국민감정이 매우 나빴다. 이에 일본 정부에서는 대일무역적자폭을 정책적으로라도 줄이기 위해 일본전임수상을 단장으로 수십 명의 경제인들이 방한하였다. 포항제철, 조선소 등을 견학하고 돌아간 일본 경제인들은 급성장하는 한국의 발전상을 보고 한국이 곧 일본을 앞설 것이니 한국을 도와줄 것이 아니라 경계해야 한다고 했다. 그러나 일본 전 수상 후쿠다는 파안대소를 하며 이렇게 말했다.

"여러분은 거대한 모래성만 보았습니다. 나도 여러분과 같이 급성장하는 한국의 모습을 보았습니다. 그러나 정말 중요한 것은 보지 못했습니다. 한국을 여행하는 동안 책을 읽는 한국인을 한 번도 보지 못했습니다. 독서를 하지 않는 국민은 정신문화가 형성될 수 없습니다. 정신문화가 결여된 국민은 순간은 있으나 미래는 없습니다. 여러분이 그토록 걱정하는 일은 절대로 없을 것입니다. 그래서 한국은 절대로 일본을 앞설 수 없습니다."

개인은 물론, 국가도 책을 얼마나 읽었느냐에 따라 운명이 달라진다. 독서는 삶의 원천이자 에너지를 제공하는 원동력이다. 좋은 책이란 '우리에게 위대한 물음을 던지는 책'이라 할 것이다. 따라서 어떤 책과 연을 맺고 그 책을 매개로 인연을 맺는 것은 더욱 의미가 깊다. 삶의 의미와 가치를 일깨우는 책연冊緣의 확산은 영혼은 물론 우리 사회를 살찌우게 할 것이다.

마이크로소프트의 창업자인 빌 게이츠는 "오늘의 나를 만들어준 것은 조국도, 어머니도, 하버드대학도 아닌 동네 도서관이었다."라고 했다. 또한 지난 시절 우리의 스승이 했던 말을 오늘은 책이 한다. 정조, 다산 정약용, 퇴계 이황, 박제가, 박지원, 이덕무, 김득신, 괴테, 나폴레옹, 링컨 등 위대한 사람들은 모두 책 속에서 말한다. "책 속에서 길을 구하라."라는 말은 한낱 죽은 수사가 아니라 오늘날에도 펄펄 살아 움직이는 진실이다.

이스라엘 학생은 유치원부터 초·중·고까지 13년간 1만여 권의 책을 읽는다고 한다. 그들은 오전 8시부터 12시까지만 수업하고 오후에는 독서를 한다. 등교하면서 빌린 책 3권을 읽고 독후감을 써냄으로써 일과를 마친다. 독서가 습관화되어 어느 마을을 가더라도 책을 지니고 토론하는 분위기를 볼 수 있다.

책을 안 읽으면서도 위대한 지적 업적을 바라는 것은 실현가능성이 없는 모순이다. 미국의 주간지 『뉴요커』에는 "한국인들이 책은 많이 안 읽으면서 노벨문학상은 여전히 바라고 있다는 건 유감스러운 일, 많은 한국 학생이 책 읽기는 시간낭비이고 그 시간에 수학문제 하나 더, 모의고사 문제지 한 장 더 풀어야 된다고 생각한다."라는 기사가 실렸다.

독서는 가장 빠른 시간 내에 가장 경제적으로 지식을 습득하는 방법이고 인간과 사회에 대한 지혜를 얻는 원천이기도 하다. 책을 읽지 않는 국민과 학생들에게서 노벨상을 기대할 수 없다.

독서는 인성을 바르게 배양하고 지식과 지성을 업그레이드시켜 주는 보고로서 독서가 곧 국력임을 명심할 일이다.

6

청소년이 스스로 일어서도록 돕는 국가사회

청소년기adolescence는 라틴어의 '성장하다'라는 의미의adolescre에서 유래한다. 사춘기에서 시작하여 성인기의 시작과 함께 끝나는 청소년기는 아동기와 성인기 사이의 과도기에 해당된다.

청소년에게는 꿈과 희망 그리고 아름다운 비전을 위한 자기행동, 결단이 요구되는 중요한 시기이다. 상당수 대학생들은 진로를 정하지 못하고 우왕좌왕한다. 또한 중·고교생들은 어떠한가? 자아 정체성도 모르고 오직 수능과 대학 진학을 위해 기계적으로 공부하고 있다. 인간다운 인간, 리더다운 리더가 되려면 초·중·고등학교 때 자아 정체성을 찾고 정체성에 따라 길을 가야 한다. 이어령 이화여대 석좌교수는 2009년 10월 세종대 특강에서 '넘버 원'이 아닌 '온리 원'이 되라고 강조했다.

"의사, 검사, 판사같이 모두들 최고라고 하면서 부러워하는 직업을 갖고 있을지라도 정작 자신은 시인이 되고 싶고, 음악을 하고 싶다면 그건 진정으로 행복한 것이 아닙니다. 남들이 좋다고 하는 삶을 살려고 하지 마세요. 하나밖에 없는 여러분의 삶을 소중히 하세요. 같은 방향으로 달려야 하는 좁은 골목에서는 오직 선두에 선 자만이 우승자가 됩니다. 잘해야 금·은·동 메달리스트만이 승리자의 시상대에 설 수 있지요. 하지만 하늘처럼 열린 공간에서는 모두 각자가 원하는 방향으로 날 수 있습니다. 360명이 360도의 다른 방향으로 달리면 360명 모두가 일등이 될 수 있지요"

청소년들이 정체성을 살리는 것이야말로 '넘버 원'이 아니라 '온리 원'의 독창성을 확증하는 경주다.

선진국의 젊은이들은 자아 정체성에 따라 well, like, love, need, enjoy할 수 있는 하늘이 주신 자신만의 탁월한 능력, 끼, 전문성 등을 살려 아름다운 꿈과 희망, 비전이 가득 담긴 인생 목표를 수립한다. 학업에 정진해 졸업 후에도 대기업 못지않은 중소기업에서도 자신만의 창의력을 마음껏 발휘한다.

자신의 정체성을 극대화하는 전략으로 발상의 전환을 하면 세상은 넓어진다. 길은 찾으면 있고 없으면 새로 뚫으면 된다. 그런데 이 모든 것에 앞서 생각해 봐야 할 정말 중요한 사실이 한 가지 있다. 내가 나를 모르면서 학교를 졸업하고 직장을 구한다고 해서 성공한다는 보장이 없다. 나는 과연 누구인가, 나의 과거 현재를 생각하고 미래의 자화상을 그려 볼 필요가 있다.

인간은 창조주의 불가사의한 섭리를 깨닫기는 힘들어도 소중한 생명(자아), 소중한 삶을 살뜰히 보듬어 즐겁고 행복한 인생이 되도록 정진해야 할 의무와 책임과 권리가 있다. 물에 물 탄 듯, 술에 술 탄 듯, 바람 부는 대로, 물결치는 대로 아무런 방향도 주관도 없이 떠밀려서 살 수만은 없는 것이 인생이다. 되는대로 사는 인생은 대자연, 대우주의 섭리 속에 태어난 인생으로서 죄악이며 철학과 신념이 없는 허수아비와 같은 인간이 된다.

불혹을 넘긴 사람들이 자기 인생을 뒤돌아보며 '내 인생길이 이것이 아닌데'라며 탄식하는 경우를 적지 않게 보아왔다. 애당초 본인이 원하던 길로 첫걸음을 시작하지 못한 것이 원통하고 초·중·고 및 대학교 재학 시 공부에 소홀한 것이 크게 후회되고 또 중간에 힘듦을 이유로 그일을 포기했던 것도 한이 되고 본인의 의사와는 상관없이 타의에 의해 좌절된 것도 돌이켜 생각해보면 후회가 된다는 것이다.

한마디로 청소년 시기에 내 스스로의 힘으로 인생 목표를 수립하고 실천하여 장년·노년에 들어 절대로 후회하지 않을 삶을 가꾸어 나가야 한다. 이를 위해서는 청소년들의 철학이 중요하다. 마크 트웨인은 "20년 후, 당신은 한 일보다 하지 않은 일 때문에 더 후회할 것이다. 그러니 닻을 올리고 안전한 항구에서 나와 항해하라"고 말했다. 자기만의 능력과 소질을 발견하여 인생 목표를 세우고, 땀 흘려 갈고 닦는 비범한 노력의 과정을 거쳐 풍성한 인생을 누리도록 최선을 다해서 살아가야 한다.

기성세대는 청소년들이 용기를 내어 스스로 일어나고 개척할 수 있도록 배려와 관심을 가지고 적극적으로 보살펴야 한다.

청소년이 리더가 되기 위해서는 내부에서 치열한 자기 수련의 학습을 할 때 스승이 밖에서 도움을 주는 등 안과 밖이 서로 조화를 이루어야 리더다운 리더가 탄생한다. 기성세대와 청소년 세대가 줄탁동시(啐啄同時: 병아리가 알에서 나오기 위해서는 새끼와 어미닭이 안팎에서 서로 쪼아야 한다는 뜻)

리더십으로 아름다운 동행을 하면 청소년들이 꿈을 활짝 펼칠 수 있다.

청소년들은 사회적으로 많은 지원과 격려를 받을 때 학교생활을 더 잘하고 지역사회 일을 통해 자발적으로 자기 운명을 개척하며 봉사활동에 적극적으로 임하는 등 미래를 향해 정진할 수 있다. 청년靑年은 문자 그대로 푸른 시대이다. 아름다운 꿈과 희망, 그리고 비전으로 꽉 차 있는 푸른 청년은 성장시기이다. 성장시대는 성장시대답게 미래를 향해 쭉 뻗어나가야 하는데 욜로(YOLO: You Only Live Once, 한 번뿐인 인생이니 현재에 집중해서 즐기며 살자는 것)를 찾는다는 것은 어불성설이다. "인내는 쓰다. 그러나 그 열매는 달다"라는 격언처럼 욜로가 아닌 정진의 시기이다. 우리 청년들은 세계에서 공인된 제일 좋은 두뇌를 가진 자원이다. 잠재된 저력을 찾아 미래를 향해 힘차게 전진하여야 한다.

프랭클린 루스벨트 전 미국 대통령의 부인 엘리너 루스벨트 여사는 "어제는 히스토리, 내일은 미스터리, 오늘은 선물이다."라고 말했다. 오늘을 최고의 날로 만드는 것이 자신이 자신에게 주는 진정한 선물이다.

인생은 마라톤과 같이 처음과 끝이 중요하며 장기적이다. 현재를 즐기는 것도 중요할 수 있지만 더 중요한 것은 항상 현 상태에서 최대한 꿈꿀 수 있는 게 무엇인지 생각하고 나의 10년 후, 20년 후는 물론 100년 대계의 인생에 있어서 더 뒤의 시간까지도 준비하고 계획하는 모습이다. 미래에 대한 준비가 아름답고 숭고한 결과물을 가져올 것이다. 기성세대는 '청년들이여 일어서라, 힘차게 일어서서 웅비하라'고 힘차게 응원해야 한다.

7

선진국 도약의 필수조건, 신뢰사회

인간은 다른 사람과 더불어 공동생활을 해야만 하며, 이때 무엇보다도 중요한 것은 서로 간의 신뢰다. 신뢰가 없으면 평화로운 공동생활은 물론이요, 발전을 위한 문화의 창조 그리고 정의의 실현 모두가 불가능할 뿐만 아니라 행복해질 수도 없다. 선진사회 혹은 선진국은 물질의 풍요를 넘어 사회적 신뢰를 기반으로 건전한 도덕성과 법이 지배할 때 획득될 수 있는 국가적 상태를 말한다. 최근 우리 사회는 갈수록 깊어지는 불신으로 신뢰가 무너지고 있다.

2018년 5월 11일 한국CSR연구소가 한국사회여론연구소KSOI에 의뢰해 성인 500명을 대상으로 실시해 발표한 '일반인 신뢰지수' 조사 결과는 다음과 같다.

전 연령대와 전 계층을 망라한 '일반인 신뢰지수' 조사는 가족(6.14점), 친구들(5.24점), 병원(4.16점), 국제기구(4.10점), TV(4.00점), 라디오(3.96점), 인터넷(3.91점),

학교(3.90점), 신문(3.70점), 시민단체(3.68점), 정부(3.68점), SNS(3.51점), 군대(3.46점), 외국인(3.38점), 법원(3.30), 경찰(3.24점), 처음 만난 사람(3.19점), 종교단체(3.09점), 검찰(3.04점), 기업(2.92점), 국회(2.40점), 정치인(2.27점) 순으로 신뢰도 결과가 나타났다.

또한 2017년 3월 성균관대 위험 커뮤니케이션센터가 만 20세 이상 성인 1,000명을 상대로 조사한 결과, '사건·사고나 재난·재해가 발생했을 때 정부(당국) 지침에 따르겠다'는 응답이 100점 만점에 평균 46.2점으로 나타났다고 밝혔다. 김원제 위험커뮤니케이션센터 책임연구원은 "시민들이 그간 사고·재난 등 위험을 겪으면서 가지게 된 국가의 예방·대응 조치에 대한 불신이 여전하다는 것을 보여준다."고 말했다.

영국 타이타닉호의 선장 에드워드 스미스는 그 긴박한 재난의 상황에서 "영국인답게 행동하라!"라고 외쳤다 한다. 지금은 이 한마디가 그의 묘비명으로 남아 있다. 이 한마디가 창출한 질서가 재난상황에서 여성(74%), 어린이(51%), 남성(20%)의 생존율을 만든 것이다.

공자는 "사람이 신뢰의 바탕을 잃으면 바로 서지 못한다(무신불립: 無信不立)."라고 했는바 『논어』 「안연편顔淵篇」에서는 다음과 같이 말한다.

공자의 제자 자공이 스승에게 물었다. "정치란 무엇입니까子貢問政." 공자의 대답은 "식량을 풍족하게 하고足食, 군대를 충분히 준비하며足兵, 백성의 믿음을 얻는 것民信"이었다. 자공의 물음은 이어진다. "어쩔 수 없이 셋 중 하나를 포기해야 한다면 무엇이 먼저입니까." 공자는 "군대去兵"라고 답했다. 자공의 질문은 집요하게 계속된다. "나머지 두 가지 중 또 하나를 포기해야 한다면 무엇입니까." 공자의 대답은 "식량去食"이었다.

그러면서 "예로부터 사람은 누구나 죽지만, 백성의 믿음이 없이는 (나라가) 서지 못하기 때문自古皆有死 民無信不立"이라고 그 이유를 설명했다.

인간의 사회적 생에 있어 가장 중요한 것이 신뢰이다. 대인관계에서 '신뢰할 수 없는 사람'으로 간주될 경우, 인간관계를 발전시켜 나갈 수 없음은 자명하다. 상대를 신뢰하기 위해서는 말과 인격과 양심과 행동에 한 가닥의 구김도 없어야 하는 것이다.

영국의 레가툼연구소가 발표하는 국가별 사회적 자본 평가 결과 조사에서 한국은 세계 순위 2015년 85위, 2016년 105위의 초라한 성적을 보였다. 사회적 자본은 사회 구성원 간 조정과 협력을 촉진시키는 신뢰와 규범 등을 말하며, 사회적 신뢰와 소통의 정도를 평가하는 지표가 된다. 사회적 자본이 축적될수록 거래비용이 낮아져 사회의 생산성이 높아지게 된다. 세계은행 보고서에 따르면 사회적 자본이 10% 늘어나면 경제 성장률은 0.83% 증가한다고 한다.

신뢰 사회 구축은 소통과 협조 속에 믿음을 쌓아가야 한다. 신뢰사회는 불확실성하에서도 타인을 믿는 사회로 사회적 자본의 원천이다. 따라서 신뢰가 형성되면 조정과 협력이 용이해져 사회 전반의 효율이 높아진다. 정부 신뢰는 국민의 지지를 통한 정당성을, 기업 신뢰는 이윤을 통한 경쟁력을 보장하는 등 신뢰는 사회적 도덕성의 기본이며 자산이다. 신뢰수준이 낮은 사회는 인맥에 대한 의존 심화로, 커뮤니케이션을 방해하여 사회적 문제가 된다.

사회적 신뢰가 담보되지 않는다면 지속적인 대립과 혼란이 불가피하게 된다. 그러므로 신뢰사회를 조성하면 국격 제고는 물론, 도덕성 확립에 크게 기여하고, 준법정신을 증대시켜 민주주의의 제도를 튼튼하게 만들어 준다.

　3부 정신혁명을 정리하면 다음과 같다.
　우리는 '정신 차려야' 한다. 언제까지 '이게 나라냐'의 허약한 국가, 불행한 국민이 되어야 하는가?
　개인이든 국가이든 흥망성쇠는 정신이 좌우한다. 개인의 정신은 인격을 형성하고, 국민의 정신문화는 세월이 켜켜이 쌓여 이루어져 국격을 결정한다. 항상 정신수양을 통해 인간은 주체성 있는 삶의 주인이 되어야 한다. 인생은 자작자연自作自演으로 내가 내 인생의 각본을 쓰고 연출을 하고 주인공이 되어 선택하고 행동한다. 그리고 모든 선택 결과에 대해서 내 자신이 책임을 져야 한다. 결국 내 운명이라는 것은 물론 나라의 운명도 국민정신과 의지에 따라 결정되는 것이다. 따라서 올바른 인성과 도덕성으로 정신일도하사불성(精神一到何事不成: 정신을 한 곳으로 하면 무슨 일이든 이룰 수 있다)으로 정신을 무장하여 빛과 소금의 역할을 하는 사람이 되어야겠다.

국가 대 개조
선진회

국가 대 개조 - 국부론의 선진화 혁명 전략

- ② 교육(지식)혁명

제10장

과거 역사의
교육문화 분석

1

과거 5천 년 교육사^{敎育史}의 전통과 특징

교육이란 변화시키는 것을 뜻한다. 변화시키되 바람직하게 변화시키는 것이다. 윤리적으로 부정직하던 사람을 정직하게 변화시키거나 불성실하던 사람을 성실하게 변화시키는 경우를 비롯하여, 기술을 배우고 못하던 외국어를 잘할 수 있게 변화시키는 것이 모두 교육이다.

관자管子의 권수편權修編에서는 다음과 같이 말한다.

一年之計 莫如樹穀 (일년지계 막여수곡)

十年之計 莫如樹木 (십년지계 막여수목)

終身之計 莫如樹人 (종신지계 막여수인)

一樹百穫者人也(일수백확자인야)라는 옛말이 있다.

일 년의 설계로 제일 좋은 것은 곡식을 가꾸는 것이고, 십 년을 내다보는 최선의 계획은 나무를 심는 일이며, 백 년을 내다보는 계획을 세우는 것 중 가장 훌륭한 일은 사람을 키우는 일, 즉 교육이라는 말이다. 그

만큼 교육의 중요성은 예로부터 강조되어 '백년지계'라는 말이 만들어
지기까지 한 것이다.

우리 민족은 역사적으로 교육을 소중히 여겼다. 고조선의 홍익인간
이념의 태동은 물론, 삼국시대, 발해, 고려, 조선, 대한민국으로 이어지
는 교육 열정은 세계가 부러워할 정도다. 평민은 교육받을 기회가 많지
않았지만, 귀족이나 양반계층에서는 체계적인 교육을 받았다. 고구려의
태학(우리나라 대학의 효시), 신라의 국학, 발해의 주자감, 고려의 성균관, 조
선의 향교, 성균관 등 교육의 역사와 전통이 세계 제일의 교육열을 잉태했
다. 조선의 성균관에서는 귀족과 양반 고위계층을 중심으로 논어, 맹자,
중용, 음양오행학 등을 가르쳤다. 이렇듯 교육은 융성했던 과거 역사의
견인차 역할을 했던 것이다.

우리 민족은 일제 침략의 시발이 된 을사늑약乙巳勒約 체결이라는 난
감한 현실 앞에서 무장투쟁의 전열에 서는 한편, 교육을 통해 나라를 구
하려는 운동을 맹렬히 전개했다. 방방곡곡에서 학회가 조직되고 사립
학교가 섰으며, 서당은 학당·의숙義塾으로 속속 개조되어 새 학문·새
교육의 터전으로 바뀌었다.

우리 조상들의 구국 교육운동은 위로는 황실에서부터 아래로는 지방
유지와 학생에 이르기까지 전 국민의 협력과 호응을 얻었다. 관직에 있
던 사람이 울분에 못 이겨 벼슬을 버리고 학교를 세우는가 하면, 재산을
바쳐 학교를 일으킨 사람도 있었고, 무보수로 교사를 자원하는 청년들
도 많았다. 이러한 애국열은 국내에만 국한되지 않고 간도, 연해주, 블
라디보스토크 등지에서까지 활활 타올랐다. 교육을 통해 강탈당한 조
국을 구하려 했던 만큼, 당시 뜨거운 민족의식을 반영하고 있었다.

1948년 건국 이후에는, 초근목피로 연명하는 가난한 나라였음에도 1950년 부터 국민학교(1995년 부터 현재의 초등학교)는 의무교육이었다. 6·25전쟁 당시에도 천막학교로 교육은 지속되었다. 대부분의 학부모들은 '아는 것이 힘이다, 배워야 산다'는 말을 좌우명으로 삼고, 소를 팔고 논밭을 팔아가면서 자녀 교육만큼은 최우선으로 시켰다. 자원도 없고 자본도 없는 나라에서 단시일 내에 급성장을 이룰 수 있었던 데는 높은 교육열이 큰 역할을 했다.

역사적으로 대한민국의 교육열은 삼국시대부터 이루어졌다. 신라시대 최치원은 12세에 당나라로 혈혈단신 조기유학을 떠나 18세에 빈공과(외국인 과거시험)에 합격했다. 조선 명종 13년(1558), 과거 과목의 하나이던 책문策問에 "지금 우리나라의 교육제도는 어떠하며, 만일 문제가 있다면 어떻게 개선해야 할지 말해보라."라는 문제가 출제되었을 정도다. 조선시대에도 교육문제에 큰 관심을 가졌었다.

유학을 숭상한 우리나라는 예로부터 '배워야 산다.'를 생활철학으로 삼고, 입지立志의 길은 교육이라고 믿었다. 예나 지금이나 인재는 국가의 기둥이요, 대들보다. 그래서 인재를 동량지재棟梁之材라 하지 않았는가? 이 모든 것은 인재 양성이 곧 국가의 번영과 직결된다는 자각에서 나온 것이다.

전통적인 교육열은 우리나라가 고도성장을 하는 데 발판이 되었다. 『문명의 충돌』의 저자 새뮤얼 헌팅턴은 1960년 비슷한 경제수준이던 한국과 가나가 수십 년 후 엄청난 경제력의 차이를 보인 주요 이유 중 하나로 한국의 교육열을 꼽았다. 우리나라는 자원빈국이라는 악조건 속에서도 교육 강국으로 발돋움해 선진국의 반열에 들어섰다.

2

교육사史의 변천

    세계가 주목하는 우리의 교육 방식에는 어떤 강점이 있을까? 과거 우리의 교육은 군사부일체君師父一體의 인성을 기반으로 혼연일체가 되어 자생적인 교육열로 귀감이 되었다, 스승이 존중받는 교육풍토로 학생들은 스승의 그림자도 밟지 않는다는 문화가 조성되었다.

    우리는 해방 직후 건국 과정에서 교육 이념과 교육 방침을 수립했다. 이때 채택된 기본 이념이 고조선의 건국신화에서 이끌어낸 홍익인간 정신이었다. 홍익인간 이념을 토대로 널리 인간을 이롭게 하는 교육을 펼치겠다는 교육철학이 담겨 있는 것이다.

    2차 세계대전 이후 식민지에서 벗어난 98개의 독립국들은 대부분 국민소득이 약 100달러에 불과했는데, 그 국가들 중 한국만이 국민소득 3만 달러에 육박하는 경제발전을 이룩했다. "한강의 기적은 '못 입고 못 배운 설움을 내 자식에게만은 결코 대물림할 수 없다'는" 부모님들의 지극한 교육열 덕분이었다는 것을 부인할 수 없다.

더욱이 사회적으로는 70%에 달하는 문맹률을 퇴치하기 위해 6·25 전쟁 중에도 야학이 이루어졌다. 이후 60년대 대학생들이 주도한 야학은 농어촌의 가난한 학생들을 대상으로 전국적으로 확산되었다.

현행 우리나라 교육법은 1949년 12월 31일 법률 제86호로 제정·공포되었다. 본문 제5조, 제8조, 제16조에 우리나라 교육이념을 민주주의에 입각하여 규정하고 있다. 이에 따라 교육법 제1조의 규정도 헌법전문에 천명된 기본이념에 입각하여 제정되었다.

교육원리에서는 우리나라 교육과정에 대해 다음과 같이 말한다.[35]

한국의 교육과정은 1949년에 제정된 교육법 제155조인 "대학, 사범대학, 각종 학교를 제외한 각 학교의 학과, 교과는 대통령령으로, 교과의 교수요지, 수업시간 수는 문교부령으로써 정한다."에 근거해서 비롯되었다.

1954년 초중등학교 및 사범학교의 교육과정 시간배당 기준령이, 1955년에는 국민학교-중학교-고등학교 및 사범학교의 교과과정이 마련됐다.

1963년에 이르러 문교부는 국민학교 교육과정, 중학교 교육과정, 고등학교 교육과정, 실업고등학교 교육과정 등을 제정, 종래의 교육과정을 전면적으로 개정했다.

인간의 교육은 산업혁명 이후부터 고도화되어 생산활동을 위해 기계를 만들거나 다룰 수 있는 공학적 지식이 필요하게 되었다. 이런 공학적 지식을 배우기 위해서는 이에 앞서 글을 배우거나 수학과 과학 등 기초 지식이 필요했다. 즉 경제활동을 수행하는 데 지식과 기술이 결정적인 요소가 되었다.

---

35 『교육원리』, 정재철 외 2인, 교육출판사, 1982년, p.87

교육이 국가의 경제적 측면까지 좌우하는 중요한 요소로 대두되자 많은 근대국가는 교육을 국민의 권리가 아니라 국민의 의무로 규정하기 시작했다. 국민의 의무를 제대로 지키도록 정신교육을 강화할 수밖에 없기 때문에 결국은 ①정신혁명 ⇌ ②교육혁명 ⇌ ③경제혁명의 형태로 더욱 발전하고 있다. 경제의 근본은 교육이 좌우하고 교육은 정신에 따라 좌우되는 함수관계를 가지고 있어 정신, 교육, 경제는 하나로 연관되어 상호 작용을 한다.

제2차 세계대전 이후 최빈국에서 선진국으로 가장 빠르게 경제 성장을 이룬 나라가 한국이라는 평가가 이어지면서 우리나라의 교육 방법과 정책이 세계의 주목을 받고 있다. 세계의 이런 관심을 증명이라도 하듯 최근 중국, 일본은 물론이고 미국, 러시아, 인도, 프랑스 등 전 세계 15만 명의 학생들이 한국으로 몰려들고 있다. 그동안 선진국으로 학생들을 내보내기만 하던 우리나라가 어느새 유학을 오는 외국인 학생이 더 많은 나라가 되었다.

현대는 인간과 기계AI가 경쟁하는 4차 산업혁명 시대이다. 4차 산업혁명 시대는 교육이 더 중요하여 교육에 따라 인간의 삶의 질이 달라지는 시대이다. 21세기 우리의 교육은 4차 산업혁명 시대를 맞아 입시 위주의 교육은 과감히 버리고, 인성교육을 기반으로 자기 주도 및 창의교육 중심으로 교육방향을 전환해야 한다. 교육철학자 로버트 허친스의 말처럼 교육의 목적은 학생들 머리에 지식을 채우는 게 아니라 그들이 사고하게 가르치는 것임을 잊어서는 안 된다. 미래 세계는 고도의 교육전쟁, 학습전쟁이라 해도 과언이 아니므로 교육혁신, 교육혁명을 통해

창의력을 키워주는 교육을 강화하여 선진국으로 나가도록 발전시켜야
한다.

　인간이란 존재는 생을 이어받는 순간부터 성장 발달을 계속하는 생
명체이다. 인간이 성장 발달하는 힘을 가졌기 때문에 교육이 가능하고,
미래를 개척 창조해 나갈 수 있는 것이다. 흔히 인간을 이성적인 존재라
고 하고, 그의 미래를 스스로 창조·발전시키는 힘을 가진 존재라고 보
는 것도 그 밑바탕에는 교육이란 잠재력이 있으므로 가능한 것이다.
　미래는 교육이 개인은 물론 국가의 운명을 좌우하는 시대이다. 21세
기 세계 중심이 아시아로 옮겨져 동·서양 정신문화의 통합이 아우러질
것이다. 대한국인大韓國人은 그 통합의 중심이 대한민국이 되도록 과거의
교육풍토를 살려 교육입국敎育立國으로 선진국을 건설해야 한다.

현재의 교육실상

빗나간 교육열과 사교육

빗나간 교육열

칸트Immanuel Kant는 "교육은 인간을 인간답게 형성하는 작용"이라 하였고, 슈프랑어와 케르쉔슈타이너는 "교육은 비교적 성숙한 자가 미성숙한 자를 자연의 상태에서 이상의 상태로 끌어올리기 위하여 구체적이면서 계속적으로 주는 문화작용"이라고 말했다. 다시 말하면, 교육이란 성숙한 사람이 미성숙한 사람에게 무엇인가 가치로운 것을 가르쳐주고 미성숙한 자는 그것을 배우는 상호작용이라는 점이다.[36]

우리나라가 한강의 기적을 이루고 이만큼 세계적 위상을 확보하게 된 것은 바로 이러한 교육열이 있었기 때문이다. 한국은 세계 제1의 대학진학률(70%내외, 선진국은 평균 30~50%)을 자랑한다. 오바마 미국 전 대통

---

36 정재철 외, 『교육원리』, (교육 출판사, 1982), p.12

령은 교육에 대한 학부모들의 관심을 고취시키기 위해 기회가 있을 때마다 한국의 높은 교육열을 극찬하며 국민들을 독려했다.

그러나 학생들의 교육열이 높은 것이 아니라 학부모들의 교육열이 높은 데서 문제점이 발생한다. 최근 과열되고 있는 입시, 취업의 경쟁사회에서 부모들의 과욕은 점점 증대되어 청소년들의 정신적, 신체적 고통을 증대시키고 있다. 자식이 능력, 학벌, 취업 등 모든 것에 완벽한 사람이 되길 원한다. 하지만 지나친 경쟁에 따라 인성교육이 실종되어 청소년들은 건강성을 잃어버린 채 파탄의 길을 걷는 경우가 상당수이다.

미국의 베스트셀러 『넘치게 사랑하고 부족하게 키워라Parent Who Love Too Much』의 공동저자인 제인 넬슨은 과도한 자식 사랑으로 빚어진 빗나간 자녀교육에 대해 아래와 같이 경고한다.

사랑이라는 이름으로 저지르는 부모의 자녀교육 욕심이 부모와 자식 간의 관계를 해치고, 서로에게 상처만 준다. 엄마들의 지나친 간섭과 관심 그리고 관리가 아이들이 독립적이고 책임감 있는 성년으로 성장할 기회를 빼앗는다. 나아가 야단치고 화내고 처벌하는 훈육은 아이를 망칠 뿐이다.

2017년 4월 OECD가 48개국 학생들의 '삶의 만족도'를 조사해 발표한 결과, 한국은 꼴찌에서 두 번째였다. 상위권에 핀란드, 네덜란드, 아이슬란드, 스위스가 자리 잡았다. 한국 학생 75%가 성적 스트레스를 호소했다. 반면 부모·자식 간 대화는 부족해 '아이와 매일 대화한다.'고 답한 부모는 53.7%에 그쳤다. '공부는 잘하는데 행복하지 않은 나라.' 이것이 OECD가 정의하는 한국 사회다.

시민의식을 가르치지 않는 한국교육(출처: 한국교육과정평가원)

구분	한국	일본	영국	프랑스
질서와 규칙	18.4	20	54.3	63
이해와 존중	15.9	28.7	60	60

요즘 아이들은 태어나면서부터 올바른 인성과 정체성보다는 남보다 앞서 나가야 한다는 경쟁의 압박을 받게 된다. 한국 학생들은 최고가 되고 싶다는 성취동기가 매우 강한 것으로 나타났다. '내 반에서 최고의 학생이 되고 싶다'는 학생이 80% 이상으로, OECD 평균(59%, 65%)보다 크게 높았다. 동시에 학교 공부를 하면서 긴장하고 걱정하는 비율도 다른 국가보다 높았다. '학교에서 나쁜 성적을 받을 것이 걱정된다.'는 학생이 75%(OECD 평균 66%)에 달했다.

요즘 유치원생은 대학생보다도 더 열심히 학원을 다니고 과외를 받다 보니 인성교육은 오히려 악화일로다. 유엔 '아동권리협약' 제31조, "모든 아동은 휴식과 여가를 즐기고, 놀이와 문화생활에 자유롭게 참여할 수 있어야 한다."에 엄연히 위반되는 행위다. 더욱이 최근 조기교육의 부작용으로 어린 시절 자신감 발달에 어려움을 겪는 경우가 급증하고 있다.

5세 정도의 아이들에게 가장 중요한 것은 가정교육과 더불어 자연 속에서 마음껏 뛰어놀아 인성을 키우는 것이다. 그러나 대부분의 어린이가 매일 3시간씩 공부를 하느라 뛰어놀 틈이 없다고 한다.

동서양을 막론하고 인성교육을 전제로 하지 않는 교육은 올바른 교육이 될 수 없다. 그러나 우리나라의 공교육은 불행하게도 수능, 취직, 출세의 덫에 갇혀 인성을 갖추기 위한 교육보다는 입시·취직 위주의 천

편일률적 교육만을 우선시하고 있어 청소년들의 정신적, 육체적 성장을 저해하고 있는 실정이다.

사교육 문제

OECD(경제협력개발기구)가 3년마다 실시하는 국제학업성취도평가(PISA)에서 한국과 핀란드 학생들은 늘 최상위권이다. '2015 PISA 결과'에서 한국은 수학 영역에서 1~4위(핀란드 5~10위), 핀란드는 읽기 영역에서 1~3위(한국은 3~8위)에 올랐다.

두 나라가 공부 잘하는 것은 비슷하지만, 거기까지 가는 길은 좀 다르다. 핀란드 아이들은 학교 안에서 공부를 끝내는 반면, 한국 아이들은 학교 밖에서도 엄청난 시간을 공부한다. 한국 학생들은 평균 주당 6시간 30분 동안 '방과 후 학습'을 한다. 그중 대부분(80%)은 학원에 가거나 과외를 받는 시간이다.

2017년 초·중·고 사교육비 조사 결과 전년보다 3.1% 늘어난 18조 6,000억 원에 달했다. 1인당 평균 사교육비는 271,000원으로 전년보다 무려 5.9%나 늘었다. 정부는 2014년부터 초·중·고교의 선행학습을 금지하는 내용의 '공교육 정상화 촉진 및 선행학습 규제에 관한 특별법'을 제정, 시행해 오고 있으나 사교육 수요를 줄이는 데는 실패했다. 대학 서열이 엄연히 존재하고 대학이 곧 '스펙'이 되는 현실에서 사교육 줄이기 정책은 백약이 무효인 셈이다. 대학 서열화의 파괴와 입시제도의 대변혁이 필요하다. 미래 트렌드 예측 전문가 송길영 다음소프트 부사장은 다음과 같이 말한다.

"지금 사교육의 목적은 좋은 대학에 보내 좋은 직장 잡게 하려는 것이다. 그러나 '사교육→명문대→대기업·공무원→은퇴=성공한 삶'이라는 공식이 깨지고 있다. 기술 변화 속도가 전보다 훨씬 빠르고 인간 수명이 늘었기 때문이다. 부모 세대의 금과옥조였던 '평생직장'이 없어지고, 대학 4년간 배운 전공 하나로 30년씩 회사에 다니며 먹고사는 시대가 끝난다. 우리 학생들은 100세 세대로 계속 새 기술을 배우고 인공지능과 경쟁해서 일을 찾아가며 살아가야 한다."

그러나 빗나간 교육열 때문에 학생들이 오직 수능과 취직에만 초점을 맞춘 '인간복사기'로 양산되고 있다.

서울시에서는 미성년자 우울증 환자의 38%가 학원이 밀집한 5개 구區에서 진료 받은 것으로 나타났다. "청소년 우울증을 앓는 환자 중 30~60%는 사교육 압박을 받고, 사교육으로 인한 가정불화를 말하는 학생들이 전체의 60%가 넘는다."고 전했다. 사교육 스트레스가 평생의 트라우마로 남기도 한다.

부모는 매달 수십만~수백만 원을 사교육에 쓰고 아이 성적이 오르길 바란다. 부모는 돈을 썼는데 정작 아이는 그만큼 '실적'이 나지 않아 속상하고 부모 얼굴을 볼 낯이 없다고 한다. 결국 서로 대화는 줄어들고 오해와 불신이 깊어지는 것이다.

최근 사교육 열풍을 '망국병'이라고 걱정하는 목소리가 갈수록 높아지고 있다. 가장 심각한 문제는 사교육비 부담에 국가의 존폐가 걸린 결혼 기피 문제, 저출산 문제, 중산층 붕괴, 사회적 양극화 등 많은 문제가 직결돼 있다는 것이다. '사교육 공화국'이라는 오명을 씻기 위해서라도 공교육 내실화로 한시바삐 교육의 질을 끌어올려야 한다. 사교육 번성의 주범은 부실한 공교육임은 누구도 부인할 수 없을 것이다. 사교육비 문제가 국가적 이슈로 확산되어 '기러기 아빠'로 가족이 헤어져 사는 것은 물론 경제적, 가정적 문제로 번져 가족해체에 이르는 경우도 많다.

독일에서는 초등학생들에게 사교육을 법으로 금지시키고 중고등학교는 방학 중에 숙제가 없다. 이에 반해 우리나라는 육아정책연구소 보고서에 의하면 만 5세 아동 10명 중 3명 이상이 사교육을 받고 있다. 어린이 놀이터에서 세상을 보는 눈을 넓히고 뛰어놀아야 할 아이들이 국어, 영어, 수학은 물론 과학, 창의 등을 배운다니, 조기교육 열풍은 광풍 현상으로 우려가 된다. 사교육이 무조건 나쁜 것은 아니다. 학교 교육이 채워주지 못하거나 예체능 특기를 발굴하기 위해서는 일정 부분 필요한 것도 사실이다. 그러나 심하게 왜곡, 과열되어 공교육을 위협하면 안 된다. 당연히 학교에서 배워야 할 '국·영·수·과' 과목이 '선행학습' 등의 미명 아래 사교육의 대부분을 차지하는 게 현실이다.

맹자는 호연지기浩然之氣를 조급하게 가르쳐서는 안 된다고 말했었다. 자연이나 사람이나 다 때가 있는 법인데 봄이 오기 전에 싹을 틔우는 우를 범할까 봐 걱정된다. 정부는 공교육이 경쟁력을 가질 수 있도록 현재의 잘못된 시스템을 철저히 분석해 조속히 교육 대혁신 방안을 수립해야 한다.

2

초·중·고 교육 실상과 문제

주입식, 암기식 교육의 문제

한국의 입시제도는 말 그대로 아이들을 '옥죈다'. 그리고 이런 일류 대학에 가기 위한 준비가 초등학교 때부터 시작된다. 10여 년 전만 해도 중학교에 가서 ABCD를 배웠다. 하지만 지금은 초등학교 때부터 영어·수학학원은 기본이고 피아노·미술·한문학원, 수영, 태권도까지 다닌다. 그래서 초등학생이 되면 유치원생일 때보다 더 많은 학원과 공부에 스트레스를 받게된다.

중·고등학교 때부터는 수능을 위한 공부가 본격적으로 시작된다. 수능을 위한 공부란 무엇인가? 국어수업의 경우를 예로 들어보자.

김춘수의 「꽃」이라는 시다.

내가 그의 이름을 불러주기 전에는

그는 다만

하나의 몸짓에 지나지 않았다.… (중략)

얼마나 아름다운 시인가? 애틋하고 따뜻했던 첫사랑을 생각할 수도 있고, 오랜 친구와의 우정을 생각할 수도 있다. 아름다운 인성이 쑥쑥 자라난다. 하지만 우리 교육의 실상은 어떠한가?

- 꽃: 인식의 대상, 객체
- 빛깔과 향기: 나의 존재가 지닌 특성
- 주제: 존재의 본질 구현에 대한 소망

시적 감흥을 느낄 시간을 주지 않는다. 다만 수능을 풀기 위한 'A=B'라는 답만을 배우고 가르친다.

이러다보니 작가 김영하 씨는 그의 글이 교과서에 실렸을 때 "교과서에 내 글이 실리는 것을 반대한다"고 선언했다. 스스로 자신의 글이 출제된 문제를 풀어봤더니 다섯 문제 중 두 문제를 틀렸기 때문이다.

학생들은 작품 자체를 느끼고 배우는 것이 아니라, 출제자 의도를 파악하고, 틀리지 않기 위한 연습을 한다. 문학작품을 수학공식에 대입하듯이 글을 분해해 밑줄 긋고, 답을 찾는 방법을 익힌다. 암기식, 주입식 교육을 통한 객관식 문제의 정답 맞추기는 창의력·상상력이 필요한 학생들에게 도움이 되지 않는다.

1995년 서태지와 아이들이 발표한 교실이데아의 "됐어 이젠 됐어 이젠 그런 가르침은 됐어, 매일 아침 일곱 시 삼십 분까지 우릴 조그만 교실로 몰아 넣고 전국 구백만의 아이들의 머릿속에 모두 똑같은 것만 집어넣고 있어" 가사를 보면 현재에도 달라지지 않은 교육방법이 걱정스럽다.

교육은 인간의 창의성을 어떻게 키울지 고민해야 한다. 개개인에게 요구되는 능력이 다양화되고 있는 현대사회에는 객관식보다는 논술형이 적합하다. 4차 산업혁명 시대를 맞이하면서 그동안 중요하게 여겨졌던 지식이나 업무가 인공지능으로 대체되므로 사고력과 창의력을 키워주는 교육으로 혁신해야 한다. 교육 평가방법의 혁신을 위해서는 교사 1인당 학생 수와 가중되는 업무량을 줄여, 교사가 제대로 학생을 관찰하고, 평가할 수 있도록 해야 한다.

역사교육은 어떠한가? 과거 정부에서 국사과목을 수능에서 제외시켜 역사교육의 체계성을 파괴시켰고, 2014년에는 국사를 수능과목으로 다시 부활시켰다. 중·고등학생 시절은 학생들이 세계관을 바탕으로 정체성을 확립시켜 나가는 중요한 시기임에도 불구하고 철학교육은 아예 시행치 않고 있어 중·고등학생의 정체성과 인성 교육에 심각한 적신호가 오고 있다.

이 때문에 일찍이 세계의 각 나라들은 자라나는 청소년들에게 올바른 가치관을 세워주고, 민족적 자부심을 심어주며, 세계시민으로서의 위상을 분명히 하기 위해 애국과 인성교육으로 역사교육을 강화하고 있는 데 반해 우리는 입시·수능 공부에만 매달려 있다.

초등학교·중학교 때부터 입시·수능 공부에 지쳐 결국 고등학교 때 상당수 학생이 방황을 하고, 12년간 공부하고 본 수능에서조차 좋은 성적을 거두지 못한다. 그럼에도 우리의 교육기관은 윤리, 도덕, 역사, 철학 등 정작 올바른 인성과 감수성에 필요한 것은 저 멀리 팽개친 채 획일화된 암기만 가르친다. 목적지가 어디인지도 모르고 무조건 앞만 보고 달리는 것이다.

21세기에는 헬리콥터맘(자녀 양육과 교육에 극성스러울 정도로 관심을 쏟는 부모)의 교육행태는 사라져야 한다. 공부를 닦달하거나 성적을 질책하는 행위는 절대 금해야 한다. 자녀가 마음껏 도전하고 기회를 찾도록 응원하는 한편 실패의 두려움을 가지지 않게 해야 한다.

『국가가 할 일은 무엇인가』에서 다음과 같이 말한다.[37]

지금의 주입식 교육방식으로는 철학적이고 고차원적인 사고를 하도록 교육할 수가 없습니다. 국가주의적으로 편성된 과목들, 중간고사나 기말고사, 입시제도 이런 것들을 확 털어버리면 오히려 공부하고 싶은 학생이 마음껏 공부하는 환경이 조성될 수 있습니다.

그리고 지금 체계에서는 기업들도 좋은 대학 나왔다고 뽑았는데 말도 안 통하고, 학점 높은 사람을 뽑았는데 업무능력이 형편없기도 합니다. 각 기업들이 정말 필요한 사람을 채용하기 위해서라도 지금의 입시교육, 대학서열화는 없어져야 합니다.

21세기를 살아가는 힘을 실제로 기르는 교육은 자기 주도의 창의적 학습이다. 이런 학습을 위해서는 학생, 교사, 부모 등 모두가 근본적으로 변화되어야 한다.

독일의 발도르프 학교는 넓은 흙마당에 나무와 꽃이 자라고 통나무로 만든 그네, 바위놀이터 등 조용한 시골학교 같은 분위기다. 이곳에서 아이들은 휴식시간을 알리는 종이 울리면 모두 교실 밖으로 뛰어나가 느티나무를 에워싸고 뛰어놀거나 낙엽을 밟으며 시를 구상하곤 한다. 프랑스 철학자 장 자크 루소는 "아이들은 언제나 움직이고 있다. 가만히 앉아 있는 것은 해롭다"고 말했다. 배움과 삶의 가치를 결정하는 현재의 교실에서는 아이들은 '살아가는 힘'을 기를 수 없다.

----

37 이헌재, 이원재 대담, 글 황세원, 『국가가 할 일은 무엇인가』, (메디치미디어, 2017), p.101

유럽 학교의 교육철학은 이상적이다. 그림, 음악, 율동을 섞어 수업을 하며 수학시간에도 손뼉 치고 노래를 한다. 또한 뜨개질 등도 정규교과에 넣으면서 예술을 통한 인지학認知學을 기반으로 각종 전인교육을 활용한 독특한 인성교육 체계를 만들었다.

경남 남해 해성고등학교가 공교육만으로 높은 대학 진학률을 기록한 점을 주목할 필요가 있다. 4년제 진학률이 2015학년도와 2016학년도에 경남에서 1위였다. 또한 2018년 서울대 진학률이 전국 100위권 이내였다. 정규 교육과정 절반 이상이 토론·발표수업으로 진행된다. 학생 중심 수업이다.

이제 학교는 자연과 공생하고 이웃과 공존하는 '지혜로운 사람', 즉 인간다운 인간이 되도록 제대로 가르쳐야 한다. 그러려면 필요한 것이 교육체계의 전환이다. 어차피 개인 간의 경쟁이라는 메커니즘은 모두를 행복하게 만들 수 없다. 지원자는 10명이고 자리는 하나인 상황에서 '너희들 모두 승리하기만 하면 원하는 것을 얻고 행복해질 수 있다.'라고 가르치는 것은 출세주의·기회주의의 인성파괴 교육일 뿐이다. 우리 학부모들과 교사들은 이제 '약육강식 사회에서 살아남는 법'만 가르치지 말고 인성을 갖추는 교육, 자기주도의 공부, 창의적인 교육, 철학교육 등으로 공생공존하는 인성을 갖추도록 혁신적으로 교육혁명을 일으켜야 한다.

교권침해, 무너지는 교육현장

우리는 학교에서 내면을 바르고 건전하게 가꾸며 타인 공동체·자연과 더불어 사는데 필요한 인간다운 성품과 역량을 기르는 인성 교육을 위해 예禮, 효孝, 정직, 책임, 존중, 배려, 소통, 협동 등의 가치를 강조하고 있다.

그러나 근간 교권침해 문제가 날로 악화되어 교육입국教育立國이 무너지고 있다. 한국교육신문에서는 무너지는 교권에 대해 다음과 같이 개재했다.[38]

자유한국당 홍철호 의원이 최근 5년간 연도 및 유형별 교권침해 현황을 발표했다.

구분	학생 교권침해					학부모들 교권침해	합계(건)
	폭행	폭언·욕설	교사성희롱	수업방해	기타		
'13	71 (1.3%)	3,730 (67.1%)	62 (1.1%)	1,088 (19.6%)	542 (9.7%)	69 (1.2%)	5,562 (100%)
'14	86 (2.1%)	2,531 (63.1%)	80 (2.0%)	822 (20.5%)	427 (10.7%)	63 (1.6%)	4,009 (100%)
'15	83 (2.4%)	2,154 (62.3%)	107 (3.1%)	653 (18.9%)	349 (10.1%)	112 (3.2%)	3,458 (100%)
'16'	89 (3.4%)	1454 (55.6%)	112 (4.3%)	523 (20.0%)	345 (13.2%)	93 (4.5%)	2,616 (100%)
'17	116 (4.5%)	1386 (54%)	141 (5.5%)	340 (13.3%)	464 (18.1%)	119 (4.6%)	2,566 (100%)
합계	445 (2.4%)	11,255 (61.8%)	502 (2.8%)	3,426 (18.8%)	2127 (11.7%)	456 (2.5%)	18211 (100%)

----

38 http://www.hangyo.com/news/article.html?no=85371

학부모 또는 학생에 의한 폭행, 폭언, 욕설, 성희롱 및 수업 방해 등의 교권침해 건수는 2013년 5,562건, 2015년 3,458건, 2016년 2,616건, 2017년 2,566건으로 최근 5년간 총 18,211건에 달했다. 특히 2017년에 발생한 교사 성희롱 건수(141건)는 2013년(62건) 대비 최근 4년 사이 2.3배 급증했으며, 폭행건수(116건) 또한 2013년(71건) 대비 63.4% 증가한 것으로 확인됐다. 학부모에 의한 교권침해건수도 2017년기준 119건으로 2013년(69건) 대비 72.5% 늘어났다.

교권침해가 우리 교육현장에서 어느 정도 심각한지 다음 사례를 통해 알 수 있다.

① 선생님이 교실에 들어오자 학생이 느닷없이 물었다. "선생님은 유재석이 좋아요, 강호동이 좋아요?" 별생각 없이 강호동이 좋다고 답하자, 학생은 몸을 돌려 뒤의 학생에게 이렇게 말했다. "늙은 것들은 다 강호동이야!" 이런 학생을 야단치려 하면 "CCTV 녹화되는 데에서 하시죠" 하고 당당하게 요구한다.

② C교사는 점심시간에 아이들이 빗자루로 위험하게 칼싸움을 하고 아무렇게나 던져 놓았다는 이유로 아이들을 혼냈다. 다음 날 부모는 아이의 옆구리에 난 멍 자국 사진을 찍어 경찰에 상해치사 혐의로 C교사를 고소했고, 경찰 조사를 받은 뒤 검찰 조정위원회를 통해 요구하는 대로 합의금을 주고 합의를 했다.

③ 광주광역시의 한 초등학교 교사 A씨는 지난해 체육 시간에 학생이 넘어져 무릎에 찰과상을 입었다는 이유로 학부모에게 고소를 당했다. A씨는 "학부모로부터 고소를 당해도 학교와 교육청이 책임져 주지 않으니 스스로 살 길을 찾는 수밖에 없더라"고 했다. 교사들이 학부모나

학생과 송사에 휘말리는 경우가 늘면서 교사에게 변호사비를 지원해 주는 보험까지 나와 가입자가 느는 추세다.

④ 2018년 11월, 전북 고창에서 학부모가 수업 중이던 여교사를 폭행하였다.

최근 교권 침해 사례가 나날이 증가하고 있어 학교에서는 아이들 간, 교사 학생 간의 사소한 일들조차 사건, 사고로 인식하고 학교폭력 자치위원회를 통해 법적으로 해결하려고 한다. 결국 이러한 일들은 교사, 학생, 학부모 각자의 입장에서 서로를 탓하고 원망하고 불신하는 풍토를 만들고 있다. 결국 '학교를 당장 그만둘 수 있는 교사들이 가장 행복한 교사'라는 기이한 풍토가 조성되고 있다. 현재 학생인권조례는 선량하고 일반적인 학생들의 보편적인 인권보다는, 문제 학생들의 인권만을 지나치게 옹호하는 부작용을 보이고 있다. 교사로서 기본적인 교육을 할 수 있는 교권은 이미 찾아 볼 수 없고 많은 교사들은 하루라도 빨리 학교를 그만두고 싶어 한다.

최근 과열되고 있는 입시, 취업의 경쟁사회에서 부모들의 과욕은 점점 증대되어 교권침해로 교사들의 정신적, 신체적 고통을 증대시키고 있다. 우리 교사들도 지혜롭게 대처하여 스스로 교권을 확립하고 존경받는 교사상을 정립하도록 헌신적인 노력과 자세가 필요하다.

오늘날 한국이 한강의 기적을 이루고, 이만큼 세계적 위상을 확보하게 된 것은 바로 군사부일체君師父一體의 정신과 교육열이 있었기 때문이다. 최근의 교권침해 문제가 암처럼 확산되어 교육은 물론 국가의 미래가 암울한 실정이다. 최근 인성, 도덕성, 예의, 정의교육은 실종되어 교권침해가 일상화되고 있는 실정이다.

일찍이, 플라톤은 '아카데미아'를 설립하여 스승인 소크라테스의 교육적 이상을 교학상장敎學相長의 정신으로 구현하고자 했다. 플라톤의 교육 철학은 국가적 목적에 기여할 수 있는 개인의 육성과 도야(陶冶)를 추구하는 것이었다. 소크라테스가 밝히고자 했던 것은 도덕이 무엇이며 정의가 무엇이냐는 것이었다.

여기서 우리 민족의 교육정신을 이어온 역사를 보면 다음과 같다. 현재의 우리나라 교육이념인 고조선 시대의 홍익인간 정신이 모태가 되어 교육정신으로 이어왔다. 즉 고조선 홍익인간, 부여의 연맹선인, 고구려 조의선인, 백제 무사도, 신라 화랑도, 고려 국선도, 조선 선비도의 정신이 면면이 이어져 군사부일체의 아름다운 교육과 스승과 제자상을 세운 자랑스러운 역사와 전통을 갖고 있는 것이다.

플라톤, 소크라테스의 아카데미아 역사보다 우리나라가 앞서 갔음을 교훈삼아 교권이 존중, 존경, 사랑 받는 나라가 되도록 해야한다. 교권침해→교권확립→교권존경→교권사랑의 21세기 현대적인 군사부일체君師父一體로 승화시켜 새로운 교육상을 정립하여야 할 것이다.

정부는 교권침해를 유발한 학생, 학부모 등에 대해 필요한 조치를 대폭 강화하는 등 교육 당국이 공교육 정상화를 위해 교권을 철저히 보호·확립할 수 있는 방안을 시급히 마련하는 등 해법을 강구해야겠다.

3

대학교육의 실상과 문제

대학생에게 필요한 창의·혁신 교육

오늘날 한국의 대학들은 창의적 교육을 심각하게 상실하고 있으며, 인성교육은 아예 생각도 않고 있다. 포털 인크루트에서 졸업예정인 대학생 933명을 대상으로 〈대학생활에 대한 만족도〉설문조사를 한 결과 '만족한다.'로 답한 학생은 겨우 26.8%에 불과했다. 여기서 그 이유가 무엇인지를 상당수 대학생들의 모습에서 드러나는 대학교육의 문제를 통해 살펴보자.

대부분의 학생들은 수능을 마치고 나면 대학입시의 압박으로부터 벗어나 해방감을 주체하지 못한다. 그 해방감으로 수능 이후 각종 술집 및 클럽을 가면 갓 20세가 된 친구들이 자리를 채우고 있다. 두 달 동안 실컷 놀면서 즐겁게 시간을 보내고 나면 대학에 입학할 때가 온다.

매년 오리엔테이션과 MT를 할 때면 각종 매체에는, "어제 저녁 A대학 1학년인 B모 씨가 신입생환영회에서 음주 후, 만취상태로 사망하는 사건이 발생했습니다."라는 보도가 나온다. 신입생 환영회가 신입생을 환영하고 대학생활을 가르쳐주는 것이 아니라, 술로 고생시키고 인성이 망가지는 길을 알려주는 자리로 전락한 것이다.

3월 중순부터 본격적인 수업을 듣기 시작한다. 그러나 공부는 뒷전이 되고 연애를 해야 된다는 생각에 대부분의 학생들이 미팅과 소개팅 전선으로 나선다. 미팅장소에 나가면 장소는 또 술집이다.

기성인들의 단합대회가 1차 음식점, 2차 노래방, 3차 술집까지 대부분 가고, 소수는 모텔까지 이어지는 불금(불타는 금요일)현상을 대학생들이 따라하는 실정이다. 이런 현상으로 학교생활에 충실치 못하게 되고 결석이 잦을 수밖에 없다. 결석을 하더라도 학점을 받기 위해 결석 이유서를 제출하는데 단골은 진료확인증과 생리통이다.

수천만 원의 학비를 들이고 배운 것은 일부 학생들에게는 음주학, 연애학들뿐이며, 학문적·지적으로 성숙을 이루었다고 말할 만한 것은 아무것도 없다. 이러한 상황이 정형화된 룰인 것처럼 보편화되고 있다.

학문과 지성의 전당殿堂인 대학이 오히려 인성 타락의 장소로 전락하는 경우가 허다하다. 결국 대학에 들어와서 성년이 되었지만 내면적으로 변한 것이 별로 없는 것이다. 입학만 하면 누구라도 학사를 취득하고 졸업하는 대학이어서는 아니 된다. 선진국처럼 일정한 자격과 학점으로 통과한 후에 졸업하게 하는 혁신적인 대학교육이 절실히 요구되고 있다.

청년실업난이 가중되고 해결되지 않는 것에는 정부책임도 있지만 학사관리를 '적당히' 하는 대학과 자아를 상실한 학생들의 책임도 크다. 관계당국은 알면서도 문제의식을 갖지 않는다. 2018년 전국 384개 대학교(전문대 포함) 300여만 명 중 70여 퍼센트가 공부를 제대로 하지 않아 기초가 부실하다는 통계를 보아 알 수 있듯이, 올바른 인성과 능력을 가진 대학생으로 성장하는 데는 한계가 있다.

한국의 대학생들은 초등학교 때부터 혹은 그보다 더 어릴 적부터 스스로 정한 목표가 아닌 사회의 풍조나 부모, 교사 등 어른들에 의해서 만들어진 입시로 일류대학을 목표로 살아왔다. 정작 인간의 근본이 되는 인성교육은 받지 못했다. 초·중·고등학교에서 열심히 공부했는데 대학에서는 학문에 관심도 흥미도 가지지 못하고 자아정체성을 잃어간다.

일주일 내내 도서관에서 열심히 공부하는 학생들도 상당수 있다. 또 꾸준히 학원을 다니면서 영어공부 및 자격증 공부를 하는 학생들도 있다. 그러나 이들 중 상당수의 학생들의 목표는 결국 취업이다. 사회적으로 인정받을 만한 직업들 중에 그나마 자신들에게 맞을 만한 것을 골라 출세와 취업을 위해서 공부를 하는 것이다.

자신의 교육철학을 토대로 정체성에 따라 대학생다운 공부를 하는 것이 아니라, 출세주의의 공부를 하고 있다. 대학은 지성의 보루堡壘이자 지식의 원천으로, 공동체의 가치를 창출해내고 구성원이 되는 건전한 지도자를 배출하는 곳이어야만 한다. 지금 우리 대학이 해야 할 급선무는 입시경쟁에 매달려 모든 것을 유보했던 미래 세대들을 한 사람의 온전한 인격으로 길러내는 인성교육과 창의성교육의 강화이다. 그들이 보편적 교양인이자 민주사회의 인성을 갖춘 시민의 역할을 할 수 있도록, 전인적 교육을 펼쳐야 하는 것이다.

『서울대에서는 누가 A+를 받는가』를 지은 이혜정은 다음과 같이 대

학교육의 문제를 지적한다.[39]

서울대 최우등생 46명을 인터뷰하며 이런 질문을 던졌다.

"만약 본인이 교수님과 다른 의견이 있는데 본인이 생각하기에 본인의 생각이 더 맞는 것 같다. 그런데 그것을 시험이나 과제에 쓰면 A+를 받을 수 있을지 확신이 없다. 이런 경우에 어떻게 하는가?"

놀랍게도 46명 중 41명이 자신의 의견을 포기한다고 말했다. 교수와 의견이 다를 경우 약 90퍼센트의 최우등생들이 자신의 생각을 버린다는 응답은 충격적이다.

엘런 랭어 하버드 교수는 "정답이 정해지면 사람들은 그 이상을 찾으려 하지 않는다."라고 했다. 서울대에서 A+를 받으려면 교수 숨소리까지 받아 적겠다는 각오로 강의 내용을 필기한 후 완벽하게 외워 시험 때 그대로 쓰는 것이다. 창의·창조적 인성교육은 기대할 수 없다. 정말 시대착오적 교육 현상이다. 작금의 대학의 자화상은 상아탑, 지성의 전당이라기보다는 한국 사회의 병적·구조적 모순을 따라가는 현상이다. 미래학자 앨빈 토플러는 얼마 전 우리나라를 방문하여 "우리는 무엇을 위해 사는가, 의미 없는 그 무엇에 바치는 것은 아닌가."라는 말을 남기고 갔다. 우리 대학생들이 곰곰이 새겨들어야 할 얘기다.

에이브러햄 메슬로우는 〈욕구 5단계〉를 주장했다. 그는 "인간이 현재를 충족하고자 한다."라는 가설을 세우고 인간의 본성에 따른 욕구를 5단계(① 생리적 욕구 ② 안전욕구 ③ 사회적 욕구 ④ 자존욕구 ⑤ 자아실현 욕구)로 구분하는 동기부여 이론을 주장했는바 기본욕구가 충족된 이후에는 상위욕구의 충족에 동기가 부여되는 것이 일반적이다.

----

39 이혜정, 『서울대에서는 누가 A+를 받는가』, (다산북스·2014), p.62

그런데 현재 대학생들의 모습을 보면 자존과 자아실현의 욕구를 제대로 충족시키지도 못하고 중시하지도 않는 것 같다.

이제 우리 대학생이 올바른 길을 가지 않는 것은 젊은이들의 인생 낭비이자 국가적 낭비다. 자신의 정체성을 찾아 자신이 잘하고 좋아하는 공부를 하여, 자신도 행복하고 국가사회에 기여하는 창의·창조적 인성을 갖춘 인재가 되어야 한다. 김도연 포스텍 총장은 "지금 이대로 가면 한국 대학들은 망할 겁니다. 전례 없는 위기입니다. 대학은 이제 스스로 가치를 창출해야만 살아남을 수 있습니다."라고 토로한다.

이제 대학은 변해야 한다. 자신이 무엇을 좋아하고, 잘하고, 하고 싶은지에 대한 성찰을 통해 자아정체성을 가지고 목표를 설정하여, 불광불급不狂不及의 열정을 갖고 공부하는 대학생이 되어야 한다.

캠퍼스에 멋과 낭만, 품위와 품격, 지성이 넘쳐흐르는 대학이 진정한 대학이고 이러한 대학을 만드는 것은 학생, 교수, 교직원 등 대학인들의 책무이다. 이제 각 대학은 새로운 인재상을 정립하고, 교육혁명을 스스로 일으켜야 한다.

손자삼요(損者三樂)의 늪에 빠져든 일부 대학생

'우리 대학생들은 왜 대학에 다니는가?'에 대해 심사숙고하고 더 나아가 일일삼성一日三省 하면서 삶의 방향을 재정립하여야 한다고 생각한다. 학문에 정진하기보다는 적당히 즐기고, 노는 생활에 익숙해 지는 것은 청년실업을 가중시키는 요인도 되고 있다.

기업체에서는 대학생들의 의식구조가 중소기업은 외면하고 대기업만 선호하는 것이 문제이며, 대기업에 입사한 대학생들은 실력이 부족해 재교육을 받아야 하는 실정이라고 말한다. 더욱이 입사 후 이직률이 30~40퍼센트에 달해 국가적 낭비가 심하다고 한다. 이러한 요인은 여러 가지가 있겠지만 그중에서 가장 큰 요인은 손자삼요의 대학생활이라 할 수 있겠다.

공자는『논어』「계씨편」에서 우리를 망가뜨리는 3가지 즐거움(손자삼요: 損者三樂)을 들고 있다. 이른바 해로운 3가지 즐거움은 아래와 같다.

① '교만방탕의 즐거움을 좋아하고(樂驕樂: 낙교락)'

② '편안히 노는 즐거움을 좋아하며(樂逸樂: 낙일락)'

③ '향락을 베푸는 즐거움을 좋아함(樂宴樂: 낙연락)'

손자삼요는 동서고금을 막론하고 정체성의 훼손으로 인간을 망가뜨리는 유혹의 요소로 작용한다. 특히 청소년, 대학 시절의 손자삼요는 아편과도 같아 특별한 경계와 주의가 요구된다. 젊은 시절엔 쾌락주의에서 더욱 헤어나기가 어렵고, 인생의 황금시기에 큰 병이 들면 인생을 망가뜨릴 수도 있다. 일찍이 아리스토텔레스는 "쾌락을 지나치게 추구하다보면 중독이 되어 인생이 파괴된다"고 말했다.

해방 이후 급격한 서구화의 부작용으로 우리의 고유한 가치가 퇴조하여 최근에는 손자삼요 현상이 교육 풍토를 크게 저해하고 있다. 손자삼요의 매너리즘에 빠져 성 문란(낙교락)의 생활 타성에 젖어 낙연락, 낙일락의 악순환에 말려든다. 손자삼요가 습관(타락)화 되면 대학생 다운 대학생은 커녕, 인간다운 인간으로 살기도 어렵다. 열정과 도전정신으로 학교생활에 정진해야 할 대학생이 손자삼요의 매너리즘에 빠진다는 것은 젊은이들의 죄악이자 파탄의 길임을 분명히 인식해야 한다. 매너리즘을 메이저리즘Majorism으로 바꾸어 스스로 자부심과 전문성을 가져 자타가 인정하는 리더가 되어야 한다는 충고를 해주고 싶다.

최근 잘나가던 지도자급 리더들도 한순간 방심하다 손자삼요에 빠져 감옥에 가며 국가 사회에 큰 물의를 일으키는 경우를 많이 볼 수가 있는데 대학생활의 손자삼요가 악화되는 경우일 것이다. 우리를 망가뜨리는 손자삼요가 습관화될 때 리더가 되기는커녕 기본적인 인간으로서의 품위도 상실해 결국 망하는 인생길로 갈 수 있음을 명심해야 한다.

공자의 말씀처럼 군군신신부부자자君君臣臣父父子子답지 않아 근본적인 문제가 있는 것이다. 학생은 학생답게 본분에 충실해야 하며 손자삼요로 인한 문제요인은 근본적으로 끊어야 한다. 수신과 성찰의 시간을 매일 가져, 정신적으로 내공을 쌓은 삶을 가져야 한다.

우리의 대학가는 전통적인 서점들은 사라지고 유흥가가 되었다. 매년 신입생 오리엔테이션, MT때 음주과다로 학생이 죽는 등 유흥문화가 기승을 부린다. 손자삼요의 문제를 깨닫고 일일삼성의 생활로 정진하면 대학은 진정한 상아탑이 될 것이다. 손자삼요를 물리치는 것은 쉬운 일이 아니다. 대부분의 대학생들은 진정한 학문보다는 잡학에 빠져들고 청춘의 황금기를 허송하고 있다. 손자삼요를 극복하는 삶을 통해 미래 자신의 운명을 개척하는 자랑스러운 대학인이 되어야 한다.

최고의 지성집단, 일부 교수의 세속화

21세기 한국 최고의 지성집단인 교수사회가 초심을 되찾는 일이 대학의 진정성을 회복하는 길이다. 유니버시티의 어원인 유니베르시타 스콜라리움universitas scholarium은 학자 또는 학생들의 만남을 의미했다. 학자와 학생 사이의 만남의 고리는 학생 지도와 교육으로서 지성인의 산실이다. 대학은 과거로부터 현재까지 지성의 전당이고 국가의 희망이다.

근간 대학교수들은 학자로서 책무는 물론 폴리페서polifessor, 자문교수, 명예교수, 석좌교수 등 주요 분야에서 활동하고 있다. 그러나 최근 바람 잘 날 없는 대학캠퍼스에는 교수들의 본분을 망각한 일탈 현상이 나타나고 있다. 대부분의 대학에서 교수의 갑질, 연구비 횡령, 논문표절, 미투운동, 부정입학, 학교운영비리 등 세속화문제가 끊임없이 제기되고 있다. 맹자의 '군자삼락君子三樂'은 진정 교수다운 교수로서의 길을 강조하고 있다.

"군자에게는 3가지 즐거움이 있다君子有三樂. 천하의 왕이 되는 것은 여기에 넣지 않았다而王天下不與存焉. 양친이 다 살아계시고 형제가 무고한 것이 첫 번째 즐거움父母俱存兄弟無故一樂也이요, 우러러 하늘에 부끄럽지 않고 굽어보아도 사람들에게 부끄럽지 않은 것이 두 번째 즐거움仰不愧於天 俯不怍於人 二樂也이요, 천하의 영재를 얻어서 교육하는 것이 세 번째 즐거움得天下英才而敎育之三樂也이다."

맹자는 3가지 즐거움을 제시하면서 왕(대통령, 정치인)이 되는 것은 여기에 들어 있지 않음을 두 차례나 언급하여 권력과 정치에만 관심을 두는 21세기 폴리페서들에게 경종을 울려주는 것 같다.

교수는 학문을 가르치고 연구하는 사람이며, 학문은 현실에 적용되면서 그 가치를 발현한다. 교수들이 현실문제에 적극 참여하고 정부에 정부에 건전한 비판의 목소리를 낼 수 있어야 하는 이유가 여기에 있다. 권력에 관심을 두는 폴리페서들은 현안에 침묵하고 정부 정책을 비판하는 데 소극적이다.

교수의 연구 논문들은 '세상을 위한 학문'보다는 '학문을 위한 학문', '논문지상주의 학문'의 모습을 보이고 있다. 공장에서 찍어내듯 질보다는 양에 집중한 논문들에 대해 속 빈 강정이란 지적이 많다. 그러다보니 일본의 노벨과학상은 23명이 배출됐는데 주로 대학에서 탄생됐다. 이에 반해 우리나라는 단 한명도 노벨과학상이 없는 실정이다.

임형석 경성대 교수는 속 빈 강정인 논문의 문제점에 대해 다음과 같이 말했다.[40]

영어로 논문을 쓰라는 주문이 쏟아졌다. 알고 보니 어려운 일이 아니있다. 인터넷 사이트에 접속하면 무슨 3분 즉석식품도 아니고 2분이면 뚝딱 가짜 논문이 완성된다. 그리고 모든 학술 분야를 망라해서 와셋 같은 단체가 조직한, 따라서 융·복합은 저절로 성립하는 사기 국제학술대회에 제출하면 한류도 오케이다.

국내 현안에 소홀한 것 이외에도 교수들은 가장 기본적인 본분을 망각하고 있다. 교수는 전문지식과 경험으로 학생지도와 교육활동을 통한 사회와 국가발전의 중심역할과 공공활동을 하는 주체이다.

그러나 많은 교수들이 선거철이면 교수직을 유지한 상태로 선거에 출마하여, 학생들의 수업권을 심각하게 침해하는 경우가 있다. 교수들이 학생 지도에 소홀한 것은 교육자로서의 양심을 저버리는 행동이다. 인재양성과 연구중심의 상아탑이라는 대학의 의미가 점점 퇴색되어 안타깝다.

대한민국의 내우외환의 위기를 앞장서서 책임지고 해결해야 할 주체

---

40 http://www.kookje.co.kr/news2011/asp/newsbody.asp?code=1700&key=20180726.22027012020

는 지성집단이라고 생각한다. 이른바 지식, 지성인 집단이 국가 위기를 사전에 예측 예방하고 국가발전을 위해 책임질 대표적인 집단이 아닌가? 물론 대통령을 포함한 정치인, 공무원, 언론인 등에게도 큰 책임이 있다고 할 수 있으나 따지고 보면 지성인 집단 교수사회의 도덕적 책임은 정치인 못지않다 할 것이다.

더욱이 폴리페서가 양산되는 시대에서 폴리페서들은 무엇을 하였기에 나라가 대위기에 처해 있는가? 정치 경제, 안보, 사회 등의 전문학자의 식견과 리더십 발휘는 왜 제대로 역할을 하지 못하고 있는가? 국가 사회에 대한 무책임성이 그대로 드러나고 있다.

교수신문은 2001년 오리무중(五里霧中, 안개 속을 헤매는 형국)부터, 2017년 파사현정(破邪顯正, 그릇된 것을 깨뜨려 없애고 바른 것을 드러냄)까지 17개의 사자성어를 매년 발표한 바 있다. 예컨대 2012년 거세개탁은 '온 세상이 모두 탁하다'로서 한국 사회에서 위정자와 지식인의 자성을 요구하고 있다.

정영인 부산대 교수는 대학의 남루한 자화상 제하의 기사에서 다음과 같이 말한다.[41]

대학은 시대의 흐름과 사회적 상황을 비판적으로 수용하여 사회가 지향해야 하는 바를 사실적으로 반영할 수 있어야 한다. 그동안 우리나라 대학들이 걸어온 발자취를 뒤돌아볼 때, 대학이 이러한 역할을 능동적으로 수행해왔다기보다는 오히려 사회의 병폐적 요소를 비판 없이 답습했던 건 아닌지 하는 의구심이 들 때가 많다. 필자는 자율과 민주화로 포장된 대학의 과도한 정치 지향성에서 그 잔재를 어렵지 않게 발견한다. 이러한 잔재는 우리에게 부족한 비판적 성찰이라

----

41 http://www.kookje.co.kr/news2011/asp/newsbody.asp?code=1700&key=20181009.22022001786

는 대학의 본질적 가치를 회복하기 위해서라도 반드시 청산되어야 한다.

　대한민국의 위기를 만든 국민 중에 도의적으로, 정신적으로 가장 큰 책임을 져야 할 집단은 지식인 집단이다. 나라 위기 현상을 보면 그 정점은 정치인과 폴리페서라는 것을 느끼게 한다. 내로남불 논쟁의 중계자나 미투운동의 수수방관자로 전락해선 안 된다.

　지식인 집단이 청정치 못하고 지성인 집단으로 승화하지 못하면 대한민국의 미래는 암울하다. 대학, 대학인이라는 지식의 산실을 통해 대한민국이 일류 선진국이 되어 주위 열강에 시달리지 않고, 겁박 또는 협박받는 나라가 되지 않도록 교수들이 이끌어야 할 책무가 있다.

　20세기 우리나라의 발전은 교수와 대학생들이 큰 역할을 한 것처럼 21세기 경제, 안보 등 대내외 대위기를 극복하려면 교수 등 지식인 집단의 서번트 리더십이 요구된다. 대학교는 준 리더(대학생)의 보고이다. 준 리더를 리더다운 리더로 기르는 것은 교수의 소명이다. 교육은 백년지대계의 가장 소중한 자산이고 그 중심은 대한민국 교수이다. 우리나라 대학교 여건이 어렵지만 선진국 교수처럼 책임지고 대학생을 리더로 육성해서 리더가 넘치는 나라를 만들어야 되겠다.

　대학교수 사회는 집단지성의 산실이다. 집단지성이란 다양하고 독립성을 지닌 많은 개체의 지성이 서로 협력과 경쟁을 통해 지속해서 축적되면서 조정되는 지적인 집단의 능력을 말하는 것으로 국가 발전의 원동력이 되어야 한다. 한국을 이끌어가야 될 지성인 집단, 대학교수들이 시대적 통찰력과 역사적 사명감으로 충실한 역할을 다하기를 기대한다.

제12장

미래의 교육혁명
8가지 실천전략

1

배움, 공부, 학습에 대한
혁명적 인식전환

학습의 중요성 – 인간은 배움의 동물

인생은 평생 깨닫고 진리를 얻음으로써 이루어지는 삶의 과정이다. 그러나 우리나라 대부분의 학생들은 학교를 다니면서 공부하는 것에 하도 데여서 공부라는 말만 나오면 공연히 심기가 불편해진다. 자기주도학습이 아니라 타인 주도의 일관된 교육으로 인해 공부(학습)에 대한 거부 반응, 피해 의식 등 부작용이 생겨 '공부는 재미없는 것'으로 인식한다.

더 나아가 공부는 힘든 것, 괴로운 것, 하기 싫은 것, 안 해도 되는 것 등 부정적인 인식이 뿌리내려 학교생활에 소홀하게 된다. 더 나아가 평생교육을 외면하게 되어 개인은 물론, 국가경쟁력도 저하되고 선진국으로 가는 가장 큰 걸림돌이 되고 있다. 공부는 개인이 자존감을 잃어갈 때 결정적으로 나를 지켜주고, 국가·사회적으로는 나라를 살찌우고 국가발전을 도모하는 것이다. 더 나아가서는 공부는 인류 보편의 테마이자 인류 문명의 발전을 가능하게 한 근원이기 때문에 인간을 배움의 동물이라 한다.

『명심보감』「근학」편에서도 학습의 중요성이 강조된다.

집이 가난해도 가난 때문에 배움을 포기해선 안 된다. 家若貧 不可因貧而廢學

집이 부유해도 부유함을 믿고 배움을 게을리해선 안 된다. 家若富 不可恃富而怠學

가난한 사람이 부지런히 공부하면 입신할 수 있을 것이다. 貧若勤學 可以立身

부유한 사람이 부지런히 공부하면 이름이 더욱 빛날 것이다. 富若勤學 名乃光榮

배우는 사람이 입신출세하는 건 보았지만 惟見學者顯達

배우는 사람치고 성취하지 못하는 건 보지 못했다. 不見學者無成

배움은 몸의 보배이고 배운 사람은 세상의 보배이다. 學者 乃身之寶 學者 乃世之珍

그러므로 배우는 사람은 군자가 되고 是故 學則乃爲君子

배우지 않는 사람은 소인이 된다. 不學則爲小人

뒷날 배우는 사람들이여, 모름지기 배움에 힘쓸 일이다. 後之學者 宜各勉之

최근 공부를 많이 하여 과열현상을 보이는 사회인데도 불구하고 대부분 행복을 느끼지 못하고 있다. 이러한 현상은 공부 방법에 문제가 있다는 것이다. 공부란 단순히 지식을 쌓는 앎이 아니라, 인간다운 인간으로서 삶과 행복을 실천하고 영위하는 데 그 목적이 있는 것이다. 그러나 안타깝게도 공부의 목적이 자신의 출세와 권력지향주의는 물론, 물본주의 도구로 전락한 실정이다.

자신이 하는 공부가 재미없는 경우라면 자아정체성과 내가 원하는 목표가 무엇인지 반드시 찾아보기 바란다. '내가 무엇을 좋아하고, 잘할 수 있고, 재미있게 할 수 있는지'를 생각하며 자아정체성을 찾고 목표를 설정하는 과정에서 공부의 필요성을 깨닫게 된다. 자기 힘으로 학습하지 못하고 학원 선생이나 부모가 떠먹이듯 가르쳐준 지식으로는 진학도 쉽지 않을 뿐만 아니라 대학교를 졸업해도 진로가 어렵다. 학습이란 지적 호기심을 스스로 채워나가는 것으로 학습자로 하여금 배움의 철학을 정립할 수 있도록 도와주는 것이 제일 중요하다.

『내가 공부하는 이유』에서는 다음과 같이 말한다.[42]

공부하는 사람은 인생을 함부로 내버려두지 않는다. 공부는 희망을 준다. 공부의 본질 가운데 하나는 희망이라는 생각이 든다. 공부는 하면 할수록 더 알고 싶다는 의욕과 할 수 있다는 자신감이 솟게 하고, 노력하는 만큼 결과를 얻을 수 있다는 성취감과 희열을 준다. 누구나 좋은 환경에서 태어나 자신이 원하는 대로 인생을 쉽게 살 수 있다면 좋겠지만 불행하게도 인간의 삶이 완전히 평등하지는 않다. 그럼에도 공부를 통해 스스로의 삶을 더 행복하고 가치 있는 것으로 만들 수 있으니 얼마나 다행인지 모르겠다.

괴테는 "유능한 사람은 언제나 배우는 사람이다."라고 말했다. 괴테 같은 천재도 선천적으로 태어나지 않는다. 그가 "천재는 노력이다."라고 말했듯이 부단히 공부하는 사람이 유능한 사람이라는 것이다. 인간이 무엇인가를 공부한다는 것은 여러 가지 의미를 가지고 있다. 공자는 『논어』제2편인 「학문」편 제1번 첫머리에서 다음과 같이 말하며 '학습'의 중요성을 강조했다.

· 배우고 때때로 익히니 또한 기쁘지 아니한가.

(學而時習之 不亦說乎: 학이시습지 불역열호)

· 오랜 벗이 먼 곳으로부터 나를 찾아오니 또한 즐겁지 아니한가.

----

42 사이토 다카시, 오근영 역, 『내가 공부하는 이유』, (걷는나무, 2014), p.98

(有朋自遠方來 不亦樂乎: 유붕자원방래 불역락호)

· 사람들이 나를 알아주지 않아도 성내지 않는다면 또한 군자가 아니겠는가.

(人不知而不慍 不亦君子乎: 인부지이불온 불역군자호)

공자의 철학이 빛을 낼 수 있는 이유는 그것이 머릿속에서 만들어진 것이 아니라, 책과 삶을 무수히 오가며 체득한 삶과 학습의 실천에서 비롯되었다고 볼 수 있다.

송나라 주희朱熹의 『근사록近思錄』에 "배우지 않으면 빨리 늙고 쇠약해진다."라는 말이 있다. 우리 주변을 둘러보면 정년퇴직이나 다른 이유로 일을 그만둔 뒤 급격하게 늙는 사람이 있다. 올바른 인성을 유지하고 더불어 늙고 쇠약해지지 않기 위해서도 '인생은 죽을 때까지 배워야 한다.'는 의미를 잘 새겨야 한다. 공부(학습·배움)는 기본적인 삶의 기반이며 과정이다. 더 나아가서는 인간다운 인간이 되는 행복한 삶의 과정이다.

자아주도 및 창조적 교육시대

4차 산업혁명 시대 도래로 자아주도 및 창조적 교육이 요구되지만, 우리 교육은 아직 산업사회의 패러다임에 맞춰져 있다. 엘빈 토플러는 한국교육의 혁신을 강조하며 "상자 밖에서 생각하라"고 말했다. 학생 맞춤형 진로 설계의 핵심인 자아 주도적 진로 개발 역량을 강화하기 위해서는 지금처럼 단순한 물리적 문제풀이 능력을 가르칠 것이 아니라 인문학적 사유 능력을 통한 미래지향적 마인드를 심어 주어야 한다. 학교는 학생들의 꿈을 제대로 펼칠 수 있도록 인생 설계에 대한 체계적 교육 서비스를 제공하지 않으면 안 된다.

'나는 누구인가? 나는 어디서 와서 어디로 가는가? 나는 어떻게 살아가야 하는가?'란 자아 정체성과 인식적 물음에 대하여 이젠 학생 스스로가 답을 찾을 수 있어야 한다.

사회의 거친 파도를 헤쳐 나가기 위해서는 강인한 체력과 정신력을 바탕으로 한 문제 해결 능력이 필요하다. 문제 해결 능력은 지식과 더불어 창의력에서 나온다. 아인슈타인은 "창의력은 지식보다 중요하다. 지식은 한계가 있다"라고 말했다. 유대인이나 독일인이 노벨상을 많이 받는 것은 창의적인 기초교육 덕분이다. 교육의 목적은 자아정체성에 따라 '창의적 사고'를 지닌 '미래형 인간'을 기르는 것이며, 학교는 이러한 교육 목적을 구현할 의무가 있다.

올바른 교육의 목표는 한 인간이 존엄한 개인으로 성장할 수 있도록, 그리고 그 개인은 사회의 구성원으로서 역할과 책임을 다할 수 있도록 삶에 필요한 기술들을 배우고 창의성 및 창조성을 실천하기 위한 것이라 생각한다. 나의 정체성은 무엇이며 나의 인생 목표는 무엇이며 나는 무엇 때문에 사는가. 이 세계에 대한 나의 책임은 무엇인지 끊임없이 스스로 질문하고 답할 수 있도록 교육을 시켜야 한다.

자아는 '나 자신'이며 '나의 의식'이다. 찾지 않으면 보이지 않지만 없는 것은 아니다. 철학자 칸트는 경험적 자아 외에 도덕적으로 살려는 '본래적인 자기'가 있다고 했다. 이 '자기'가 자기중심을 잃고 흔들리는 것이 문제다. 이 시기의 중심 문제는 자아 정체성을 확립하는 일이다. 청소년들은 자신이 누구이며, 가정과 사회에서의 역할이 무엇인가에 대해 알고자 한다. 또한 타인의 눈에 비친 자기는 누구인가에 심각한 관심을 보인다. 자아 정체성의 결여는 역할의 혼란을 초래한다. 자아 발달의 최종 단계를 에릭슨은 자아 정체성의 발견으로 표현했다. 에릭슨이 말하는 이 시기는 12~18세의 청소년들로 급격한 생리적·신체적·지적 변화를 경험한다. 이로 인해 그들은 수많은 충동과 무한한 동경심과 호기심을 갖게 되지만 경험 미숙으로 좌절과 회의, 불신을 경험하게 된다.

미래 교육은 자신이 주체가 되어 모든 일을 자아 주도적으로 처리하고 자기 주도적으로 공부하는 창의·창조적인 인물을 육성해야 한다. 여기에 핵심이 되는 것은 바른 자아 정체성 정립과 자아실현이다. 초·중·고등학교 때 자아 정체성을 찾고 정체성에 따라 배움의 길을 가야 한다. 대학 진학이 능사는 아니다. 자아 정체성에 따라 자신만의 고유한 인생의 길을 찾아야 한다는 것을 강조하고 싶다.

지금까지 대부분의 사람들은 평생교육 시대의 자아주도 및 창의적인 교육 계획에 따라서 사전에 치밀한 인생 목표를 설계하고 살기보다는 막연하고 적당한 목표를 세우고 살아 왔다. 그러나 21세기는 누구나 100세를 살 수 있는 시대이기 때문에 자아주도의 창의적인 인생 목표가 반드시 필요하다.

미래 교육의 중요성을 감안하여 정부에서 추진하고 있는 교육위원회 등을 통해 장기적인 100년 대계의 계획을 수립하여 헌법과 법에 반영시키도록 하여야 할 것이다. 창의, 창조적인 미래교육은 개인의 행복과 국가발전은 물론 인류의 번영과 문명문화 발전에 이바지하게 될 것이다.

2

철학은 인생의 근본

한국형 교육철학 정립

대략 기원전 900년부터 200년 사이에 석가모니와 함께 소크라테스, 아리스토텔레스 그리고 공자와 같은 위대한 사상가들이 출현하였다. 전쟁과 폭력이 난무하던 시대에 인간 존재에 대한 본질적 질문이 터져 나오고, 윤리적 각성과 철학적 성찰이 폭발하던 이 시대를 독일의 철학자 카를 야스퍼스는 '축의 시대The Axial Period'라 하였다.

모든 사람은 철학자이고, 내 삶의 주인은 나이며, 나의 철학은 나의 삶 속에서 만들어지는 것이기 때문에 철학교육은 중요하다. 그러나 우리의 교육계가 철학 교육에 소홀할 뿐만 아니라, 제대로 된 철학 교육자료도 부족한 실정이다.

유럽국가의 대부분은 초등학교부터 대학과정까지 철학을 공부한다. '나는 누구인가?', '나는 어디서 와서 어디로 갈 것인가?'에 대한 고찰과 윤리학 등 인간으로서 살아가는 데 반드시 필요한 철학을 공부함으로써 자아정체성을 발견하고 인생의 나아갈 방향을 설정해가는 것이다. 그런데 우리나라는 국어·영어·수학에 목을 매느라 철학교육은 엄두도 못 내고 있는 현실이다. 프랑스에서는 고등학교에서도 철학교육을 필수과목으로 가르치고 있듯이 우리도 철학교육을 강화해야 한다.

『하버드의 생각수업』이라는 책에서는 다음과 같이 말한다.[43]

옥스퍼드 대학교는 시험성적보다는 인성면접을 중요시한다. 생각에 관한 교육이라고 하면 프랑스라는 나라를 빼놓을 수 없다. 그들의 대입시험, 바칼로레아 Baccalaureate에는 어떤 전공을 원하든 관계없이 철학시험이 포함되어 있다. 프랑스는 철학이 생각을 발전시켜 나가는 중요한 학문이라 생각한다. 철학을 공부하면서 학생들이 내 생각은 어떤지, 왜 그렇게 생각하는지 찾아가길 의도한다. 요컨대 자신의 철학, 가치관, 진정한 교양을 가져야 한다는 말이다.

『메두사의 시선』의 지은이 영산대학교 김용석 교수는 "20세기까지의 철학이 '변하지 않는 인간본성'을 찾는 노력이었다면, 21세기 철학은 '변화해 가는 인간정체성'을 봐야 한다."라고 강조했다. 인간을 진화의 종점이자 철학의 유일한 대상으로 보던 관점을 폐기하고, 새롭게 '인간은 무엇이 되고 있는가?'라는 질문을 던진 것이다.

우리는 지금 사회의 모든 분야에서 창조적이고 효과적인 철학교육을 요구하는 시대에 살고 있으나 우리 교육과정에서는 철학을 등한시 하고 있다. 철학은 올바른 개인의 가치관과 세계관을 확립하게 만들어 개인은 물론, 사회와 국가발전의 원동력과 정신적 지주로서 교육의 핵심 요소이다.

---

43 후쿠하라 마사히로, 김정환 역, 『하버드의 생각수업』, (엔트리, 2014), pp.6~9 요약

『철학의 나무』에서는 다음과 같이 말한다.[44]

"철학"이란, "다른 학문에 비해서 세계에 대해 보다 근본적인 것들을 알아내며, 그래서 세계에 대한 가장 근본적 이해를 얻을 수 있는 학문"이라고 한다. 플라톤은 고대 그리스의 아테네에 학교를 만들었는데, 그 학교 이름을 "아카데미아"라고 했다. 그 이름에서 유래되어 오늘날 "공부하는 장소"를 뜻하는 말로 "아카데미"라는 말을 널리 사용한다. 콜링우드는 자신의 연구에 대한 원리를 반성해보지 못한 사람은 그 학문에 대한 성숙된 자세를 갖지 못할 것이다. 다시 말해서, 자신의 학문에 대해 철학을 해보지 못한 과학자는 결코 조수나 모방자에서 벗어나지 못한다.

철학은 인생관, 가치관과 직결되어 '나는 누구이며, 무엇을 위해 살아가는가?'라는 물음에 대한 자기 나름대로의 답을 내는 토대가 된다. 우리 모두는 철학적 가치관의 물음에 대한 답을 가지고 있어야 한다. 그 답이 없으면 삶에 있어 수많은 부분이 흔들리게 되는 것이다.

우리나라 일부 청소년, 대학생, 직장인들은 인생철학이 결여되어 자기 인생목표가 없거나, 있더라도 자의 반 타의 반으로 세워진 것에 불과하여 남들이 잘되어 가는 과정을 그저 선망의 눈으로 바라본다. 주체적인 삶의 결여로 인생무대 안에서 주연이 아닌 조연으로 살아가는 사람들이 너무나 많다. 물질만능·쾌락 추구·권력 추구 등으로 인한 정신의 황폐화는 인간다운 인간으로서의 참된 삶을 상실케 한다.

모든 나라가 고유의 철학과 사상을 갖고 있으며 그 철학과 사상을 바탕으로 문화를 형성해왔다. 이러한 사상과 이념들은 각 국가의 철학·

----

44 박제윤, 『철학의 나무』, (함께북스, 2006), pp.14, 37, 46 요약

정신문화이자 영혼이며, 기층을 형성하는 토대로 맥을 이어오면서 국가의 정체성을 유지·발전시켜 왔다. 우리 고유의 철학을 창출하고 연구·발전시켜 단 한 줄, 단 한 장이라도 창작을 하는 풍토 아래 효과적인 교육이 가능하다.

우리가 우리의 여건과 환경에 맞는 인문학 교육을 제대로 시키려면, 우리의 역사와 철학 등 우리 고유의 학문을 집중 연구하여 한국형 철학 교육 자료가 풍부해져야 한다. 한국적 상황과 여건에 바탕을 둔 경험적 철학을 살려 자아화自我化하고 이를 학문화할 때, 우리의 철학교육학이 비로소 창의·창조되어 효과적인 교육이 될 수 있는 것이다.

『인간이 그리는 무늬』에서 최진석은 다음과 같이 밝혔다.[45]

한국에서 나온 철학박사 학위논문의 99퍼센트는 먼저 나온 세계관을 해석하거나 이해하려고 하는 '무엇무엇'에 관한 연구들이다. 훈고訓詁의 기운으로만 너무 채워져서 창의創意의 기운이 발휘되지 못하는 형국이다. 즉 한국에서는 산업 현장에서와 마찬가지로 철학연구에서조차 장르를 창출하지 못하고, 선진국에서 만든 장르를 대신 수행하는 '생산자' 역할만을 하고 있는 것이다. 이것을 소위 학계에서는 '한국의 철학'이 아직 건립되지 못했다고 표현한다.

철학교육이란 인간다운 인간으로서의 삶과 행복한 삶을 목표로 설정하고 그 목표를 성취하기 위해 살아가는 과정이다. 인성교육이 개인의 사리사욕을 넘어 이타주의와 공동체의 이익을 조망하는 것은 결국 널리 사람을 이롭게 한다는 우리나라의 홍익인간 철학과 맞닿아 있다.

철학교육은 역사와 국혼에 바탕을 둬야 하고, 정의와 국가공동체에

----

45 최진석, 『인간이 그리는 무늬』, (소나무,2014), pp.32~33

대한 자긍심을 갖게 하면서 사회의 보편적 가치관을 담아야 한다. 모든 사람들이 홍익인간 철학교육으로 사람을 이해하고 사람을 위하고 사람의 길을 모색한다면, 철학교육의 근본적인 토대가 될 것이다.

동·서양 철학의 이해

동양철학은 역사의 승자로 살아남은 중국이 중심을 이루고 있다. 우리의 환인·환국·단군시대의 보물 같은 철학 자료가 수많은 국난으로 훼손된 데다가 일제 강점기의 한민족 문화 말살정책으로 한민족의 철학자료는 대부분 사라졌다. 따라서 우리의 철학은 구전으로 축소되어 기록문화는 부실화 되었다. 그러나 동양철학의 뿌리는 사실상 홍익철학이라는 것을 알고 지금부터라도 자료를 찾고 깊이 연구해서 우리 민족의 철학사상을 정립해야 한다.

공자는 "이 세상 모든 것의 근본은 사람이다(이인위본: 以人爲本)."라고 논어에서 강조했다. 이를 해의解義하면 이 세상 모든 것 중 사람이 가장 중요하고 사람이 본질이라는 뜻이다. 현대인은 자연과 우주의 섭리를 바탕으로 철학을 이해하고 자연과 더불어 살아가야 인간다운 인간으로 행복한 삶을 살 수 있다.

공자는 기원전 5세기 사람이었는데, "아침에 도를 배우면 저녁에 죽어도 한이 없다."라고 말했다. 동양철학의 초점은 인간다운 생활을 할 수 있는 인생의 도와 인생의 의미를 찾는 것이다. 그렇다면 '도와 인생의 의미란 무엇인가?'우리는 일생을 살아가는 동안 이 질문을 스스로에게 던져보는 순간을 맞게 된다. 다양한 철학적 관점으로 인생에 대해서 말할 수 있겠지만 인생의 도와 의미란 스스로 찾는 것이요, 스스로 만들어나가는 것임은 분명하다. 내가 내 인생에 의미를 부여하는 것이다.

유교에서는 특히 도덕적 면을 강조하여 일종의 생활규범, 인간의 가치기준 등을 핵심규범으로 여겼다. 이러한 유교는 중국 못지않게 조선시대에 꽃을 피웠다고 볼 수 있다.

동양철학의 원초적인 성격에 있어서 인간이 인간답게 살고 인생의 도를 추구한 것으로서 공맹과 유교의 핵심사상, 즉, 수신제가 치국평천하修身齊家 治國平天下를 핵심덕목으로 볼 수 있다. 또한 동양의 인본주의는 인, 의, 예, 지, 신 등 유교철학을 중시한다. 이것은 공자부터 시작하여 맹자, 순자의 유가와 도가, 현학, 신유학, 성리학 등으로 다양한 형태로 발전되어 왔다. 동양 인본주의의 원리는 자연과의 조화, 타인과의 조화를 중시했다. 남을 배려하고 돕는 것을 주요 인성으로 삼았고, 남을 돕는 것도 자신의 인성을 수양하는 중요한 방법 중의 하나로 보았다.

인仁은 '논어'의 핵심 메시지이다. 인간의 인간다움은 인仁이다. 즉 사랑하는 마음이며 그 인의 실천방식은 충忠과 서恕이다. 충忠은 사랑하는 대상에 대해 꿋꿋하게 의리를 지키는 것이며, 서는 사랑하는 사람을 그 사람의 입장에서 부드럽게 안아주는 것이다. 그리고 이것을 온몸으로 실천하는 것이 군자의 이타주의 삶이다.

지금부터 서양철학의 개념을 살펴보자.

고대 서양철학의 원초적인 성격은 소크라테스로부터 찾을 수 있다. 고대 그리스 철학자 소크라테스(기원전 499~399년 추정)는 오늘날 서양철학의 뿌리로서 인간의 존재와 내면에 대해 탐구했다. 사람들이 무지를 자각해 스스로 진리를 추구하도록 의도했다. 인생에서 가장 소중히 여겨야 할 것은 단지 사는 것이 아니라 훌륭하게 사는 것이라고 강조했다. 이러한 소크라테스는 법정에서 자신의 가르침이 잘못됐다 인정하면 사형을 피할 수 있었지만 "품위와 위엄을 잃는 일 따위는 하지 않겠다."면서 독배를 택했다. 더욱이 자신의 죽음이 옳았음을 역사 속에서 증명하려는 신념과 철학으로 독배를 택하여 오늘 날까지 깊은 의미를 주고 있다.

플라톤은 '아카데미아'를 설립하여 스승인 소크라테스의 교육적 이상을 교학상장敎學相長의 정신으로 구현하고자 했다. 그 결과 『크리톤』, 『파이돈』 등을 저술해 소크라테스의 저술을 발전시키고 『이데아론』을 처음으로 주장했다. 또한 그의 제자 아리스토텔레스는 '최선의 삶은 무엇인가?', '삶의 최고선은 무엇인가?', '덕은 무엇인가?', '어떻게 우리는 행복을 실현할 수 있는가? 하는 문제들을 명료하게 의식했다. 그에 따르면, 인생의 목적을 설정하는 데 있어서의 시작은 그것이 개인적 행복에 있다는 것을 솔직히 시인하는 것이다. 우리는 행복 그 자체를 위해 행복을 원하며 그 밖의 것, 상위의 가치를 위하여 추구하는 것이 아니다.

또한 중세철학의 시작은 데카르트로서 "나는 생각한다, 고로 나는 존재한다Cogito ergo sum."라고 말했다. 즉, 무릇 사유된 것은 모두 존재한다는 것으로 데카르트가 발견한 진리의 표준이다. 인간존재의 근거가 더 이상 신에게 있지 않고 사고思考에 있다는 주장을 펼쳤다.

칸트(1724~1804) 철학은 서양철학의 최고봉 가운데 하나다. "내 위에 별이 반짝이는 하늘과 내 속의 도덕법칙"이라는 묘비명에 새겨져 있는 말이 나타내듯, 칸트철학은 자연인식에서 실천적 인식에 이르기까지 주체적으로 이론이성과 실천이성의 존재양태를 규명할 것을 지향하고 있다. 또한 인간이 무엇이 도덕법칙에 맞는 행동이고 무엇이 도덕법칙에 어긋난 행동인지 판단할 수 있는 능력을 실천이성이라고 불렀다. 한편 『순수이성비판』은 그와 같은 칸트철학의 기초를 이루는 총론에 해당되는데, 유한한 인식의 한계 내에서 위대함을 꿈꾸었던 계몽주의적 인간상을 그려낸 위대한 고전이라고 하겠다.

근대철학의 효시는 프랜시스 베이컨으로서 "아는 것이 힘이다."라고 말하여 신의 은총과 상관없이 인간이 자연세계를 얼마나 정확하고 많이 아는가에 따라서 그 인간의 힘이 좌우된다고 주장하였다. 한편, 현대를 열었다고 하는 철학자로는 대표적으로 마르크스나 프로이트, 니체를 들 수 있다. 들뢰즈는 그의 저작 『니체와 철학』에서 "현대철학은 대부분 니체 덕으로 살아왔고, 여전히 니체 덕으로 살아가고 있다."라고 하였다. 니체는 근대이성을 계산적 이성이라고 비판하며, 이성은 정신으로 존재하고 의지는 육체로 존재한다고 주장하였다.

아시아적 가치는 공동체정신과 깨달음의 정신, 서구적 가치는 자유·민주적 합리주의와 프런티어 정신이라고 여겨진다. 철학의 방향성은 아시아적 가치를 중심축으로 한 동서양 정신문화의 통합이라고 할 수 있다.

철학은 삶의 기본이 되기 때문에 삶의 질을 좌우한다. 철학은 단순히 고뇌한다고 이루어지는 것이 아니다. 철학은 늘 배우고 정진하는 과정에서 켜켜이 쌓여가는 것이기 때문에 학습이 매우 중요하다. 철학을 바탕으로 한 인문학 교육의 활성화는 곧 대한민국의 발전으로 이어질 것이다.

3

지덕체智德體 에서 체덕지體德智 교육으로

교육이란 인간다운 인간, 인간다운 삶을 추구하는 교육을 말한다.

존 로크의 교육론[46]은 우리가 흔히 알고 있는 지덕체가 아니라 체덕
지로 '신체의 건강'을 최우선하였다. "건강한 신체에 건강한 정신이 깃
든다."라는 너무나 상식적이고 당연한 말이지만 입시지옥, 학력차별 사
회인 우리 현실에서는 가정에서도 학교에서도 체육의 중요성을 잘 깨
닫지 못하고 있다.

특히 요즈음 청소년들은 체구는 큰 데 비해 체력이 약해 공부는 물론,
사회진출과 결혼생활에도 지장을 초래하고 있는 형편이다. 건전한 체
력에 건전한 정신이 깃들어 전인적 교육을 할 수 있는데 기본 체력이 약
하다 보니 외국 학생들에 비해 장기전에 약해 제대로 공부할 수 없다.

----

46 존 로크, 박혜원 역, 『교육론』, (비봉, 2014), p.9

"체력은 국력이다"라는 말처럼 개개인의 체력이 뒷받침이 될 때 국력이 튼튼해 지는 것이다.

WHO는 건강의 개념을 "건강이란 단순히 질병이 없는 상태가 아니라, 신체적, 정신적, 사회적으로 균형 잡힌 상태를 유지하는 것"으로 정의하고 있다. 운동은 신체의 건강을 위해서 필요한 것은 물론 긍정성을 키워 준다는 점은 동서고금 위인들의 가르침이다. 신라의 화랑교육도 주요 교육은 산천을 돌아다니면서 심신을 단련하는 운동이었다. 운동을 하면 엔도르핀이나 세로토닌 등의 행복 호르몬이 분비되어 상쾌하고 여유로운 긍정마인드도 생긴다.

이와 같이 운동 시간을 늘리면 학생들의 학업 성취도가 올라가고, 학교 폭력, 우울증, 게임 중독이 줄어든다. 체육활동을 늘리는 것은 남학생과 여학생 모두의 뇌를 활발하게 만드는 것으로 알려져 있다. 인성을 중요시하는 전인교육을 하면서 체력도 단련하고, 다양한 체험학습을 통해 이 사회에 적응성을 키울 수 있다. 교육의 기본방향을 근본적으로 전환하여 체덕지 교육으로 전환시켜야 한다.

한 국제구호단체에서 운영하는 '체인지 교육'은 입시위주의 나쁜 교육을 바꾸자는 취지에서 시작된 체덕지 교육의 모범사례이다. 체인지 교육에서는 한 사람도 소외되지 않고 서로의 생각을 모아 협동하며 모두 승리하는 게임을 한다. 신체활동, 인성교육, 창의성 교육이 어우러진다.

존 레이티 하버드대 정신의학과 교수는 다음과 같이 말한다.

"세계적으로 운동 기반 교육movement-based learning을 강화하는 추세인데 한국은 역행하고 있다. 온종일 학교나 학원에 앉아 몸을 쓰지 못하게 하는 한국식 교육은 오히려 학생들 역량을 저하시키고 우울증까지 유발할 수 있다.

학생들이 매일 최소 40분 신체 운동을 해줘야 뇌가 자극받고 학습 능력도 좋아진다. 운동하면 뇌로 공급되는 피와 산소량이 늘어나면서 세포 배양 속도가 빨라지고 뇌 안의 신경세포(뉴런) 역시 더 활기차게 기능한다. 아이와 어른 할 것 없이 운동을 하면 집중력·성취욕·창의성이 증가하고 뇌의 능력이 확장한다."

정신적, 사회적 건강의 대부분은 육체적 건강에서 비롯된다는 것을 알아야 한다. 건강한 몸에서 비롯된 마음과 생각은 말과 행동습관의 건강함으로 이어져 사람의 운명을 바꿀 수 있는 선순환 작용을 일으킨다.

이제 우리나라도 초중고의 체육교육 필수과정을 부활시키고 대학과 사회체육으로 연관시켜 기본적으로 체육을 생활화하여 삶 속에서 자연스럽게 건강을 다질 수 있는 체육문화를 조성해야 한다. 우리의 국기인 태권도를 필수 교육화 할 경우 체덕지 교육의 기반 조성 및 활성화에 크게 기여할 것이다. 청소년기에 적절한 운동으로 성장판을 자극해주어야 하는데, 학생들이 교실과 학원만 오가느라, 그나마 시간이 좀 생기면 컴퓨터, 스마트폰 하느라 땀 흘려 운동할 시간이 없다. 대입체력장 부활 등 초·중·고 체육교육 활성화가 시급하다. 체력이 국력이고 체력이 국민 행복의 시대이다. 지덕체 중심교육을 체덕지 중심교육으로 조속히 전환해야 한다.

밥상머리 교육 - 가정교육의 근간

우리의 가정은 생활의 중심이고 삶의 성패를 좌우하는 출발점이다. 가정은 우리의 전全 인격이 자라나는 터전이다. 위대한 인물을 기르는 온상이 되기도 하지만 악인을 기르는 온상이 되기도 한다. 그래서 가정은 성선善의 근본이요, 때로는 성악惡의 근원이 되는 것이다. 인생에 있어서 가정만큼 중요한 곳이 없다. 가정의 역할은 학교에서도 사회에서도 어디에서도 대신할 수 없는 고유의 교육장이다.

현대 사회학에서는 다음과 같이 말한다.[47]

급격히 증가하는 이혼율과 가족의 의무 대신에 개인적인 행복 추구 등 지난 수십 년 동안의 변화를 나열하면서 가족 가치를 옹호하는 사람들은 '가족이 붕괴하고 있다'고 외치고 있다. 그들은 우리가 도덕적인 가족생활을 회복해야 한다고

---

47 앤소니 기든스, 김미숙 외 6인 역, 『현대 사회학』(을유문화사, 2001), p.193

주장한다. 우리는 전통적인 가족을 다시 회복시켜야 한다. 전통적인 가족은 우리가 요즘 발견한 복잡한 관계망보다 더 안정되고 질서가 있다.

우리의 선조들은 "벼는 농부의 발자국 소리를 듣고 크며, 자녀의 인성은 부모의 등을 보고 자란다."라고 말했다. 교육에서 가정교육의 중요성을 강조하는 말이다. 근간 IT문명이 발전함에 따라 가족 간의 접촉보다는 기계와의 접촉이 더 편하고 가까운 소통의 현상이 되었다. 가족 간 대화가 단절되다 보니 신뢰와 사랑의 덕목 등, 가정의 소중함이 점점 퇴색되어 가고 있어 밥상머리교육의 중요성은 더욱 제고되고 있다.

가정교육의 기본은 바로 학부모 교육이다. 부모가 자녀 교육의 원리와 의사소통 기능을 습득하고, 가정에서 스스로 훌륭한 인격자가 됨으로써 자녀들에게 모델이 되도록 하는 것이다. 주입식으로 가르칠 것이 아니라 학부모 스스로 무엇이 옳은 것인지 솔선수범하여 보여야 할 필요가 있다.

로저 스크러튼은 『합리적 보수를 찾습니다』에서 가정의 중요성에 대해 다음과 같이 말한다.[48]

가정이 삶의 목적이 정립되고 삶의 목적을 향유하는 장소라는 기본적인 진실은 아직 남아 있다. 가정은 집에 대한 기본적인 이미지(우리가 언젠가 여건이 된다면 재발견하기를 염원하는 장소이자 우리가 자녀에게 열어주는 감정의 보물창고)를 제공한다.

가정교육의 기본이 무너지면 사회, 국가체계 유지가 힘들어진다.

----

48 로저 스크러튼, 박수철 역, 『합리적 보수를 찾습니다』 (길벗, 2017) p230

선진국의 학부모들은 어린 자식의 엄격하고 기본적인 생활습관 지도를 가정에서 해야 할 일로 생각하는데, 한국 학부모는 그렇지 못하다. '오냐오냐' 하면서 버릇없이 키워 학교에 보내놓고 선생님들에게 생활지도까지 부탁하고 있는 형편이다.

미국, 유럽 등 선진국의 부모들은 아이가 공공질서에 반反하거나, 매너 없는 행동을 하면 무섭고 단호하게 대한다. 반면 대한민국에서는 식당, 카페, 마트 등의 장소에서 아이들이 소리 지르고 뛰어다녀도, 부모는 아이가 기죽는다며 말리는 시늉만 하거나 신경을 쓰지 않는다. 매너 없는 부모들로 인해 일부 점주들은 '노 키즈 존'을 선언하는 지경에 이르렀다.

모든 자녀들은 부모의 손에 의해 길들여지고 다듬어지며, 부모의 말과 행동을 그대로 본받으며 성장하기 때문에, 부모의 사랑은 독립된 한 개체로서 스스로 책임지며 살아갈 수 있도록 자녀의 성장을 돕는 것이어야 한다. 건강하고 행복한 가정은 젖먹이 때는 자녀를 지극정성으로 돌보고, 사춘기가 되어서는 한발 떨어져서 지켜보고, 성인이 되면 독립하여 아름다운 가정을 꾸미도록 역할을 다하는 것이다.

국가는 가정 해체율을 줄이기 위해 복지에 보다 힘써야 하고, 가정보다는 학원에서 보내는 시간이 많은 지나친 입시경쟁도 해결해야 한다. 가정에서 따뜻함을 경험한 가족은 사회를 따뜻하게 바라보고 선진국가를 건설하는 데 기여하기 마련이다. 자녀가 사회의 일원으로 올바르게 성장할 수 있도록 하는 국가와 가정의 동시 노력이 필요하다.

5

21세기, 평생교육의 시대

　인간은 일생을 통해 스스로 학습하고, 시민으로서 사회화과정 속에 살아간다. 그래서 세네카는 "산다는 것은 평생 배우는 것이다."라고 하였다. '평생교육Lifelong Education'이란 말은 1960년대 유네스코에서 사용하면서 오늘날 국제적 명제가 되었다. 우리나라 헌법 제31조 제5항에 "국가는 평생교육을 진흥하여야 한다"라고 명시되어 있다. 2008년 2월에 '국가평생교육진흥원'이 개원되었다. 1969년판 웹스터 사전을 보면 'Self-Development'를 '자기의 능력 또는 가능성의 계발'이라고 정의하고 있다. 발명왕 토마스 에디슨은 "천재란 1%의 영감과 99%의 노력으로 이루어진다."라고 말하며 후천적인 노력을 강조했다.

　우리는 자기능력 향상을 위해 꾸준히 노력해야 한다. 남들의 성공과 실패의 경험을 교훈으로 삼는 슬기를 가지고 자기계발에 정진하면서 다음 사항들을 고려해야 한다.

네이버 국어사전에서는 개발과 계발의 의미를 다음과 같이 설명한다.[49]

'계발'은 '능력, 재질, 재능' 등 인간에게만 속성을 가리키는 말들에 국한되어 어울립니다. 이에 비해 '개발'은 '기술, 경제, 책, 제품, 국토, 인력' 등 주로 물질적인 것을 가리키는 말들과 어울리지만, 때로는 '능력, 재능' 등의 단어와도 어울리는 것을 볼 수 있습니다.

자기계발에서의 계발의 주체는 타인이 아니라 '자기'이다. 이때 자기계발은 자기를 주어로 하여 자기가 계발한다는 의미로 해석될 수 있다. 여기서 자기가 계발한다고 하는 것은 스스로 계발의 목표를 설정하고 계발의 방법을 생각하며, 스스로 계발하고 계발의 성과를 검토한다는 것을 의미한다.

우리말에서 개발이라고 할 경우 그것은 계발의 뜻까지 포함하여 정신, 교육, 물질적인 발전의 의미로 널리 사용되나, 계발은 정신적·추상적인 의미로만 쓰인다.

4차 산업혁명으로 세상이 워낙 빠르게 변하는 통에 지식의 유통기한은 점점 짧아져 간다. 평생 배워야 하는 시대가 도래했다. 인생은 학교에 비유된다. 산다는 것은 배우는 것이다. 즉, 우리는 죽는 날까지 평생 배워야 한다. 산다는 것은 스스로 인성에 적응하는 것이며, 인성에 적응하면 인간답게 살 수 있을 것이고, 적응하지 못하면 불행해질 것이다. 미래는 100세 시대의 '평생교육시대'로서 새로운 도전과 배움으로 미래를 준비해야 된다. 디지털 시대에서 새로운 환경에 적응하고 새로운 기

---

49 https://ko.dict.naver.com/#/correct/korean/info?seq=265

회를 찾아야 한다. 대학이 중심이 되어 평생 교육이 활성화되도록 정부의 지원책이 요구된다. 공부는 평생 하는 것이고, 재미있고 당연히 해야하는 것으로 여기게 해야 '평생학습시대'에 살아남는 사람으로 키울 수있다.

랑그랑은 "평생교육이란 인간의 통합적 성장에 중점을 두고 각 단계에서 훈련과 학습을 통하여 융화시키고 잘 조화되게 하여 인간의 갈등해소를 도와주는 노력이며, 삶의 모든 상황에서의 필요와 학습이 계속연계되는 교육조건을 제공하여 개인의 자기완성을 이루도록 하는 것"이라고 정의하였다. 평생 교육은 인간이 태어나서 모성접촉과 자율인식 단계부터 유년기→청년기→장년기→노년기를 거치며 학습하면서일생을 완성하게 된다. 그러면서 가정, 학교, 동료, 직장, 대중매체 등에영향을 주게 된다.

국민의 평생학습 참여율과 1인당 소득은 상당한 상관관계가 있다. 국민의 학습량이 많을수록 소득은 늘어나는 것이다. 최근의 한 연구에의하면 평생학습 참가율이 1% 높아지면 1인당 국민소득이 332달러 증가하는 것으로 밝혀졌다. 노르웨이, 덴마크, 핀란드, 스웨덴 등의 평생학습 참여율은 50%를 상회하며, 이러한 학습이 국민 개개인의 혁신역량을 지속적으로 강화해 기업과 국가의 경쟁력 강화를 가능하게 한 것이다. 정부는 평생교육 시스템을 완비하고 충실한 교육을 통해 국민 개개인의 고용의 질과 삶의 질을 향상시켜야 한다. 국가 전체의 교육역량과 성장 동력을 강화시켜 국민 행복을 증진해야 한다.

6

학군제學群制 폐지

이른바 '강남 8학군'은 국가적으로 문제가 되고 있는 부동산투기, 사교육비, 양극화 등 이슈의 진원지로 작용하고 있다. 학군제는 교육적 측면은 물론이거니와 국가·사회적 큰 이슈를 해결하기 위해서도 반드시 폐지하여야 한다.

학군제 폐지는 국가적 문제임에도 불구하고 강남에 거주하는 기득권층의 반대와 일부 정치인, 관료 등이 야합한다는 여론이다. 특정계층을 둘러싼 정서적, 관계적 자원들이 패거리를 이루어 문화적 장벽을 형성하고 있다는 것이다. 교육과 경제의 양극화가 점점 심각해지고 있는 점을 감안할 때, 기득권 세력이 솔선수범하여 학군제를 폐지토록 해야 할 것이다. 심지어 관련 공무원과 관련 세력이 '교육마피아'힘으로 학군제 개선을 기피하고 있다는 것이 민심의 흐름이다. 대다수의 국민은 학군제를 교육 개혁, 교육 혁명 차원에서 폐지해야 한다고 주장한다. 특히

'학군제 폐지에 대해'라는 제목으로 인터넷 토론 공간에 기고(필명 아브라함)한 글이 큰 호응을 받고 있는 바 주요 내용은 여섯 가지이다.

첫째, 도시 집중의 주택 문제 해결: 집중의 가장 근본적인 문제는 교육 문제이며, 그 중심에 학군제가 있다. 그 지역에 살기만 하면 그 지역 학교에 보낼 수 있기 때문이다. 그래서 위장전입이란 문제도 나오고, 심지어 셋방을 구해서라도 이사를 해야 하기 때문에 전셋값도 올라가는 것이며, 강남과 강북의 집값이 다른 근본적인 이유이기도 하다.

둘째, 교육 인플레로 인한 서민들의 고충: 학교 평균화 정책은 사교육비를 줄이겠다는 취지로 출발했지만, 지금의 사교육은 모두 하여야 하는 평준화로 가고 있기 때문에 이는 완전 실패다. 공부를 잘하지 못하는 학생은 대학 가는 것을 지양하고, 개인 사업을 하든지 기술을 배우든지 적성대로 진출을 하여서 나름대로 성공을 할 수 있을 것이다. 공부 못하는 이가 대학 간판만 달고 무거워하는 것보다 훨씬 건강한 사회를 만들 것이다.

셋째, 학교 서열문제: 이미 발표는 하지 않았어도 서열은 나와 있는 셈이다. 그럴 바엔 차라리 시험을 쳐서 우수한 학생이 모이면 한 단계 높은 교육을 할 수 있어서 정말 석학을 길러 낼 수 있을 것이다.

넷째, 지방 공동화 현상과 지역분산 균형발전 문제: 지방이나 시골에 사는 아이라도 실력이 있는 아이는 하숙을 하든지 기숙사에 넣든지 교육을 시킬 수 있다면 군이 젊은 엄마 아빠들이 자식교육 걱정에 좋은 학교가 있는 도회지로 이사를 하지 않아도 될 것이다.

학군제의 역기능으로 인해 각 지방, 특히 군 단위 이하는 매년 젊은 인구와 가구가 줄어들었다. 자녀교육 때문에 생업을 접고 도회지로 나가기 때문이다. 이러한 사실은 지역경제가 점점 어려워지는 이유이기도 하다.

다섯째, 학군제가 전면 폐지되지 않으면 인구의 지역 분산 정책이나, 강남의 주택문제 등도 해결하기 어려울 것이다.

여섯째, 교육의 인플레 문제: 지금 우리나라는 교육평준화 정책으로 엄청난 교육의 인플레 속에서 몸부림치고 있다. 전 국민 대졸화로 전부 벼슬할 이들만 있고, 농사지을 이가 없는 현실이다. 차라리 이들에게 진학보다 대학 졸업까지 학비를 사업자금으로 투자했으면 더 쉽게 성공할 수 있었을 것이다.

과거 서울시장 경선 출마를 선언한 이계안李啓安 전 의원은 2006년 서울의 강남·북 간 교육격차 해소를 위해 학군제 폐지를 제안했다.

현행 학군제를 단일학군제나 1개의 광역학군제로 전환한 뒤, 선 지원 배정원칙과 근거리 배정원칙을 결합해 학생을 선발하자는 것. 즉 선발인원의 일정비율은 그 학교에 지원한 학생 중에 추첨을 통해 선발하고 나머지는 30분 이내 통학권에 있는 학생의 주소지를 기준으로 뽑되 대학 입시 내신제도를 철저히 지켜 지역 간 불이익이 발생하지 않도록 한다는 것이다. 이 의원은 "행정편의적인 학군제 탓에 강남·북 간 위화감이 조성되고, 도로 하나를 사이에 놓고 먼 학교로 통학하는 부작용이 생긴다"고 말했다.

위와 같은 상황을 종합적으로 고려할 때, 사회 정의와 민주주의 정신 구현 차원에서는 물론, 교육의 정상화를 위해 학군제 폐지는 시대적 당위성을 가지고 있을 뿐만 아니라 제도적 적폐청산의 본보기가 될 것으로 판단된다.

7

교육위원회
- 100년 대계 교육 정책 헌법에 반영

우리나라 교육은 정권이 바뀔 때마다 지속적으로 바뀌고 있어 교육
정책에 혼선을 초래하고 있는 실정이다. 당선된 대통령마다 별도 교육
대책을 제시하기 때문에 우리나라 교육정책은 지속성이 없으며, 집권
기간 내 성과에 집착해 성급하게 추진되는 현상이 반복되어왔다. 2018년
도에도 어김없이 수능개편안이 발표되었다. 우리나라는 교육제도의 안
정적인 개혁이 필요하다.

우리 교육에 필요한 것은 한 번에 낫는 특효약이 아니라 스스로 병을
치료할 수 있는 환경을 만들어 주는 것이다.

현재의 6-3-3 학제는 1951년 만들어졌다. 그동안 우리 자녀들이 신
체·정신적으로 성장한 점을 감안할 때 취학연령을 언제까지나 이대로
고집해야 할 것은 아니다. 젊은이들의 사회진출 시기도 너무 늦다. 청

년 입직入職 연령이 우리는 27~28세로 OECD 평균보다 3~4년 늦다. 박근혜 정부는 초·중학교 과정을 1년씩 줄이는 방안, 이명박 정부는 초교 입학을 1년 당기는 방안, 노무현 정부는 초교 과정 1년 단축방안을 검토했었다. 학제개편은 교육시설 재배치, 교사양성 시스템 변화 등 교육전반에 미치는 영향이 커 추진이 쉽지 않다. 그렇다 해도 문제를 알면서 내버려 둘 수는 없다.

학계는 물론 대부분의 국민들도 학제개편에 대해서 공감을 표하고 있음을 감안하여 정부는 학제개편을 위해 국내 자료는 물론 선진국의 학제를 면밀히 검토하여 우리 상황과 여건에 맞는 시스템을 도입하여 교육 백년지계의 틀을 확고히 마련해야 한다.

문재인 대통령은 선거공약으로 대통령 직속 국가교육회의를 설치하고, 장기적으로 국가교육위원회 설치를 추진하기로 하였다. 교육정책의 잦은 변경에서 벗어나 안정성과 일관성을 기하겠다고 말했다. 국가교육회의가 논의할 사안은 다음과 같다.

첫째, 2021학년도 수능 개편 유예로 고1 학생의 교육과정과 수능 과목이 불일치하여 학생과 학부모들이 혼란스러워하고 있어 교육주체들 간의 충분한 소통이 무엇보다 중요하다.

둘째, 교육부의 초·중등 교육 관련 권한을 시도교육청으로 이관하는 방안도 본격적으로 검토할 예정이다. 김진표 위원장은 2017년 6월 간담회에서 "교육부가 초·중등 교육에 너무 많은 간섭을 하고 있다"며 "이 권한을 최대한 교육청으로 넘겨 지역별로 교육 경쟁이 일어나게 해야 한다"고 말했다.

셋째, 교육부는 대학·평생·직업교육 위주로 기능을 개편한다.

이와 같은 사안을 교육부와 교육위원회가 긴밀히 협조하여 교육의 100년 대계의 계획과 비전을 세우는 등 교육혁명을 해야 한다. 정부는 교육의 희망 사다리 복원을 주요 국정과제 가운데 하나로 선정하여 교육이 부의 사회적 지위의 대물림 수단으로 전락하는것을 방지하려는 노력을 보이고 있다. 하지만 단지 당위성이나 명분에만 기대어 희망 사다리 복원을 도모하는 것은 현실성과 실효성이 낮을 수밖에 없다. 사안의 본질을 제대로 간파하여 보다 전략적으로 접근할 필요가 있다. 따라서 이 시대의 교육은 미래세대가 지닌 다양한 재능을 똑같이 소중하게 여기며 계발해야 할 것이다.

국가가 중장기적인 교육정책의 비전을 우선 책임 있게 제시하고 국민들을 설득하는 과정을 통해 교육제도의 개혁을 이루어 나가야 한다. 100년 대계에 비전을 세우는 진정한 교육혁명이 이루어져 대한민국이 초일류 통일선진강국으로 도약하는 데 기반이 되길 바란다.

지나친 교육열과 교육정책의 미비로 부작용은 물론 자아주도 및 창의적 교육이 결여되어 4차 산업 혁명시대에 낙오하고 전락될 것이 우려된다. 민관이 하나가 된 거국적인 교육혁명이 반드시 일어나야 할 시점이다.

8

교육부 - 대학입시제도 개혁

교육은 개인은 물론 국가의 미래, 운명을 좌우하는 만큼, 그 중요성
은 말할 나위조차 없다. 모든 국가들이 끊임없는 교육 개혁으로 교육 발전,
교육입국敎育立國을 위해 심혈을 기울이고 있다. 우리나라의 교육열은
세계 최고이나, 정부 당국의 교육정책 결여로 대입 제도의 혼란이 악순
환되고 있다.

특히 2018년 8월 17일 교육부의 2022년 대입 개편안 발표에 대해 교
육계는 물론 대부분 국민들이 비판적이다. 현재 중3이 치를 2022학년도
대학입시가 현행과 거의 비슷하게 치러지는 것으로 최종 결론이 났다.
2017년 8월 수능 개편안 유예 이후 1년 동안 공론화까지 거쳤다지만 제
자리로 돌아간 셈이다.

100년 대계의 교육정책은 전문성은 물론 학부모 등 각계 각층의 이
해가 첨예하게 대립되어, 공론화로 대입제도를 결정한다는 자체가 한

계를 지닐 수 밖에 없다. 대입제도 주무부처에서 미래 교육에 대한 고민보다 공론조사를 통한 정치적 절충을 꾀하고 있는 실정이다. 교육은 국가 미래를 준비하는 일로서 교육부 관료, 교수, 교사, 교육 전문 연구자 등이 머리를 맞대어 연구해도 힘든 분야이다. 복잡하고 예민하고 어려운 교육문제를 비전문가들이 모여 투표로 결정하는 행태는 교육부의 직무유기라 할 수 있다.

특히 정시 확대를 요구하는 일부 여론은 수렴한 반면 문제인 고교 학점제 도입, 고교 성취 평가제 도입, 자사고, 외고, 국제고 폐지 등은 중장기 과제로 미룬 탓에 현 정부가 교육개혁을 포기한 것 아니냐는 비판이 나온다. 지난 정부 시절 만들어진 대입제도를 뒤집겠다고 했지만 공론화 과정에서 국민적 공감대를 형성하지 못한 것이다. 최근 정시 확대 요구가 분출한 데는 고교 및 교사 간 격차, 시험지 유출, 성적 부풀리기 등 고교 내신 전반에 대한 불신이 깔려 있다. 그 결과 학생부종합전형, 학생부 교과전형(수시)에 대한 신뢰도 훼손됐다. 교육부는 이런 갈등의 근본 원인에는 뒷짐을 진 채 국가교육회의와 시민참여단에 '정시, 수시 선발 비율을 결정해 달라'고 떠넘기는 무책임한 태도로 일관했다.

한겨레 신문에서는 "어그러진 교육 개혁 로드맵, 책임지는 이가 없다"는 제하의 사설을 게재했다.[50]

교육부가 혁신 정책을 계속 추진한다면서도 현실에서 상충할 수밖에 없는 대입안을 내놓은 것은 모순적이다. 문재인 정부에 교육개혁 의지가 과연 있느냐는 의구심까지 일부에서 제기한다. 수능 체제와 대입제도 개편, 학생부종합전형 공정성 담보, 고교학점제 실시를 통한 고교교육 혁신 등 문재인 대통령이 내놨던

----

50 http://www.hani.co.kr/arti/opinion/editorial/858119.html

교육 공약 실현은 이로써 사실상 멀어지게 됐다. 입시제도는 국민 신뢰가 바탕이 되어야 하지만, 다수결로 정할 사안은 아니다. 진정 개혁의 의지가 있다면, 점수 줄 세우기와 '공정'이 다르다는 점을 설득하며 국민의 뜻을 물어야 했지만, 교육부는 뒷짐만 지고 있었다.

교육의 원칙과 철학은 결여되어 있고 땜질식 방식으로 개편되었다는 여론이 비등하다. 이번 대입 개편안은 한국 교육의 거대한 후퇴라는 비난을 모면 할 수 없다. 새로운 대입 개편안은 학교 교육 정상화도 창의적인 인재 양성도 기대하기 어렵다. 20여억 원의 혈세를 낭비하면서도 지난 해 수능 개편을 유예하고 1년에 걸친 대입 개편안은 결국 실패하였다.

이런 수능제도의 악순환 고리를 끊고 혁명적인 교육제도를 마련해야 한다. 그 중 대입 본고사 부활 및 대학의 입시 자율화 제도는 21세기 시대 발전에 따라 반드시 발전적으로 도입해야 할 것이다.

① 이미 대학에서 논술고사를 독자적으로 실시하고 있다. 대학입시는 '국가고사+내신성적+대학별 논술고사라는 세 가지 축으로 학생을 선발해 왔다. 최근에는 학생부 우수자전형 등을 제외한 대부분의 전형에서 내신 성적의 반영비중이 줄어들고 수능시험이 쉬워지면서, 내신 성적과 수능 점수만으로 우수한 학생을 선발하는 데 한계를 느낀 대학들을 중심으로 대학별 논술고사가 확대되는 양상을 보이고 있다. 내신 성적과 수능 점수, 대학별 논술고사를 적절히 반영해 신입생을 선발하는 방식이 일반적인 입시 유형으로 자리 잡아가고 있다.

② 현행 수능위주의 대학입학제도는 4지~5지 선다형 공부로서 기존의 방식대로 수능유형 위주의 입시 제도를 지속하는 것은 창의, 창조 교

육에 반하는 비효율, 비전략적인 시험제도이다. 21세기 개인은 물론 국가 경쟁력을 저하시키는 결과를 초래하여 국가적 문제를 야기할 것이다.

③ 최근 인구 감소로 인해 중·고교 및 대학입시생이 급격히 줄어가고 있어 교육의 효율화가 현안과제로 대두되고 있다. 대학 구조조정과 더불어 대입본고사 부활, 대학입시 자율화 제도를 통해 창의적 교육은 물론 대학교의 자생력을 강화해야 한다.

최근에 교육정책은 '적당주의 집단 스타일' 이라는 국민들의 비난여론(2018년 8월 31일 갤럽발표: 부정평가 35%, 긍정평가 26%)이 대두되고 있다. 지금은 교육이 우리 미래를 어둡게 하고 있다. 선진국은 '교육개혁'으로 고뇌할 때, 우리 교육 당국은 1년 이상 끈 교육 이슈의 결론이 다시 제자리로 돌아왔다. 교육부를 중심으로 교육전문가와 지식 경험이 풍부한 전문가들이 머리를 맞대고 100년 대계 교육정책을 수립해야 한다.

전문가가 깊이 연구해도 어려운 교육 문제를 공론화해 붙인다는 것은 교육부의 사명감 결여행태이다. 전문 연구 결과를 놓고 공론화에 붙이는 것은 이해가 되지만 연구결과가 없이 공론화 하는 것은 국민들의 이해를 얻지 못했다.

4차 산업혁명에 있어 교육제도 개혁은 모든 국가의 과제다. 우리 아이들이 살아가야 할 미래사회 교육을 위한 실천과제들을 종합적으로 연구하여 추진해 나가야 한다. 21세기 대내의 상황과 여건의 급변에 맞추어 대학구조 등 우리의 교육제도를 전반적으로 개혁, 혁신을 넘어 교육혁명으로 대처해야 할 것이다.

4부 교육혁명을 정리하면 다음과 같다.

인간이 멸종되지 않고 지구상에서 번영을 누리며 만물 위에 군림할 수 있는 것은 인간이 '생각하며 배우고 익히는 능력'을 부여받았기 때문이다.

우리나라는 위대한 홍익인간의 사상과 이념을 토대로 자연·우주의 운행질서와 인간의 행동이 하나로 된 상태에 도달하도록, 홍익인간의 완성을 교육의 궁극적인 목적이자 지향점으로 삼아왔다. 그럼에도 불구하고 지난 수십 여 년의 입시·출세주의 교육으로 국가의 미래가 암울한 실정이다.

플라톤은 "정의로운 국가를 건설하려면 정치보다 교육을 잘해야 한다"고 주장했다. 교육을 미래문명의 성장 동력으로 본 것이다.

21세기 국내외적 환경과 상황이 급변하는 만큼 우리의 교육은 시기적절하게 지속적으로 발전되었어야 하나, 오히려 퇴보함으로써 국가적인 문제로 대두되고 있다. 이 시점에 교육혁명이 없이는 국가개조의 성과도 묘연하다. 이젠 교육혁명을 통해 교육입국이 되도록 가정, 학교, 사회, 국가가 힘을 합쳐 혼신을 다해야 하겠다.

국가 대 개조
선진

국가 대 개조
- 국부론의 선진화 혁명 전략
- ③ 경제(물질)혁명

제13장

경제(물질)혁명의
이해를 위한 주요이론

1

경제학의 발전사

역사학자 유발 하라리의 『사피엔스』에 따르면, 인류역사에서 인지혁명, 농업혁명, 과학혁명의 세 개의 혁명을 중심으로 인간이 세상을 지배하는 동물이 되었다. 그것이 바로 경제학의 시작이라 할 수 있다.

일찍이 맹자는 "생업이 없으면 윤리나 도덕을 지키려는 한결같은 마음이 없어진다無恒産 無恒心"고 가르쳤다. 백장 선사는 "하루 일하지 않으면 하루 먹지 말라一日不作 一日不食"라는 청규淸規를 남겼다. "쌀독에서 인심 난다"는 우리 속담도 경제(물질)혁명의 중요성을 강조한 것이다. 더욱이 동서고금으로 국제사회는 약육강식의 경쟁논리가 적용되어 부국강병 건설 없이 국가보존은 물론 행복국가 건설이 불가하다. 물질문화 융성(경제혁명)을 위해 세계경제사에서 주요 이론과 교훈을 찾아 타산지석으로 삼아야 할 것이다.

학자에 의하여 역설되는 경제학은 각각 그 절대성을 주장하고 있다.

그러나 사회적 발전과정에 있어서 발생 변화하는 경제적 문제를 종래의 하나의 고정적인 이론만으로는 충분히 해명할 수 없다. 그러므로 경제학의 성립에는 우선 시대의 문제가 의식되어야 하고, 그와 같이 하여 성립한 경제학으로부터는 그 문제를 해결해야 할 어떠한 방법이 도출되어야 한다.

『경제학 원론』에서는 다음과 같이 말한다.[51]

경제학자들은 당대에 가장 중요한 현실 문제를 가장 중점적으로 다뤘다. 그리하여 고전학파는 장기적인 경제발전 문제를 주로 다뤘으며, 신 고전학파는 단기적인 거시경제 문제를 중요시 하였다. 1970년대 이후에는 신 고전학파인 거시경제학 및 신케인즈학파 등 여러 상이한 주장이 대두되었다.

경제현상은 인류의 존재와 더불어 발생하였다. 그러나 과학으로서 경제학의 역사는 대체로 자본주의사회의 성립과 더불어 시작된 것이며 18세기 중엽의 일이다.

영국의 애덤 스미스를 경제학의 시조라고 하고 그의 저서 『국부론』을 경제학의 출발점으로 하는 것이 통설이다. 그러나 스미스 이전에 있어서도 인간이 경제현상에 무관심하였던 것은 아니다. 그리스, 로마의 철학 중에도 경제에 관한 사상을 발견할 수 있다. 그러나 고대 및 중세의 경제사상은 대부분이 철학, 정치학, 신학 등의 일부로서 논의되고, 경제 문제만이 특별히 연구의 대상으로 되지는 않았다.

이것을 독립적인 연구대상으로 다루게 된 것은 중상주의의 경제 사상이었다. 이 중상주의 사상과 그 후 프랑스에서 나타난 중농학파의 사

---

51 정창영 지음, 『경제학 원론』, (법문사, 2000), pp 21

상은 경제학의 성립에 직접 선행하여 이에 많은 기초를 부여하였다.

경제현상은 끊임없는 역사적 변화의 과정에 있다. 연구대상의 역사적 변화와 이것이 따르는 비전의 변화는 이론적 분석에 대하여 새로운 시야를 전개하게 된다. 또 이론적 분석의 발전은 분석의 가정적 조건이 명백해지든가 혹은 보다 정밀히 규정됨으로써 전문적으로 세분화되어 연구체제 그 자체에 발전을 가져오게 될 것이다.

세계경제사의 경제이론의 발전은 항상 다양한 측면의 종합결과로 나타나는 것이다. 따라서 경제이론의 내용을 이해하기 위해서는 역사적 발전과정을 살펴볼 필요가 있다. 경제이론의 발전은 그 현상의 역사적 발전과 같이 결코 비연속적인 것은 아니다.

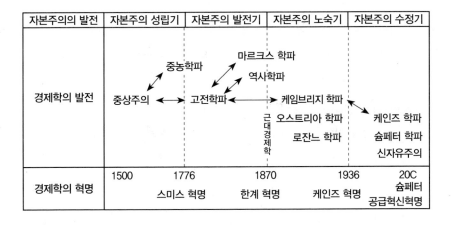

일견 혁신적으로 보이는 이론도 실제로는 선구적인 업적의 전성과 全成果에 불과하다. 그러나 연속적인 경제이론의 발전 중에도 그 이론이 무기력하게 된 정체의 시기와, 선구적인 업적을 집대성한 형식적 이론이 낡은 원리체계를 타도, 후퇴시키는 비약적 발전의 시기와의 교체가

있음을 알 수 있다. 이와 같은 경제이론의 이른바 혁명기로서의 시기를 다음과 같이 분류할 수 있다.

① 스미스혁명Smithian revolution의 시기: 고전이론

② 한계혁명Marginal revolution의 시기: 근대이론

③ 케인즈 혁명Keynesian revolution의 시기: 근대이론

④ 슘페터 혁명 : 현대이론

1776년 애덤 스미스의 국부론 이래 지금까지 250여 년에 걸쳐 경제학은 과학적으로 크게 발전하였다.[52]

2차 대전 이후 세계는 어떤 경제체제를 도입하는가에 따라서 국가의 운명이 갈렸다. 미국 등 자본주의 시장과 자유민주주의 체제를 도입한 나라는 선진국으로 발전한데 반해 소련, 북한 등 공산주의 경제체제를 도입한 나라는 대부분 몰락하였다. 이에 따라 중국, 베트남은 개혁·개방의 사회주의 자본경제를 도입하여 국가발전을 이루고 있다.

시장경제 체제는 선진 자본주의 국가의 방식이고, 계획경제 체제는 후발 내지 신흥 산업국가의 선택이었다. 우리나라는 신흥 산업국가 단계에서는 박정희 대통령의 근대화 혁명은 계획경제가 성공을 이루어 선진 자본주의 국가로의 탈바꿈을 하는데 성공했다.

향후 우리나라는 시장경제 주의와 자유민주주의 체제를 더욱 발전시켜 선진국으로 도약하고 더 나아가서는 초일류 통일선진강국을 건설하여 인류평화와 번영에 기여토록 해야겠다.

----

52 최항렬 지음, 『경제원리』, (동문출판사, 1981), pp. 60, 76, 474, 497 요약

2

세계 경제사經濟史의 주요 이론

중상주의(重商主義)와 중농학파(重農學派)

중상주의는 널리 사용되는 개념이지만 그 의미가 엄격히 정의되지는 않는다. 이 개념은 프랑스의 중농주의 경제학자인 미라보Marquis de Mirabeau:1749~1791가 맨 처음 사용한 것으로 알려져 있지만, 애덤 스미스 Adam Smith가 1776년에 출간한 『국부론Wealth of Nations』에서 기존의 경제 정책과 경제이론들을 비판하기 위해 사용하면서 널리 쓰이기 시작했다. 따라서 경제사상사 측면에서 중상주의는 자유로운 무역과 시장경제를 강조하는 고전경제학(고전학파)이 등장하기 이전까지 유럽 국가들의 경제정책을 뒷받침했던 이론체계를 가리킨다.

중상주의는 16세기로부터 18세기 중엽에 이르는 기간에 유럽 각국에 지배적으로 보급되었던 경제사조를 의미한다. 당시 근대국가건설의 실현을 위해서는 화폐(금, 은)를 국내에 다량으로 보유하고 경제적으로 부유해질 필요가 있었다.

그 당시는 경제적 부유는 화폐를 될 수 있는 대로 다량으로 보유하는 것이라고 생각했다. 그러므로 각국은 자국의 산업에 강력한 보호를 가하고, 특히 외국무역에 관해서는 수입을 제한하고 수출을 촉진하고 무역차액을 증대하여 금은을 획득하는 데 노력하였다. 이와 같이 근대국가 건설의 요망에 호응하여 유리한 무역차액을 위한 경제이론, 경제사상, 경제 정책을 총칭하여 중상주의mercantilism라고 한다.

중상주의정책은, 내용적으로는 화폐, 특히 금은의 획득을 중심으로 하고 있으나 그 양상은 시대에 따라 다르다. 대체적으로 중금정책→무역차액정책→산업보호정책의 방향으로 그 중점이 이행되었다. 그 중점 이행의 궁극은 매뉴팩처 독립, 산업자본의 형성, 본원적 축적의 수행이 이루어지고, 일시적으로 환영되었던 중상주의, 국가주의적인 보호간섭도 국민경제발전에 있어서는 하나의 방해물로 되어가, 중상주의 내부에서 자기비판의 성질을 가지게 되었다. 방해물이 된 중상주의에 대한 철저한 전면적인 반동은 개인주의와 자유주의를 표방하는 프랑스의 중농학파와 영국의 고전학파경제의 방향을 제시하였다.

한편 중농학파의 창시자인 프랑스의 케네(Erancois Qesnay:1694~1774)의 이론체계는 자연법사상을 그 철학적 기초로 하고 있다. 그는 인간사회 중에도 자연계에 있어서와 같이 자연적 질서의 존재를 인정하고, 인위적인 보호간섭을 배제하고 자유방임주의를 채용하여 자연적 질서에 순응해야 한다고 하였다. 그는 자연적 질서에 순응하는 일대 농업국을 상정하고, 그의 경제표에서 토지만이 생산적이고 부의 유일한 원천이라고 생각했다. 또한 가공하여 제조만을 하는 노동은 불생산적이라고 보았으며, 이에 지주계급을 더하여 사회의 3대 계급 간에 있어서의 순생

산물의 분배유통관계를 통하여 생산과 소비의 상호규정관계를 파악함
으로써 순생산재의 단순재 생산과정을 총체적으로 파악하였다. 요컨
대, 케네는 소위 자연적 질서에 기인하는 부의 순환을 표시하고, 결국
종래의 중상주의적 국가 간섭주의에 대하여 자유방임주의를 주장하고
더욱 상업 대신 중농의 중요성을 강조하였다. 그러나 중농학파는 그 교
설敎說의 기초가 편협하였던 까닭에 보다 광범한 지반에 입각한 스미스
경제학에 의하여 대체되게 되었다.

애덤 스미스의 국부론

중상주의를 비판한 최초의 경제학자는 영국의 애덤 스미스(Adam
Smith:1729-1790)였다. 그는 독점 무역과 중상주의는 이웃을 가난하게 만
들고, 국가가 비축한 금·은은 소수 계층에게만 돌아갈 뿐, 전체 국민을
부유하게 하지는 못한다고 주장했다.

18세기 경제학자들은 "왜 나라들은 무역을 할까?"라는 근본적인 질
문을 던지고 그 해답을 찾으려 노력했다. '경제학의 아버지'로 불리는
애덤 스미스는 절대우위론으로 "국제적인 분업을 통해 무역을 하면 더
부유해질 수 있기 때문"이라는 답을 내놓았다. 나라마다 갖고 있는 자
원·기후·환경·인구 규모 등이 다 다르니 각자 최대한 적은 비용으로
만들 수 있는 상품을 열심히 만들어 서로 교환을 하면 모두에게 이득이
된다는 것이다. 쉽게 말해 '각자 가장 싸게 만들 수 있는 제품을 생산해
무역을 하면 모두에게 좋다'는 것이다.

스미스는 두 국가가 각자 가장 잘 만들 수 있는 상품, 즉 절대 우위(다

른 사람·기업·국가보다 더 적은 생산 비용으로 상품을 생산할 수 있는 능력)가 있는 상품을 생산하여 교환하면 두 나라의 부를 모두 늘릴 수 있다는 사실을 알려주었다. 수입은 억제하고 수출만 늘리겠다는 중상주의가 무너지고, 자유무역을 통해 세계경제가 크게 번성할 수 있었던 것은 이런 스미스의 연구에 힘입은 결과이다.

실제로 국가나 정부가 아무리 많은 금·은을 갖고 있더라도 생산물이 증가하지 않는다면, 그 나라는 부유해질 수 없다. 스미스는 돈을 많이 쌓아 두는 게 잘사는 게 아니라 국민이 소비하고 사용할 수 있는 상품이 많아져야 잘살게 된다는 점을 깨우쳐주었다. 경제생활 수준을 높이려면 국내총생산GDP과 1인당 국내총생산을 늘리는 게 중요하다는 현대 경제학 이론도 이런 스미스의 생각이 발전한 결과이다.

인간은 이기적인 존재이고 자신의 이익을 추구하는 존재이다. 애덤 스미스가 말했듯이 자본주의는 자기 이익을 추구한 결과가 사회경제적인 이익으로 연결되는, 즉 '보이지 않는 손'이 존재하는 시스템이다.

애덤 스미스의 '국부론'에서는 경제학의 체계를 세우려는 진지한 조사와 탐구의 노력이 스며 있다. 애덤 스미스는 이데올로기적으로는 중상주의를 비판하며 극복하는 것을 목표로 삼고, 중상주의 핵심적인 명제들을 논리적 일관성과 현실적 타당성에 의해 과학적으로 반박하고 있다. 국부론이 일부 상인과 제조업자의 사적 이익 대신에 국민 대중의 이익을 옹호한 것은 당시 시대정신을 반영한 것으로 보인다.

우리는 애덤 스미스의 '국부론'이 꿰뚫고 있는 주요한 사상적 요소들을 고찰하고 그것들의 상호작용을 분명히 이해할 필요가 있다. 일찍이 애덤 스미스는 경제학은 분명히 도덕철학의 일부라는 점에 유념해주길

바란다고 강조하였다.[53]

　오랫동안 이런 방법으로 현명하고 도덕적인 준칙들의 수를 계속 증대시켜 왔지만, 그것들을 매우 명백하고 규칙적인 순서로 배열시키려 하지 않았고, 자연적 원인으로부터 결과를 연역하듯이, 각종 준칙들을 추출해 낼 수 있는 하나 또는 그 이상의 일반원리에 의해 그것들을 연결시키려고도 하지 않았다. 여러 가지 상이한 관찰들을 소수의 공통원리로 연결시켜 질서정연하게 체계화한 것의 아름다움은 자연철학 체계를 세우려는 고대의 조잡한 논문에서 처음으로 나타났다. 이후 유사한 종류의 것이 도덕에서도 시도되었다. 일상생활의 준칙들은 질서정연하게 배열되었으며, 소수의 일반원칙에 의해 연결되었다. 이런 것들을 연결시키는 일반 원칙들을 연구하고 설명하려는 과학을 도덕철학道德哲學이라 부른다.

　애덤 스미스는 국부의 논리를 펴기 전에 도덕적, 철학적, 역사적 배경이 경제학의 기본요소임을 강조했다. 그는 자신의 핵심 사상을 다룬 책이 무엇이냐고 묻는 제자에게 『국부론An Inquiry into the nature and causes of the Wealth of Nations』 보다는 『도덕 감정론The Theory of Moral Sentiments』에서 보다 근본적인 문제를 다루었다고 말하기도 했다. 그는 "자유에 따르는 가장 큰 위험은 도덕적 의미를 망각하는 것으로 너무 늦기 전에 지금 이 시대를 사는 사람들을 일깨워야 한다."라고 강조했다. 애덤 스미스는 부의 무절제한 추구는 반드시 부패로 연결되게 마련이며, 더 나아가 도덕적 양심까지 앗아간다고 설명한다. 그러므로 경제적 효율성과 도덕성은 상호 보완적인 관계가 되어야 한다는 것이 그의 주장이다.

　애덤 스미스는 오늘날 우리가 알고 있는 '경제학'의 의미보다 훨씬 광

----

53 애덤 스미스 지음, 김수행 역, 『국부론』, (비봉출판사, 2007), p.943

범위한 것들을 다룬 인물로서, 특유의 혜안과 식견으로 예술, 자연과학, 법률, 정치학, 경제학 등 다양한 분야에 대한 집필을 남김으로써 인류 계몽에 이바지한 인물이다. 애덤 스미스는 특히 시장과 도덕의 영역에서 '인간' 과학의 각 분야를 통합하는 사고체계를 개발한 업적으로 높이 평가할 만하다.

그러나 서구의 경제학자들은 애덤 스미스의 이러한 도덕적 비전을 오랫동안 무시해오다가 근간 관심을 갖고 그 중요성을 인식하고 있다. 이는 근자에 일고 있는 세계화에 관한 격렬한 논쟁에서 비롯된 결과이다. 세계 도처의 신흥시장들이 기존의 구조를 타파하며 성장세를 펼쳐 나가자, 서구 경제학자들 사이에 사회구성원의 가치체계에 균형을 가하는 사회적·제도적 구조에 결함이 있는 게 아닌가 하는 자각이 일기 시작한 것이다. 과거 민주주의 발달에 초석이 되었던 균형 잡힌 가치체계가 오늘에 이르러 크게 흔들리고 있음을 인식하기 시작했다는 의미다.

애덤 스미스는 인간 내부에 정신주의적 국부론과 물질주의적 국부론이 모두 존재하고 각각 다른 역할이 주어져 있다고 한다. 여기서 정신주의적 국부론의 소산인 도덕, 법, 정의 등은 사회적 질서를 가져오는 반면, 물질주의적 국부론의 소산인 이기주의와 욕망 등은 '보이지 않는 손'을 통해 시장과 국가의 부를 증대시킨다. 그러므로 보이지 않는 손이 충분히 역할을 다하기 위해서는 물질주의적 국부론이 방임되어서는 안되고 순화, 제어되어야만 한다는 것이다.

스미스는 마르크스 경제학과 신고전파 경제학 모두의 원조元祖이다. 그의 주저인 『국부론』을 통해 경제학의 나아갈 길과 한국 경제의 나아갈 길을 다시 한 번 고민하는 것은 경제 위기 상황을 해결하는 데 지혜를 줄 것이다.

마르크스주의

독일의 칼 하인리히 마르크스(Karl Heinrich Marx:1818-1883)는 사회주의의 창시자로서 젊은 시절 매우 급진적인 성향을 갖고 있었다. 자본주의 모순을 파헤치기 위해 중년의 나이에 철학, 역사학에서 경제학으로 전공을 바꾸어 공부하였다. 이를 바탕으로 자본주의 모순을 파헤친 자본론은 당시 자본주의에 대한 냉철하고 통렬한 비판으로 주목을 받았다.

2018년은 칼 마르크스가 『자본론』(원제: Das Kapital)을 출간한 지 151년이 되는 해다. 이 책은 20세기를 뒤흔든 사회주의 열풍의 사상적 토대가 됐다. 세기말인 1999년 영국 BBC 설문조사에서 지난 천 년 동안 가장 큰 영향력을 끼친 책으로 『자본론』이 선정됐고, 2005년 BBC 설문조사에서 마르크스는 역사상 가장 위대한 사상가로 뽑혔다. 마르크스와 『자본론』은 한국에서도 꾸준히 관심을 받아 왔다.

마르크스 이론은 19세기 중엽 마르크스와 엥겔스E. Engels에 의하여 확립되고, 그 후 발전된 이론체계이다. 그 학문체계는 독일의 헤겔 철학의 변증법과 프랑스의 사회주의사상과 영국의 고전학파 경제학이 계승 발전하여 형성되었다. 여기는 개별 과학이 병렬적으로 분류되고 있는 것이 아니고 입체적이고 유기적으로 결합되어 있다. 그리고 이론, 역사, 정책도 유기적으로 결합되어있다. 마르크스주의 경제학에는 일관된 철학이 있다. 그것은 변증법과 유물론을 결합하기 위한 방편으로서의 변증법적 유물론이다. 물론 변증법도 유물론도 그 자체로서는 결코 새로운 것은 아니나 양자를 과학적인 인식의 방법으로 결합시킨 사람이 바로 마르크스이며 이 변증법적 유물론이 '마르크스주의 경제학'의 기초가 되고 있다.

마르크스주의 경제학의 과제는 자본주의 생산양식의 모순의 구조와 그 운동법칙을 과학적으로 분석하여 사회주의 도래의 필연성과 실현을 위한 실천방책을 규명하는 데 있다고 할 수 있다. 그리고 특징을 보면 네 가지 사항(잉여가치 학설의 전개, 역사적 의식, 계급적 견지, 변증법적 유물론의 발전)이 조직화되어 마르크스의 통일적 세계관이 형성되어 있다. 마르크스의 경제학 체계는 자본론에 직결되어 있다.

『경제학 원론』에서는 다음과 같이 말한다.[54]

그는 자본주의 경제를 비판적으로 분석하는 가운데서 경제발전론에 대하여 상당한 공헌을 하였다. 기술진보를 자본주의 경제 발전의 원동력으로 보았으며 자본축적의 경제발전 과정에서 중요한 역할을 담당한다고 생각하였는데 이는 그 후 모든 경제학자들에 의해서 받아들여지고 있다. 그의 자본주의 운동법칙에 대한 분석은 가장 체계적인 자본주의 경제에 대한 비판으로서 경제학의 중요한 위치를 차지하고 있다.

아이러니하게도 마르크스의 자본론은 자본주의 경제체제가 비틀거릴 때마다 관심의 대상이 됐다. 다시 말해 불평등이 심화되고 일자리가 흔들리고 불황이 닥칠 때마다 자본론은 유령처럼 자본주의의 주변을 배회하는 현상이 반복되고 있다. 수정자본주의·혼합자본주의 등 새로운 분배논의를 통하여 불평등과 양극화를 극복하려는 시도가 이어지고 있다.

---

54 정창영 지음, 『경제학 원론』, (법문사, 2000), pp 926

케인즈의 수요 확대 정책

영국의 케인즈(John Maynard Keynes:1883-1946)는 20세기 전반을 대표하는 근대 경제학자로서, 그의 저서『고용과 이자 및 화폐의 일반 이론』(약칭 일반이론)은 경제 문제 해결을 위한 정부의 적극 개입을 주장하면서, 수정 자본주의의 기초를 세웠다. 케인즈 경제학은 시장과 민간부분이 국가의 간섭이 없는 상태에서 가장 잘 작동한다고 주장하는 경제적 자유주의를 반박한다. 역사적으로 보면 19세기 말부터 20세기에 걸쳐서 세계 자본주의가 독점 자본주의 단계로 이행하는 상태에서 거시경제학자 케인즈의 큰 정부론은 당시 경제 정책에 큰 영향을 주었다.

경제학사전에서는 다음과 같이 말한다.[55]

당시 주류 경제학자들은 "정부가 모든 경제활동에 가능한 한 간섭하지 않으면 시장의 조절 기능에 의해 경제는 자연히 잘 돌아간다."는 자유방임주의自由放任主義를 주장하였다. 대공황이 일어나기 전까지 이들의 주장은 맞는 것처럼 보였지만 대공황이 일어나자 주류 경제학자들은 대공황의 원인이나 해결 방법을 제대로 내놓지 못했다. 그저 "시간이 지나면 시장의 자기 조절 능력을 통해 대공황이 해결될 것"이라는 말만 반복하였다.

이에 대해 케인즈는 "시간이 지나면 우리는 모두 죽는다."라고 받아쳤다. 주류 경제학자들의 처방은 마치 폭풍우가 몰아쳐 사람들이 다치거나 죽어가는데도 "폭풍우가 사라지면 괜찮아진다"며 가만히 보고만 있는 무책임한 태도라는 뜻이다.

그래서 케인즈는 정부가 빚을 내서라도 정부 지출을 늘려야 기업들이 돈을 벌어 투자를 하고, 이를 통해 고용이 늘어나야 돈을 번 사람들이 소비를 늘릴 수 있다고 주장했다.

----

55 케인즈 [John Maynard Keynes] (경제학사전, 2011.3.9. 경연사)

1933년 프랭클린 루스벨트 대통령(32대)은 대공황을 해결하기 위해 '뉴딜 정책'을 발표했다. 루스벨트의 '뉴딜 정책'은 기업의 지나친 독과점 행위를 규제하는 '큰 정부'를 지향하는 정책으로 정부가 돈의 양이나 물건 가격을 조정하여 자본주의의 기본 틀은 유지하면서, 균형이 깨진 부문에만 정부의 시장 개입을 허용하는 자본주의를 말하는 것으로 '수정자본주의'라 부른다.

케인즈가 쓴 『평화의 경제적 결과(1919년)』는 정치인들이 이기적인 자국 정치 논리를 앞세워 경제를 깔아뭉개는 무책임한 행태에 경악하여 저술한 책으로서 『케인즈가 들려주는 수정 자본주의 이야기』에서는 다음과 같이 말한다.

시장경제와 계획경제의 요소가 복합적으로 운영되는 체제를 혼합 경제 체제라고 한다. 시장경제에 가장 가깝다는 미국과 유럽형 시장경제, 최근의 중국시장에 이르기까지 정도의 차이만 있을 뿐 오늘날의 모든 국가에서 볼 수 있는 경제 체제이다. 정부의 적극적인 개입으로 불황을 극복하게 되면서 시장경제에 정부 개입의 필요성을 인정하는 새로운 형태의 자본주의가 나타나게 되는데, 우리는 이것을 수정자본주의 또는 혼합경제체제라고 한다. 시장경제의 초기에는 정부가 시장에 개입하지 말고 작은 정부여야 한다는 자유방임 자본주의가 널리 퍼져 있었다. 하지만 시장 실패를 겪으면서 정부가 적극적으로 경제 전반에 개입하는 적극국가, 큰 정부로 나서야 한다는 수정 자본주의가 자리 잡게 되었다.

작은 정부론은 애덤 스미스로 대표되는 자유주의 고전경제학을 기반으로 하는 데 반해, 케인즈는 큰 정부론을 주장한 인물로서 1930년대 세계 대공황을 겪으면서 케인즈 이론을 바탕으로 한 뉴딜정책은 큰 정부론의 출발점이었다.

슘페터의 공급 혁신 정책

오스트리아의 슘페터(Schumpeter Joseph:1883~1950)는 빈학파의 지도적 경제학자이다. 1906년 이래 하버드대학 교수로서 미국경제학계에서 활약한 금세기의 대표적 경제학자 중의 한 사람이다. 1906년 빈대학을 졸업한 후 여러 관직과 요직을 역임한 뒤 1932년 이후 하버드대학 경제학교수로 봉직했으며 주요 저서로는 『경제발전의 이론(Theorie der wirtschaftlichen Entwicklung, 1912)』이 있다.

슘페터는 『경제발전의 이론』에서 "경제발전은 외부 여건 변화에 의한 단순한 순응과 수용이 아니라 경제체제 내부에서 발생하며, 기업가의 혁신이 경제발전을 자극하는 원천"이라고 주장했다.

『경제학 원론』에서는 다음과 같이 말한다.[56]

슘페터는 자본주의 경제발전 보다는 경기변동을 주된 분석대상으로 삼고 있다. 그러나 슘페터는 이처럼 자본주의 경제의 순환변동에 대하여 분석하는 가운데서 경제발전론에 중요한 공헌을 하였다.

슘페터는 경제의 '성장'과 '발전'을 엄격히 구분했다. 그가 말하는 발전은 '점진적 변화(성장)가 아니라, 경제의 틀과 궤도 자체를 바꾸는 혁명적인 변화'다. 그 발전의 원동력이 혁신이다.

그가 다룬 연구 분야는 '신新 결합'이나 '창조적 파괴'라는 개념에 의해 기업을 대행인으로 하는 기술혁신이 현대의 자본주의를 발전시키는 데 있어서 결정적인 역할을 하였다는 동학動學적, 장기적인 경제이론을

---

56 정창영 지음, 『경제학 원론』, (법문사, 2000), pp 927

주장하여 오늘날에도 높이 평가 받고 있으며, 우리나라 경제 정책에도 크게 활용되고 있다.

그는 기업가entrepreneur의 기술혁신innovation을 통해 매년 일정한 규모로 반복되는 순환적 흐름circular flow을 깨고 나오는 창조적 파괴creative destruction 과정을 분석했다. 즉, 혁신이란 단지 새로운 제품을 만들거나 새로운 생산방법을 개발하는 것이 아니라, 신원료 획득, 신시장 개척, 신조직 창출과 같은 광범위한 변화를 의미하는 것으로, 기업가의 혁신적 노력에 의해 경제·사회의 전반적인 변화가 주도되고 있다고 설명한다.

변양균의 『경제철학의 전환』에서는 다음과 같이 말한다.[57]

슘페터의 경제철학을 바탕으로 한국 경제를 창의와 혁신 기업가 정신이 살아 숨 쉬는 경제로 바꾸기 위한 기본조건으로 내가 제시하는 것은 다음과 같다.

노동의 자유를 높이기 위한 가장 큰 과제는 양질의 일자리를 늘리는 것이다. 취업에 급급한 상황에서는 일자리 공급자가 절대권력을 가질 수밖에 없으므로 노동의 자유가 제대로 보장될 수 없다. 어디까지나 일자리 공급에 초점을 맞추어 슘페터의 창조적 파괴가 활발해지도록 여건을 조성해나가는 것이 정부의 핵심과제다. (중략)

플랫폼 국가가 되려면 단순한 경제성장 이상이어야 한다. 가서 일하고 싶은 나라, 가서 비즈니스하고 싶은 나라, 가서 살고 싶은 매력적인 나라가 되어야 한다. 경제성장이 지속적으로 이루어지고 중산층이 튼튼한 사회, 또 이 성장이 저소득 계층을 함께 아울러서 사회의 어두운 그늘이 최소화되어야 한다. 수준 높고 다양성이 존중되며 자유로운 문화, 좋은 교육여건, 치안 등 사회 전반의 선진화가 함께 이루어져야 한다.

----

57 변양균, 『경제철학의 전환』, (바다, 2017), p.57, 62

정부의 적극적인 개입으로 빈곤의 문제를 해결하는 등 큰 정부론을 강조하는 것이 케인즈 혁명인 데 반해, 슘페터의 공급 혁신 정책은 성장 정책을 통한 경제성장을 주장하고 있다. 자본주의의 위기와 탐욕 등의 문제를 해소하기 위해서는 창조적 파괴로 기존체제를 변화시켜 새로운 세상이 오도록 해야 한다고 주장한다. 슘페터식 공급혁신정책은 우리 나라가 맞이하고 있는 저성장시대에 성장을 가능케 하고, 양극화와 빈 부장벽을 해소하여 사회 안정을 이루고 우리나라를 한 단계 더 도약시 킬 수 있는 혁신정책으로 주목받고 있다.

신자유주의(新自由主義, neo-liberalism)

현대의 신자유주의는 정부의 시장개입을 비판하며 시장과 민간의 자 유로운 경제활동을 중시하는 사상이다. 국가권력의 시장 개입은 경제 의 효율성과 형평성을 오히려 악화시킨다고 주장한다. 1970년대부터 케인스 이론을 도입한 수정자본주의의 실패를 지적하고 경제적 자유방 임주의를 주장하면서 본격적으로 대두되었다. 시민사회의 문제들이 시 장의 자연성에 의해 조절, 해결되어야 한다는 이론으로 19세기의 고전 적 자유주의 노선을 이어받은 하이에크(Friedrich Hayek: 1899-1992), 프리드 만(Milton Friedman: 1912-2006) 등의 학자에 의해 발전했다.

케인스 이론은 이른바 '자본주의의 황금기'와 함께하였으나, 1970년 대 이후 세계적인 불황이 다가오면서 이에 대한 반론이 제기되었다. 장 기적인 스태그플레이션은 케인스 이론에 기반한 경제 정책이 실패한 결과라고 지적하며 대두된 것이 신자유주의 이론이다. 미국의 로널드 레이건 대통령과 영국의 마거릿 대처 총리가 1980년대 추진한 정책들이 신자유주의의 대표적인 예로 꼽힌다. 시카고학파로 대표되는 신자유주의자들의 주장은 닉슨 행정부의 경제 정책에 반영되었고, 이른바 레이거노믹스의 근간이 되었다.

신자유주의는 자유시장과 규제완화, 재산권을 중시하여 '작은 정부'를 주장한다. 곧 신자유주의론자들은 국가권력의 시장개입을 완전히 부정하지는 않지만, 국가권력의 시장개입은 경제의 효율성과 형평성을 오히려 악화시킨다고 주장한다. 따라서 '준칙에 의한' 소극적인 통화정책과 국제금융의 자유화를 통하여 안정된 경제성장에 도달하는 것을 목표로 한다. 또한 공공복지 제도를 확대하는 것은 정부의 재정을 팽창시키고, 근로의욕을 감퇴시켜 이른바 '복지병'을 야기한다는 주장도 편다.

'작은 정부론'은 경제에 있어 시장과 민간의 역할이 최우선임을 주장한다. 경제 활동은 가능한 한 민간에 맡겨야 하며, 정부의 역할은 최소한으로 한정돼야 한다는 것이다. 반면 '큰 정부론'은 정부의 역할을 강조한다. 경제를 시장에만 맡김에 따라 초래된 경제·사회적 불평등을 해소 혹은 완화하기 위해 정부가 적극적으로 재정 지출을 늘려야 한다는 입장이다.

신자유주의자들은 자유무역과 국제적 분업이라는 말로 시장개방을 주장하는데, 이른바 '세계화'나 '자유화'라는 용어도 신자유주의의 산물이다. 이는 세계무역기구wTo나 우루과이라운드 같은 다자간 협상을 통한 시장개방의 압력으로 나타나기도 한다. 신자유주의의 도입에 따라 케인즈 이론에서의 완전고용은 노동시장의 유연화로 해체되고, 정부가 관장하거나 보조해오던 영역들이 민간에 이전되었다. 신자유주의는 작지만 강한 정부를 지향하고, 세계화를 표방하며 공공부문의 민간 이양과 규제 완화 등을 추구한다.

3

세계 경제사에서 배우는 교훈

소득 주도 성장과 혁신 성장의 조화

'J노믹스'의 소득 주도 성장이란 일자리와 소득을 늘리고 그 소득으로 소비를 증대시켜 기업의 신규 투자를 활성화하고 경제가 성장하는 선순환 구조를 만들자는 것이다. 이런 선순환 구조가 구축되면 취약 계층의 소득이 늘어나 소득 격차와 불평등도 해소된다는 것이다. 즉 임금을 주된 소득원으로 하는 가계의 소득을 늘려 경제 전체의 수요를 촉진함으로써 경제 성장을 촉진할 수 있다는 접근으로 국제적으로는 임금 주도 성장론wage-led growth으로 알려져 있다.

재계에서는 소득 주도 성장론은 '소득 주도 성장'을 이끄는 과정에서 기업규제가 강화되지 않을까 하는 우려가 있다. 반면 임금 인상이 총 수요를 늘려서 성장률을 높일 수 있고 이를 위한 균형 잡힌 정책이 나올 것이란 기대도 교차하고 있다. 학계에서는 공급 주도와 수요 주도에 대한 다른 견해를 보이고 있다.

공급 주도는 공급(혹은 생산) 능력 확대가 중요하며 수요는 부차적이다. 즉, 더 많이 만들어 내는 것이 가장 중요하며 그에 대한 수요가 있는지는 부차적이다. 고전파 경제학의 접근법이다. 수요주도는 생산물이 공급되어도 시장에 수요가 없으면 성장은 지속불가능하다는 이론이다. 수요창출이 우선이라는 소득주도 성장론은 물론 후자에 속한다.

컨설팅 대가大家 보스턴컨설팅그룹BCG회장은 소득주도 성장에 대해 다음과 같이 말했다.

"더 많은 사람이 경제 발전 열매를 나눠 갖는 건 바람직하다. 하지만 성장이 빠진 분배는 결국 작은 몫을 나눠 갖는 것에 불과하다. 성장과 분배가 함께 가야 최선이다"

한편 '소득주도 성장' 모델이 잘 작동할지에 대해 의문을 품는 전문가가 적지 않은 바 그 내용은 다음과 같다.

● 주원 현대경제연구원 경제연구실장은 "소득주도 성장은 새로운 실험이며 저성장을 탈출할 수 있는 확실한 방법이 아니라는 점에서 정부가 지나치게 소득주도 성장에 매여서는 안 된다"고 말했다.
● 조동근 명지대 교수는 "경제 문제는 실증적으로 풀어야 하기 때문에 남들이 안 가본 길을 가는 것보다 남들이 성공한 방식을 차용하는 게 현명하다", "주요 선진국 중에 소득 주도 성장 정책을 펴는 나라가 없다는 점에서 걱정스럽다"고 말했다.
● 하준경 한양대 교수는 "소득주도 성장은 결국 중소기업 근로자, 비정규직의 임금을 높여준다는 건데, 대기업 중심인 한국 시장의 구조 개혁이 필수적이다"라며 "그 와중에 기술혁신, 4차 산업혁명

이라는 장기 성장 동력을 훼손하면 한국 경제의 위험 요인이 될
수도 있다"고 말했다.

　정부의 역할은 복지를 통한 유효수요 창출에 치중하는 것이 아니라
각 개인이 생산요소를 결합하여 경제적 역량을 높이는 것이어야 한다.
자유시장 경제체제의 생태계는 지속적인 혁신 주도 성장주의 정책이
기본이 되어야 한다.
　신정부는 초기와 달리 '혁신 성장'을 강조함으로써, 소득주도 성장과
혁신주도 성장을 동시 추진하여 소득주도성장의 단점을 보완하려 하고
있다. 소득주도 성장, 혁신주도 성장, 공정 경제의 세 축으로 구성되는
신정부의 성장정책은 자칫하면 서로가 서로를 방해하는 딜레마에 빠질
위험이 있다.
　실제로 J노믹스가 추진해온 최저임금 인상의 영향으로 경제 활성화
와 소득분배가 아닌, 중소기업과 자영업자의 인건비 부담과 물가 상승
이라는 부작용이 나타나고 있다. 월간 취업자 증가 폭은 2018년 들어
10만 명대로 급락하였다. 최저임금의 부담을 가진 소상공인과 중소기
업들은 대기업과의 경쟁에 상대가 되지 못한다.
　정부가 일자리 안정자금을 확대 편성했으나 이는 자유 시장경제 원
리는 물론 혁신 성장과는 어울리지 않는다. 또한 다른 해결책으로 시행
한 카드 수수료 인하는 협상력이 낮은 중소상공인들에게는 효과를 발
휘하지 못했다.
　김광두 국민경제자문회의 부의장은 2018년 8월 30일 문재인 대통령
에게 '소득주도 성장' 논쟁에 매몰되지 말고 더 큰 틀에서 기본으로 돌아
가야 한다고 조언했다. 그는 문 대통령에게 "소득주도 성장이라고 하는

것이 '사람 중심 경제'의 한 부분인데 그 큰 틀에서 이야기해야 한다"며 '백 투 더 베이식(Back to the basic·기본으로 돌아가자)'을 언급했다.

한편 이헌재, 진념 등 전 경제부총리들은 소득주도성장은 문제 있는 정책으로 개선이 시급하다고 주장하고 있다. 소득주도성장의 정책기조를 바꾸지 않고서는 해결할 수 없는 상황이라는 것이 국내외 다수전문가들의 전망이며 국민 여론도 비판적이다. 이에 따라 문재인 대통령은 경제는 실사구시實事求是로 국민신뢰가 중요하다고 말하고 포용주도성장을 발표했다. 따라서 정부는 소득주도성장 중심에서 포용중심성장으로 정책전환을 하여 혁신주도성장에 역점을 두어 경제 활성화에 혼신을 다해야 할 것이다.

정책을 충돌하지 않게 설정하고 정책실현은 시장 친화적으로 하여야만 지속가능한 경제발전을 이룰 수 있다. 4차 산업혁명 준비, 벤처기업 육성 등을 통해 경제에 새로운 역동성을 공급하는 등 경제혁신, 개혁을 통해 혁신주도성장이 핵심 축으로 소득주도성장과 조화를 이루어야 할 것이다.

경제인들의 통찰력과 경제철학 정립

경제 통찰력은 현재를 분석해 미래를 판단하는 미래경제학이다. 경제통찰력은 일상포착력→사회해석력→재무판단력이 조화를 이룰 때 완성된다. 다시 말해, 개인→사회→돈의 3대 요소를 통찰할 수 있는 이 세 가지 능력을 충분히 발휘하면 세상을 읽고 한 발 먼저 움직일 수 있으며, 성공과 행복을 모두 이루는 길을 찾아갈 수 있을 뿐 아니라, 나아가 사회를 건강하게 하기 위한 연대의 첫걸음을 뗄 수 있다.

『경제통찰력』에서는 다음과 같이 말한다.[58]

경제통찰력이란 경제와 사회 트렌드를 읽어 재테크에 연결할 수 있는 능력을 말한다. 이런 경제통찰력을 기르기 위해서는 탄탄한 기본기가 필요하다. 하루아침에 뚝딱 얻을 수 없는 능력이다. 여러분은 경제통찰력을 자기 것으로 만들고 싶은가? 그러기 위해서는 꾸준한 독서와 부지런한 사회활동으로 경험을 쌓으면서 열심히 경제와 사회에 대한 안목을 갖춰야 한다.

우리나라 기업의 1세대들은 현장경험으로 성공했고, 2세대는 유학 등을 통한 경제지식 습득으로 수성했지만, 이제 3세대는 경험과 지식을 조화시켜야 한다. 젊을 때부터 경제통찰력을 쌓겠다는 분명한 목표 아래 경험과 지식을 쌓고 조화시킨다면 자신의 큰 보탬이 될 것이다.

불확실성의 시대에 성공적인 재테크를 꿈꾼다면 변화하는 경제·사회 트렌드를 모두 읽어야 한다. 경제와 사회를 분리해 생각할 수 없는 현실에서 재테크와 경제에 대한 편향적인 지식을 추구할 경우 사회 흐름과 유리될 수 밖에 없다. 허상과 소문에 사로잡힌 채 하는 재테크는 실패할 확률이 높다. 따라서 경제와 사회를 연결해 그 흐름을 읽고 경제 미래를 예측하고 투자할 수 있는 능력, 즉 '경제통찰력'을 착실히 닦는 것이 무엇보다 중요하다.

지도자의 경제 철학이 얼마나 중요한지를 단적으로 보여주는 예시로, 영국의 마거릿 대처와 아르헨티나의 후안 페론이 있다.

대처는 영국병으로 인해 영국 경제가 점차 몰락해가고 있음을 간파

---

58 양찬일, 『경제통찰력』, (비전코리아, 2010), P7

하여 복지 혜택을 축소하고, 강성 노조를 탄압하며, 만성 적자에 시달리는 국영기업들을 민영화하는 등 신자유주의 정책을 폈다. 그리고 영국은 이러한 대처의 노력 덕에 영국병에서 탈출하여 다시금 경제적 도약을 할 수 있게 되었다.

대처와 대조적인 인물로, 잘 나가던 아르헨티나를 복지병의 수렁으로 빠뜨린 페론을 들 수 있다. 아르헨티나의 대통령이었던 후안 페론은 매년 20%에 달하는 높은 임금 인상과 과도한 복지정책 등 포퓰리즘 정책을 남발하였다. 이에 아르헨티나 국민들은 더 많은 복지를 원하고 일을 할 의욕이 떨어져 노동생산성이 하락했기에, 아르헨티나 경제가 피폐해지고 몰락의 길을 걸었다. 이는 지도자가 얼마나 올바른 철학을 가지고 있느냐가 한 나라의 운명을 좌지우지할 정도로 매우 중요한 요소임을 보여준다.

우리 경제인들은 경제철학을 확립하고, 실천하는 것이 중요하다. 경제철학의 실천에 따라 국민들이 공감하여, 국민화합과 결집력이 생김으로써 경제의 성장과 함께 일자리 창출 등 지속적 성장이 가능하다. 이러한 경제 정책은 국민, 정부, 노동자, 경제인 모두가 분열과 대립 없이 지속성장 가능한 경제발전을 가져올 것이다.

21세기 불확실한 경제미래 시대에서 부국강병의 나라를 건설하기 위해서는 지혜로운 경제철학과 통찰력을 통해 국가의 꿈과 희망을 비전으로 제시하고 그 비전을 실현할 수 있는 지도자의 통치력이 매우 중요한 요소이다. 피터 드러커는 "기업가 정신이란 과학도 기술도 아니며 다만 실천일 뿐이다."라고 말했다. 이제는 기업가 정신의 '실천'이 가능하도록 구체적 '방법'이 제시되어야 한다. 이러한 경제철학과 통찰력은 앞에서 제시한 세계 경제사는 물론 국가 경제사에서 도출된다. 모든 철학은 역사를 근원으로 출발하고, 경제철학과 통찰력을 통한 전략과 정책구현이 요구되기 때문에 경제인들은 끊임없는 독서와 학습은 물론, 수신과 성찰을 통해 역량을 구축해야 할 것이다.

경제민주화의 원조(元祖) – 홍익인간 이념

경제민주화의 일환책인 사회적 경제는 산업혁명이 한창 진행 중이던 19세기 영국에서 처음 등장했다고 한다. 그런데 경제민주화의 원조는 사실상 대한민국의 절대정신, 홍익인간弘益人間 이념과 정신에서 찾아볼 수 있다.

① 홍익弘益의 개념은 널리 경제를 상호 이롭게 펼친다는 의미이고
② 인간人間의 개념은 공동체 정신이 들어있는 것이다.

일찍이 고구려는 홍익이념의 경제 정책을 시행해 왔는데 대표적으로는 진대법이 있다. 진대법賑貸法의 진賑은 흉년이 들면 기아민飢餓民에게 곡식을 나누어 주는 것을 뜻하고, 대貸는 봄에 양곡을 대여하고 가을에 추수 후 거두어들이는 제도를 말한다. 다시 말해 흉년, 춘궁기에 국가가 농민에게 양곡糧穀을 대여해 주고 수확기에 갚게 한 전근대 시대의 구휼제도救恤制度이다.

고려시대에는 초기부터 국가적 차원에서의 진휼사업賑恤事業이 행하여졌다. 진휼기관인 의창義倉을 설치하고 은면지제恩免之制·재면지제災免之制·환과고독진대지제鰥寡孤獨賑貸之制·수한역려진대지제水旱疫癘賑貸

之制 등의 방법으로 행하였다.

조선시대에는 고려의 제도를 계승하여 상평常平·환곡還穀의 제도로 그 범위가 확대, 정비되어 활발하게 운영되었다. 전근대 사회에서 시행된 이러한 진대법은 지배층과 피지배층 사이의 계급적 대립을 완화시켜 지배체제를 유지하는 수단이기도 하였다.

홍익인간의 정신과 이념은 1949년 대한민국 정부수립 이후 민주헌법에 바탕을 둔 경제민주화 내용에 포함되어 기본정신이 되기도 했다. 이에 따라 우리 헌법에는 다음과 같은 경제민주화 관련 조항이 있다. 첫째, 헌법(제34조)에는 진대법과 유사한 내용이 있다.

1항: 모든 국민은 인간다운 생활을 할 권리를 가진다.

2항: 국가는 사회보장, 사회복지의 증진에 노력할 의무를 진다.

5항: 신체장애자 및 질병·노령 기타의 사유로 생활능력이 없는 국민은 법률이 정하는 바에 의하여 국가의 보호를 받는다.

향후 개헌 시 경제자본주의의 취약점을 보완하여 경제 민주화를 더욱더 발전시켜야 할 것이다.

한국 경제가 고도성장을 추구해 오는 과정에서 취해 온 정책기조의 하나는 선성장 후분배였다. 정부는 여러 경제 정책 부문에 있어서 대기업, 수출산업 또는 중화학공업 중심의 계획경제 결과로 급속한 경제성장을 이룩하면서 많은 일자리를 마련하게 되었으나, 다른 한편으로는 근로자보다는 기업주에게 더 많은 혜택이 돌아가게 한 것도 사실이다. 이러한 불균형적 분배정책은 사회적 갈등을 낳았다. 다른 한편으로는 경제발전의 궁극적 목적이라 할 수 있는 경제적 정의와 형평을 저해했다.

경제적 정의와 형평이 이루어지지 않는 한 사회 구성원들은 경제활동에 참여할 의욕을 잃게 되며, 또 사회적 불만과 불신이 누적됨으로써 장기적으로 발전을 저해하게 된다.

최근 활성화되고 있는 '사회적 경제'란 이윤보다는 일자리 만들기나 빈부 격차 해소 등 공공 이익을 목적으로 하는 기업들의 경제활동을 말한다. 사회적 경제 기업은 지역사회를 기반으로 취업이 어려운 장애인 등의 취약계층의 일자리를 보장하거나 이윤의 일정 부분을 사회에 환원하는 형태로 기업을 운영하는 기업들인데 각 지자체들도 적극적으로 이런 기업들을 육성, 지원하고 있다.

정부에서 사회적 경제를 확대하면 일자리가 늘어나고 양극화 현상을 해결할 수 있어 더욱 활성화시킬 방침이다. 사회적 경제 제도를 통해 공동체, 공동선 정신의 사회적 도입은 물론 현재 문제가 큰 취업난 해소에도 도움이 될 것으로 판단된다.

우리 경제가 당면하고 있는 경제민주화의 어려움을 극복하기 위해서는 한국적 경제철학과 통찰력은 물론 경제윤리와 가치관을 정립하여야 한다. 시장경제의 원리를 토대로 건전한 기업가 정신, 원만한 노사관계, 건전한 직업윤리 등이 확립되어야 할 것이다. 경제민주화는 관(官)은 방향만 제시하고, 민(民)이 주도해서 반드시 수익을 낼 수 있는 혁신성장 구조를 반드시 갖추어야 한다. 수익을 통해 기업이 생명력을 갖고 기업가가 경제민주화로 존경받는 문화가 조성되어야 한다. 이러한 사회적 경제는 우리의 홍익인간 정신이 원조인 점을 감안, 홍익인간 정신과 이념을 살려 선진국이 되어 국민복지가 잘 이루어지도록 해야겠다.

제14장

과거 역사의
한국 경제 실태

1

가난의 역사

　태초에 똑같이 시작한 문명이 어찌하여 빈국과 부국으로 흥망성쇠가 갈렸는지 생각해보자. 오랜 세월 국가의 환경과 국민의 태도, 습관, 문화 등이 켜켜이 쌓여 경제를 좌우했다. 우리 민족은 5천 년을 살며 어려운 자연조건과 주변 국가의 침입, 내전, 반란 등 국가의 불안이 지속된 가운데 치열한 역사를 전개하였다.

　이처럼 우리 반만년 역사는 대부분은 가난과 고난이 이어져 의식주가 곤란했다. 특히 일제 강점기(1910~1945)는 일본의 식민지 수탈정책과 2차 세계대전의 전비 조달로 역사상 최악의 가난과 고난의 시대가 장기간 지속되었다. 1945년 해방은 되었으나 모든 경제 자원이 장기간 수탈되어 민족자본마저 없어 경제는 더욱 악화되었다. 이어 1950년 6·25 전쟁으로 전 국토는 폐허화 되어 최악의 경제상황이 다시 벌어지는 불행의 시대가 계속되었다. 역사적으로 위대한 지도자를 만났을 때는 가난을 극복하고 국태민안을 이루었으나 그 기간은 길지 않았다.

그 결과 보릿고개, 입도선매立稻先賣라는 말이 자연스럽게 상용되었다. 보릿고개란 가지고 있던 쌀이 다 떨어져 보리 이삭이 익기 전에 잘라다가 허기를 채우던 춘궁기를 말하고, 입도선매란 초가을 벼가 익어갈 무렵에 보리 식량이 바닥난 농민들이 더 이상 버틸 수가 없어서 할 수 없이 추수 전 논에 서 있는 벼를 헐값에 팔아 식량을 사다 연명하는 것을 말한다.

1956년 대통령 선거 때 민주당의 '못살겠다, 갈아보자'라는 선거구호는 빈곤을 벗어나지 못하는 경제현실을 통감한 데서 비롯되었다고 볼 수 있다. 실제로 당시 한국의 경제는 미국의 원조에 절대적으로 의존하고 있는 상황이었다. 이승만 정부는 부흥부를 만들어 경제발전을 위해 노력했지만 역부족이었다. 이러한 시대적 상황에서 5·16으로 정권을 장악한 국가재건최고회의는 도탄에 빠진 민생고를 해결하여 급속한 경제부흥을 이룩하는 것이 우선 목표였다.

박정희 대통령의 경제개발 정책 이전의 5천 년 역사의 대부분은 가난과 고난의 역사, 평균 경제 성장률 0% 시대로 초근목피草根木皮로 배를 굶주리며 연명하는 세월이 대부분이었다. 여기에다 사농공상士農工商의 문화가 더욱더 경제적 낙후를 가중시키는 요인이 되었다. 우리 기업은 세계 1등을 하는 기업을 포함해 일류기업이 많아 해외에서 인정받는 데 반해, 국내는 지금도 여전히 사농공상, 관존민비官尊民卑 관습이 이어져 경제 발전에 걸림돌이 되고 있다.

우리의 사농공상은 중국에서 유래되었으나 그 의미가 변질되어 경제 발전에 악영향을 주었다.

첫째, 중국은 우리나라의 사농공상士農工商과는 달리 상인에 대해 거부감보다는 친근하게 생각한다. 중국에서 사농공상 대신 사민四民이란 표현을 쓰는 이유는 특정한 신분제를 뜻하는 단어가 아니기 때문이다. 사민은 그냥 백성이란 뜻으로 '사농공상사민자, 국지석민야士農工商四民者, 國之石民也(사농공상 네 부류는, 나라의 기둥이 되는 백성이다)'라는 개념이다.

둘째, 일본은 중국에 영향을 받아 사농공상의 개념이 우리와는 다르다. 사농공상에서 사士는 우리의 선비가 아니라 일본의 무사武士가 들어간다. 우리의 조선시대와는 달리 상공업이 상대적으로 발달하였던 에도시대의 상인들은 우대받는 계층으로 상인이 대노하면 천하의 무사(다이묘: 사유지에 지배권을 행사하던 무사의 우두머리들)들도 겁을 먹을 정도였다고 한다.

그런데 조선시대 유독 사농공상士農工商의 문화가 잘못 자리 잡아 가난한 나라의 요인이 되었다. 외국과 달리 사농공상의 문화에서 상인(무역인)이 천민으로 대접받는 문화가 오랫동안 지속되었다. 중국으로부터 유래된 사농공상 문화는 중국이 상인을 우대하는 문화와는 다르게 변형되었다. 사농공상의 순서는 당시 신분제의 순서 그대로로서 유교의 영향을 받아 선비들을 가장 높은 계층으로 생각했다. 그 뒤를 이어 농민, 장인(공장), 상인 순으로서, 특히 상인은 아무것도 만들어내지 않고 물건만 팔아 돈만 번다는 생각으로 비하하여 장사꾼, 상놈이라고 사회적으로 비하하는 분위기였다. 이러한 잘못된 사농공상 문화가 가난의 문화를 대물림하는 역사적 불행을 초래했다고 볼 수 있다. 조선의 몰락도 사농공상의 문화가 일부 영향을 미친 결과이다.

2

대한민국 건국 후 우리의 경제 성장
: 한강의 기적

대한민국 반만년 역사의 대부분은 가난과 고난이 이어져 의식주가 곤란했다. 보릿고개를 겪으며 허기를 채우던 우리 민족은 가난의 역사에서 한강의 기적을 이루었다. 1962년 경제개발 계획을 추진한 이후 경제성장률이 꾸준히 올랐고, 1980년대 중반에는 세계적 호황에 힘입어 매년 평균 10% 이상씩 성장하기도 했다. 1997년 IMF외환위기로 한때 마이너스 성장을 기록하기도 했지만, 국민 힘으로 극복하면서 2000년대에는 3~4%대 경제성장률을 기록했다.

여기서 국제경제발전연구소World Institute For Decelopment Economics Research: WIDER의 '한국의 경제발전 - 안정과 재조정책' 논문(엘리스 암스텐 박사)을 참고로 경제발전 과정을 살펴보겠다.

이 논문은 1970년대와 1980년대에 안정화 및 조정정책stabilization and adjustment programmes을 시행했던 개발 도상국가들의 경험에 대하여

WIDER가 출간하는 일련의 연구책자 시리즈 중 일부이다. 각기의 논문들은 해당국가의 시행 정책안들을 분석하고 있는데, IMF와 세계은행과의 관계, 생산, 고용, 국제수지 및 사회복지에 그러한 정책들이 미치는 효과, 그리고 시행된 정책 이외의 다른 대안은 어떤 것들이 있었을까 하는 문제들이 다루어져 있다.

이 연구책자의 의도는 개발 도상국가들이 소기의 조정 및 성장목표를 달성할 수 있을 뿐 아니라, 해당 조사국가의 특정 상황하에서 정치적으로도 실현 가능한 조정정책을 입안할 수 있도록 도움을 주는 것으로써 주요 내용은 다음과 같다.[59]

첫째, 1, 2차 5개년 계획(1962~71)

대한민국은 1962년 제1차 경제개발 5개년 계획에 착수한 이래 산업혁명과 맞먹는 바를 경험하였다. 이는 박정희 대통령의 권력장악으로 강력하게 추진되었던 경제개발의 역사적인 전환점이었다. 박 대통령은 경제활동을 값싸게 사고 비싸게 파는 정책으로부터 자본축적의 방향으로 전환하였다. 그러나 경제성장은 국내외의 충격 때문에 방해를 받았다.

둘째, 중공업의 부상(1972~78)

제3차 5개년 계획의 초년도인 1972년부터 제2차 석유파동 전 해인 1978년에 이르기까지의 연평균 GNP성장률은 8.9%였다. 1974~75년간의 제1차 석유파동의 여파에도 불구하고 이룩된 이러한 GNP성장률은 제2차 5개년 계획 기간의 9.5%보다 약간 낮을 뿐이었다. 그러나 지난

---

59 엘리스 암스텐, 민선식 역, 『한국의 경제발전』, (시사영어사, 1988), p.13, 25, 38, 61

10년간의 중공업에 대한 거대한 투자를 특징짓는 것은 외채와 GNP의 비율의 움직임이었다. 대규모 산업화에도 불구하고, 그 비율은 사실상 일정했으며 1972년에는 34%이던 것이 1978년엔 30%로 약간 떨어지기까지 하였다. 중공업에 대한 대 투자가 있었던 마지막 해인 1979년에 그 비율은 32%에 불과했다. 특히 북한의 경제 우위가 남한의 경제 우위로 역전되도록 경제발전에 성공하였다.

셋째, 종합안정정책(1979년 4월)

1979년에 수립되었던 종합안정정책이 새로운 정권에 의해 다시 부활되었을 때 그것은 두 가지 내용을 포함하고 있었다. 하나는 나중에 논의하게 될 구조적 요소이고, 다른 하나는 제2차 석유파동과 정치 불안으로 야기된 당면한 경제위기를 헤쳐 나갈 일련의 정책들이었다. 1차 상품가격의 상승은 1979년과 1980년 사이에 13%의 교역조건 악화를 초래했다. 경상수지 적자는 1978년 GNP의 2.2%에서 2년 뒤에는 GNP의 8.7%로 뛰어올랐다. 1980년에 GNP성장률은 한국전쟁이 끝난 뒤에 처음으로 마이너스 성장으로 바뀌었다.

그러나 1981년과 1985년 사이에 GNP성장률은 회복되어 평균 5.9%를 유지했다. 이와 같은 성장률은 과거의 실적에 비해 낮은 것이었지만 국제수준에 비하면 훌륭한 것이었다. 더구나 인플레는 1980년에 25.6%였던 것이 1984년에는 4%에 불과해 사실상 0에 가까웠다.

과거정책의 핵심은 보조금이었다. 고도로 정치화되었던 산업허가의 과정과 장기여신할당과 관련해서 보조금은 경제활동을 유도해 나가기 위해 이용되었고, 수출목표는 정부가 보조금을 받는 자를 독려하기 위한 방편으로 사용되었다.

한국 경제는 수출에 대한 의존도가 높기 때문에 달러 가치와 국제 유가, 국제 금리의 '3고高 현상'이 미치는 악영향이 크다.

3고 현상은 고달러·고유가·고금리를 말하는 것으로서 1980년대 초반의 빠르게 성장하던 우리 경제에 큰 장애물로 작용했다. 1985년이 되자 '반전'이 일어나 저달러·저유가·저금리란 '3저 현상'이 찾아왔다. 이로 인해 우리나라는 1980년대 중반 '단군 이래 최대 호황기'라는 경제적 풍요를 누릴 수 있었다. 이처럼 1980년대 중반 국제 경제의 절묘한 타이밍이 우리 경제에 최대 호황기를 가져다 줬고 경제 10위권 강국의 발판이 되었다.

우리나라의 경제는 그동안 양적인 측면, 질적인 측면에서 큰 성장을 거듭해 왔다. 60년대 초 이후 급속한 경제성장과 구조적인 변화는 사회전 부문의 발전과정에 영향을 준 결정적 요인의 하나로 작용해 왔다. 우선 경제지표를 통해서 볼 때 GNP는 1954~1982년간 약 6.7배로 확대되었으며, 1인당 국민소득은 60년대 초의 100달러 내외에서 이제 3만여 달러를 바라보고 있다. 특히 1986년에는 만성적인 국제수지 적자를 극복하고 흑자원년을 이룩하고 경제 최고 전성기를 맞이했다.

3

IMF사태, 한국 경제 최대 시련기

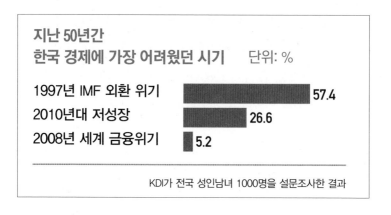

**지난 50년간
한국 경제에 가장 어려웠던 시기**　　단위: %

1997년 IMF 외환 위기	57.4
2010년대 저성장	26.6
2008년 세계 금융위기	5.2

KDI가 전국 성인남녀 1000명을 설문조사한 결과

　1997년 IMF외환위기 초래는 우리 지도층의 안일한 금융정책과 방만한 기업들의 운영으로 인해 대외신뢰도 하락, 대기업의 연쇄부도, 단기외채의 급증 등이 주된 이유였다. 이로 인해 모라토리움(채무지불유예) 선언을 할 사태에 이르러 정부는 IMF에 구제금융을 신청하여, IMF로부터

195억 달러, 세계은행IBRD과 아시아개발은행ADB으로부터 각각 70억 달러와 37억 달러 등을 지원받아 외환위기의 고비를 넘겼다.

외환위기의 원인은 직접적 요인으로는 교역조건 악화로 인한 경상수지 적자 확대, 기업 실적 하락 및 단기차입의 빠른 증가였다. 간접적으로는 경제외교의 미흡과 더불어 아시아 외환위기로 인한 아시아 개도국 시장 전체에 대한 불안감 확산이었다.

한국개발연구원KDI의 설문조사에 따르면, 우리 국민들은 20여 년 전 경제에서 10명 중 6명(57.4%)은 가장 어려웠던 시기로 '1997년 IMF(국제통화기금) 외환위기'를 꼽았다. 외환위기에 이어 '2010년대 저성장'(26.6%), '2008년 글로벌 금융 위기'(5.2%) 등이 꼽혔는데 격차가 컸다. 응답자의 59.7%는 '외환위기가 자기 삶에 부정적인 영향을 미쳤다'고 평가했다. 39.7%는 '본인이나 가족이 실직·부도를 경험했고', 64.4%는 '당시 심리적으로 위축됐었다'고 답했다.

지도층의 예지력 부족은 물론 사명감 부족으로 큰 위기가 초래되었다는 사실을 겸허하게 인정하고 반면교사로 삼아야 한다. 지도자의 리더십 결여가 외환위기를 초래했으나 다행히도 국민들의 성원으로 외환위기를 극복했다.

외환위기를 조기 극복한 원동력으로는 '금 모으기 운동 등 국민의 단합'(54.4%)이 가장 많이 꼽혔다. '기업의 구조조정·공공개혁'(15.2%), 'IMF 등 국제기구의 구제금융 지원'(15.0%) 등이 그 뒤를 이었다. 외환위기 하면 가장 먼저 떠오르는 것도 '금 모으기 운동'(42.4%)이었다.

외환위기로 저성장과 실업이 구조화됐고, 경제주체의 위험회피 성향은 커졌다. 비정규직이 양산되고 구조조정이 일상화되었고, 한국 경제

특유의 활력이 외환위기 이후 사라졌다. 우리 국민들은 세계에서 가장 높은 IQ와 근면성실한 민족DNA를 가졌음에도 불구하고 선진국 대열에 진입하지 못하고 있다. 미국·일본·독일·스위스 등 4차 산업혁명 선도국가들의 역동감 넘치는 모습과 극명하게 대비된다.

한국개발연구원KDI에 따르면, 최근 우리 경제 상황은 '냄비 속 (뜨거워지는) 개구리 같다'는 경제전문가의 여론이 88%에 달하며, 탈출할 시간이 1~3년밖에 남지 않았다는 답변이 63%나 됐다. 외신이 한국 경제를 비판하면서 쓰는 말이 '자아도취병complacency'이다. 항상 경계하고 긴장을 늦추지 말아야 한다.

여기서 20년 전 IMF 구제금융을 신청한 임창열 전부총리의 "한국, 그때 교훈 너무 빨리 잊어"라는 언론 인터뷰의 충언을 귀담아 들어야 한다.

"IMF를 조기 졸업한 게 반드시 좋은 것은 아니었다. 그 교훈을 제대로 이해 못하고 너무 빨리 잊어버렸다. 국제사회에서 약자弱者 가 되면 숨이 끊어질 때까지 살이 뜯기고 피를 빨린다. 다시는 약자가 돼서는 안 된다."

정부, 기업인들은 물론 우리 국민 모두가 깊이 성찰하고 심기일전하여 다시는 IMF체제를 겪는 불행이 있어서는 안되겠다.

우리는 제2의 한강의 기적을 이루어 경제강국으로 도약해야 한다. 다시는 국민들이 경제 불안으로 피눈물을 흘리지 않도록 하고 국제사회에서 당당한 나라가 되도록 해야 할 것이다.

4

대한민국 경제 신화
- 8대 DNA의 역동성

　대한민국은 제2차 세계대전 이후 세계사에서 최고의 성취를 이룬 나라이다. 유엔개발계획UNDP은 1998년도 조사 가능한 전 세계 174개국을 대상으로 36년간(1960~1995년)의 경제성장률 및 인간개발지수HDI의 성장 결과에 대한 발표에서 대한민국이 1960년 이후 36년간의 성장률 변화에서 연평균 7.1%로 세계 모든 국가 중 경제성장률 1위였다고 밝혔다.

　한국은 20세기 후반 이후 세계에서 삶의 질이 가장 성장한 나라가 되었다. 또한 한국이 경제규모나 사회문화 수준에서 세계 10위권 수준에 이르렀다는 것은 짧은 시간에 가장 역동적이고 가장 빠른 사회경제적 성장의 결과이다. 2017년 한국은 세계 7위의 무역대국으로 성장하였다. 한국의 성공은 세계적 성공모델의 상징이 되어 세계 개발도상국들이나 사회주의, 공산주의의 길을 걸었던 나라들에게 모델국가가 되었다. 세계 여러 국가들은 각종 협력사업과 국제기구의 지원으로 한국식 모델을 배우고 있다.

8대 DNA는 박정희 대통령의 근대화 리더십과 융합하여 대한민국 경제신화를 창조하였다. 미국 하버드대의 에즈라 보걸 등 외국 학자들은 '조국 근대화'와 '할 수 있다 정신can-do spirit'을 박정희 대통령 리더십의 핵심 키워드로 꼽는 데 주저하지 않는다. 특히 '할 수 있다 정신'은 당시 함께 근대화를 시도했던 개발도상국에서는 찾을 수 없는 박정희 고유의 언어다.

특히 한국인의 근면 성실한 DNA는 자유민주주의와 시장경제체제의 서구문명과 결합하며 한국사회를 근본적으로 바꾸었고, 제2차 세계대전 이후 세계사에서 최고의 성취를 이루는 대한민국 신화를 만들었다.

- 철강, 유화학, 정유, 조선, 자동차 등 중후장대한 산업분야의 세계 1등 국가
- 무역 규모(수출, 수입) 1조 달러와 세계 10위권의 경제 대국
- 잠수함, 비행기(T50 초음속 전투기), 수리온 헬리콥터 등 주요 무기 수출
- 세계가 부러워하는 한국의 의료 및 건강 보험제도
- IT, 반도체 등 ICT산업의 기반을 이룬 1980년대의 대한민국
- 산유국 아닌 산유국을 만든 나라 대한민국 - 원유 수입가공으로 수출 제1의 국가
- 세계 최초로 원조를 받던 나라에서 원조를 주는 나라인DAC개발원조위원회로 우뚝 선 한국

● 월드컵 4강, 서울 하계 올림픽 5위, 평창 동계올림픽 7위, 세계 야
구 우승, 세계 여자 골프 석권, 남자 골프 우승, 피겨 스케이트 세
계대회 및 올림픽 우승, 에베레스트 산 및 남북극점 정복.

이처럼 오늘날 수많은 분야에서 이룩한 업적은 한국인의 우수성은
물론, 대한민국의 발전을 산업화시대에 전 세계에 알린 우리 민족
의 쾌거라고 하겠다.

한국 경제 발전은 서구에 의해 기적이라 칭해졌다. 1993년 세계은행
은 한국을 비롯한 동아시아 국가들의 경제적 성공을 분석한 '동아시아
의 기적'을 내놓았다. 타이완이나 홍콩, 싱가포르 등 함께 분석한 국가
중에서도 한국은 단연 백미白眉였다. 다른 소국들과 달리 인구와 국토가
상당한 규모이기 때문이기도 했지만, 6·25 전쟁으로 전쟁으로 거대한
폐허 덩어리로 남았다가 불과 한 세대 만에 선진국 대열로 우뚝 선 드라
마였기 때문이다.

고도성장만으로도 경이로웠지만, 정작 서구 학자들을 사로잡았던 것
은 '사람 중심' 성장이었다. 한국 경제 발전의 사람 중심성은 당장의 가
난을 덮기 위해 돈을 나눠주는 것이 아니라 성장의 과실을 거둘 역량을
갖도록 사람을 키우는 데 전력을 다했다는 것이다. 국가 예산의 절반 이
상을 미국의 원조로 메우던 가난한 나라였으면서도 1960년대 사회 지
출은 복지나 의료 지원이 아닌 교육 지출에 상당부분을 투입하였다. 마
을마다 초등학교를 짓고 우수 인력을 교사로 양성하는 데 아낌이 없었
다. 전쟁 중이었던 1953년 실시된 전 국민 무상 초등교육에 힘입어 해방
후 80%에 육박했던 문맹률이 급감한 후에도 교육 투자에는 거침이 없
었다. 상급학교에 진학하지 못하는 청소년들을 위해 직업교육 체제를
마련하고, 중학교·고등학교 접근성을 단계적으로 높여 산업화가 요구

하는 인력을 순차적으로 공급했다. 결국 인적 자원 고도화를 통해 국민 대다수를 경제 성장에 포용함으로써 성장과 분배 두 마리 토끼를 잡은 셈이다.

한국의 사람 중심 성장은 2차 세계대전 후 자본주의 최대 호황기에 국가 주도적 복지국가를 건설했다가 신자유주의로 선회하면서 누적된 이중의 부작용으로 골머리를 앓던 서구 선진국에 영감의 원천이 되었다. 당시는 연금과 복지 확대, 노동 시간 감소를 통해 넉넉하고 여유로운 생활을 국가가 보장하는 것이 인류 문명의 발전이며 진보라는 오랜 믿음이 세계화와 재정 위기 속에서 뿌리부터 흔들리는 시기였다. 영국의 사회학자 기든스 교수는 우리의 사람 중심 성장에서 '개인과 가족이 자조自助할 수 있도록 정부가 돕는다'는 국민정신을 읽어냈고, '제3의 길'이란 비전을 만들어냈다. 개인과 가족, 국가, 각각의 책임을 강조하는 '제3의 길'은 영국 노동당과 독일 사회당의 공식 노선으로 자리매김했고 2000년대 초반 하르츠 개혁을 비롯한 많은 선진국 복지 개혁의 기반이 되었다.

지난 반세기 동안 우리 경제는 참으로 눈부신 발전을 이룩해 왔다. 경제규모는 480배, 1인당 국민소득도 250배나 커졌으며, 수출은 무려 1만 1,000배 이상 신장되었다. 이러한 성과는 우리 국민과 정부, 그리고 기업들의 합치된 노력이 뒷받침되어 실현될 수 있었던 기적이었다. 그리고 이제 우리는 기적의 지난 50년을 넘어 새로운 희망의 100년을 향해, 또 다른 도약을 준비해야 할 시점에 서 있다.

제15장

현재 한국 경제의 실태와 문제

1

한국 경제 위기 현상

세계 일류선진국이 된 나라의 역사를 살펴보면, 수많은 위기를 기회로 바꾸고 끊임없는 혁신과 개혁의 과정이 지속되었었다. 선진국 도약을 위해 국익 우선주의의 행위도 서슴지 않고 오직 국가 발전과 부국강병을 위해 혼신을 다한 역사를 볼 수 있다. 최근에도 미·중 패권 경쟁이 국익 우선의 보호무역전쟁으로 비화되고 있다. 과거 로마는 물론, 미국(뉴프론티어), 영국(산업혁명), 스페인(아메리카 대륙 발견), 일본(메이지 유신) 등 나라마다 혁명의 과정을 거쳐 튼튼한 선진국가의 기반을 구축하였고 민족 자본(국가자본)을 형성하였다.

그러나 대한민국은 역사상 한번도 선진국 같은 혁명의 과정을 제대로 겪어보지 못하고 외침과 내전, 내란 등 나라 안 싸움(성 안의 싸움, 가족 싸움)에 대부분의 국력을 소모하여 고난의 역사를 이어왔다.

대한민국은 물려받은 민족 자본도 없는 데다 부존자원도 거의 없다.

우리가 가진 것은 한민족의 혼과 절대 정신, 인적 자원밖에 없다. 다행히도 세계 제일의 IQ와 역동성을 가지고 있어 전 국민이 뭉치면 무엇이든지 할 수 있는 저력과 능력을 갖추고 있다.

그러나 우리는 당쟁, 진영 싸움 등 성城안의 집안싸움에 매몰되고 선진국 도약의 골든타임을 놓쳐 한국경제는 위기에 직면하고 있다. 경제가 무너지면 한반도 평화번영은 어려워지고 공허한 메아리에 그친다. 따라서 정치인 등 국가지도자들은 대내적으로는 경제발전과 더불어 국민들을 화합과 통합으로 이끌고 대외적으로는 국익 우선주의의 외교, 안보에 전력을 다해야 한다.

우리 경제는 지금 경쟁력 강화를 위한 경제 혁신을 강력하게 이끌어 나가야 한다. 현대는 경제가 안보安保이고 경제가 민생이므로 경제 문제는 국가적 사활의 문제라는 것을 명심하고 부국강병의 나라가 되어야 한다. 따라서 범국가적인 경제위기가 반드시 기회가 되도록 해야 한다.

우리나라 5천 년 역사 이래 경제와 안보는 위기가 아닌 적이 거의 없었다. 그러나 광개토태왕, 문무대왕, 세종대왕, 정조 등 위대한 리더들은 역사적 위기에서도 르네상스 시대를 열었다. 후손들에게 우리는 부끄러운 가난한 나라를 남긴 조상으로 기억될 것인가? 아니면 초일류 통일선진강국으로 도약한 자랑스러운 조상으로 기억될 것인가? 자랑스러운 조상, 위대한 대한민국을 건설하려면 세계 경제사의 교훈을 통해 강점은 살리고 약점은 사전 보완하면서 끊임없이 혁신, 개혁하는 등 경제혁명이 반드시 이루어져야 한다.

경제가 무너지면 그 결과가 비참하다는 것은 역사적인 반면교사이다. 온 국민이 일치단결하여 경제위기를 경제혁명으로 극복하는 정신과 결기가 필요한 시대이다. 경제침체, 노사갈등, 글로벌 경쟁력 약화, 중국의 견제 등 한국경제가 풀어나갈 문제가 산재해 있다.

우리나라 최대의 화두는 경제문제이다. 경기가 침체되고 미래의 산업이 불투명하여 서민들은 먹고살기 힘들다고 아우성이고 소상공인들은 정부정책 불복종운동까지 벌이고 있다. 문재인 정부의 경제철학은 사람중심의 경제라 하지만 민생이 해결 안 되면 사람 중심의 경제가 아니다.

현재 문재인 정부의 핵심적 경제 운용 철학인 '소득주도 성장론'은 문제가 확산되고 있다. 공무원 신규채용, 근로시간 단축, 비정규직의 정규직 전환, 최저임금 인상 등이 주요 정책인데 이론과 실제에서 모순이 드러나 경제침체를 가중시키고 있다.

경제는 살아있는 유기체로서 단편적인 경제정책이 아니라 종합적인 정책 운용이 필요하다. 기존의 주요 산업은 고도화 하는 한편, 신 성장 산업을 개척해야 한다. 사전예측 예방에 의한 유효한 정책을 실행하지 않으면 더욱 경제는 더욱 악화될 수 있다. 경제를 살려야 민생도 살고 한반도 번영 평화정책도 실현할 수 있는 것이다.

우리 지도자들은 '국가 대 개조-국부론'을 '재조산하'의 충무공 정신으로 승화시켜 제2의 한강의 기적을 이뤄야 한다. 바로 지금이야말로 진정한 애국심과 사명감을 갖고 경제 도약으로 나서야 할 때이다.

2

저성장률 시대 진입

우리나라가 초일류 통일선진강국으로 도약하고 자유민주주의를 발전시키기 위해서는 반드시 경제발전을 이룩해야 한다. 경제발전은 개인적인 차원에서는 국민 각자가 생활하는 데 없어서는 안 될 물질적 기초를 제공해 줌으로써 모든 사람들에게 인간적 삶의 조건을 마련해 주고, 국가적 차원에서는 국력신장과 군사력 증강의 핵심적 요소가 되는 것이다. 또한 김세직 서울대 경제학부 교수는 한국경제는 1990년대 중반 이후 지난 20년 동안 5년마다 평균 1%씩 규칙적으로 장기성장률이 하락했으며 궁극적으로는 0%대로 추락할 수도 있다고 경고했다.

지금 성장과 관련한 최대 과제는 경기회복이다. 경기 순환적 요인에 따라 불황에서 하루빨리 벗어나야 한다. 일자리 창출, 양극화 해소, 중소 및 벤처기업 육성, 중견기업 육성, 4차 산업혁명 대비, 관광산업 활성화 등 효과적인 대책을 강력히 추진해야 한다.

서울대 한종훈 교수는 2015년 서울대 공대 동료 교수 25명과 함께 집필한 『축적의 시간』에서 다음과 같이 지적한다.

"선진국을 따라가는 데 급급했던 한국 제조업이 막다른 골목에 몰렸다. 최근 반도체와 석유화학 같은 제조업이 사상 최대 호황을 누리는 것은 20~30년간 혁신과 노력이 축적蓄積된 과거의 결실이다. 그런데 현재 우리 사회에는 미래를 내다보는 축적이 없다."

요즘 전 세계 기업의 평균 수명은 약 13년 정도이고, 기업의 80%가 30년을 지속하지 못한다고 한다. 세계 100대 기업 생존율은 고작 38%에 불과하다는 통계도 있다. 한국은 더 열악하다. 30대 기업 중 최근 5년간 제조기업 4곳이 순위에서 사라졌다. 국내 신생기업의 5년 생존율은 27%로 해외 주요 5개국 평균(42%)의 3분의 2 수준에 불과했다. 최근 세계 재정위기에서 보듯이 개별 국가의 경제위기가 다른 국가로 빠르게 전이되면서 글로벌 경제의 변동성은 더욱 심각해지고 있다. 또한 기후변화와 에너지 위기, 4차 산업혁명과 초연결Hyper Connection 등 미래 트렌드의 불확실성과 이에 대한 선제적 대비책 강구가 긴요한 시대이다.

그러나 최근 우리의 경제는 저성장 시대로 진입하고 있으며 우리가 당면하고 있는 문제는 다음과 같다.

- 저성장 시대의 장기화 조짐
- 청년 실업 및 노년 실업 등 일자리 문제
- 가계부채 급증
- 경제의 양극화
- 한국 노동시장 이중고二重苦
- 저출산 등 인구 감소에 따른 문제

- 중소기업 육성 문제
- 최저임금제
- 비정규직 문제

세계 10위권 경제 대국으로 몸집이 커졌지만, 우리나라는 경제 역동성을 잃어가고 있다. 중국의 추격은 속도를 더하고 일본과의 격차는 도로 벌어지고 있으나 새로운 성장 동력도 잘 보이지 않는다. 따라서 단순히 인력감축, 자산매각을 통한 몸집 줄이기가 아닌 사업방향의 변화, 경쟁력 강화의 구조조정이 필요하다. 위기를 버티다가 마지막에 가서 하는 구조조정은 의미가 없다. 가치를 인정받고 있는 상황에서의 선제적 구조조정이 필요하다.

한겨레 신문은 경제 활성화를 위해 정부가 가능한 정책수단을 모두 동원해야 한다는 사설을 게재했다.[60]

면밀한 계획과 효과적인 집행을 통해 민간의 투자 활성화와 고용 창출을 이끌어내는 마중물 역할을 해야 한다. 또 일자리 창출을 어렵게 하는 규제를 적극 완화하는 혁신성장에도 더욱 속도를 내야 한다. 일자리가 늘어나지 않으면 소득 증가도, 불평등 개선도, 저출산 해소도 어렵다. 정부가 모든 정책 수단을 동원해 고용 충격에 대응해야 한다.

우리 경제는 그동안 반도체, 자동차산업이 이끌어왔다. 최근 자동차 산업의 경쟁력 저하, 통상임금 판결, 사드로 인한 중국 판매 급감 등으로 위기를 맞으면서 반도체가 고군분투하고 있다. 반도체 초호황 덕분

---

60 http://www.hani.co.kr/arti/opinion/editorial/858120.html

에 경제지표는 개선되는 듯하지만, 반도체를 제외한 한국 경제는 매우 취약한 상황과 여건이다. 스마트폰과 가전, 조선, 섬유, 금속 등 주력 제조업종 상당수가 매출과 영업이익이 지속적으로 하락하거나 성장 정체 상태에 빠졌다.

2017년 반도체 수출의 급증(70여 퍼센트)으로 착시현상이 나타나고 있으나 제조업 평균가동률은 지지부진하다. 즉, 2017년 하반기 71.8%로 연속 감소하여 평균가동률은 2013년 1월 79%에서 지속적으로 하락해 7.2%포인트나 떨어졌다. 수출 호조세는 반도체 덕분으로써 제조업 평균가동률이 하락한 것은 근본적으로 기술 경쟁력을 잃어가는 우리 산업의 구조적 문제라는 게 경제전문가들의 분석이다. 우리나라는 이제 '패스트 팔로어(fast follower: 빠른 추격자)'에서 '퍼스트 무버(first mover: 선도자)'로 전략을 바꿔야 한다. 역사적으로 보면 우파 정부는 성장 정책을, 좌파 정부는 분배 정책을 주로 써 왔다. 하지만 우리나라는 내우외환의 위기를 극복하고 경제성장의 기회로 만들기 위해서는 좌우 가리지 말고 강점은 더욱 살리고 약점은 보완하는 등 우파정책과 좌파정책의 장점들을 융합, 연결하여야 한다. 새 정부 들어 최저임금 인상, 비정규직의 정규직화, 노동시간 단축처럼 기업 부담을 늘리는 정책이 급증하고 있다. 그에 반해 규제 완화, 노동개혁 등 경제개혁은 지지부진하고, 강성 노조의 요구는 갈수록 거세지고 있다.

정부는 미래 경제에 대해 저성장 시대 진입 또는 성장 속도가 느릴 것이라는 데 베팅해서는 안 된다. 경제성장의 주요 요인이 노동력과 자본투입 증가와 더불어 주어진 투입량 대비 산출량을 전보다 늘려주는 생산성 향상이라는 데 관점을 두고 효과적인 정책 및 전략을 적극 추진해야 될 것이다.

3

중국의 강력한 추월과
발목 잡히는 한국경제

시진핑 주석은 2017년 12월 중국 공산당 전국대표대회(당대회)에서 중국 공산당의 1인 지배체제를 구축하고 '중화민족의 위대한 부흥'을 역설했다. 정부와 국유기업이 2인 3각이 돼 선진국 일류기업의 경쟁력을 따라잡겠다는 청사진이다. 공산당의 제조업 고도화는 일반적인 산업정책 범주를 넘어서는 '역사 복원 프로젝트'라는 점이 여기서도 분명해진다.

국책연구기관인 중국공정원은 2년 전 나라별 제조경쟁력을 평가하면서, 자국을 미국, 일본, 독일에 이은 3그룹으로 분류했는데, 3그룹 내에서도 한국을 중국보다 아랫단에 놓았다. 반도체 디스플레이 등 몇 가지를 빼면 배워야 할 한국의 경쟁대상이 거의 없다고 간파한 것이다.

2018년 중국의 하루 평균 신설 기업 숫자가 1만 6,500개에 달하는 것으로 나타났다. 1만 명당 신설 기업 숫자는 우리나라의 2배에 달했다.

중국에서 창업 열풍이 부는 원인에 대해 한은은 전자상거래의 빠른 증가와 창업 생태계 구축, 정부의 적극적인 지원의 세 가지를 들었다.

2017년 국제 기능 올림픽 대회에서 중국은 한국(8개)의 두 배 가까운 15개 금메달을 휩쓸었다. 우승보다 더 충격적인 사실은 제조업의 뿌리 기술부터 중국에 역전당하고 있다는 신호다.

중국업체들은 수년 내 반도체마저 국내 주력 산업을 추월할 것으로 예상된다. 따라서 우리가 지속적으로 성장하지 않을 경우, 연쇄 불황을 맞을 수 있다는 예상이다. 이주완 하나금융연구소 연구위원은 "과거 중국의 위협은 양적 확장에 따른 공급과잉 유발이 대부분이었는데 앞으로 다가올 위협은 양적·질적 성장을 포함하고 있어 이전보다 위기의 질質이 더욱 좋지 않다"고 말했다.

이와 같은 한·중 역전 현상은 기업인들에게는 훨씬 절박하다. 중국 기술자들은 악착같고 헝그리 정신이 있어 우리가 상상도 못했던 점까지 개량하여, 한국 것보다 월등한 제품으로 혁신을 했다.

중국 1위의 반도체 설계회사인 칭화유니그룹(칭화대학이 1988년 설립)은 2017년 7월부터 중국 후베이성 우한武漢에서 중국 최초의 3차원3D 낸드플래시 반도체 공장을 건립하였다. 33만 평 부지에 240억 달러(약 26조 원)를 쏟아부어 2018년 2분기부터 제품 양산에 들어갔다. 삼성전자·SK하이닉스·일본 도시바 등 선발 주자들의 전유물이었던 낸드플래시 시장 경쟁에 중국이 뛰어들어 추격하고 있다.

세계 스마트폰 시장에서 애플과 박빙의 승부(출하량 기준)를 벌이고 있는 중국 기업 화웨이는 세계 16개 나라에서 R&D(연구개발)센터를 운영하고 있다. 한국 경제연구원이 2006년부터 10년간 글로벌 R&D 500대 기업을 분석한 결과, 2016년 중국 기업이 54개로 세계 3위를 기록했다.

4차 산업의 총아 중 하나인 핀테크(정보기술과 결합한 금융서비스)에서도 중국은 빠르게 미국을 추격하고 있다. 한·중간에 시장 규모는 물론 기술 격차까지 줄어들면서 실리콘밸리 기업의 '차이나 인사이더' 전략에도 빠르게 변화의 조짐이 나타나고 있다.

최근 우리 산업의 경쟁력이 반도체품목 외에는 중국에 밀려나고 있는 현상이다. 기술지식 자산을 쌓기 위해 국유기업을 총동원하고 보조금을 지급하는 등 공정한 국제경쟁을 위반하면서 경제발전에 총력을 경주하고 있다. 미국이 이에 위기의식을 느끼고 관세폭탄으로 중국을 견제하고 있다. 그러나 중국의 자국중심적 산업정책은 훨씬 더 반시장적이어서 트럼프의 압박이 중국의 문제점을 시정토록 한다면 중국과 교역하고 경쟁하는 많은 나라의 기울어진 운동장을 바로잡는 계기가 될 수 있다. 우리는 이러한 무역환경을 최대한 활용하여 중국으로부터 끝없이 발목을 잡힐 것이 아니라 중국을 추월하는 혁신적인 경제정책이 필요하다고 판단된다.

중국 경제학자들은 그동안 "중국의 개혁개방이란 호기를 가장 잘 살린 파트너가 한국"이라고 치켜세워왔으나, 중국 산업경쟁력이 일취월장한 지금 호기는 위기로 바뀌었다. 이러한 위기해결의 근본대책은 우리 경제의 국제 경쟁력을 끌어올리는 것밖에 없다. 구조조정, 노동개혁, 규제완화 등을 과감히 추진하여 위기를 다시 호기로 바꾸어야 한다.

시진핑 시대를 맞아 지도이념부터 손질하는 중국처럼 새로운 한·중 경쟁국면에서는 우리 정부도 혁명적 발상의 전환이 필요하다. 중국의 강력한 추월에 우리 경제가 발목 잡히지 않고 강력한 경제 추동력을 발휘하도록 특단의 전략과 정책이 긴요하다.

4

노동혁신과 경제 문제

노사화합은 일자리 문제와 직결되는 중요한 경제발전의 요소이다. 그 나라의 경제 수준이 노사수준으로 귀결되기 때문에 선진국들은 노사정책에 혼신을 다하고 있다. 그 예로 프랑스 마크롱 대통령은 과거정부가 손대지 못했던 프랑스의 고질병으로 불려지는 노동개혁을 완수했다. 마크롱의 지지율은 큰 폭으로 하락했지만 개의치 않았고 그의 정치는 회생의 기회를 잡았으며 노동혁신의 표본이 되고 있다.

우리 정부도 프랑스 못지않은 고질적인 노조문제를 해결하기 위해 고심하고 있다. 노조문제 해결이 정치, 경제, 사회 안정은 물론, 안보, 외교까지 영향을 미칠 정도로 국가적 현황 과제이다. 이에 따라 문재인 대통령도 2017년 10월 24일 '노사정 사회적 대화 복원을 위해 마련한 노동계와의 만찬회동'에서 아래와 같이 역설했다.

노동계와 정부 사이에 국정의 파트너로서의 관계를 복원하는 것이 아주 중요하고 시급한 과제라고 생각한다. 지난 10년 정도 우리 노동은 아주 소외되고 배제됐으며, 국정의 파트너로 인정받지 못했다. 형식에 구애받지 않고 노사정위원회와 노사정 대표자회의 등을 통해 사회적 대화가 진척되기를 희망한다. 정부는 노동계와 함께하고 협력을 얻어야만 노동이 존중받는 사회라는 국정 목표에 한 걸음 더 다가갈 수 있고, 노동계도 같은 목표를 가지고 있을 것이다. 정부와 협력하고 또 대통령을 설득해내야 노동계가 꿈꾸는 세상에 더 다가갈 수 있다고 생각한다.

문성현 경제사회노동위원회 위원장이 2018년 7월 25일 국회 환경노동위 업무보고에 출석해 "노동운동이 근로자 간 격차를 확대하고 구조화했다. 이런 거라면 나는 노동운동을 하지 않았을 것이다. 30여 년간 나름대로 정의라고 여기고 노동운동을 했지만 지나고 보니 정의가 아닌 게 있다. 거기에 민주노총도 책임이 있다."고 말했다.

근간 민주노총 등 일부노조의 행태에 대해 '도대체 누구를 위한 노동운동인가?'라는 비판이 일고 있다. 민주노총이 기득권에 집착하면서 강경 투쟁의 노선을 걸으면서 결국 근로자 사이의 양극화를 초래했다는 불만이다. 이제 노동계는 익숙한 관행에서 벗어나 미래로 향해 가야한다.

민노총의 '파업 제일주의'는 기업의 이익을 고려하지 않는 무리한 노동운동이다. 전 현대차 노조위원장도 "내가 경영진이라도 해외에 공장을 지을 것 같다"고 말했다. 2017년 한국에 대한 외국인 직접투자가 36% 감소했고 우리 기업들이 해외로 떠나는 현상은 매우 심각한 문제이다.

서울경제 사설에서는 다음과 같이 말했다.[61]

실제 한국의 노동운동은 전체 근로자 중 10%에 불과한 대기업 정규직 노조원의 기득권 보호에만 관심이 있다는 비판을 받는다. 양대노총이 대기업과 중소기업 간 임금격차 악화에 대한 책임에서 자유롭지 않다는 지적이 나오는 이유다. 1997년 대기업의 73.5% 수준이던 중소기업 임금이 2017년에는 55.8%로 떨어졌다. 지난 20년 사이 격차가 17.7%포인트나 더 벌어진 셈이다. 상황이 이런데도 양대노총 산하 노조는 여전히 제 몫 챙기는 데만 몰두하고 있다.

이런 식의 노동운동은 요즘과 같은 디지털 노마드 시대에는 지속 가능성이 없다. 시대 변화에 맞춰 노동 유연성 확보에 전향적으로 임하는 등 변해야 한다. 그래야 기업도, 양대노총을 비롯한 노조도 생존할 수 있다.

대한상공회의소 부회장이 김상조 공정거래위원장에게 "정부 노동정책 때문에 기업들이, 특히 중소기업들이 죽어난다. 이런 기업 애로 사항을 청와대나 정부에 전달해달라"고 말할 정도이다. 현대차의 연간 임금 수준은 일본 도요타보다 1,600만 원 높은 반면, 현대차 근로자가 차 1대를 생산하는 데 투입되는 시간은 도요타보다 2시간 이상 더 걸리는 비생산적인 구조다. 송영길 북방경제협력위원장도 현대자동차 중국 충칭 重慶 공장을 방문한 뒤 '한국 자동차 산업의 미래가 걱정된다'는 글을 게재할 정도로 노조문제는 심각하다.

홍영표 원내대표는 "대한민국 노조도 이제 좀 바뀌어야 한다. 노동계도 이제는 우리 경제사회 주체 중 하나로서 어떻게 지속가능한 성장을 할 수 있는 나라로 만들지 함께 고민해야 한다."고 말했다. 노동계는 과

---

61 http://www.sedaily.com/NewsView/1S28HZFVHR

거와는 달리 사회적 약자의 지위에서 정부와 협상이 가능할 정도의 권력을 가진 사회 중심세력으로 변화했다. 따라서 공감하기 힘든 권리를 요구할 것이 아니라 지위에 맞는 책임감을 가져야 한다. 희망이 없이 살아가는 노동자들의 권리를 대변하지 못하는 노동운동은 의미가 없다.

노동을 혁신해야 소득 주도 성장과 혁신 주도 성장이 결합할 가능성이 높아진다. 새로운 기술, 새로운 기업, 새로운 산업만 주목하는 혁신 주도 성장이 아니라 기존 일자리, 기존 중소기업, 기존 주력 산업 혁신을 통해 경제가 살고 소득도 올라갈 길을 주목해야 한다는 의미다.

혁신 성장의 필수 조건이 노동개혁이기 때문에 제각각의 구동 방식이 아니라 유기적으로 연계할 수 있는 정책을 설계해야 한다. 노동은 그 연결점의 시작이자 끝이다. 노동의 개혁과 혁신으로 노동계는 물론, 경제계 모두가 상생하고 조화를 이룰 수 있는 대책을 조속히 시행하여야 한다. 예컨대, 인건비를 현재 자동차공장 노동자 평균임금의 절반 수준으로 묶는 대신 광주 지역에 자동차공장을 지어 1만개 남짓의 일자리를 만들자는 '광주형 일자리'의 노사 상생 모형은 의미 있는 시도이다.

적폐 청산을 강조해온 정부는 노동계의 적폐인 고용세습 청산에도 적극적일 필요가 있다. 그러나 새 정부 출범 이후 고용세습 단협에 대해 시정명령을 내린 건 2건에 불과했다. 고용세습이 위법이더라도 시정명령을 하지 않으면 노조의 고용세습은 근절되기 어렵다.

지금 고용상황이 장기화되면 젊은이 일자리 창출은 더욱 어렵게 되어 국가적 재앙이 될 것이다. 노사와 민관이 함께 국민대화합 측면에서는 물론 내우외환의 위기를 극복하도록 애국심으로 심기일전하여야 한다.

5

국가위기를 초래할
국가부채와 가계부채

우리나라는 최근 국가부채와 가계부채가 증가하고 있어, 1990년대 IMF 위기가 재현될 수도 있다는 여론이다. 미국의 자국우선주의, 보호무역주의로 대부분의 신흥국들이 금융위기에 빠져들어가고 있다. 최근의 상황은 1994년과 비슷하다. 당시 보호무역주의를 이유로 301조를 휘두른 미국의 불황은 호황으로 바뀌어 경제의 과열상태까지 달아올랐다. 그러다보니 1년 사이에 미 금리는 3%대에서 6%대로 뛰었다. 남미에서 시작한 국가부도사태는 태국, 인도네시아, 말레이시아, 한국으로 확산되어 경제위기를 겪었다. 최근 이러한 현상이 재현되어 미중 무역분쟁등 미국우선주의가 가속화되고 미국 경제는 사상 최대의 호황으로 2019년에도 금리 인상을 계획하고 있다. 미국이 금리 인상을 단행하면 부동산에 투자됐던 돈이 채권과 예금 등 안전자산으로 빠르게 옮겨갈 확률이 높다. 특히 우리나라처럼 주택담보대출로 인한 가계부채가 큰 폭으로 늘어난 나라는 금리 인상에 더 취약하기 마련이다. 10년 만에 금융위기가 재현될 수 있다는 우려가 나오는 이유다.

최근 아르헨티나, 터키, 브라질, 남아공, 인도네시아 등에서의 경제 위기 현상에 대해 IMF총재는 신흥국에서 1,000억 달러가 빠져나갈 가능성이 있다고 경고하고 있다. 우리나라는 외형상 아직 문제가 없는 듯 보이지만 실제는 경기 침체와 더불어 국가부채, 가계부채가 과도하여 신흥국가가 IMF체제로 들어갈 경우 국제 투기 자본의 영향을 받아 위험할 수 있는 상황이다. 이와 같이 세계 경제가 불안한 상황인 점을 감안하여 유비무환의 철저한 대책으로 위기가 기회가 되도록 최선을 다해야 할 것이다.

국가부채

최근 국가부채가 급격하게 증가하고 있다. 국가부채가 감당하기 어려울 정도로 증가하면 위기는 필연적으로 온다. 먼저 외국 자금이 떠나면서 환율이 급등하고, 물가가 폭등하면 금융기관이 마비되고 기업들이 망한다. 실업자가 쏟아져 나오지만 국가가 재정능력이 없어 할 수 있는 일은 없다. 1992년 1월 1일 소련이 지구상에서 사라졌다. 1917년 볼셰비키혁명 이후 미국과 양대 축을 형성하며 세계를 호령하던 소련은 미국과 군비경쟁을 벌이다 전쟁이 아닌 국가부채로 허무하게 무너졌다.

선진국들은 국가부채의 무서움을 알기 때문에 사전 대비 노력을 강화하고 있다. 우리는 선거를 의식해 기초연금 지급액을 계속 올리고 있지만 원조 복지국가인 스웨덴·노르웨이는 이미 폐지했다. 스위스는 공짜로 기본 소득을 보장해주겠다는 법안을 국민이 반대했다. 일본은 소비세를 2배로 인상하고 있다.

세계가 모두 국가부채를 줄이려고 안간힘을 쓰는데 우리는 반대 방향으로 가고 있다. 우리 국가부채는 과도한 가계부채, 일상화되는 재해, 그리고 통일비용까지 고려하면 눈덩이처럼 불어날 것이다. 선진국들이 보여주었듯이 복지에 한번 시동이 걸리면 부채는 걷잡을 수 없이 늘어난다. 국가부채 위기는 가계부채와 더불어 우리 국가경제의 큰 위험요소이다. 외환위기 때 겪은 기업 부채 위기와는 차원이 다르다.

문제는 포퓰리즘 복지 지출은 한번 늘어나면 다시 줄어들기 어렵다는 것이다. 지원 대상과 액수가 법률에 못 박히는 게 보통이고, 이를 축소하려면 다수의 저항과 이에 따른 정치적 부담을 감수해야 하기 때문이다. 재정학회장을 지낸 최병호 부산대 교수는 "복지 체계를 다시 설계하거나 세금을 대폭 올리지 않는다면 앞으로 재정 부담을 견디기 힘들 것"이라고 말했다.

현재 우리나라 국가 채무는 GDP의 40% 수준이다. 정부가 공무원 17만 명 증원(월급 327조, 연금 92조), 아동수당 도입, 기초연금 인상, 최저임금 인상분 지원 등을 위한 '적자재정' 정책을 지속할 경우, 오는 2060년 국가 채무가 기존 예상(1경 2,099조 원·국회 예산정책처 추정치)보다 3,400조 원 더 늘어날 것으로 전망됐다. 이에 따라 2060년 우리나라 국가 채무는 국내총생산GDP의 약 2배 수준으로 뛸 것으로 예상됐다. 정부가 복지확대 정책을 지속함으로써 혁신성장을 저해하고 미래 세대에게 감당하기 힘든 빚을 물려주는 상황이 도래할 것이다.

우리 경제는 이제 수술대에 올랐다. 어느 정도의 고통을 감내하지 않고는 메스를 댈 수 없는 법이다. 수술 성공 여부는 정책 당국자의 혁신 정책과 국민 협조에 달렸다고 할 것이다. 국가부채 문제를 전면 검토하여 장기 재정 전략을 새로 마련해야 한다.

가계부채

지난 50여 년간 지속적인 가계부채 문제는 사회적, 국가적 위기의 국가 재앙으로 다가왔다. 그 결과 상대적 빈곤 및 박탈감, 내집 마련 꿈 상실, 미래사회에 대한 불안, 출산율 감소, 빈익빈 부익부의 양극화, 부동산 투기 만연, 물본주의 사회현상 등이 복합적으로 나타나고 있다.

담보 대출을 영어로 하면 'mortgage'이다. 어원을 살펴보면 프랑스어로 mort는 '죽음', gage는 '서약'이라서 '죽음의 서약'이라는 뜻이다. 내 자산을 담보로 돈을 빌릴 때는 죽음을 각오할 만큼 신중한 결정을 해야 한다는 의미로 해석할 수 있다.

2017년 우리나라 가계 빚 증가 속도가 세계 주요 43개국 가운데 두 번째로 빨랐고, 소득 대비 빚 부담 증가세도 최상위권으로 가계부채가 경제위기의 뇌관으로 떠오르고 있다. 국제결제은행BIS에 따르면 가계부채 비율은 93.8%로 역대 최고를 기록하였다. 가구당 평균 부채는 7,022만 원으로 2016년 6,719만 원보다 4.5%나 늘었다. 10~20대 청년층 가구주의 부채는 일 년 새 42%나 늘었고, 30대의 부채 증가율은 16.1%로 그다음을 기록했다.

우리나라 가계 빚의 3분의 2는 집 때문에 생기고 있다. 2018년 9월 1,500여조 원에 달한다. 가계부채 중 주택담보대출만 744조 원이다. 별도로 전세자금대출이 100조 원 안팎으로 추정된다. 우리 경제의 고질병인 가계부채의 근본 원인이 주거비임을 알 수가 있다.

정부가 억지로 끌어올린 경기는 회복세에 한계가 있었다. 이미 고삐가 풀려버린 가계부채는 경제 전반에 이상 신호를 주기 시작했다. 가계 빚의 증가가 성장의 마중물이 되기는커녕 침체된 내수를 더 얼어

붙게 하는 요인이 된 것이다. 이처럼 금리나 재정을 동원한 단기 부양책들은 집행하기도 쉽고 효과가 즉각적으로 오지만 그만큼 남용했을 때의 부작용도 크다.

2017년 11월 말 한국은행이 기준 금리를 연 1.25%에서 연 1.5%로 0.25%포인트 올렸는데, 2018년 미국의 금리인상에 따라 다시 0.25% 수준 이상 올려야 하는 실정이다. 한국은행이 금리를 올려 대출 이자율도 높아지기 때문에 각 가정의 빚 부담이 커진다. 2014년 전에는 금리가 매우 낮은 수준이었기에 '빚 내서 집 사라'는 말이 나올 정도였으나, 부동산 가격이 크게 오르고, 사람들이 너도나도 주택 담보 대출을 받으면서 오늘날 가계부채 폭등이란 결과를 낳았다.

정부가 잇따라 내놓고 있는 부동산 대책도 성장엔 악재다. 정부는 이런 본질적인 문제는 외면하고 무작정 대출을 줄이는 방향으로 가계부채 대책을 준비하고 있다. 부동산 거래 절벽을 낳으면서 경기 위축을 부를 수 있기 때문이다. 건설 경기가 둔화되면 건설업 취업자 수에도 악영향을 주게 된다.

가계 빚을 줄이는 근본 처방은 정부가 공공임대주택을 늘리고 기업형 임대업체도 활성화해서 정부와 기업으로 빚을 분산시키는 것이다.

가계부채 문제는 단기적 성과를 위한 정부의 과도한 간섭이 부정적인 영향을 미쳤으므로, 정부는 장기적인 전략을 세워 서민경제는 물론, 경제성장에 지장이 없도록 해야 한다. 한국경제의 성장동력을 되살리기 위해 가계부채 문제를 해결해야 한다. 경제 발전과 성장은 각종 정책 및 제도와 밀접하게 관련돼 있는 만큼 가계부채 대책은 경제 안정화에 영향이 없도록 치밀한 대책을 강구하면서 추진해야 할 것이다.

6

반도체 산업의 명明과 암暗

우리나라는 반도체 대국이나 중국이 추월정책을 강력히 전개하고 있다. 혁신적이고 다양한 기능을 가진 시스템 반도체 개발을 선도하여 주력제품의 경쟁력을 향상시키고, 선진국과 경쟁하는 시스템 반도체 강국이 되어야 한다. 특히, 공정과 소재 분야 혁신기술 개발로 메모리 반도체 기술혁신을 이끌어 온 한국의 세계 메모리 반도체 산업 1위국 지위는, 중국의 추격을 따돌리고 계속 선도적 위치를 점유해야 한다. 세계 1위인 한국 반도체 산업을 따라잡기 위해 중국이 조성한 국부펀드 규모가 200조 원이 넘는다.

2017년 세계 반도체 시장의 호황으로 수출이 증가되고 경제가 호전되는 효과를 보고 있다. 반도체 가격은 2017년 이후 상승세를 이어가고 있다. PC용 D램은 2016년 중반 평균 12.5달러에서 2018년 25달러 수준으로 급등했으며, 낸드플래시 가격도 50% 이상 상승했다.

21세기 경제가 안보는 물론 국가 위상을 좌우하고 있다. 우리 경제가 세계 최고 수준의 기술력을 갖춘 반도체 산업을 국가전략산업으로 집중 육성해야 한다.

삼성전자(64.5%)와 SK하이닉스(22.8%)는 2017년 전 세계 모바일용 반도체 D램 시장에서 87.3%의 점유율(매출액 기준)을 기록했다. 특히 모바일뿐 아니라 PC와 서버용을 포함한 전체 반도체 D램의 점유율은 두 기업이 각각 47.5%와 26.7%로 미국의 최대 반도체 업체인 마이크론 테크놀로지(19.4%)보다 높았다.

우리의 반도체 산업은 경제의 핵심 산업이고 동시에 중국에 맞선 전략적 무기가 될 수 있다. 우리의 반도체 산업은 중국의 추월을 절대 허용하면 안 된다. 우리나라는 미래 중국과 치러야 할 반도체 치킨게임에서 절대적으로 물러서서는 안 될 것이다. 반도체 시장은 제품의 질을 지속적으로 높이고 공급 물량을 수요 이상으로 유지해야 한다. 공급이 수요를 능가하는 한 소비자는 계속 1등 제품을 선택하기 때문이다. 반도체 산업은 통상 4~5년 단위로 호황·불황을 반복한다. 2017년부터 시작된 반도체 사이클이 계속 이어져 삼성전자의 작년 영업이익의 대부분을 반도체에서 달성했다. 관건은 이 같은 반도체의 호황이 언제까지 지속될 것인가이다. 한국산업의 반도체 의존이 과도한 만큼 호황이 꺼졌을 때 실적이 급격히 하락할 수밖에 없기 때문이다.

또한 우리나라는 반도체 시장을 성공적으로 이끌고 있지만, 4차 산업혁명 시대 선도자의 역할은 못 하고 있어 우려스럽다. 자칫 잘못하면 4차 산업혁명 시대에 미래 반도체 기술과 시장을 잃을 가능성도 있다. 반도체 산업은 물론 제조업 전체의 세계주도국가의 위상을 계속 지키기 위해서 업계는 물론 정부의 전폭적인 지원이 필요하다.

7

산업체 스파이의 기술 유출

최근 6년간 유출된 국가 핵심 기술

시점		기술명	유출 국가	특이 사항
2012년	2월	선박 평형수 처리 장치 제조 기술	미국	국가R&D 자금 투입
	4월	디스플레이 패널 제조 기술	이스라엘	세계 시장점유율 1위
2013년	2월	디스플레이 패널 제조 기술	중국	세계 시장점유율 1위
	6월	보툴리눔 균주 제조 기술	유럽·중동	국가R&D 자금 투입
2014년	10월	디스플레이 제조 기술	중국	세계 시장점유율 1위
2015년	4월	초저온 보냉제 기술	독일	세계 시장점유율 1위
2016년	1월	OLED 소재 기술	중국	세계 시장점유율 1위
	3월	고부가가치 선박 설계도면	중국	세계 최초 양산
	7월	LNG선 건조 기술 자료	중국	세계 시장점유율 1위
2017년	7월	OLED 세정 기술	중국	세계 시장점유율 1위
	7월	특수 선박 제작 기술	말레이시아	세계 최초 상용화

자료: 국가정보원 국회 제출

연도별 기술 유출 현황

	2012	2013	2014	2015	2016	2017년8월
총 기술 유출	27	29	31	30	25	15
국가 핵심 기술	3	2	4	3	7	2

우리나라는 북한의 고정 간첩(20여만 명: 출처 배영복, 전쟁과 역사, pp.513~514) 색출에 대해서는 국민적 관심이 많은 반면, 산업체의 국가 핵심기술 유출, 즉 산업체 간첩에 대해서는 경계심이 소홀하다.

최근 6년간 OLED(유기발광다이오드) 관련 기술 등 정부가 지정한 '국가 핵심 기술' 21건이 해외로 유출(2017년 8월말 기준)된 것으로 나타났다. 2018년 10월 13일 국가정보원의 자료에 따르면 정보·수사 당국이 지난 2012년 이후 최근까지 적발한 기술 유출 사건은 총 157건이었다. 지난 2년간 '산업기술유출 방지 보호법'에 따라 정부가 유출 방지 조치를 마련하도록 한 국가 핵심 기술도 40건 포함돼 있었다. 국가 핵심 기술은 해외로 유출될 경우 국가 안전 보장과 국민 경제에 중대한 악영향을 미칠 수 있는 기술로, 산업통상자원부 장관 등이 지정한다. 당국에 적발된 해외 유출 국가 핵심 기술은 조선 분야 9건, 디스플레이 등 전기·전자 분야 8건, 플랜트 2건, 자동차·의료 각 1건 등이었다. 기술을 빼간 나라는 중국이 70%로 가장 많았고, 미국·캐나다·이스라엘·독일·인도·말레이시아 등 관련 기술 경쟁국들이 두루 포함됐다.

최근 6년간 당국에 적발된 전기·전자 관련 국가 핵심 기술 유출 사건은 OLED 외에도 디스플레이 패널 제조 기술, 2차 전지 제조 기술 등 총 8건이 있었다. 대부분 한국이 세계 1위인 기술이다.

조선 관련 기술 유출도 9건 적발됐다. 지난 7월 한국 기업이 세계 최초로 상용화한 특수 선박 제작 관련 기술이 말레이시아에 유출됐고, 작년 3월과 7월엔 고부가가치 선박 설계도면과 세계 시장점유율 1위인 LNG선 건조 기술 자료가 중국에 넘어갔다. 이 밖에도 세계 시장점유율 1위인 초저온 보냉제 기술이 2015년 독일에 유출됐고, 선박 검사 프로그램 소스코드도 미국으로 넘어갔다. 이 밖에 해양 플랜트 설계 기술도 캐나다와 인도 등 경쟁국에 유출된 것으로 나타났다.

산업체 스파이활동 색출에 실패한다면 기업의 타격은 물론 국가 경제까지 위태로울 수 있다. 한국이 기술력이나 시장점유율에서 세계 1위인 기술이 경쟁국에 유출될 경우 국내 산업 경쟁력은 타격을 입게 된다.

근간 중국의 산업스파이 활동은 세계적으로 경악할 정도이다. 특히 삼성, LG디스플레이의 협력사에 중국인 산업스파이 두 명이 위장 취업하여 한국의 독보적 기술인 '휘어지는 OLED(유기발광다이오드)' 기술을 빼가려다 적발되었다.

산업스파이의 기술 탈취는 기업은 물론 국가 경쟁력에 영향을 미치는 중대 범죄이다. 미국 등 대부분 국가가 기술 유출을 간첩죄로 가중 처벌하는 이유는 경제안보 차원에서 중요하기 때문이다.

중소기업벤처부는 기업의 보안 시스템 구축을 지원하는 사업을 시행하고 있으나 예산 부족으로 일부만 지원을 받고 있다. 기술 유출을 막기 위한 보안강화에 예산을 추가 투입해야 한다. 또한 경쟁국이 관련 산업 종사자를 매수하는 방식으로 이루어지므로 이에 대한 감시도 강화해야 한다. 산업스파이는 고정간첩 못지않은 이적행위로서 사전 예방, 색출 활동 및 처벌을 강화해야 할 것이다.

제16장

미래의 경제혁명
9가지 실천전략

한국 경제 구조개혁과 혁신의 시급성

개혁_{reform}이란 제도나 기구 따위를 새롭게 뜯어고치는 것으로 구조의 변화를 의미한다. 또한 유사한 개념으로 혁신_{innovation}이란 조직, 관습 등을 바꾸어서 새롭게 한다는 뜻으로 질의 변화를 의미한다.

우리나라 경제전문가들은, 우리 경제가 중대한 변화에 직면해 있으며, 속히 대응하지 않으면 큰 위기를 겪을 것으로 보고 있다. 경제 정책 및 발전 전략 면에서 대외경제의존, 국제경쟁력의 약화, 외채의 부담 및 경제적 불안 등이 문제가 되고 있다. 정부가 혁신 성장과 관련해 규제 개혁을 국정 주요 과제로 오랫동안 추진했지만 기업개혁 및 혁신은 제대로 이루어지지 않고 있는 데다, 노동개혁에조차 지지부진하다.

국제통화기금_{IMF}에서는 한국은 2030년에는 0%대 성장의 저성장 진입시대를 맞이할 것으로 예측하면서, 3% 성장에 만족하지 말고 구조개혁에 적극적으로 나서라고 조언하고 있다. 한국 경제의 근간이 되는 구

5부 국가 대 개조 - 국부론의 선진화 혁명 전략 - ③ 경제(물질)혁명 · 423

조적인 지표들이 나빠지거나 오히려 역대 최악의 수준을 보이는 것으로 나타났기 때문이다. 대한민국의 2015년 기준 시간당 노동생산성은 31.8달러로 국제협력개발기구OECD 35개 회원국 중 28위로 바닥 수준이다. 룩셈부르크(82.5달러)나 미국(62.9달러) 등 선진국의 절반 수준에도 못 미치고 있다.

6~9개월 뒤의 경기 흐름을 예측하는 OECD 경기선행지수는 17개월 때 하락했다. 한국은행과 OECD가 2018년 우리 경제 성장률 전망치를 2.7%로 내렸으며, 일부 해외 투자은행 등은 2.6%까지 떨어뜨렸다. 경제 전문가들은 온갖 악재가 겹치는 경제 재앙 상황인 퍼펙트 스톰perfect storm 이 올 것을 우려하고 있다.

2018년 정부의 예산안은 429조 원이고 예산 증가율은 7.1%로, 2008년 금융위기 이후 최고치다. 최근 경제 양극화가 심화돼 복지지출을 늘려야 한다는 점에 대해서는 대부분이 동의한다. 그러나 문제는 복지지출을 급격히 늘렸을 때 발생하는 막대한 국가부채를 국민세금으로 메꿀 수 있는가이다. 또한 다음 세대에게 너무 무거운 짐을 지워주는 결과가 초래될 수 있다.

국회 예산정책처는 2018부터 시행되는 공무원 증원, 아동수당 도입, 기초연금 인상, 최저임금 인상분 지원 등 4대 사업의 지출 영향을 분석했다. 그 결과 국가채무 비율은 국내총생산GDP 대비 현재의 40% 수준에서 2060년에는 194% 수준으로 상승하기 때문에 문제가 된다.

아산나눔재단 분석에 따르면, 글로벌 상위 100대 스타트업 가운데 57곳이 한국에서는 제대로 해 볼 수가 없다고 한다. 최근 20여 년간 중국은 미국보다 한발 늦게 출발했지만 텐센트, 알리바바, 바이두 등 미국의 공룡들과 맞먹는 거대 기업을 만들어냈다. 세계 10대 핀테크 기업 중

5곳이 중국 기업이다. 미국이 셋이고, 한국과 일본은 없다. 이들은 거대한 자본력을 바탕으로 4차 산업혁명을 실현할 밑천을 댈 것이다. 조선, 철강, 자동차 등 전통 산업에서 중국에 따라잡히는 것은 예상했던 바이지만, 4차 산업혁명에선 처음부터 중국에 뒤지고 있다. 혁신 성장 성공을 위해 더욱 중요한 전제 조건은 규제 개혁이다.

제행무상諸行無常 이라는 말이 있다. 모든 것이 변화하지 않으면 생존은 물론 발전할 수 없다는 의미이다. 한국경제는 규제로 인해 변화할 수 없어 경제가 망한다는 원성이 비등하다. 지난 정부는 '규제 혁파'를 핵심 국정과제(이명박 정부: 규제 전봇대, 박근혜 정부: 손톱 밑 가시)로 내세웠으나 모두 구호로만 그친 결과 경제발전에 큰 장애요소가 되었다.

한국일보 사설에서는 다음과 같이 게재했다.[62]

박용만 대한상의 회장이 4일 새 국회의장단과 여야 대표를 찾아 "기업이 원하는 법이면 다 악법이고 가치가 없는 것이냐"며 울분을 터뜨렸다. 8월 국회가 인터넷전문은행 특례법과 서비스발전기본법 등 혁신성장을 위한 규제혁신 관련법을 하나도 처리하지 못한 채 문을 닫자 허탈감과 무력감을 토로한 것이다. (중략)

"혁신성장을 가로막는 규제 개선을 위해 4년 동안 40번 가깝게 과제를 전달했으나 대부분 해결되지 않았다"며 "문제는 다 나왔으니 이젠 답을 달라"고 요구하기도 했다. 우리 경제의 생산성 및 경쟁력 제고는 현세대는 물론 미래세대의 생존 문제로 부각됐다. 정치권이 숲을 보지 못한 채 낡고 늙은 논리로 혁신의 발목을 잡으면 다음 세대는 중국인의 발을 씻어주며 살아야 할지도 모른다.

이런 현상이 현 정부에서도 지속되고 있다. 정부가 약속했던 규제 샌

---

62 http://www.hankookilbo.com/v/388df1d9a45b4d56a6ed08b3a001a294

드박스 도입은 국회에서 표류되고 있다. 아직도 각종 규제가 너무 많아 기업인들의 애로사항이 많다. 국회는 IMF의 한국 경제에 대한 경고를 겸허히 받아들여 혁신주도 성장을 기반으로 소득주도 성장과 공정경제가 이루어지도록 해야 할 것이다.

먼저 '되는 게 없는' 이 나라를 '안 되는 게 없는 나라'로 만들어야 혁신 성장이 가능하다. 능력과 열정만 있으면 누구라도 해 볼 수 있게 해야 한다. 역대 모든 정부가 모두 실패한 혁신 성장과 신성장 동력 창출의 두 날개를 튼튼히 하여 경제위기 극복은 물론, 선진국으로 도약할 수 있는 정부가 되어야 할 것이다.

나라가 흥하는 데는 수십 년의 축적이 필요하지만 주저앉는 데는 오래 걸리지 않는다. 우리 경제는 지도자의 전략 부재로 98년 IMF 위기를 초래한 아픈 경험을 갖고 있다. 최근 우리나라는 민생은 물론 대북정책을 위해서도 경제 활성화가 너무나 중요한 상황이다. 정부는 필요한 부분이 있다면 과감하게 규제를 풀고 기업가 정신을 고취시키는 등 시장에 활력을 불어 넣는 선견지명의 전략과 정책을 적극적으로 펼쳐야 할 것이다.

이와 같은 역사의 가르침에서 깨닫고 선견지명의 전략과 정책을 강구해야 할 것이다.

2

중소·벤처기업 및 중견기업의
경쟁력 강화

중소·벤처기업의 경쟁력 강화

우리나라는 중소기업이 90여 퍼센트에 달하고 그중의 47%가 대기업 협력업체로서, 이들은 매출액의 85%를 대기업에 납품하고 있다. 우리 경제의 선진화를 이루기 위해서는 대기업 의존에서 벗어난 대·중소기업 간 동반성장이 필수적이다.

국내 벤처기업에서 일하는 근로자 수數가 삼성 등 6대 대기업 그룹의 전체 직원 수와 대등할 정도로 많아졌다. 지난 3~4년 동안 주요 대기업들의 직원 수는 소폭 감소한 반면, 벤처기업들은 꾸준히 직원 채용(76만 명)을 늘리며 고용 시장의 큰손으로 등장하고 있다.

그러나 우리나라 중소기업의 경쟁력은 선진국에 비해 미약하다. 특히 대한민국의 중소기업에 필요한 창의력과 기업가 정신은 사라져가고 있다. 능력 있는 젊은이들이 도전정신을 잃어가고, 사회적으로는 반反기업 정서가 팽배해 있다. 또한 기업에 대해 잘 알지 못하는 지도층이

기업 활동에 지나치게 간섭함으로서 기업가 정신을 가로막고 있다.

반면 선진국 중소기업들은 기업가 정신, 적절한 지원 및 규제로 중소기업이 사회의 중추역할을 담당하고 있다. 독일, 일본, 스위스, 이스라엘 등 선진 중소기업은 자생력이 강하여 수출비중이 꾸준히 증가하고 있으며, 높은 기술력, 산학연 산업클러스터 조성 등으로 건강한 기업생태계를 조성하여 부국강병의 중심역할을 하고 있다.

정부는 중소기업의 특성을 파악하여 다음 사항을 중심으로 중소기업 생태계를 건전하게 육성하며 관리를 철저히 하여야 한다.

① 중소기업 지원 제도의 통폐합 및 지원정책의 합리적 평가와 효율화

② 중소기업의 상시적 혁신이 이루어지고, 중소기업 간 또는 중소기업-대기업 간 M&A가 활성화되어 기업생태계의 활력 제고

③ 미래가치, 기술력에 근거한 자금지원 및 성과연동형 중소기업지원 확산

④ 부처별로 복잡다기한 중소기업 지원 제도를 재정비하여 지원 정책 효율성 강화

⑤ 정량적 평가에서 벗어나 기업의 미래가치와 기술력 평가를 위한 금융기관 공조 신용평가 시스템 구축

⑥ 성장 의지가 없는 한계 중소기업 지원보다는 수출, 고용, 투자 등에서 성과를 낸 기업에 자금지원을 확대

⑦ 중소기업 취업자에 대한 세제혜택, 주택·출산·육아 등 실생활에 도움이 되는 지원책 마련

⑧ 유망한 중소기업의 마케팅으로 고급 청년인력 유치 지원

청년들은 중소기업의 근무여건이 좋지 않다는 이유로 기피하고 있는 실정(중소제조업 인력부족률 2.51%(대기업 1.7%))이다. 근무여건 개선, 행복한 일터 만들기, 선취업·후학업 여건 조성, 클린 사업장 확대 등 작업환경 개선으로 일할 맛 나는 직장으로 변화시켜야 할 것이다.

경쟁력을 높이고 성장하고자 노력하는 중소기업이 더 많은 지원과 혜택을 받아 강한 중소기업이 중견기업, 대기업으로 성장하도록 하며, 필요시 문제업체는 삼진아웃 제도를 도입하여 부조리와 부정부패는 강력하게 조치하여 근절시켜야 한다.

또한 대기업이 협력업체들 중 우수 중소기업을 해외 글로벌 기업에 추천하여 중소기업의 수출시장 개척을 지원하는 등 세계화 및 국제경쟁력 강화에 역량을 집중할 필요가 있다. 또한 대기업과의 공동브랜드를 통해 글로벌화 과정에서 겪는 낮은 브랜드 인지도 문제를 해결하고 중소기업의 브랜드 파워를 키워 시장지배력을 강화하여야 할 것이다.

모든 중소기업이 끊임없는 자구 노력으로 경영의 투명성을 높이고 적극적인 R&D 투자로 원천기술을 개발하여 적극적인 해외시장 개척을 통한 수출역량의 강화가 요구된다.

세계적인 경쟁력을 갖춘 중소기업을 육성하고, 이를 통해 우리 경제의 선진화를 이루기 위해서는 중소기업이 든든한 뿌리 역할을 하여 강한 산업의 나라가 되도록 중소기업 활성화 정책을 강화시켜야겠다.

중견기업의 경쟁력 강화

우리나라 중견기업은 2015년 기준으로 수출의 17.6%, 고용의 5.5%

를 담당했다. 혁신을 주도하고 양질의 일자리를 창출하는 등 경제의 견인차 역할을 해왔다.

최근 중견련에서는 중견련 패싱현상에 대해 우려하면서 정부·여당에 "중견기업의 목소리에 귀를 기울여 달라"고 호소하고 나섰다.

정부 여당은 전체 기업의 0.08%(2979개, 2016년 기준)에 불과한 중견기업이 크게 중요치 않다고 생각하고 있는지도 모른다. 하지만 국내 중견기업이 산업과 경제에서 차지하는 역할과 비중은 결코 작지 않다. 중견기업의 연평균 고용 증가율은 12.7%로 전체 기업(3.4%)의 약 4배나 된다. 상대적으로 양질의 일자리를 창출하는 중견기업이 늘어날수록 소득 양극화도 완화될 수 있다. 세계 경제의 불확실성이 커질수록 기업 생태계의 '성장 사다리'인 중견기업이 곳곳에서 나와야 우리 경제의 안정적인 성장도 가능할 뿐만 아니라 대기업으로 성장할 수 있다.

그럼에도 불구하고 한국에서 중견기업은 '찬밥 신세'다. 중견기업이 되는 순간, 70여 개 새 규제가 기업을 옭아맨다. 규모 키우기를 꺼리는 '피터팬 신드롬'이 극성을 부릴 수밖에 없다. '히든 챔피언' 탄생을 기대하는 것은 더 어렵다. 한국에서 유독 중견기업 수가 적은 것도 이런 이유에서다. 독일은 전체 기업의 0.57%, 일본은 0.55%, 미국은 0.53%가 중견기업인 데 비해 한국은 0.1%도 안 된다. 세계시장 점유율이 '톱3'에 드는 중견기업인 '히든 챔피언'의 경우, 2015년 기준 독일이 1,307개인 데 비해 한국은 60여 개에 불과하다.[63]

최근 경제계 이슈는 중소기업과 대기업 문제에 집중되어 있다. 그러

----

63 http://news.hankyung.com/article/2018012253611

나 산업계의 허리 역할을 하는 중견기업에 대해서는 관심이 소홀하여 문제가 되고 있다. 중소기업 육성의 효과를 극대화하려면 중견기업과 연계 육성이 필요하다. 산업정책은 중소기업, 중견기업, 대기업이 삼위일체로 융합될 때 시너지 효과가 발휘될 수 있으므로 중견기업 혁신성장 대책을 강구하고 중견기업의 애로사항을 해소시키는 등 균형 발전을 이루도록 해야 한다.

정부는 2020년까지 중견기업을 3,558개에서 5,500개로 늘리고 연매출 1조 원 이상 기업을 80개 키우겠다는 목표를 수립했다. 우리 경제가 한 단계 더 도약하려면 중소기업이 중견기업이 되고 중견기업이 글로벌기업으로 도약하는 나라가 되어야 한다.

한국 경제의 성장 동력이 꺼져가고 있다. 성장률은 2분기 연속(전분기 대비) 0%대를 이어가고 있다. 중소기업 → 중견기업 → 글로벌 기업으로 발전토록 기업들에게 훈풍을 불어주고 기업가 정신을 고취해야 한다. 시장의 활력을 불어넣어 민관이 하나가 되어 경제 살리기에 나서야겠다. 한편 정치인들은 기업인들의 경제활동을 적극적으로 지원하되, 부정부패 관련 행위는 절대적으로 금해야 할 것이다. 기업이야말로 대한민국 미래 발전의 핵심성장 동력이기 때문이다.

3

경제 정책의 핵심은 일자리 창출

　최근 기업들은 정부의 눈치만 보며 재투자를 통한 일자리 창출에 소극적인 실정이다. 2018년 9월 기준 실업률이 3.5%, 실업자는 102만 명에 달했다. 또한 청년실업률도 10%선으로 50여만 명에 달한다. 그런데 주무부처인 고용노동부는 고용 유연성으로 기업활성화를 통해 일자리 활성화 정책을 지속적으로 전개해야 하는데도 불구하고 문제만 생기면 땜질방식의 세금으로 일자리대책을 만드는 데 그치고 있다는 목소리가 많다.

　청년실업의 진정한 대책이란 청년의 입장을 배려하고 눈물을 닦아 준다며 공무원으로 채용하거나 국가예산을 통해 금전을 보태주는 것이 아니다. 편파적인 기득권을 내려놓도록 하는 한편, 중소·벤처기업 육성, 관광산업 육성 등 실질적인 일자리 창출이 긴요하다. 취업을 위한 핵심대책은 단기적인 포퓰리즘적 대책이 아닌 미래지향적, 포용적, 혁신적 리더십으로 국가 개조의 패러다임을 구축하는 것이다.

청년실업이 높은 국가는 희망이 없다. 젊은이가 취직을 해 부국강병을 만들어야 국가 경쟁력을 유지할 수 있을 뿐만 아니라 행복국가를 만들 수 있다. 정부에서도 이런 차원에서 2018년 예산편성에 공무원 증원, 사회복지 예산 증액을 통한 소득 주도의 내수 활성화, 청년 창업지원, 11조 원 추경 편성 등을 적극 추진하고 있으나 경제 성장은 더욱 침체되고, 일자리 창출은 부진을 면치 못하고 있다. 경제 침체를 극복하기 위해 정부는 2019년에는 2018년보다 9.7% 늘어난 470조 5,000억 원의 슈퍼예산을 편성하였다. 과감한 재정확대의 정책을 감안할 때 우리 경제는 고용 쇼크에서 시급히 벗어나야 한다.

일자리 창출을 위한 근본대책은 공무원 증원, 사회복지예산 증액을 통한 소득주도의 활성화보다는 혁신주도성장을 통해 자생력이 생기고 경제 성장의 선순환을 통해 일자리를 계속 증가시킬 수 있는 대책이어야 한다. 더욱이 공무원 증원은 반영구적으로 재정이 소요되어 후손들에게 엄청난 부담을 주고 경제 성장에 지장을 줄 것이다.

제조업만으로 일자리를 만들 수 없으며, 선진국이 될 수 없다는 것은 이미 입증된 현상이다. 우리 인력은 물론 유리한 여건과 환경을 살려 4차 산업혁명, 관광산업, 서비스 산업, 농수산 산업이 상호 연계하여 일자리 창출에 기여해야 한다. 이제 정부는 성장주도와 혁신주도의 조화를 통한 일자리 창출의 선순환 경제를 이룩해야 한다.

4차 산업 혁명과 관광산업은 일자리 창출의 핵심 산업임은 물론 경제 성장을 좌우하는 열쇠가 될 것이다. 일자리 창출을 통한 경제 성장이 일류 선진국으로 가는 길로서 스위스 등 선진국의 사례를 타산지석으로 삼아 우리도 경제강국을 건설해야 한다.

4

제4차 산업혁명 - 선도국가로의 도약

　21세기 세계 각국은 4차 산업혁명 시대를 맞아 선도국가로 도약하기 위해 치열한 경쟁을 벌이고 있다. 미국은 'Digital 전환', 독일은 'Industry 4.0', 중국은 '제조 2025', 일본은 'Society 5.0'의 캐치프레이즈를 걸고 4차 산업혁명 시대를 준비하고 있다. 우리도 이들 선진국에 뒤지지 않도록 학계, 경제계, 정부 등 모든 관련 업체 및 기관이 일사불란한 협조체제를 구축하여 선도국가로 나서야 한다.

　산업혁명은 인류 사회와 경제적 변화를 불러왔다. 영국을 시초로 18세기 후반에서 19세기 초반에 소비재와 경공업을 중심으로 일어난 변화를 1차 산업혁명, 19세기 중후반에 전기화학 등 중화학 공업이 시작된 것은 2차 산업혁명, 20세기 후반 컴퓨터와 인터넷 기반의 지식정보 혁명을 3차 산업혁명으로 분류한다. 지금 인류는 정보통신기술ICT의 융합으로 4차 산업혁명 시대를 맞이하고 있다.

4차 산업혁명을 빅데이터, 알파고와 같은 인공지능, 사물인터넷 등 단순한 기술혁명으로 오해하는 경우도 있다. 이러한 개별 기술들은 4차 산업혁명의 하나의 수단일 뿐 본질이 아니다. 4차 산업혁명은 현실off-line 과 가상on-line의 융합을 통한 예측과 맞춤이 본질적 속성이다. 다시 말해 인간을 중심으로 현실과 가상이 순환해 현실을 최적화하는 융합 혁명으로 봐야 한다.

『유엔 미래 보고서 2045』는 다음과 같이 말한다.

① 가까운 미래에는 HIV(인간면역결핍바이러스)백신이 개발·시판됨으로써 AIDS(후천성 면역결핍증) 치료의 길이 열린다(2017년)

② 생각만으로 문자를 보낼 수 있다(2020년)

③ 석유를 사용하는 시대가 끝난다(2059년)

④ 기계와 인간의 융합화로 '트랜스 휴먼'이 보편화된다(2100년)

4차 산업혁명은 디지털이 선도한 3차 산업혁명에서 한발 더 나아가 전자공학, 생물학, 물리학 등의 경계가 없어지고 융합하는 기술혁명을 밑바탕에 깔고 있다.

미래창조과학부는 인공지능AI 등 지능정보기술이 가져올 사회적 파장에 대응하기 위한 중장기 전략을 추진하고 있다. 미래부가 정의하는 4차 산업혁명은 AI+I(사물인터넷), C(클라우드), B(빅데이터), M(무선), S(보안) 등의 주요 기술이 경제·사회·산업 전반에 초고속으로 변화를 일으키는 기술 혁명으로, 핵심 키워드는 '초연결'과 '융합'이다.

미래창조과학부 지능정보사회 중장기 종합 대책(안)

구분	과제	주요내용
지능정보 기술기반 확보	대규모 데이터 기반 구축	− 공공데이터 기계학습 가능한 형태로 전환 개방 − 데이터 거래소 구축 추진
	지능정보 기술확보	− AI 및 ICBM 핵심기술 개발 − 차세대 기술인 양자컴퓨팅뉴로모픽칩 연구
	초연결 네트워크 환경 구축	− 5G 서비스 상용화 − 해킹 원천 차단하는 양자암호통신 단계적 도입
전 산업 지능 정보화	공공서비스 신제품 활용 및 생태계 조성	− 전장 전력(국방), 지능형 범죄 대응(경찰), 행정복지 서비스(복지, 행자), 미래형 교통유통(국토) 마련 − 대규모 실증 테스트베드 조성 및 규제 샌드박스 도입 추진 − 로봇 3D 프린팅 등 스마트 제조기반 마련
	지능형 의료 서비스	− 의료분야 맞춤형 서비스 구현을 위해 10만 명 코호트 구축 − 지능형 헬스케어 로봇 개발 − 개인 맞춤형 진단 치료기술 개발
사회정책 개선을 통한 선제적 대응	미래교육 혁신	− SW 및 STEAM 교육 대폭 확대 − 중고교 학점제 도입 추진 − 지능정보영재 조기 양성
	고용변화 대응 및 사회 안전망 강화	− 유연근무제 확대 등 탄력적 노동시장 재편 − 신산업 신직업 전문인력 양성(매년 3천 명 석박사급 인력 공급) − 취약계층 어려움 지원을 위한 지능정보 기술 개발
	법제정비 및 역기능 대응	− 국가정보화 기본법 개정 등을 통한 국가 지능정보화 기본법 마련 − 신규 법적 이슈 연구 및 지능정보기술 윤리헌장 제정추진 − 사이버 위협, AI 오작동 등 기술적 위협에 대비한 사이버 보안센터 구축

자료: 미래창조과학부

한편 AI 확산에 따라 전 세계적으로 논의되고 있는 AI 법제도 이슈와 관련한 각계 의견을 수렴해 정비에 나설 예정이다. AI로 인한 사고 발생 시 법적 책임문제, 로봇의 저작권과 지적재산권 인정 여부 등을 규정한

국가 지능정보화 기본법을 마련하고, 지능정보기술 윤리헌장 제정을 추진하기로 한 것은 다행이다.

미래 혁신의 시대에서 살아남기 위해서는 4차 산업혁명의 선도자로 도약하도록 과학기술 발전 정책은 물론, 다양한 학문분야 간의 융합, 인문사회-과학기술 간 융합이 필요하고. 사이버위협, AI 오작동 등 역기능 대비, 지능정보 창작물의 저작권 문제, 사고책임 등 새로운 법제 문제도 선제적으로 정비하고 신산업 창출을 가로막는 규제나 관행을 과감하게 없애는 용기와 결단이 필요하다.

제이콥 모건의 『다가올 미래』에서는 다음과 같이 말한다.[64]

사람들이 매일 생산해내는 데이터는 날로 증가하고 있다. 이제 기업의 과제는 이러한 데이터를 어떻게 이용해서 좀 더 나은 의사 결정을 내릴까 하는 것이다. 그런 점에서 피플 애널리틱스는 앞으로 눈여겨봐야 할 흥미로운 주제임에 틀림없다.

빅데이터의 핵심 포인트는 더 많은 데이터의 생성이다. 그만큼 다양한 분야에서 정보를 추출할 수 있다는 것을 뜻한다. 나아가 더 나은 의사결정에 도움이 된다. 따라서 다양한 정보를 잘 걸러내고 그 안에서 의미를 추출해내는 능력 또한 매우 중요하다.

4차 산업혁명은 어떤 나라엔 기회가 되고 어떤 나라엔 위기가 될 것이다. 올바른 방향설정과 변화를 두려워하지 않는 유연한 대응으로 위기를 기회로 바꿀 수 있다. 우리나라는 글로벌 저성장 파고를 넘기 위한 해결책으로 '4차 산업혁명' 시대의 선두주자로 반드시 나아가야 한다.

---

64 제이콥 모건, 『다가올 미래』, (비전코리아, 2016), p.41

5

한국판 실리콘밸리 확대조성

　우리나라는 치열한 제4차 산업혁명 경쟁에서 추격자의 위치에 있어 혁신적인 민과 관의 절대적인 협조 없이는 선두주자로 도약하기가 어려울 수 있다. 제4차 산업혁명의 선두권 진입은 판교에서 기흥지역까지 경부고속도로 일대를 실리콘 밸리 지역으로 조성하는 것이 핵심 관건이라고 해도 과언이 아니다.

　박근혜 정부에서는 도시첨단산업단지인 경기 성남시 판교 창조경제 밸리(제1테크노밸리)를 혁신 성장의 메카로 육성했다. 경기도에 따르면 66만㎡(20만 평) 규모의 제1판교테크노밸리에 입주한 1,306개 기업의 지난해 총매출액은 약 77조 4,833억 원에 달한다. 제1테크노밸리엔 1,300여 기업이 있으며 20·30代 직원이 70% 넘어 작년 매출이 5년 만에 15배 증가했다. 최근 정부는 창조 경제 밸리를 통해 창업기업 등 첨단기술 분야 기업 750개를 육성하고 일자리 4만 개를 창출한다는 계획을 했다.

경기도 판교에 조성 중인 '판교 제2테크노밸리'가 2022년까지 스타트업 등 1,400여 개 사社가 입주하는 '벤처기업의 메카'로 육성된다. 정부는 우선 창업 기업이 저렴하게 이용할 수 있는 사무 공간을 대폭 늘리기로 했다. LH(한국토지주택공사) 등이 조성해 임대하는 공공임대 창업 공간을 기존 4개 동棟 500개 사 규모에서 9개 동 1,200개 사 규모로 확충한다.

민간 기업이 신흥 창업자를 위해 제공하는 공간도 있다. 선도 벤처기업이 입주하는 '벤처타운'은 건물 전체 면적의 30%를 소규모 창업 기업 200개 사에 무상으로 임대한다. 또한 사업 기반을 잡은 벤처기업들이 후배들에게 성공 노하우를 전수하고 컨설팅하는 액셀러레이터(창업기획사) 설립도 지원할 방침이다.

정부는 "아이디어만 갖고 판교 2밸리를 찾아온 기업도 창업 대열에 성공적으로 합류할 수 있도록 기술, 금융컨설팅, 해외 진출까지 '원스톱'으로 지원하는 환경을 구축할 것"이라고 밝혔다. 연구·개발R&D부터 창업 실패 후 재도전까지 창업 전全 단계에 필요한 지원을 하겠다는 것이다.

사물인터넷IoT·드론·자율주행·헬스케어 등 11개 신산업 분야에 대한 테스트 환경도 조성된다. 특히 스마트시티와 자율주행차를 실생활에 구현하는 중심지로 판교 제2테크노밸리를 키운다는 방침이다. 판교 테크노밸리는 2000년대 들어 여야의 정권교체와 상관없이 정책의 지속성이 이어져 성공하는 모델케이스가 되고 있다. 한국판 실리콘밸리의 확대를 통해 대한민국 혁신생태계를 구현하여 중·소, 벤처기업이 참여하고 교류할 수 있는 여건을 조성하여야 한다.

6

경부고속도로 지하화 잠원~죽전
- 실리콘밸리 단지 배후 지원시설 제공

수도권 경부고속도로(잠원~죽전)의 지하화로 실리콘밸리를 조성하면 역사적인 제4차 산업혁명 단지가 되어 제2의 한강의 기적을 이루는 데 크게 기여할 수 있을 것으로 판단된다. 이를 위해 4차 산업혁명 통합형 도시로 발전할 수 있는 큰 전략 수립이 우선돼야 한다. 지상에 열린 공간을 확보하고 보행 중심 공간을 만들어 지역 경제를 활성화시키는 데 크게 기여할 것이다. 경부간선도로의 입체화로 한정된 토지 자원을 효율적으로 활용할 수 있다. 경부간선도로를 새롭게 만들어 냄으로써 21세기 한국형 도시 개발의 선도 모델로 발전될 수 있을 것이다. 도심에서 대규모 유휴 용지를 확보하면서, 교통·환경 문제, 일자리 창출 등을 동시에 해결하는 효과도 있다.

여기서 더 나아가 경부고속도로를 지하화해서 실리콘밸리로 만드는 것은 만성 교통 정체지역을 해소함은 물론, 서울시내 주요지역과 양재

R&CD특구, 판교 테크노밸리를 연결할 수 있다. 이를 통해 서울 강남 지역, 서울고속도로 인접지역, 판교, 죽전, 수지, 수원, 기흥을 아우르는 대규모의 '실리콘밸리 단지' 배후 지원시설을 완비할 수 있다. 경부고속도로 서울 구간의 지하화에 관한 논의는 수년 전부터 활발하게 전개되었다. 서울시는 이미 서부 및 동부간선도로의 지하화를 추진하고 있다.

경부고속도로 주변에 각종 연구실과 사무실이 집합하여 국내외인 모두가 쉽게 찾고 쉽게 접근할 수 있는 시스템을 만들어야 한다. 그러나 현실적으로 경부고속도로 주변의 아파트 등으로 인해 연구실 및 사무실 조성이 불가하기 때문에 경부고속도로 지하화를 통한 실리콘밸리 배후시설 조성이 필요하다.

더욱이 도심의 비싼 땅값 때문에 입지할 수 없던 시설을 대거 유치하는 한편 청년 창업 공간과 생산자 지원 서비스를 제공해 4차 산업의 성장 발전에 시너지 효과를 가져올 것이다. 또한, 연구요원 주거지역을 확보하면서 대학생 및 창업자의 기숙사를 유치하면 더욱더 큰 효과를 거둘 것이다.

대한민국이 4차 산업혁명 주도권을 장악하는 것은 반도체 선점 효과보다 더 커서 선진국 건설의 핵심 요인이 될 수 있다. 따라서 미국 실리콘 밸리와 맞먹는 최고수준의 창업 및 혁신생태계를 조성할 수 있도록 대승적 차원에서 정부의 혁신, 혁명적 지원이 요구된다.

7

동력 잃은 주력산업 1, 2, 3차 산업과 제4차 산업의 융·복합화

IT(정보통신기술)와 자동차·조선造船·화학·철강 등 우리나라 주력 제조업들이 침체돼 위기라는 말이 자주 나온다. 얼마 전만 해도 막대한 매출을 기록하며 경제를 떠받치는 업종이었고, 삼성전자와 현대자동차, 포스코 등 대표 기업들은 글로벌 시장을 호령했다. 하지만 지금은 외국 기업의 추격이 무서울 정도이다. 또한 기업의 매출이 줄고 일부 기업은 구조조정 위기에 직면해 있다.

국내 주력산업이 침체에 빠진 가장 큰 배후는 중국이다. 중국 기업은 이미 단순 제조업에서 한국을 앞섰다. 낮은 인건비를 바탕으로 섬유·가전 산업 등에서 한국을 추월했고, 최근엔 하이테크 산업에서도 수익성과 성장성, 특허출원, 해외 인수합병M&A 등에서 한국 기업과 격차를 빠르게 줄여가고 있다. 그동안 우리나라 경제 성장은 주력산업 수출로 달성했다고 해도 과언이 아니다. 하지만, 이제 글로벌 시장에서 한국 주력산업 경쟁력은 갈수록 떨어지고 있다. 그동안 수출은 반도체, 자동차, 선박 등 주력품목을 중심으로 세계시장 경쟁력을 확보해 왔으나, 최근에는 주력품목 수출이 오히려 더 부진한 것으로 나타나고 있다.

우리나라 13대 수출품목 세계시장 점유율(%)

자료: 한국무역연구원

품목	2011년	2015년	품목	2011년	2015년
선박류	24.55	21.21	석유제품	5.6	5.18
평판디스플레이	23.23	18.5	자동차	5.34	4.82
반도체	8.33	8.84	일반가계	3.19	3.27
석유화학	8.63	8.42	가전	2.95	2.94
무선통신기	6.77	5.82	컴퓨터	2.23	2.25
자동차부품	5.55	5.5	섬유류	2.12	1.89
철강제품	5.47	5.33	13대 품목 전체	5.74	5.33

2011~2015년 우리나라 13대 품목(반도체·자동차·선박·석유화학·무선통신기기·철강 등) 수출 비중은 3.6% 포인트 하락하며, 일본(-0.9% 포인트)과 중국(-1.4% 포인트), 미국(-2.9% 포인트)보다 감소폭이 더 컸다. 더구나 이 13대 주요 수출품목 중 반도체, 일반기계, 컴퓨터를 제외한 10개 품목에서 세계 수출시장 점유율이 감소한 것으로 나타났다.

이는 세계시장에서 우리나라 제품의 경쟁력이 떨어지고 있음을 보여준다. 특히 평판 디스플레이, 조선과 철강, 석유 화학 관련 제품은 중국의 저가공세에 밀리면서 경쟁력을 잃어가고 있다.

정부가 "사즉생死則生의 각오로 하겠다."고 천명한 조선, 철강, 해운,

화학, 건설 등 5대 취약산업의 구조조정이 유명무실해지고 있다. 게다가 최근 정치혼란이 장기화되면서 내수 진작을 위한 경제법안 처리마저 지지부진한 상태이다. 특히 '서비스산업발전 기본법', '산악관광 진흥구역 지정 및 운영법' 등이 정치이슈에 밀려 국회에서 표류 중이다.

이러한 현재의 경제 상황과 여건하에서 제4차 산업혁명은 위기이자 기회의 양면성을 가지고 있다. 예컨대 '스마트팩토리'는 생산성 향상, 에너지 절감, 높은 효율성과 품질 등을 통해 기존 산업들의 한 단계 도약을 이뤄낼 수 있다. 제4차 산업혁명이 기존 1, 2, 3차 산업과 융합하는 시대가 되어 우리의 대표적인 산업인 철강·석유화학·정유·조선과 같은 중화학 공업의 중흥이 기대된다.

제4차 산업혁명의 선도자 역할과 더불어 중후장대한 중화학 공업의 세계 경쟁력을 다시 회복할 수 있는 기회가 도래하였다. 제4차 산업혁명은 디스플레이, 반도체, 선박, 석유화학, 무선통신기기, 자동차 부품, 철강제품, 석유제품, 자동차, 일반기계, 가전, 섬유류, 화장품, 의료 등 모든 산업의 영역에 변화를 유발하고 시너지 효과를 나타낼 것이다.

적극적인 연구·개발R&D 투자를 통해 글로벌 경쟁력을 키울 경우, 다시 1, 2, 3차 산업의 전성시대가 올 것이다. 따라서 빅데이터화, 스마트팩토리 확대 등을 4차 산업혁명에 앞장서서 선점하여 그 효과를 모든 사업 영역으로 확산시켜 경제 회복에 앞장서야겠다.

8

신 북방정책, 신 남방정책 강화로
아시아 중심국가로 발전

신 북방정책

문재인 정부는 국정운영 5개년 100대 계획을 적극 추진 중이다. 외교 정책에서는 국제협력 강화, 국익 증진, 한반도 평화와 번영을 위해 '실리 외교 정책'이 강조되고 있다.

특히 대륙 진출 외교정책은 신 북방정책New Northern Policy으로 불린다. 이는 중국 동북 3성, 러시아 및 중앙아시아, 몽골 등 유라시아Eurasia 지역 국가들에 대해 역대 정부가 추진해오던 정책을 보완하고, 다양한 협력을 활성화하겠다는 방안이다. 세계화와 지역화가 대세로 떠오르면서 초 국경 광역경제권의 시대가 열리고, 국가 간 경제가 도시·지역 간 경제체제로 진화하고 접경 지역은 개방과 협력의 공간으로 바뀌었다. 대한민국은 일본보다 물류흐름상 유리한 지리적 여건으로 세계 물류국가로 도약할 수 있다. 한국이 동북아 물류 중심국가로 될 수 있는 가장 중요한 기회가 이미 북한 나진까지 운행하는 시베리아횡단철도TSR를 한

국으로 연결 짓는 사업이다. 극동 러시아와 중국 동북3성, 몽골과 중앙
아시아를 아우르는 거대한 물류 거점이 블라디보스토크가 될 것이며
이 흐름에서 우리나라가 중심 역할을 하게 될 것이다.

신 북방정책의 핵심 내용은 북한의 나진·러시아의 하산 물류사업과
철도 및 전력망 연결 등 남·북·러 3각 경제협력 기반 구축, 중국의 일대
일로(육상 및 해상 실크로드) 구상 참여, 러시아·카자흐스탄·키르기스스탄
등이 회원국인 유라시아경제연합EAEU과 자유무역협정FTA 체결 등이다.

2017년 9월 6일 한·러 정상회담에서는 '9개의 다리'(9-Bridges 전략) 사업
을 러시아에 전격 제안했다. 신 북방정책을 활성화하고 양국 간 협력사
업으로 조선·항만·북극항로Arctic Route·가스·철도·전력·일자리 창출·
농업·수산 협력이 포함되며, 양국은 수교 30주년인 2020년까지 교역액
을 연간 300억 달러까지 확대하고, 인적·문화 교류 등을 적극 전개하기
로 했다.

이언 브레머는 다음과 같이 말한다.[65]

미국과 중국의 대립이 심화되는 현실에서, 모든 국가는 양국 중 어느 편에 설
것인가를 고민할 수밖에 없다. 이에 대한 답으로 양국뿐만 아니라 세계 어느 특
정 국가에 지나치게 치우쳐서는 안 된다고 주장한다. 한국과 같은 신흥국들은 여
러 나라들과 다양한 협력 관계를 구축하는 이른바 '중심축 국가Pivot State'가 되어
야만 살아남아 발전을 이어갈 수 있다는 것이다. 마찬가지로 기업들에게는 무조
건적인 경쟁을 벌이기보다는 다양한 협력 관계를 구축하는 것이 해답이라 주장
한다.

----

65 이언 브레머, 박세연 역, 『리더가 사라진 세계』, (다산북스, 2014)

위와 같이 한국이 주변국과 우호 관계를 넓혀 어느 한쪽에도 과도하게 기대지 않는 중심축 국가Pivot state가 되어야 한다는 것을 큰 전략으로 받아들여야 한다.

이와 같은 구상을 발전시키는 현실적인 대안으로, 미국은 물론 일본, 러시아, 아세안, 인도 등 주변국과 긴밀한 관계를 구축하면서 특히 러시아의 극동(연해주)지역과 한반도를 환동해경제권으로 연결하는 신 북방정책을 주요 전략으로 강화시켜야 한다. 러시아를 통해 중심축 국가 Pivot state역할 강화는 물론 남북이 공존·공영하는 경제공동체 구축을 통해 한반도 평화와 안보를 굳건하게 유지토록 해야 한다.

신 북방정책의 최대의 수혜자는 우리나라와 러시아가 될 수 있다. 중국과 일본을 경계하는 러시아에게 우리나라는 최고의 파트너가 될 수 있는 것이다. 더불어 한반도 유사시 러시아가 통일에 반대하지 않는 효과도 거둘 수 있다. 한국은 러시아와 긴밀한 관계를 형성하면서 연해주와 남시베리아와의 경제교류를 확대해 나가야 할 것이다. 또한 몽골과 경제협력을 강화해야 한다. 몽골은 세계적인 자원국가이다. 우라늄, 희토류, 구리, 금, 석탄 등의 지하자원 매장량이 세계 7대 자원부국이다.

21세기 격동하는 국제정세의 흐름을 이용하여 한반도와 러시아 극동 지역을 연결하는 대단위 경제·인프라 개발사업에 선도적으로 참여함으로써 극동 중심국가로 발전하여야 하겠다.

신 남방정책

아세안(ASEAN·동남아국가연합) 지역은 한때 유럽의 식민지였고 최근까지 유럽과 동북아를 연결하는 통로에 불과했던 지역이었으나 21세기 들어 세계의 역동적 성장을 이끄는 주역으로 부상하고 있다. 더욱이 미중패권경쟁에서 아세안의 중요성은 더욱 제고되고 있다. 아세안 인구는 6억 4,000만 명으로서 경제성장률 5.2%로 급성장하고 있다.

2018년은 대한민국 정부가 신 남방정책을 실행하는 원년이 되고 있다. 베트남, 인도네시아와 더불어 아세안은 우리나라와 새로운 단계로 발전하고 있다. 우리 정부는 2017년 아세안 창설 50주년에 맞춰 대對아세안 전략인 신 남방정책을 발표한 이후 전략적으로 아세안 외교관계를 강화하고 있다. 한국과 아세안의 관계를 한반도 주변 4강(미·중·러·일) 수준으로 격상시켜 미·중·러·일 편중 외교와 경제 정책을 개선할 방침이다.

문재인 대통령은 2017년 11월 아세안 순방 중 아세안 미래 공동체 비전의 핵심 가치로서 사람, 평화, 상생 번영을 제시했다. 미국은 지난해 11월 도널드 트럼프 대통령이 인도·태평양 전략을 제시함으로써 이 거대한 지역을 하나의 전략적 공간으로 통합했다.

아세안 국가들은 중국의 부상이 가져오는 불안정 요소와 갈등 가능성에 대비해 한국과의 관계 강화를 중요 정책으로 내세우고 있다. 중국에 대한 경제 의존이 아세안 각국의 주권 침해로 이어질 것을 우려하여 한국 정부의 적극적인 대아세안 관계 강화를 희망하면서도 그들은 중국의 경제력이 주는 기회를 활용하는 이중정책을 펼치고 있다. 인도네시아는 한국과 특별한 경제파트너를 추구하면서도 중국의 일대일로 구상에 협력하고 있다. 베트남도 남중국해 문제로 중국과 갈등을 겪지만 경제 문제는 중국과 협력관계 지속을 원했다. 이와 같이 아세안 각국들은 대중 관계에서 안보와 경제를 분리하여 자국에 유리한 정책을 꾀하고 있는 실정이다. 이러한 현상을 우리나라는 전략적으로 활용하여 경제외교 활성화에 만전을 기해야 할 것이다.

신 남방정책은 우리나라가 미국과 중국 의존도를 줄이면서 경제성장을 이어갈 수 있는 유일한 돌파구다. 신 남방정책은 블루오션 영역에 속하기 때문에 우리가 진정 상대국을 이해하고 배려하는 윈·윈의 정책을 전개해야 할 것이다. 또한 해외 인프라 투자와 물류 전문 인력 양성·파견이 필요하다. 대 아세안 남방정책은 지역 협의체 성격이 강한 만큼 장기적인 전략을 통해 미래경제외교의 핵심지역이 될 수 있도록 지속적으로 정책을 강구해야 할 것이다.

특히 시진핑習近平 중국 국가주석은 2018년 10월 26일 아베 신조安倍晉三 일본 총리와 회담을 갖고 양국은 이번 정상회담을 계기로 태국을 비롯한 제3국의 사회간접자본SOC 개발에 공동으로 참여하기로 했다. 따라서 우리나라의 신 남방정책에 중국, 일본의 견제는 물론 치열한 경쟁이 예상되므로 적극적인 전략이 필요하다고 판단한다.

9

우주를 향한 대한민국의 도전

미국의 케네디 대통령은 1960년대 달 정복을 선언하여, 국민 결집과 국가 발전을 도모하고 미·소경쟁에서 승리하게 되었다. 초일류 선진국의 우주개발 성공은 국가의 정신·물질주의가 융합되어 세계를 선도하는 국가임을 입증하고 있다.

최근 세계는 달 프로젝트로 뛰고 있다. 우리도 여기에 동참하지 않으면 과학의 꽃인 우주산업에 낙오자가 될 수밖에 없다.

우리 국민들은 대한민국 국부론 구현으로 초일류 통일선진강국을 실현할 수 있는 아름다운 꿈과 희망, 비전을 갖는 중요한 가치관이 필요하다. 2017년 12월 도널드 트럼프 미국 대통령이 달과 화성에 사람을 보내는 내용의 '우주정책지침'을 발표했다. 최근 미국의 일론 머스크 회장은 화성 식민지에 관한 구상을 구체적으로 밝혔다. 화성 이주를 누구나

누릴 수 있어야 성공한다고 지적하면서, 현재 미국 중위 주택가격인 20만 달러를 목표 이주 비용으로 제시하였다. 궁극적으로 50년 내지 100년 동안 100만 명이 화성에 정착해 자족하는 식민지를 세운다는 이야기이다.

항공 우주 사업은 하루가 다르게 발전하고 있다. 2017년 6월 12일 미국항공우주국NASA은 나노랙NanoRacks사와 1,000만 달러(약 114억 원) 규모의 연구용역 계약을 맺었다. 5년 내 우주로켓의 상단부를 국제우주정거장의 우주인 거주 공간이나 실험실로 재활용할 방법을 개발하는 것이다.

21세기 우주를 향한 인류의 도전은 끊임없이 지속되고 있다. 스페이스X의 '화성식민지 프로젝트' 첫발과 NASA의 '제2의 지구 찾기'에 돌입했다. 세계적인 전기 자동차 업체 테슬라·민간우주기업 스페이스X 최고경영자CEO 머스크는 화성 이민 프로젝트에 대한 "인류를 다多행성 종족으로 만들기"라는 보고서를 2017년 6월 호 우주 과학 잡지 '뉴 스페이스'에 기고했는바 주요 내용은 다음과 같다.

"우리가 화성에 가는 비용을 1인당 20만 달러(약 2억 2,000만 원) 수준으로 낮출 수 있다. 그렇게 되면 인류가 화성에서 살아갈 가능성이 매우 높다. 80~150일 안에 화성에 도착하는 100인승 대형 로켓 1,000여 개를 만들면, 50년 후에는 화성에서 100만 명이 자급자족 형태로 살 것이다. 1969년 인간을 달에 보냈던 전통적인 방법으로 인간을 화성에 보낼 경우 그 비용은 편도만 100억 달러(약 11조 원)로 추정된다. 로켓 재활용이 보편화되면 1인당 20만 달러 미만으로 낮아질 전망이다."

달 탐사 사업은 노무현 정부 시절인 2007년 11월 수립한 '우주 개발

세부 실천 로드맵'에서 시작했다. 당시 정부에선 오는 2025년까지 달에 우리가 제작한 탐사선을 보낸다는 계획을 세웠다. 이를 박근혜 대통령이 대통령 선거 당시 5년 앞당기겠다고 공약했다.

그러나 문재인 정부가 박근혜 정부 시절 수립된 2020년 달 착륙선 발사 계획을 2030년으로 연기했다. 현재 개발 중인 한국형 발사체의 1·2차 발사 일정도 2021년 2·10월로 각각 1년 이상 미뤄지면서 지난 정부에서 추진했던 중장기 국가우주개발사업이 줄줄이 연기됐다. 과학계에서는 "장기적 안목을 갖고 추진해야 할 국가 우주사업이 정권이 바뀔 때마다 흔들리면서 사업 추진 여부까지 불투명해지고 있다"는 우려가 나오고 있다.

선진국에 비하면 한국의 우주개발산업은 걸음마 단계라고 볼 수 있다. 미국은 2012년에 화성 착륙선을 보냈고, 2017년 8월 태양 탐사선을 발사했다. 중국은 2018년 12월 인류 최초로 달 뒷면 착륙을 시도하고 2020년 화성착륙선을 발사할 예정이다. 일본은 달과 소행성 탐사에 이어 2018년 12월 EU와 함께 수성도 조사한다.

우리나라도 달 착륙, 우주여행 등의 꿈이 실현될 수 있도록 ICT강국 및 4차 산업혁명 주도국으로 도약하여 우주 산업의 역량을 기울여야 할 시기이다. 우주과학산업 발전은 과학입국, 경제강국으로 가는 길이기 때문에 국민의 꿈과 가치관 실현을 위해서라도 반드시 융성시켜야 될 분야이다. 대한민국은 항공우주산업 도약을 위해 핵심경쟁력을 강화하고 있으나, 선진국과의 격차가 크다. 따라서 거시적인 전략과 정책으로 기획하여 핵심산업으로 육성하여야 한다. 미국, 중국, 러시아 등 선진국과 전략적으로 협력하면서 항공우주산업의 비약적인 발전을 도모해야 할 것이다.

우리나라가 한·중·일 우주경쟁에서 먼저 달 착륙에 성공할 경우 국민들의 비전과 자부심이 국가 발전 동력의 시너지 효과를 내어 세계 초일류선진국으로서의 위상을 확립하게 될 것이다.

5부 경제혁명을 정리하면 다음과 같다.

국내적으로 사회통합을 이루는 물질적 토대는 경제로서 국민행복의 기초가 된다. 경제는 국가의 자존심이다. 국제적으로는 가난한 나라는 경제, 안보, 외교적으로 무시당하거나 약육강식의 희생양이 되기도 한다.

21세기 경제는 안보, 외교, 민생을 뒷받침하는 핵심요소로 국가사활의 문제이다. 특히 한반도 평화번영을 위한 각종 정책은 경제력이 크게 영향력을 미칠 것이다.

세종대왕은 일찍이 '백성은 밥(식:食)이 하늘天 이다'고 말했다. 클린턴 미국 대통령이 "바보야 문제는 경제야"라고 경제 중요성을 강조한 말은 세계적인 화두가 되었다. 경제가 무너지면 그 결과가 비참하다는 것은 너무나 자명하다. 지도자들은 세상을 잘 다스리고 민생이 편안한 국태민안의 시대를 만들어 백성을 구한다는 경세제민(經世濟民: 경제의 어원)의 리더십을 구현해야 한다.

경제혁명을 통해 경제 위기를 대 기회로 반전시키는 대전략과 정책이 긴요한 시대이다. 지금이야말로 진정한 애국심으로 경제강국으로 도약하여 통일시대를 대비해야 할 것이다.

1억 코리아

걷

6부

1억 코리아 관광대국 건설의 당위성

제17장

1억 코리아
관광대국 건설
– 경제혁명 기폭제

21세기 관광산업 - 무한 성장산업

21세기는 관광의 시대이다. 국민소득 수준의 향상과 여가시간 증대, 생활의 여유를 중시하는 현대인의 삶의 가치관 변화는 관광산업의 성장 촉진요인이다. WTTC(World Travel & Tourism Council: 세계여행관광협의회)는 국제관광객 수가 1995년부터 2020년까지 연평균 4.1% 성장률을 기록하며 2020년에는 20억여 명에 근접할 것으로 전망하고 있다.

존 나이스비트John Naisbitt는 "관광은 10대 성장 동력의 하나로 글로벌 경제의 무한성장 산업, 관광산업으로 세계경제 및 한 국가의 경제를 발전시키는 성장엔진"이라 말했다. 관광산업은 미래의 모든 산업을 능가할 주요산업으로 선진국 기준 산업이 될 것이다.

관광산업의 취업유발계수는 52.1명으로 전 산업평균 25.4명에 비해 2배 이상으로 관광산업이 고용에 미치는 영향이 크고, 관광산업의 육성이 고용문제 해결에 기여할 수 있음을 보여준다.

구분	2014		2015		2018	
	서울	전국	서울	전국	서울	전국
방한 외래 관광객	1,420만 명		1,324만 명		2,400만 명	
서울 방문 외래 관광객	1,142만 명		1,041만 명		2,000만 명	
1인당 평균 지출액 (원)	1,744천 원		1,830천 원		2,113천 원	
서울 방문 관광객 지출액(조)	19.9조		19.5조		42.3조	
생산파급 효과	26.6조	38.5조	25.5조	35.4조	56.5조	81.7조
부가가치 파급효과	12.2조	15.7조	11.9조	14.8조	25.8조	33.4조
취업파급 효과	30만 명	39만 명	25만 명	32만 명	63만 명	82만 명
수출효과	외래 관광객 100명 유치 = 승용차 11대 수출 외래 관광객 1명 유치 = 반도체 약 690개 수출		외래 관광객 100명 유치 = 승용차 11대 수출 외래 관광객 1명 유치 = 반도체 약 724개 수출		외래 관광객 100명 유치 = 승용차 14대 수출 외래 관광객 1명 유치 = 반도체 약 920개 수출	

세계 관광기구UNWTO가 발표한 Tourism 2020 VISION의 장기전망에 따르면, 전 세계 국제관광객 수는 연평균 4% 이상 성장하고 있다. 세계 여행협의회WTTC 역시 관광산업이 석유, 자동차 산업과 함께 세계 3대

산업의 하나로 성장할 것으로 전망하고 있다. 또한 중국 국가통계국은 2020년까지 중국의 1인당 소비지출이 연평균 10.8%로 증가하여 소비수준이 절정기에 달할 것이며, 국외관광에 대한 수요 역시 급속히 증가할 것으로 전망하였으며, 외화가득률과 일자리 수는 다음과 같다.[66]

- 산업별 외화가득률: 관광산업(88%), 자동차산업(71%), 휴대폰산업(52%), 반도체산업(43%)

- 10억 투자 시 발생 일자리 수: 관광산업(52명), 일반제조업(25명), IT 산업(10명)

우리나라는 1억 코리아 관광대국 건설을 실현시켜 관광산업을 부국강병 산업의 모델이 되도록 해야 한다. 관광대국의 국가 이미지를 새로이 정립하는 한편, 신 성장 핵심 동력 산업으로 적극 육성하여 경제혁명의 기폭제 및 촉매제 역할을 하도록 해야 할 것이다.

최근 관광산업은 주요 산업군의 저성장 기조와는 다르게 지속적인 성장세가 전망되는 산업이다. 거시 환경의 변화도 관광산업에 새로운 기회를 제공한다. 산업규모 측면에서도 관광은 전통산업을 대체하기에 충분하다. 2016년 홍콩의 관광수입은 35조 원, 마카오는 32조에 달한다.

그러나 우리나라 외래 관광객 증가율은 이웃나라인 일본, 중국은 물론 홍콩, 싱가포르보다 양적, 질적으로 부진하다. 그 예로 외래 관광객 1인당 지출규모는 2016년 1,625.3달러에서 2017년 1,481.6달러로 줄었고 2018년에도 감소추세가 이어졌다.

일자리를 창출하고 저성장에서 탈피하는 데는 관광산업이 큰 효과를

----

66 http://money.163.com/05/1118/09/22R4JAGE00251GR1.html (2016년 12월 31일)

발휘할 수 있다. 관광산업은 내수산업, 서비스산업 등 종합 산업으로서 일반산업, IT산업보다 3~5배 정도의 일자리를 만들 수 있다. 박지순 고려대 교수는 "현재 고용을 창출할 수 있는 산업은 전자업종 정도에 불과하다. 일자리를 만들어낼 새로운 동력을 빨리 찾지 못하면 청년뿐만 아니라 모든 세대가 고용 재앙에 빠질 것"이라고 말했다.

관광 자원을 활용해서 관광천국의 국가 개조 사업을 벌인다면 일자리 창출은 물론, 무한 성장산업으로서 국가의 비전과 국민의 꿈을 실현시킬 수 있다. 더욱이 제4차 산업혁명과 기존산업을 융합할 경우 시너지 효과가 증대될 것이다.

우리나라는 한강의 기적을 이룬 산업화 모범국가로서 관광산업에 역동성을 융합한다면 세계 제일의 '1억 코리아 관광대국'이 될 수 있는 나라임에도 불구하고 관광산업 정책개발이 미흡한 실정이다.

노벨경제학상을 수상한 더글러스 노스 교수는 경제 성장의 근본적인 원천은 "효율적인 제도"라고 주장했다. 우리나라가 세계 역사상 유례없는 30여 년 만의 산업화에 성공한 요인은 정부의 전략과 정책이 뒷받침되었기 때문이다. 하지만 지금은 경제 위기 앞에서도 혁신적인 전략과 정책은 보이지 않는다. 혁신적이고 효율적인 관광제도를 마련하여 경제혁명의 원동력이 되도록 총역량을 경주하여야 할 것이다.

21세기 한반도 평화, 번영의 시대가 도래하고 세계의 주목을 받는다면 한국의 관광산업은 비약적으로 발전할 수 있다. 관광산업은 민관의 긴밀한 협조 없이는 성공할 수 없는 구조를 가지고 있다. 더욱이 우리나라는 관광산업이 뒤떨어져 있어 정부의 혁신, 혁명적인 정책과 전략이 요구된다.

2

우리나라의 관광산업

2018년 1월 한국관광공사는 "2017년 방한 외국인 관광객이 1,333만 5,758명으로 전년보다 22.7% 감소했다."고 했다. 외국인 관광객 유치 목표인 1,800만 명에 미치지 못했다. 또한 2017년 관광수지 적자는 14조 원에 달하여 관광수지는 17년째 적자를 기록했다. 문화체육관광부는 2017년 세계경제포럼WEF: World Economic Forum 관광경쟁력 평가에서 대한민국이 평가 대상 136개국 중 19위를 기록했다고 밝혔다. 국가별로는 스페인, 프랑스, 독일이 1위, 2위, 3위를 기록했다. 일본의 경우 9위에서 4위로 5단계 올랐고, 중국은 17위에서 15위로 2단계 상승했다.

한국문화관광연구원이 한국과 일본, 말레이시아, 싱가포르 등 아시아 4개국의 관광시장을 비교한 결과, 한국은 중국 의존도가 가장 높은 반면 여행 수입은 가장 적었다. 중국 의존도가 높다 보니 저가 모객 후 쇼핑센터를 전전하는 행태가 되풀이되고 있다. 반면 일본은 2012년 중국과의 센카쿠尖閣열도 분쟁을 겪은 뒤 '비지트 재팬Visit Japan' 캠페인 국가를 늘려 관광객 다변화에 나섰다.

중국의 사드(THAAD·고고도미사일방어체계) 보복이 풀리면서 중국인 관광객(遊客: 유커)이 한국을 다시 찾고 있다. 중국의 한국 관광제한 기간 동안 유커 의존도가 높은 한국 관광산업의 체질을 개선할 기회라는 지적도 있었지만, 싸구려 쇼핑 관광은 조금도 달라지지 않았다. 더 큰 문제는 중국 단체관광이 끊긴 뒤 저가 관광 관행이 동남아에까지 확산되면서 '한국 관광은 싸구려'라는 인식이 자리 잡고 있다는 점이다.

우리의 제3차 관광 개발기본계획은 문화체육관광부가 10년 주기로 용역을 줘서 만들었는바, 국내 관광산업의 정책적 시사점을 살펴보자.[67]

① 방한 관광시장의 절반가량에 육박하는 중국의 한반도 주변 지정학적 역할과 사드 보복 등 유사시 칼날의 양면성을 대비한 컨틴전시 플랜contingency plan수립검토와 관광시장의 다각화 전략이 필요
② 나 홀로 관광객들을 위한 편리하고 안전한 서울의 관광 환경 조성
③ 외래 관광객 실태조사 개선을 통한 자료의 타당성 및 연속성 확보
④ 서울 방문 외래 관광객들의 지출규모에서 쇼핑이 가장 크다 하더라도 쇼핑은 부수적인 활동의 결과이지 서울 방문의 주목적으로 보는 것은 적절하지 않고, 오히려 그런 부수적인 활동을 유발할 주된 방문목적을 정확히 파악하여 관련 정책적 관심을 두는 것이 필요

----

67 서울특별시, 서울시 관광산업의 경제적 파급효과 분석을 위한 연구 p.112-113

⑤ 개별 관광객 증가에 따라 타격을 받을 전체의 77%를 차지하고 있는 여행업의 구조조정 가능성을 대비하여 출구전략으로 새로운 관광수요에 대응하는 대체 관광서비스(스타트업) 개발 및 진흥책 필요

⑥ 서울시내 여행업, 음식업이나 도시 민박업 같은 관광편의시설 대부분이 소규모 영세업체이므로 관광 사업체의 정책적 지원 시 사업체와 자영업과의 구분 검토 필요

⑦ 숙박시설 수급 사항 검토 시 관광 숙박업 외에 일반 숙박업 등 모든 형태의 숙박시설 통합 및 관광산업은 일관성 있게 5~10년 정도는 추진해야 성과를 낼 수 있으므로 사명감 있는 책임자를 선임해서 일관성을 유지

정치와 외교의 영향으로 좌우되는 단체관광이 아니라 성숙한 개인 여행객으로부터 선택받는 세계인의 관광코리아를 만들어야 한다. 사드 탓만 한다면 우리에게 희망은 없다. 중국의 한한령限韓令을 틈타 한류를 제친 일류日流는 치밀하게 준비한 결과라는 것을 관광업계와 관계당국은 자성하고 백배 노력하여 관광산업 대국을 만들어야 한다.

3

선진국의 관광산업

주요 국가의 관광산업

21세기 국제관광시장은 중장기적으로 꾸준한 성장세를 이어갈 것으로 전망된다. 세계 경제의 장기적인 침체에도 불구하고 관광산업은 매년 4% 이상 꾸준한 성장을 보이고 있다. 특히 중국과 일본, 동남아 국가, 유럽 등 대부분의 국가가 관광산업을 통한 내수촉진은 물론 지역경제에 대한 파급효과를 중시하고 있다.

관광산업이 세계 경제에 미치는 영향도 크다. UNWTO(국제관광기구)에 따르면 관광산업은 세계 GDP의 10%, 전체 무역의 7%, 전체 서비스 수출의 30%, 수출량은 1조 5천억 달러에 이를 것으로 보며, 11명의 외래 관광객을 유치하면 1개의 일자리가 생길 만큼 경제적 부가가치가 높다는 분석도 있다.

이에 따라 세계 각국은 관광 사업을 21세기 국가 전략 산업으로 육성하고자 다양한 관광 상품 개발과 관광인프라 확충 등 관광 진흥정책을 수립하여 추진하고 있다. 관광산업에 대한 다른 나라들의 사례를 살펴보는 것은 우리나라의 관광 정책 방향을 설정하는 데 도움이 될 것이다.[68]

영국은 주요도시 일간지에 특별광고를 게재하는 한편, TV광고를 하면서 이벤트를 개최한다. 외래객 유치를 위한 캠페인 로고 제작, 안내책자 제작·배포 등의 홍보활동을 다양하게 하고 있다.

프랑스는 젊음이 있는 광장, 자연의 발견, 비즈니스 여행, 낚시의 즐거움, 골프의 매력, 자연주의, 산악관광, 프랑스의 축제, 프랑스의 역사·문화, 도시 관광의 10가지 홍보주제를 선정하였고, 유럽시장 대상으로 홍보활동을 강화하고 있다.

스페인의 경우 식도락, 와인루트, 쇼핑관광에 대한 상품전략 및 홍보를 강화하고 있다. 뿐만 아니라 농촌관광, 환경관광, 문화관광 상품의 개발을 확대하고 있으며, 관광청의 관리하에 관광품질관리소를 설치하고 경쟁국과의 차별화를 꾀하고 있다.

중국은 중앙정부뿐만 아니라 전국 22개 성, 자치구, 직할시 등 각 지방정부에서도 관광산업을 해당지역 경제발전의 견인산업, 중점산업 으로 전략화하고 관광산업 발전의 가속화에 관한 방침을 제정하였다. 한편 중국은 WTO 가입에 따른 관광 시장의 대외개방 방침에 따라 관광산업을 지속적으로 개선하는 정책을 추진하고 있다.

미국은 프랑스, 스페인, 독일 다음으로 세계에서 네 번째로 많은 외래 관광객이 입국하는 나라이다. 이 외래 관광객으로부터 벌어들이는

---

68 경기대 정치전문대학원 안영훈, 2014년 박사논문, 「국가정책으로서 관광 정책의 정치적 의미와 기능」, pp.132~138

수입은 744억 달러로 세계 1위를 차지하고 있다. 이 두 수치로 보면 미국은 두말할 나위 없이 관광선진국이다.

러시아는 동북아시아 지역과 인접한 블라디보스토크에 6개의 대형 리조트와 12개의 카지노가 입주하는 매머드급 복합리조트 타운을 개발 중이다.

홍콩은 정치적으론 민주주의고, 경제적으론 자유 시장경제 체제인 데다가 경제 자유도에 있어선 매년 프레이저 인스티튜트 경제자유도 평가에서 1위를 고수하고 있다. 글로벌 유수 기업들이 아시아 본부를 홍콩에 두는 이유가 여기에 있다. 한창 성장 중인 중국 기업들도 홍콩에 터를 닦고 있다. 현재도 연간 6,500만 명의 관광객이 방문하는 홍콩은 관광객 유치에 사활을 걸고 있고, 홍콩을 한 번이라도 더 알리는 데 애쓰고 있다.

마카오는 중국 정부의 부패 척결 정책으로 본토인이 급감하면서 가라앉았던 카지노산업을 재도약시키는 데 힘을 모으고 있다. 2017년 윈 팰리스Wynn Palace, 파리지앵 마카오 등 전통적인 카지노 강자들이 마카오 코타이 지역에 새로운 리조트를 개장했다. 루이 13세 호텔, MGM 코타이 등 대형 카지노 리조트들도 개장을 앞두고 있다.

세계의 관광산업은 지속적으로 성장하고 있으며, 이러한 관광산업은 모든 국가가 경제에서 차지하는 비중이 점점 더 커지고 있다. 세계는 관광산업의 중요성이 점점 증대되고 있으며 향후 글로벌 시대에 대비하여 세계 주요 국가들은 국가발전의 신 성장 동력 산업으로 인식해 관광산업을 세계화시키는 정책과 전략을 적극적으로 펴고 있다.

일본의 관광산업

일본의 아베 총리는 관광산업을 신 성장 동력 산업으로 앞장서서 적극 추진하고 있다. 아베 총리는 2012년 총리가 의장을 맡는 관광입국 추진 각료회의를 구성했다. 법무성, 외무성, 관광청 등 유관기관이 긴밀히 협조하여 관광입국 활성화의 기반이 되었다. 그 결과 2020년 4,000만 명, 2030년 6,000만 명의 해외관광객 유치를 목표로 적극 추진하고 있다. 2017년 일본의 관광수입은 44조 3,200억 원으로 우리나라 15조 원의 3배에 달한다. 일본의 '관광 붐'은 추락하던 내수를 살려 일본경제 호황의 계기를 마련했다. 일본은 세계가 방문하고 싶은 일본을 만들기 위해 모든 여행자가 스트레스 없이 쾌적하게 여행을 만끽할 수 있는 환경 구축을 주요 과제로 꼽는다.

특히 아베 일본 총리는 관광산업을 국가부흥의 신성장동력으로 삼겠다며 '관광입국觀光立國' 정책을 강력하게 밀어붙이고 있다. 관광산업 발목을 잡는 규제를 일일이 찾아내 없애고 있다. 관광객 유치를 위해 비자 발급 요건을 대폭 완화했고 주택숙박업법을 만들어 인구감소로 남아도는 빈집을 외국인 숙박시설로 활용했다.

아베가 가장 성공을 거둔 분야 중 하나가 관광산업이다. 일본 관광 정책이 성공한 배경엔 일본 정치 특유의 두 가지 강점이 작용했다.

첫째, 지난 정권이 해놓은 일이라도 필요하고 좋다고 판단되면 그대로 이어가는 풍토이다. 아베 정권이 관광 구호로 내세운 '쿨 재팬(Cool Japan: 매력적 일본)'만 해도 2000년대 자민당 정권이 시작했다. '쿨 재팬'은 민주당 정권을 거쳐 아베 정권까지 계속 이어졌다.

둘째, 각 부처가 같은 정책 목표를 협력해 추진하는 시스템이다. 아베 총리가 총리 관저의 '조율·통합' 기능을 대폭 강화한 것이다. 주요 부처 국장급 이상 공무원들을 날마다 최소한 10명 이상 집무실로 불러서 짧게는 10분, 길게는 몇 시간씩 현안을 묻고 조율했다.

일본 대기업 서울지사에서 7년을 근무하고 귀임한 야마자키 히로유키(가명·46) 씨는 도쿄에 돌아와서 본사가 있는 마루노우치 일대(광화문과 서울역과 같은 지역)가 몰라보게 달라진 것에 깜짝 놀랐다고 했다. 서울 발령이 나기 전인 2000년대 중반까지만 해도 수십 년 된 우중충한 건물이 즐비했던 이곳이 현대적인 고층빌딩 숲으로 바뀌었다는 것이다.

정부는 필요할 때 관련 규제를 융통성 있게 풀어주는 역할을 했다. 고이즈미 정권 때 '어번 뉴딜'을 추진하면서 도심 곳곳에 특별지구를 설정해 고도제한(31m)을 해제한 게 대표적이다. 일본은 지진 때문에 도심 곳곳에 고도제한을 뒀는데, 방재기술·내진설계가 발달해 자신감을 갖게 된 덕이 컸다. 마루노우치도 그 혜택을 봤다.

이학주 한국관광공사 일본팀장은 "관광 인프라 개선을 어떻게 관광청 혼자 해낼 수 있겠느냐"며 "아베 총리 주도로 이뤄진 부처 간 업무 조율이 효과를 발휘했다"고 했다.

마루노우치 재개발은 중간에 정권이 바뀌어도 계획의 큰 틀은 흔들리지 않았다. 마루노우치 재개발은 자민당 정권에서 첫 삽을 뜨고 민주당 정권 때 계속 추진해 완성 단계에 접어들었다. 30년 가까운 불황과 정권 교체에 상관없이 민관이 협력해 꾸준히 개발을 밀고 나간 것이다. 우리도 관광선진국의 정책을 타산지석 삼아야겠다.

제18장

1억 코리아
관광대국을 위한 정책

1

청와대 이전 - 관광산업 발전의 기폭제

청와대 이전을 시행한다면 정부의 위민·애민정책 구현 의지와 더불어 관광산업 발전과 경제 혁명의 의지를 보여주게 될 것으로 판단하는 바, 그 이유는 다음과 같다.

첫째, 청와대를 이전하고, 현재의 청와대 자리에 관광산업의 메카를 만들어 '자유평화 관광산업 대국 건설'의 정책적 역할을 한다면 관광산업의 폭발적인 발전이 기대된다. 그 근거로 소격동에 위치한 기무사령부(경복궁 정문 앞)가 이전된 후 삼청동, 소격동, 가회동 일대는 과거 불황의 경기에서 관광객이 수십 배로 증가하여 호황을 맞이하고 있다.

둘째, 최근 도심의 관광 핵심지대로 발전하여 관심이 집중되고 있다. 만약 청와대가 이전하여 북악산, 삼청동 민간인 통제구역이 해제되어 국민에게 돌려준다면 국내외 관광객이 급증할 것이다. 역사문화, 자연경관, 자유평화의 관광중심지대로서 시너지 효과를 발휘할 수 있다. 기무사령부 이전으로 삼청동, 소격동 지역이 관광 특수효과를 보이듯이 청와대 중심지역이 관광지역으로 전환될 경우 시너지 효과는 폭발적일 것이다.

셋째, 문재인 대통령의 선거공약처럼 '세종 행정도시 완성'을 시행하여 국토의 균형발전에 기여하여야 한다는 것이 국민의 여망이다. 대부분의 국민들은 막대한 예산을 들여 세종시를 신설(20여조)하고도 청와대, 국회의사당 등이 서울에 있는 것을 납득하지 못하고 있다. 우리는 세종시 청와대 시대를 열어 미국의 워싱턴처럼 발전시켜야 겠다.

넷째, 청와대를 옮기고 '홍익광장'을 새로 조성하면 광화문 광장 등 10대 광장(7부 내용 참조)이 융합되어 세계적인 광장 문화를 조성하여 국민들은 물론 외국 관광객들이 많이 이용할 것이다. 더불어 서울의 이미지와 품격을 제고시켜 광장문화 조성에 크게 기여할 것으로 예상된다.

다섯째, 청와대를 세종시로 이전시킬 경우에는 정부종합청사(정부의 관광부서, 국내외 주요관광단체, UN의 관광기구 유치)를 세계 관광 종합 센터로 발전시켜 1억 코리아 관광대국으로 도약하는 데 기폭제 역할을 할 것이다.

문재인 대통령은 청와대를 국민에게 돌려주고 정부종합청사를 대통령실로 이용하겠다고 선거공약으로 발표한 바 있다. 이런 모든 상황을 고려할 때 청와대를 세종시로 이전하는 것이 국민행복과 관광발전을 위해 효과적인 정책으로 판단된다.

2

코리아 관광대국 건설을 위한
관광산업부·관광기획원 신설

21세기 일류 선진국은 관광선진국이다. 관광산업은 굴뚝 없는 종합 산업으로 부가가치가 높아 여타 산업을 발전시키고 소비를 촉진하여 일자리 창출에 큰 효과가 있다. 미래세계는 관광산업이 행복산업으로 발전하고 본격적인 관광산업시대가 될 것이다.

우리나라는 '국가 대 개조 - 국부론' 구현을 위해 관광산업을 신 성장 핵심 동력 사업으로 적극 육성해야 한다. 세계 주요 국가는 관광산업을 미래 주요 산업으로 적극 추진하고 있다. 그러나 우리나라는 핵심 관광 콘텐츠의 개발이 미흡하다. 관광 전담부서가 없이 문화체육관광부(문화, 체육, 관광)에서 관광은 칸막이 부서로 제한적 역할을 하고 있기 때문이다.

내수산업 진작 및 경제 활성화를 위해서 관광산업 부서의 별도 신설 이 긴요하다. 이를 위해 현재의 문화체육관광부 조직에서 관광청, 관광산업부(장관급), 관광기획원(부총리급)을 분리, 부서 신설을 적극 검토하여 관광산업을 경제혁명 핵심산업으로 추진토록 해야 한다.

21세기 관광산업 시대를 맞아 관광산업을 경제 및 문화, 홍보 등 국가의 주요 복합 정책으로 삼아야 한다. 이를 위해 관광산업 발전을 위한 전담 부서 신설은 부가가치가 높은 관광산업을 미래의 국가 발전 핵심 산업으로 육성해야 하는 현실에서 필수적이다.

세계적 추세는 관광산업을 국가발전 역점사업으로 추진하고 있음에도 불구하고 우리 역대 정부와 지도자들은 관광산업의 개념을 협의적으로 이해했다. 따라서 그동안의 정책은 편향적이고 근시안적인 정책이 주류를 이루었다고 볼 수 있다.

박정희 대통령은 중화학산업 발전을 위해 경제 분야에서 강력한 영향력을 행사하는 정부 조직인 경제기획원을 설립하고, 이 조직을 통해 국력을 총동원하여 중화학산업 제일주의를 시행했다. 경제기획원은 정부의 경제개발계획을 수립하고, 필요한 예산을 편성하며 경제 정책을 조정 통제하는 박정희의 경제사령탑이었다.

경제기획원 창설이나 경제개발 5개년 계획처럼 1억 관광산업을 국가 전략 사업으로 추진해야 한다. 박정희 대통령의 경제기획원 설립을 교훈으로 삼아, '자유평화 관광산업 대국'을 경제 위기를 구하는 구원투수의 혁신·혁명적인 과업처럼 수행하도록 하여야 할 것이다. 세계인들이 대한민국 5천 년 역사를 알고 체험하고 깨달을 수 있도록 관광대국을 건설하는 것이야말로 경제 발전은 물론, 국가 위상 제고에 크게 기여하는 국가 산업이 될 것이 분명하기 때문이다.

3

관광 거버넌스 활성화

거버넌스governance의 사전적 정의를 보면, American Heritage 사전은 "통치governing의 행위 과정 및 권력 또는 정부"로 정의하고 있다. Oxford English 사전은 "통제나 권위를 적용 대상에 행사하기 위해 필요한 통치의 행위나 방식 또는 규제체계"로, 세계은행은 "국정운영을 위한 정치적 권력행사" 또는 "발전을 위해 한 국가의 경제·사회적 자원들을 관리하는 권력행사의 방식"으로 정의하고 있다.

거버넌스의 개념은 매우 광범위하고 개념상의 모호성이나 자체에 내포되어 있는 다양한 의미로 인하여 아직 학문적 합의가 존재하지는 않기 때문에 한마디로 정의할 수는 없다. 최근 보편적으로 설명되는 거버넌스 개념은 사회문제의 전반적인 해결방식, 정부의 역할, 운영체계 등을 의미한다. 즉, 국정운영에 있어서 기존의 불평등하고 정부 우위적인 정부와 시장과의 관계를 청산하고 정부와 시장, 그리고 시민사회가 자발적으로 협조하여 보다 효과적이고 민주적으로 국가를 운영하고자 하는 새로운 패러다임이라고 할 수 있다. 안영훈 박사논문에서는 국내 및 국외 관광과 외국관광객에 대한 견해를 거버넌스적 접근으로 다음과 같이 말한다.

관광대국건설은 관습의 힘만으로는 한계가 있을 수밖에 없다. 관광산업 인구와 각 분야 전문가들이 관광산업에 뛰어들 수 있는 동기부여와 창업할 수 있는 환경, 정당한 보상체계 등이 마련될 수 있도록 정부차원의 꾸준한 지원과 관심이 절실하다. 정부의 관광산업이 성공할 수 있는 조건이기도 하다. 관광 거버넌스 활성화를 위해서는 국가정책과 정부의 협조가 필요하다.

그리고 가장 중요한 것은 관광대국의 결정권에 있어 정부-시민-관광단체의 상호이해를 통한 자율권의 주체 형성과 운영 시스템의 민간 이양이라고 말할 수 있겠다. 민간자율로 이관하는 일에 있어서 누가, 어떻게 민간자율권을 통해 지역 문화를 활성화시킬 수 있는가가 매우 중요한 의미를 갖는다고 할 수 있다. 즉 정부의 협조를 통한 문화 거버넌스 시스템 활용이 시민사회 문화 거버넌스의 성공을 위한 길로 들어가는 열쇠가 된다.[69]

현대의 관광은 특정한 부서의 전담사항이라고 할 수 없다. 관광이 갖는 특성으로 인하여 여러 부서와 기관, 여러 사람, 여러 자원 등이 결합되어 있기 때문에 전문가들만의 영역도 아니다. 따라서 관광 정책을 효율적으로 추진하고 효과적인 결과를 도출하기 위해서는 거버넌스적 접근이 필요하다. 새로운 문화 거버넌스는 신뢰와 협동하에서 정부, 시장, 시민사회가 상호 협력하는 네트워크형 문화 거버넌스로 가야 한다.

---

69 경기대 정치전문대학원 안영훈 박사논문2014「국가정책으로서 관광 정책의 정치적 의미와 가능」p.147

제19장

국가 위상 제고를 통한
관광산업 기틀 마련

1

한류는 최고의 관광 문화 산업

  최근 세계적으로 돌풍을 일으키고 있는 방탄소년단의 한류는 70년대 영국의 비틀즈에 비견될 만큼 중국, 일본 등 아시아권은 물론 유럽, 남북미, 아프리카 등 지구 전체로 확산되고 있다. 특히 '아미'로 불리는 전 세계의 방탄소년단 팬덤은 인종과 문화, 언어의 차이를 뛰어넘어 단일한 세계를 구축하고 있다. 지구촌 젊은이들의 새로운 글로벌리즘이다. 2018년 9월 방탄소년단은 UN에서 연설하는 기회도 가졌다. 유튜브, SNS 등 인터넷 매체의 발전은 한류열풍을 전 세계 곳곳에 불어 넣는 데 큰 역할을 했다. 세계 어느 후미진 곳에서도 케이팝과 드라마를 접할 수 있게 된 것이다. 한국어가 외국 팬들이 말하는 방식에도 변화를 가져오고 있다. 한 예로 아람어와 베르베르어를 스는 알제리에서는 한류 팬들이 일상 대화에 한국어 단어와 문장을 사용하고 있다.

  한류라는 용어가 처음 어떻게 생겨났으며 어디에서 시작되었는지에 대해 여러 가지 논의나 의견들이 있다. 그러나 1990년대 아시아에서 우리나라의 대중문화의 열풍이 가시화되자 문화관광부에서 우리 음악을 홍보하기 위해 제작한 음반과 포스터의 제목〈韓流 - Song from Korea〉에서 공식적으로 사용되었으며 이후 널리 확산되었다고 한다.

한류의 원조라고 할 수 있는 것은 조선시대 통신사로 1607년(선조 40년) 여우길 정사 등 467명으로 시작되어 1811년(순조 11년)까지 204년간 12회 지속되었다. 이들은 대륙의 최신 문물과, 시문, 서화 등을 일본에 전해 주었다.

1990년대 말부터 아시아에서 우리나라의 대중문화에 대한 열풍이 일기 시작하였으며 이후 유럽, 중남미 등 전 세계로 확산되고 있는데, 이러한 현상을 '한류韓流'라고 부른다. 이런 한류를 우리나라의 강점으로 상징되는 역사한류, 문화한류, 치안한류, 관광한류, 식품한류, IT한류, 뷰티한류, 의류한류 등 직접적인 연관 산업 외에도 자동차, 의류 등의 제조업 전반에도 긍정적인 파급효과를 끼칠 수 있도록 대폭 확대하고 붐을 조성할 필요가 있다. 각종 한류가 우리나라의 국가 브랜드 제고는 물론 경제 활성화, 국가 위상 홍보에도 기여할 수 있다.

『코리안 쿨』에서는 다음과 같이 말한다.[70]

대한민국은 '소프트 파워soft power'를 가지고 있다. 1990년 하버드의 정치과학자 조지프 나이가 개념화한 소프트 파워란 한 국가가 물리적인 강제보다는 이미지를 통해 행사하는 무형의 힘이다. 하드 파워가 군사력이나 경제 제재라면, 소프트 파워는 미국이 전 세계에 말보로 레드와 리바이스 청바지를 판 방식이다.

----

70 유니 홍, 정미홍 옮김, 『코리안 쿨』, (원더박스, 2015), pp.17~18

보암직한 이미지의 유포, 다시 말해 '쿨함'을 여기저기 퍼뜨린 것이다.

한류열풍은 전 세계적으로 한국의 문화 콘텐츠 소비를 확산시키는 데 머물지 않고, 한국의 소비재 수출과 관광객 유치, 외국인 직접투자 유치 등을 유발한다. 드라마 한류, K팝 한류를 넘어 IT와 결합한 한류 4.0을 앞둔 지금, 정부도 규제를 풀고 지원을 통해 한류 기업들이 날개를 달아 한류 열풍을 지속하게 할 수 있는 방안을 제고할 필요가 있다.

최근의 한류 확산은 우리나라 국가위상 제고에 크게 기여하고 있다. 한류는 우리 국민을 행복하게 해줄 뿐만 아니라 세계인을 행복하게 만드는 한국문화의 상징이 되었다. 정부는 한류가 더욱더 꽃을 피우도록 다양한 정책적 지원을 강구해서 한국문화가 세계 곳곳에 꽃피우도록 해야 할 것이다.

2

한글은 세계 역사 문화의 보물

세계에서 가장 위대한 세종대왕은 자음 14자, 모음 10자, 모두 24자를 가지고 무려 11,000여 개의 소리를 낼 수 있는 세계에서 가장 과학적인 문자, 한글을 창조했다. 뿐만 아니라, 우리 한글은 일본, 중국 등에 비해 컴퓨터에서 문자를 만드는 속도가 7배나 빠르다. 영국 옥스퍼드 대학의 언어 연구 결과는 한글은 과학성이나 독창성, 합리성 등에서 현존하는 전 세계 문자 중 단연 1위라고 밝혔다.

인구 10억이 넘는 중국은 자기 나라 글자를 익히는 데만 수십 년이 걸린다. 그런데 우리는 초등학교 입학 전·후에 우리글을 다 익힐 정도로 세계에서 가장 짧은 시간에 쉽게 배울 수 있는 문자이다. 세계에서 문맹률이 제로 수준의 나라는 대한민국밖에 없다.

10월 9일은 성왕 세종대왕이 한글을 만들어 세상에 펴낸 것을 기념하고, 우리나라 고유 문자인 한글의 우수성을 널리 알리기 위해 국경일로 정한 날이다. 대부분의 문자는 누가, 언제 만들었는지 정확하게 알려져 있지 않지만 한글은 누가, 언제, 어떻게 만들었는지 정확하게 알려졌다. 세종대왕과 집현전 학자들은 1443년(세종 25년)에 한글을 만들었고, 3년간의 시험기간을 거쳐 1446년(세종 28년)에 최종적으로 반포했다. 한글의 처음 이름은 '훈민정음訓民正音'이었는데, 이는 '백성을 가르치는 바른 소리'라는 뜻이다.

노마 히데키의 『한글의 탄생』에서는 다음과 같이 그 우수성과 신비로움을 예찬하고 있다.[71]

한글이 태어나는 모습을 본다는 것은 그 신비함 속으로 파고 들어가는 일이다. 공기의 떨림을 우리는 언어음으로 듣는다. 이러한 과정에서 성립된 '말해진 언어'는 도대체 어떻게 해서 '문자라는 시각적인 장치'를 통해 '쓰인 언어'가 되는 것일까?

한글을 보는 일은 하나의 문자 체계를 뛰어넘어 언어와 음과 문자를 둘러싼 보편적인 모습까지도 보는 일이 된다. 한글의 탄생은 문자의 탄생이자 '지知'를 구성하는 원자의 탄생이기도 하고, '쓰는 것'과 '쓰인 것', 즉 '에크리튀르'의 혁명이기도 하다. 또한 새로운 미를 만들어 내는 '게슈탈트(Gestalt: 형태)'의 혁명이기도 하다.

세계적인 석학들은 한글의 특징과 우수성에 대하여 연명한다. 미국 시카고대의 언어학자인 J.D 맥컬리 교수는 한글의 과학성과 수학적 체계성에 매료된 나머지 직접 한글의 우수성을 알리는 데 앞장서고 있다. 제임스 맥컬리 교수는 다음과 같이 말했다.

---

71 노마 히데키 지음, 김진아 외 2인 역, 『한글의 탄생』, (돌베개, 2012), pp.11~15 발췌

"한글은 현존하는 문자 체계 가운데 가장 독창적으로 창조된 것이며, 세계의 문자 체계 속에서 특별한 지위를 차지하고 있다. 그것은 문장을 단어로, 음절로, 그리고 음소로 분해하며 동시에 기본적으로는 음절문자의 형태를 유지하는 유일한 문자 체계다."

한글은 우리의 문화유산이자 옛 조상의 정신이 살아 숨 쉬고 있는 존재이다. '국어기본법'은 "국가와 국민은 국어가 민족 제일의 문화유산이며 문화 창조의 원동력임을 깊이 인식하여 국어 발전에 적극적으로 힘씀으로써 민족문화의 정체성을 확립하고 국어를 잘 보존하여 후손에게 계승할 수 있도록 하여야 한다."고 규정하여 한글의 중요성을 강조하고 있다.

대한민국은 전 세계 최고의 문자인 한글을 가진 나라이다. 세계 곳곳에 한국어와 한국 문화를 전파한다면 국가 위상 제고에 크게 도움이 될 것이다. UN은 문자 없는 나라들에 한글을 국어로 제공하여, 세계 3개 국가가 국어로 삼고 있다. 이미 정부와 국민의 집중적인 지원과 관심으로 171개의 세종학당이 세계 곳곳에 들어섰고 수강생 수는 5만여 명에 달하고 있다. 한글이 세계어(국제어)로 발전할 수 있도록 중장기 계획을 수립, 적극 추진하여 국가 위상을 제고시켜야겠다.

4대 메이저 스포츠대회 개최국가로서의 국가브랜드 가치 제고

대한민국은 넓은 지구촌의 세계 240여 개국 중에서도 평창 동계올림 픽을 2018년 주최함으로서 미국 등 세계 6개국(독일, 프랑스, 이탈리아, 일본, 러시아, 미국)과 함께 세계 스포츠 대국으로 평가받게 되었다.

평창 동계올림픽은 단순한 국제 스포츠 행사가 아니라, 88 서울 하계 올림픽 이후 대한민국에서 30년 만에 개최되는 올림픽이자, 최초의 동 계올림픽으로 대한민국 '올림픽 역사의 완성'이라는 의미가 있다.

평창동계올림픽 개최로 대한민국은 이탈리아, 독일, 일본, 프랑스에 이어 세계 5번째로 국제 4대 메이저 스포츠 대회(월드컵, 하계올림픽, 동계 올림픽, 세계 육상 선수권대회) 그랜드슬램을 달성한 나라가 되었다. 국제 4 대 메이저 스포츠 대회 개최가 갖는 더 큰 의미는 우리나라가 세계 속의 한국으로 재도약할 수 있는 절호의 기회를 맞았다는 데 있다. 더욱이 우 리나라는 세계 태권도 대회, 세계 야구대회 등 주요 스포츠 대회를 모두 개최한 스포츠 강국이다. 스포츠대회 기간 우리나라에 다녀간 외국인의 재방문을 통해 우리나라를 홍보하는 것은 큰 의미를 갖는다.

우리나라는 국제 4대 메이저 스포츠 대회를 개최한 나라로서 국제스포츠 발전에 앞장서서 국가위상 제고는 물론 관광 활성화에 기여토록 해야 한다. 현대는 스포츠를 통한 관광활성화가 요구되는 시대로, 스포츠를 통해 관광객이 많이 오도록 적극적인 정책을 전개해야 한다. 국제스포츠 발전이 국내스포츠 발전으로 이어지고, 국내 관광으로 이어지는 시스템을 갖추어야 할 것이다. 결론적으로 스포츠를 통한 외교강화로 관광산업 효과를 제고시켜야 하는바, 그 이유는 다음과 같다.

첫째, 자유평화의 스포츠 정신으로 세계평화에 기여하는 국가의 이미지를 고양시켜 경제적 효과를 증진시킨다.

둘째, 4대 메이저 스포츠 대회개최국으로서의 국가 브랜드 가치를 제고시켜 관광산업 홍보와 국격 제고에 기여토록 할 수 있다.

셋째, 4대 메이저 스포츠대회 개최 경험을 살려 북한 체육발전에 기여토록 하고 남북한의 관계 개선을 통해 남북한 관광산업의 활성화를 기할 수 있다.

우리나라가 국제 스포츠 무대에서 스포츠 정신을 발휘하고 모범을 보임으로써 국가 위상을 제고할 수 있다. 주요 선진국가들은 올림픽 등 메이저스포츠 대회를 통해 국가의 브랜드와 경쟁력을 세계에 알리는 계기로 삼고 있다. 우리나라도 스포츠강국의 이미지를 세계에 알려 관광산업에 기여토록 해야 한다.

관광객들에게 베푸는 작은 배려와 정성이 민간외교 역할을 하고, 4대 메이저 스포츠대회 개최장소를 관광 자원으로 연계시켜 홍보하면 국가 브랜드 가치 제고는 물론 국가 경제에도 도움이 될 것이다.

대한민국 태권도 - 관광한류 홍보자원

고대 한반도의 부족국가들에게는 제례의식으로서 가무, 유희 등이 존재했다. 이와 같은 몸짓들이 대결구도로 잡히면서 축제의 일부분으로 자리를 잡았고, 이것이 태권도의 기원이 되었다고 본다.

태권도는 한국을 상징하는 스포츠이자, 세계화에 가장 성공한 스포츠이다. 태권도는 이천여 년 전 한반도에서 독자적으로 창시된 우리 민족 고유의 전통무술이자, 한국의 국기國技로 당당하게 자랑할 수 있는 무예적 스포츠이다. 이는 고구려 때 고대 부족국가의 제천행사에서 그 원형을 찾아볼 수 있으며, 어느 정도 정착단계에 접어든 시기는 삼국시대로 보인다. 고구려에서는 무사들의 무리인 선인仙人들이 태권을 익혔는데, 그 흔적은 고구려의 고분벽화에 그려진 풍속도에 나타난다.

신라의 무예진흥은 화랑花郎을 통해 실현되었는데, 화랑들이 배운 무예 중 대표적인 것이 수박(手搏: 태권, 태권도의 옛 이름)이었다. 대한민국 태권도는 대표적인 한민족 고유의 무술로, 세계적으로 널리 보급된 투기 스포츠이자 대한민국의 국기이다. 태권도는 아무런 무기 없이 언제 어디서나 손과 발을 이용해 공격 또는 방어하는 무도로, 신체단련을 위한 목적과 함께 정신적 무장을 통한 올바른 인간화를 중요시하는 데 큰 의의를 두고 있다.

2016년 아테네 올림픽에서 보여준 태권도 경기장에서의 열기는 태권도가 세계 속에서 어떻게 뿌리내렸는가를 잘 대변한다. 국기 태권도는 대한민국을 전 세계에 알리고 위상을 높이는 데 독보적인 기여를 했다. 정부와 태권도 관계자들의 노력도 중요했겠지만 무엇보다도 해외에서 활동하는 태권도 관장들이 태권도를 세계에 널리 알리는 민간외교관으로서의 역할을 충분히 다했다. 태권도를 세계에 전파할수록 한국문화가 알려지고 지한파를 양성하여 결국 스포츠 한류를 만드는 것이다.

세계태권도연맹 총재 조정원은 저서에서 다음과 같이 말한다.[72]

태권도는 예로부터 심신을 단련하는 무도로서 우리나라의 국기였다. 태권도에 대한 전통성과 정통성을 보존함으로써 무도로서의 태권도가 갖는 심오한 철학성과 동양적 가치체계를 정립해야 한다. 이런 정신이 잘 습합된 무도로서의 태권도를 확립시켜 고대로부터 이어 내려온 충효정신을 지켜 나간다면 태권도의 메카를 찾아 한국을 방문하는 세계인들에게 큰 감명을 줄 것이며, 전 세계에 대한민국의 국가 위상을 드높일 수 있을 것이다.

중국 쿵푸, 일본 가라테, 태국 무에타이, 브라질 카포에라 등 맨몸 투기를 하는 나라들이 있긴 하지만 우리나라 태권도와는 달리 올림픽 종

---

72 조정원, 『대학이 미래의 펀드다』, (룩스문디, 2008), p.13

목에서 제외되어 태권도와 격이 다르다. 맨몸 투기로서 태권도는 맨손과 맨발로 상대방을 타격하는 기술 체계를 갖는다. 특히, 다른 무술과 뚜렷하게 차이를 갖는 것은 위력적이고 다양한 발기술이다. 우리 태권도는 일찍이 올림픽 종목으로서 세계화되어 지구 곳곳에서 태권도 붐이 일고 있어 민간외교 사절단의 역할을 하고 있다.

세계태권도연맹WTF(세계태권도연맹)에 의하면 국외의 태권도 인구는 206개국 6천만 명 이상, ITF(국제태권도연맹) 회원 4천만 명 등 1억 명으로 추산하고 있다.

국민생활체육회에서는 다음과 같이 말한다.[73]

교육적 수단으로서의 태권도는 자라나는 어린이, 청소년들에게 건전한 가치관과 애국심을 심어줄 수 있는 좋은 재료로서 작용하고 있으며, 자아완성에의 의지를 실천하도록 안내한다는 점으로 귀결된다. 이를 위해서 태권도 수련자는 평화지향적인 기술체득의 원리를 이해하며 빈번하고 반복적인 예절교육을 통해 자칫 빠지기 쉬운 자기중심적 삶을 뛰어넘어 인간 생활에의 광범위한 적응력을 높이는 것이다. 이런 인간생활에서의 덕목들이 교육으로서 태권도가 추구하는 바이며 바로 이 점이 태권도의 무도적 가치관이다.

세계 곳곳의 거리나 공공장소에는 태권도와 관련된 광고가 등장하고 있을 정도로 대한민국 태권도의 위상은 갈수록 높아지고 있다. 후세들에게 남겨줄 한류 문화유산의 원조로 발전되도록 태권도의 진정한 도약과 활성화 대책을 적극 강구해야 할 것이다.

----

73 [네이버 지식백과] 태권도 [taekwondo] (스포츠 백과, 2008., 국민생활체육회)

서울, 1억
관

7부

서울, 1억 코리아
관광대국 건설

제20장

삼위일체 세계 제1의
도시로 대 개조

서울을 세계 제1의 도시로
대 개조

한강의 원래 이름은 아리수로서 한반도 허리를 가로지르는 민족의 젖줄이다. 한강 유역(암사동)에 사람이 살기 시작한 것은 기원전 4천 년 전 선사시대부터이다. 백제는 2천여 년 전에 지금의 서울 한강 유역에 나라를 세웠다.

우리나라에서 가장 오래된 역사책,『삼국사기』에는 백제건국과 관련된 기록이 남아 있다.[74]

고구려를 건국한 주몽의 아들 비류와 온조 형제는 주몽의 또 다른 아들 유리가 왕위에 오르자 남쪽으로 내려왔다. 비류는 미추홀에 자리 잡고, 온조는 위례에 자리 잡았다. 온조는 나라를 세운 후 나라 이름을 십제라 하였다.

---

74 이수광 지음,『한강이 말걸다』, (서울특별시, 2014). 29p

온조는 한강 남쪽에 목책을 세우고 백성들을 이주시켰다. 도읍을 정식으로 옮긴 것은 다음 해 1월이었다. 한성 백제가 한강 이북에 있던 시대를 하북 위례성 시대, 한강 남쪽에 있던 시대를 하남 위례성 시대라고 부른다. 온조는 대대적으로 하남 위례성(몽촌토성, 방이동과 가락동)을 쌓았다. 위례성은 자연 구릉을 이용하여 본성과 외성으로 이루어졌다.

미추홀은 지금의 인천지역으로 땅은 습하고 물은 짠 곳이었고, 위례는 지금의 서울지역으로 매우 기름진 곳이었다.

4세기 때에 백제는 전성기를 맞이하였고, 뒤를 이어 5세기에는 고구려가 전성기를 맞이하였다. 또 신라는 6세기 때에 그 전성기를 맞으면서 결국은 삼국을 통일하는 업적을 세웠다. 여기서 한 가지 흥미로운 공통점이 있다. 그것은 각 나라의 전성기는 위례 지역, 즉 오늘날의 서울지역을 차지한 이후로 특히 국력이 융성하고 3국간의 주도권을 가졌다는 점이다.

이처럼 서울은 백제의 건국 수도로서 고구려, 신라, 백제 삼국이 서로 차지하기 위해 치열하게 다투던 곳이었으며, 그 흔적이 문화유산으로 그대로 남아 있다.

서울은 조선시대 수도를 거쳐 이제 한국의 수도를 넘어 세계적인 대도시가 되었다. 서울은 북한산, 도봉산, 수락산, 관악산, 한강, 서해 등 천혜의 관광자원을 보유하고 있다. 우리 국민 누구나 느끼듯 서울의 자연환경과 도시규모는 세계 어느 도시와 비교해도 뛰어난 경쟁력을 갖고 있다. 더욱이 고도 2천 년의 역사성과 문화유산이 현대화된 도시의 문화와 조화를 이루고 있다. 2천 년 역사성의 의미에서 보면 서울은 백제가 지금의 풍납동 위례지역에서 건국된 후 고려 수도(5개월)를 거쳐 조선 500년 수도에서 한국의 수도로 이어지는 유서 깊은 역사도시이다. 노벨문학상 수상자 프랑스 소설가 르 클레지오는 "서울은 그 자체로 한국을 설명하는 뿌리 깊은 역사다. 곳곳을 거닐다보면 서울이 버텨온 시간을 느낄 수 있다."고 말했다.

서울은 반만년 역사와 전통을 자랑하는 역사도시로 박물관화한 도시의 위상을 세계 제1로 가꿀 수 있음에도 불구하고 사장되어 있다. 서울의 5천 년 역사성을 살려 박물관화된 도시로 건설하면 세계 제1의 역사도시로 관광대도시로 도약할 것이다.

21세기 세계의 도시들은 치열하게 경쟁하고 있으며 각국의 대도시는 나라발전의 상징이 되고 있다. 그러나 서울은 도시 경쟁력이 점점 떨어져 10여 년 전 세계 10위권 도시였으나, 2018년 5월 현재 38위로 떨어졌다. 산업화, 민주화 혁명으로 한국이 이뤄낸 경제 기적이 세계의 귀감이 되고 있음에도 불구하고 서울이 세계를 대표하는 가장 멋진 도시로 도약하기 위한 계획은 미흡했기 때문이다. 오랜 역사성과 문화를 모두 발굴하여 우리의 서울을 세계적인 문화 도시, 스마트 도시로 가꾼다면 세계인이 사랑하는 대도시가 될 수 있다.

두바이는 자연적 환경이 혹독해서 서울과는 비교할 수 없을 정도이나, 바닷물을 사막으로 끌어들여 운하를 만들고 바다를 매립하여 섬을 만들어 세계적 관광도시를 만들었다. 그 결과 두바이(인구 300만 명)를 방문한 외국 관광객은 2017년 1,579만 명으로 우리나라 1년 관광객 수준이다. 세계 최대의 인공섬, 최고층 건물, 고급호텔, 최대 쇼핑몰, 사막 속의 스키장 등 상상 속의 그림을 현실로 그려 내었다. 4차 산업혁명의 선두주자가 되기 위해 로봇공학, 3D프린팅, 블록체인 등 7개 분야의 신생기업들을 두바이로 끌어들이고 있다. 셰이크 모하메드 시장은 미래 상상력과 비전의 리더십으로 두바이를 세계적인 관광도시로 혁신하고 있다.

새로운 트렌드를 예측하는 빅 데이터 전문가들은, '누구와 언제 무엇을 했는가'라는 보편적 장소에서의 경험보다는 '내가 어디에서 무엇을 했는가'라는 특정장소와 문화가 갖는 가치를 주목하고 있다. 보편적이고 흔한 장소가 아니라 독창적인 나만의 장소, 혹은 자신만의 트렌드를 만드는 것이 향후 도시의 경쟁력을 만드는 중요한 원동력이 될 것이라 진단하고 있다. 이런 트렌드를 감안할 때, 서울은 세계 어느 도시보다 독특한 역사문화, 자연환경, 자유평화의 특징을 융합하여 디자인하면 매력적인 환상의 공간으로 스마트한 도시를 꾸밀 수 있는 뛰어난 여건과 환경을 갖추고 있다.

문명의 성장은 계속되는 도전에 성공적으로 융합함으로써 이루어진다고 말했다. 서울의 미래 역시 계속되는 도전에 성공적으로 응전할 때 성장과 발전이 있을 것이다. 우리가 처한 내우외환의 위기에 서울을 관광천국의 창조도시로 건설하여 국가 대 개조 전략의 기폭제 역할을 하도록 해야 한다.

필립 코틀러는 『어떻게 성장할 것인가』라는 저서에서 "브랜드가 없으면 성장도 없다. 평범한 기업은 경쟁자를 따라가고 승리하는 기업은 경쟁자를 앞서간다. 브랜드 가치는 치열한 경쟁이 벌어지는 세계 시장에서 기업의 가장 중요한 자산이다."라고 강조했다. 기업뿐 아니라 국가·도시의 성장은 더욱 브랜드 가치에 달려있다.

도시 브랜드는 특정 도시가 지닌 고유한 이미지로서 다른 국가 또는 타 도시의 사람들이 갖는 인식의 총체다. 현대는 도시 브랜드가 국가 브랜드를 이끄는 시대로서 도시의 브랜드 개발에 힘을 쏟고 있다.

E.B.화이트가 1949년에 쓴 에세이 'Here is NewYork(이곳이 뉴욕이다)'
에서 뉴욕이 '국가의 수도'가 아님에도 '전 세계의 수도'가 되는 길로 향
하고 있다고 한다. 대한민국 국민들은 서울이 뉴욕 이상의 아름다운 추
억과 낭만이 서린 애정 깊은 도시로 세계 제1의 도시로 발전하길 염원
하고 있다.

2천 년 역사와 전통을 가진 수도 서울은 대도시 중 가장 자연환경이
뛰어날 뿐만 아니라 역사 문화와 더불어 최첨단 도시가 융합된 도시로
세계 제1의 관광 자원을 가지고 있다. 이와 같이 관광 자원의 보고인 서
울을 가지고 있음에도 불구하고 우리나라가 관광후진국, 중진국으로
머무르는 것은 지도자들의 리더십과 전략·정책 결여라고 할 수 있다.
이제라도 서울이 세계 제1의 도시, 세계 제1의 관광대국으로 도약할 수
있도록 구체적인 실천 전략을 수립하고 적극 추진해야 한다.

인류의 역사는 반전의 역사에서 찬란한 문명과 번영을 이루어 왔다.
서울을 세계 제1의 관광도시로 대 개조하여 세계에 감동과 희망을 주는
나라가 되어야 한다.

2

서울은 삼위일체 관광자원의 보고

'1억 관광산업 대국 신화 창조'의 의미는 '국가 대 개조 - 국부론'을 통한 '21세기 대한국인 선진화 혁명'의 이론과 실제를 구현할 때, 중·장기적으로 1억 외래 관광객(정부계획: 2020년 2천만 명)을 유치할 수 있다는 의미이며 그 이유는 다음과 같다.

첫째, 1억 외래 관광객으로 산출한 근거는 다음과 같다. 미국, EU 등 관광대국(선진국)의 최근 외래 관광객 숫자가 1억여 명에 달한다. 21세기는 관광산업시대로 우리나라도 평화 관광산업 대국을 국가대전략과 정책으로 추진할 경우, 1억 외래 관광객 유치를 넘어서 세계 제1의 관광대국 건설이 가능하다.

둘째, 우리나라는 세계 최고 수준의 역사문화, 자연환경, 자유평화 등의 삼위일체 관광자원을 가지고 있어 탁월한 관광전략과 정책을 구현할 경우, 통일시 1.5억 관광객 유치도 가능하다고 판단된다.

셋째, 한반도 평화의 시대가 도래하여 유라시아 지역으로 관광산업이 확산될 경우 세계 제일의 관광대국이 되어 세계평화와 번영에 기여할 것이다.

넷째, 최근의 한류 붐이 세계로 넘쳐 타고르 시詩의 '동방의 횃불'을 '세계의 횃불'로 확산시켜, 자유평화의 관광산업 대국을 건설할 수 있다.

'1억 코리아 관광대국'은 ①역사문화, ②자연환경, ③자유평화의 관광 자원을 삼위일체로 융합하여 관광산업을 대한민국 국부론의 뉴딜종합정책으로 추진할 경우, 경제 발전의 견인차 역할을 하게 될 것이다.

① 역사문화: 5천 년 역사의 체험 및 스토리 관광
② 자연환경: 금수강산관광 체험
③ 자유평화: 평화 애호의 민족혼 공유

삼위일체 관광 자원을 융합시켜 우리나라의 첨단산업과 결합하고, 서울 세계 랜드 마크 건설, 10대 광장 건설 등 세계 최고의 다양한 관광산업시설을 건설할 경우 세계 관광대국으로 발전할 수 있다. 1억 관광대국 건설의 혁신, 혁명적 대정책은 대한민국에 꼭 필요한 창조 개발로서, 우리나라는 세계적 관광산업 대국이 될 수 있는 세 가지 특징을 갖추고 있다.

첫째, 한국은 5천 년의 역사의 유물, 한글, 전통문화, 민속놀이, 고유의상, 전쟁, 분단, 월드컵, 올림픽, 산업화·민주화의 동시 성공, 한강의 기적, 경제 성장의 신화 등 헤아릴 수 없이 많은 역사문화의 관광 자원과 보물이 있다.

둘째, 한국은 삼천리 금수강산이라 할 정도로 산자수명山紫水明하여 아름다운 강과 바다와 산, 그리고 하늘이 조화를 이루는 데다, 4계절이 뚜렷하여 환상적인 경관을 연출한다. 이러한 자연환경에 역사문화와 자유평화를 융합시켜 관광산업을 개발할 경우, 세계인들에게 신선하고 경이적인 인상을 주어 관광대국이 될 수 있다.

조경제는 다음과 같이 말한다.[75]

우리나라를 살펴보면 좌청룡은 알류산 열도로부터 일본열도이며, 외청룡은 알래스카로부터 북미, 남미, 칠레까지이고, 우백호는 천산으로부터 중경을 거쳐 말레이시아까지, 그리고 외백호는 러시아에서 중동을 거쳐 아프리카까지이다. 서에서 동으로 흐르는 물은 황하와 양자강, 자기를 막아 주는 곳은 오키나와와 남사군도 등으로 본다. 이러한 형국이 우리나라를 자연환경의 명당으로 만드는 것이다.

셋째, 우리 민족은 평화를 애호하는 DNA를 가진 백의민족으로서 자유평화 관광대국을 건설해야 하는 당위성을 가지고 있다. 이젠 자유평화의 관광대국을 건설하려는 의지를 대내외에 보여주고, 세계 유일의 분단국가가 자유평화의 중심국가로 발전하는 신화를 창조할 수 있다.

이와 같이 대한민국은 관광 자원 보고의 나라로서 관광산업 대국으로 발전시킨다면 세계인이 몰려들어 한국은 자유평화의 관광 중심지가 될 수 있다. 관광산업은 우리의 경제와 평화의 두 마리 토끼를 동시에 잡을 수 있는 주요산업으로 발전할 것이다.

----

75 조경제, 『한민족의 나침반』, p.101

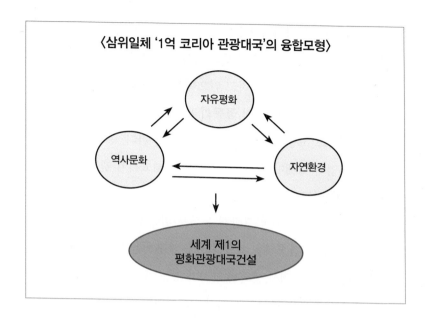

〈삼위일체 '1억 코리아 관광대국'의 융합모형〉

자유평화

역사문화

자연환경

세계 제1의
평화관광대국건설

　세계적인 관광 선진국들은 그 국가를 연상할 수 있는 국가이미지를
가지고 관광 자원으로 활용하고 있다. 관광 이미지란 개인이나 집단이
어떤 대상과 장소에 대해 갖는 대상의 지식, 인상, 편견, 상상력과 정서
적 사고의 표현이라 정의할 수 있다. 관광 이미지는 국가 이미지와 직결
된다. 가령, 미국 뉴욕의 자유의 여신상, 프랑스 파리의 에펠탑, 네덜란
드 풍차 등은 그 나라를 상징한다. 그 국가가 가지고 있는 관광 이미지
가 좋고 나쁨에 따라 관광객의 관광지 선택에 커다란 영향을 미친다.

　서울에 세계적으로 공감, 감동할 수 있는 세계 제1의 랜드마크를 많
이 건설하여 새로운 국가이미지를 조성할 수 있다. 서울 스마트 동굴도시,
서울 햇불타워, 서울 햇불타워 전망대, 서울 삼청공원, 서울 10대 광장,
스마트 시티, 서울 둘레길, 꽃가마 케이블카 등을 융합하여 국가 이미지

와 브랜드 가치를 격상시켜야 한다.

대부분의 선진국들은 높은 수준의 역사 문화의식과 자긍심으로 미래 지향적 관광산업 정책을 추진하고 있으며 민간참여를 장려한다. 우·리도 정부와 기업 그리고 시민단체 공동의 노력으로 관광산업을 육성하여 국부를 창출하고 고용증대 효과를 제고시켜야 한다. 문화산업 육성을 통해 관광산업의 경제마인드를 획기적으로 제고시켜 관광대국으로서 국가 위상을 높이도록 하여야겠다.

그동안 우리나라는 외국 관광객 유치를 위해 많은 노력을 해왔지만 중국, 일본, 동남아 관광객을 제외한 서구 관광객들은 상대적으로 적은 편이다. 이젠 우리도 역사 문화적 가치가 있는 새로운 관광명소를 지속적으로 창조할 수 있는 관광산업 패러다임 전환이 긴요하다.

우리나라는 역사 문화, 자연환경, 자유평화가 어우러진 환상적인 관광천국의 나라를 건설하기 위해 국운을 걸어야 하는 시대를 맞이했다고 생각한다. '1억 코리아 관광대국' 건설의 꿈과 비전을 반드시 구현해야 한다.

제21장

서울, 세계 제1의 도시로 도약을 위한 실천전략

1

세계 제1의 4대 랜드마크 건설

스마트 동굴도시, 횃불타워, 횃불타워 전망대, 삼청공원

서울 스마트 동굴도시 건설 – 삼청공원 / 북악산 일대

인류는 태초에 동굴에서 태어나 동굴에서 거주했었다. 우리 민족의 건국신화에서도 동굴 속에서 21일을 견딘 곰은 인간으로 변해 환웅과 결혼하여 단군을 낳았고 단군은 고조선을 건설했다. 따라서 21세기 스마트 동굴도시를 건설하는 것은 과거에서 현재를 반추하고 미래세계를 꿈꾸는 것이다.

'서울 스마트 동굴도시'를 도심과 직접 연결하여 건설할 경우, 관광대국을 이룰 수 있는 랜드마크를 창조하고 서울의 위상을 높일 것이다. 12세기 킬케 족이 세운 잉카제국(문명)이 21세기 인류에게 그대로 전해졌듯이 우리는 21세기 최첨단 스마트 동굴도시를 건설하여 먼 훗날 세계 역사 문화로 남길 수 있을 것이다.

서울의 명산 북악산에 2천 년의 역사문화와 어우러진 4차 산업혁명의 스마트 동굴도시를 건설하게 되면 우리나라 5천 년 역사와 융합되어

현대문명의 정수를 세계 인류에게 보여줌은 물론, 서울이 세계 제일의 관광대국도시가 될 수 있을 것이다. 즉, 역사문화, 자연환경, 자유평화가 어우러진 스마트 동굴도시 건설은 인류 문명 발전과 더불어 대한민국이 관광대국으로 도약하는 데 획기적인 역할을 할 것이다.

도심 한복판에 있는 북악산과 삼청공원에 '서울 스마트 지하 동굴 도시'를 건설한다면, 경복궁, 창덕궁, 창경궁, 덕수궁은 삼청공원과 북악산을 배경으로 세계 제1의 랜드마크로 부상할 것이다.

'서울 스마트 지하 동굴 도시(가칭) 건설개요'는 다음과 같다.

● 북악산 남쪽(자하문 고개~종로경찰서장 동상)에서 스카이웨이 팔각정 방향으로 지하동굴을 만든 후 끝부분 3/4 지점에서 다시 팔각정~○○○사령부 통신기지~삼청동 삼청각 방향으로 지하동굴을 만들어 'ㄱ'형태의 스마트 도시 건설

● 동굴 도시를 건설하되 평창동, 북악산, 성북구, 성균관대 후문 쪽 등 필요한 지역에서 출입구를 만들어 공기순환 및 자연채광을 하도록 함과 동시에 출입구 부근에 전망대 설치.

● 전액 민자로 건설

● '광화문 도심권 지하도시'와 연계 건설하여 시너지 효과를 제고시킨다.

※ 홍익광장(가칭), 광화문광장과 더불어 종로, 명동 등 도심지와 북악산, 삼청공원의 자연경관과 조화되도록 하여 세계적인 서울 도심지 관광 건설.

2016년 9월 23일, 서울시가 종각-시청-동대문을 잇는 '광화문 도심권

지하도시'를 개발하겠다고 발표했다. 지하철역 12개와 빌딩 30개를 연결하는 4.5km 길이의 'ㄷ'자형 지하공간에 각종 상업, 문화, 휴게시설을 만들겠다는 계획이다. 따라서 스마트 지하동굴 도시와 연계시켜 시너지 효과가 발생하도록 계획할 수 있다.

또한 세계 최고의 지하·지상 마천루의 '서울 햇불타워(가칭)'와 전망대, 삼청공원을 연계시키면 세계 최고의 명품 랜드마크가 될 것이다.

세계 제1의 햇불타워

'서울 햇불타워'를 '서울 스마트 지하 동굴 도시' 건설 부지 위에 세운다면 시너지 효과가 탁월할 것이다. 서울 잠실의 롯데월드타워(Lotte World Tower, 123층, 555m)는 서울 세계 햇불타워 호텔과 함께 서울의 격을 더 높여주고 시너지 효과를 낼 것이다.

'서울 햇불타워'가 건설된다면 다음과 같은 특징이 있을 것이다.

- 마천루로 치솟은 세계 제1의 높이(120~150층, 600m 내외)의 '슈퍼 공간'과 위용
- 북한산과 DMZ, 한강, 서해, 임진강, 2천만 수도권 도시 등이 복합적으로 전개되는 세계에서 보기 드문 랜드마크
- 하늘 높이 펼쳐진 호텔과 마이스 시설, 업무 시설, 오락과 휴식 공간 전망대의 신천지新天地 경관과 경제효과
- 세계인이 '꼭 한 번 와 보고 싶은 하늘국토 명소'의 대한민국 브랜드 가치 제고

'서울 햇불타워'의 공원호텔이 삼청공원에 세워진다면 단연 세계 제일의 랜드마크로 관광명소가 될 것이다.

21세기 랜드마크는 단순히 높거나 크다는 이유만으로 랜드마크의 의미를 가지기는 힘들다. 진정한 랜드마크는 그 건물을 통해 지역의 특성뿐만 아니라, 사회적 역사성, 지역민의 삶과 문화의 상징적 표출이 이뤄져야 한다. 단순히 높이 경쟁에서 벗어나 역사문화, 자연환경, 자유평화의 융합의 랜드마크 건설로 역사와 예술성을 상징하는 명품이 될 수 있다.

파리의 '보물단지'인 에펠탑의 첫 출발은 그리 순조롭지 않았다. 1889년 프랑스 혁명 100주년을 기념하기 위해 세워진 에펠탑은 초창기 시민들로부터 외면 받았다. '흉측한 고철덩어리'라는 비판이 쏟아졌다.

그런 수난을 이겨내고 120여 년이 지난 지금 에펠탑은 프랑스의 랜드마크로 자리 잡았다. 파리를 찾은 관광객들은 에펠탑을 보고서야 자신이 진짜 파리에 왔다는 것을 실감한다. 에펠탑이 만들어내는 관광, 소비 진작 등의 경제적 가치가 616조 원에 달한다는 보고서도 있다. 우리가 만약 '서울 햇불타워'를 건설한다면 서양의 에펠탑, 동양의 '서울 햇불타워'가 쌍벽을 이루어 명성을 떨칠 것이며 세계적인 관광산업의 메카가 될 것이다.

아름다운 산자수명에 둘러싸인 도심 속에 랜드마크를 지으면 금상첨화가 된다. 삼청공원 지하 동굴 도시에 지하마천루(지하로비)를 건설하고 북악산 스카이웨이 정상 옆에 있는 ○○○부대 터에 지상마천루가 지상을 뚫고 하늘로 웅비하는 '서울 햇불타워'를 건설(지상현관로비에서 120~150여 층)할 경우, 세계 기적과 같은 건축물을 탄생시킬 수 있다.

세계 유일의 최고급 '(가칭)서울 햇불타워' 건립안(개요)을 살펴보자.

- 장소: 삼청공원 및 북악산 정상(ㅇㅇㅇ 통신단)일대(3~5만여 평)
- 규모: 북악산과 삼청공원을 융합한 북악산 정상 120~150층
- 소요예산: 전액 민자 유치(공원 부지를 공매하여 관광산업 인프라 구축)

타고르의 시詩「동방의 햇불 코리아」를 상징하는 세계 유일한 「서울 햇불 타워」를 건립하여 세계의 관광 메카는 물론 인류 평화와 번영의 상징이 되도록 천지인天地人의 의미를 살려 건설한다.

① 삼청공원 제1로비 → 북악산 스카이웨이 정상의 제2로비→
120~150여 층의 햇불 모형의 타워가 용틀임하는 형상으로 건설, 마치 하늘을 향해 햇불이 타오르는 이미지 연출
② 5천 년 역사의 고궁과 산업화·민주화 성공의 21세기 첨단도시를 동시에 관람할 수 있는 세계 최고의 경관 및 조망 타워 건설

③ 지하 동굴 도시 제1로비 → 지상 제2로비(수방사 통신단) → 120~150
여 층의 서울 횃불타워 → 서울횃불타워 전망대(정상) 등이 연계되
어 1개 도시규모가 융·복합되어 탄생

이와 같이 모든 도시기능과 아름다운 조형물이 예술미를 갖추어 건
설될 뿐 아니라 타워 정상의 전망대는 세계 제1의 횃불타워 전망대 역
할을 다할 것이다.

타나시에비치 마리나베이샌즈 CEO는 다음과 같이 말한다.[76]

"초고층 빌딩이나 지역 랜드 마크 빌딩의 경쟁력은 인간이 닿을 수 없던 구름
위를 향해 치솟은 건물의 높이에서도 형성되지만 더 중요한 것은 그 빌딩 안에
담긴 콘텐츠라는 확신 때문이다."

마리나베이샌즈는 싱가포르의 국제적 위상을 높였고, 이로써 관광지
형까지도 바꿔냈다. 90만 제곱미터의 면적에 전시와 컨벤션, 엔터테인
먼트 등 다양한 시설 및 볼거리를 집약했다.

현대 세계 각국은 세계 최고의 랜드마크 조성을 위한 경쟁이 치열하다.
가장 높은 건물은 아랍에미리트 두바이에 있는 168층 828m 높이의 '부
르즈 칼리파'이다. 이러한 초고층 건물의 역사는 성경 창세기에 보면 노
아의 홍수 이후 바벨탑을 쌓았다는 데서 유래한다. 미래에도 관광 수입
과 도시 아이덴티티identity에 도움을 주게 되어 랜드마크 초고층 건축물
은 투자 대비 가장 효율적인 투자일 것이다. 서울에 세계 최고의 랜드마

---

76 http://news.mk.co.kr/newsRead.php?&year=2017&no=90708

크 건설은 서울의 위상 제고는 물론 국가발전을 위해서도 꼭 필요하다고 본다.

서울 횃불타워 전망대

21세기 세계는 어느 나라가 세계의 최고층 건물을 짓는가에 대한 경쟁이 치열하다 보니 역사성이 있어야 하고 나아가 지역민의 삶과 영혼을 담은 문화적 장치와 연계되어야 한다. 다시 말해 역사문화와 자연환경의 창조물이 융합해야 랜드마크가 될 자격이 있는데 '서울 횃불타워 전망대'는 모든 조건을 갖췄다고 볼 수 있다.

'서울 횃불타워 전망대'가 위치한 삼청공원은 서울의 명당으로서, 명당 안에 명품 지하 동굴 도시가 있고 지하 동굴 도시 안에 '서울 횃불타워 전망대'가 자리 잡음으로써 지하와 땅 위에 세워진 서울 횃불타워 전망대는 하늘이 품는 천지인天地人이 어우러진 신비하고 경이로운 명품 광경일 것이다. 천지인의 진선미眞善美와 신의 섭리를 느낄 수 있는 랜드마크는 서울만이 창조할 수 있는 고유한 가치와 의미를 지닌 바, 그 의미는 다음과 같다.

첫째, 천天으로서 세계적인 사계절의 해 뜨고 해 지는 모습은 물론, 천고마비의 하늘 등 시시각각으로 변하는 대한민국의 아름다운 하늘을 감상하게 될 것이다.

둘째, 천天과 융합한 지地로서 산자수명한 삼천리 금수강산에 북한산성과 서울도성이 첨단도시와 어우러진 모습을 보여줄 것이다.

셋째, 천지天地와 융합한 인人으로서 자유평화를 즐기는 시민의 모습이 세계 최상위권이라 해도 손색이 없다. 특히 휴전국가, 분단국가를 생각하고 온 관광객들은 서울의 시민 모습에 의아함은 물론, 신기함을 느낀다고 한다.

넷째, 위의 천지인天地人 관광요소를 결합·융합하여 횃불타워 전망대에서 바라볼 때는 더욱 환상적일 것이다.

우리의 '서울 횃불타워 전망대'는 세계 최고의 역사 문화, 자연환경, 자유평화가 융합하고 어우러져 조망관광의 모든 조건을 갖추어 글로벌 관광명소가 될 것이다.

세계인의 쉼터, 아름다운 삼청공원

삼청공원은 서울 시내 중심부에 위치한 388,109㎡(10만여 평) 면적의 공원으로 교통이 편리한 데다 주변에 화랑가, 별미집들이 많아 시민들의 산책 코스로 사랑받고 있다. 조선시대 문장가인 성현成俔이 『용재총화慵齋叢話』에서 도성 안에 제일 경치 좋은 곳으로 꼽은 기록이 있다.

공원 주변은 수백 년 묵은 소나무가 울창했던 곳이다. 솔숲 위로는 산벚나무가, 아래로는 진달래와 철쭉이 많이 자라, 봄이면 천상의 화원을 이룬다. 삼청공원은 그 역사적·문화적 가치를 인정받아 2013년 서울 미래유산으로 등재되었으나 청와대 경호로 인해 대부분 금지지역이 되어 아쉽다.

삼청공원을 안고 있는 북악산은 서울시 종로구 팔판동·삼청동·부암동·청운동·궁정동과 성북구 성북동에 걸쳐 있는 산으로 높이 342m의 화강암으로 이루어진 서울의 주산主山이다. 서쪽의 인왕산(仁王山, 338m),

남쪽의 남산(南山, 262m), 동쪽의 낙산(駱山, 125m)과 함께 서울의 사산(四山) 중 하나로, 삼청공원을 더욱 아름답게 품고 있다.

북악산은 북한산의 남쪽 지맥의 한 봉우리에 해당한다. 산경의 흐름을 보면 한북정맥(漢北正脈)의 끝자락인 북한산 보현봉에서 서남 방향으로 형제봉을 거쳐 북악터널로 이어져 경복궁의 배산인 북악에 다다른다. 이와 같이 북악산과 더불어 북한산, 남산, 관악산 등이 병풍처럼 펼쳐져 있어 삼청공원의 전경과 전망은 가히 세계적 도심 명산이다.

북악산과 삼천공원이 어우러진 산자수명한 대공원은 세계 제1의 공원이 될 수 있는 조건을 갖췄다. 뉴욕 센트럴 파크보다 자연경관이 좋은 데다 경복궁 등 고궁과 조화를 이루어 자연과 역사가 어우러진 환상적인 공원이 될 것이다.

역사도시 서울에 (가칭)'서울 스마트 지하 동굴 도시+서울 횃불타워+서울횃불타워전망대+세계인의 쉼터 삼청공원'의 4대 랜드 마크가 건설된다면 21세기 세계적인 랜드마크가 될 수 있을 것이다.

〈세계 제1의 4대 랜드마크〉

세계인의 쉼터, 삼청공원		
서울 스마트 지하 동굴 도시	서울 횃불타워	서울 횃불타워 전망대

랜드마크 건설은 국민 행복 증진과 더불어 복지, 일자리 창출에 기여한다. 더욱이 삼청공원을 더욱 아름답게 조성하여 시민의 쉼터, 시민의 힐링 장소는 물론, 더 나가 세계인이 애용하는 쉼터가 될 수 있도록 하

는 것은 대한민국 국민의 자유평화 정신과 더불어 인류애를 상징하는 터전으로 발전할 것이다.

미래의 관광은 관광산업의 종합화를 통한 경쟁력 확보가 중요할 것이다. 따라서 위에서 제시한 4대 랜드마크를 융합시킬 경우, 세계 제1의 종합관광지로서 관광 경쟁력을 갖출 것이다. 랜드마크는 인간의 사유 체계가 건축으로 표현된 것이다. 파리의 에펠탑, 뉴욕의 자유여신상 등 세계 주요 랜드마크는 도시의 중심, 핵심 역할을 하면서 역사성을 지니며 사유의 공간으로 과거, 현재, 미래를 끊임없이 연결하고 교류한다. 21세기 우리 국민들과 세계인들은 역사도시, 첨단도시, 랜드마크 도시를 넘나들며 자유평화의 행복관광을 만끽할 수 있을 것이다.

2

세계 광장문화의 상징화
- 서울 10대 광장 건설

서울 10대Ten square 광장의 조성

세계의 주요 관광 도시는 광장문화를 중심으로 도시발전을 꾀하여
시민과 관광객이 어울리는 곳이 되고 있다. 특히 로마 광장 등 세계의
주요 광장은 관광객들의 필수코스로 자리잡고 있다. 이에 반해 우리 나
라는 역사적인 광장이 없다고 해도 과언이 아니다.

(1) 홍익광장(청와대 앞) 신설 - 국혼(國魂) 의 상징

서울은 천혜의 자연환경과 경관을 가지고 있어 외국처럼 광장 중심
의 역사문화와 조화를 이루고 효과를 극대화할 수 있도록 건설해야 한다.
그 출발점이 5천 년 역사의 근본이 되고 있는 홍익광장이다. 특히 홍익
광장은 사직공원의 단군과 연결시켜 효과를 더욱더 증대시킬 수 있다.
여기에다 홍익광장의 역사성과 예술성을 살려 광장공연의 장을 마련해
야 한다. 궁중음악, 예악, 사물놀이 등의 광장 공연을 통해 민족정신을

되살릴 수 있는 효과가 기대된다.

향후 청와대를 국민에게 돌려주어 대한민국 경제 재도약과 국민화합을 위한 상징으로 홍익광장을 만들어야 한다. 홍익인간 정신은 물론, 위민爲民, 여민與民, 애민愛民, 5천 년 민족정신을 구현토록 하고, 더불어 관광대국의 메카로 만들어 광장문화의 상징이 되도록 해야 한다. 홍익광장을 역사 박물관화한 세계적인 광장으로 새로이 조성할 경우 역사문화, 자연환경, 자유평화가 융합된 광장을 조성할 수 있어 세계적 광장이 될 수 있다. 이를 위해 청와대를 이전하고 청와대는 민족기념관 관광특별 구역 등으로 활용해야 할 것이며, 효자로의 주택지(청와대 입구 도로옆, 경복궁 건너편)를 철거하고 광장을 조성하여야 한다. 특히 광장 조성과 더불어 세검정 터널 입구로부터 광화문 - 시청 - 서울역 지하 도로화로 광장을 넓혀서(효자로의 주택지 철거) 삼청공원, 사직공원과 연계시켜 역사적인 광장문화지대를 조성하여야 겠다. 홍익광장의 역사성을 살려 광장주변에 고조선~대한민국 5천 년의 왕 239명(고조선 47, 고구려 28, 백제 31, 신라 56, 발해 15, 고려 34, 조선 27)과 대통령 12명의 조각상(총 250명)을 설치할 경우 세계적인 이목이 집중되어 관광명소가 될 것이다. 특히 한국의 유구한 역사와 전통을 바로 알리게 됨은 물론 세계적인 관광자원이 되어 국격제고에도 크게 기여할 것이다.

(2) 광화문 국가 광장

광화문은 경복궁의 남문이며, 궁성의 정문이다. 광화문은 국왕이 출입하는 정문이기도 했지만, 조선의 법궁인 경복궁의 정문이었기 때문에 다른 궁궐의 정문에 비해 그 규모와 격식 면에서도 매우 웅장하고 화려했다. 경복궁 창건 당시에는 특별한 이름이 없다가 태조 3년(1395) 정도전에 의해 '정문正門'으로 이름을 바꾸었으나, 세종 8년(1426)에 경복궁을 수리하면서 광화문光化門이라 했다.

대한민국 수도 서울 한가운데인 세종로에 가면 광화문·경복궁 그리고 세종문화회관 등 문화적·역사적 건축물들과 함께 대한민국역사박물관이 눈에 들어온다. 역사의 부침에 따라 광화문과 육조대로六曹大路에 영광만 있었던 건 아니었다. 동학농민운동과 청·일 전쟁이 일어나 위기에 봉착한 1894년 육조 명칭이 바뀐 데 이어 일제강점기 들어 육조 대신 식민 통치기관들이 자리를 차지하게 됐다. 현재는 세종대로로 불리는 광화문 앞 큰길은 한반도의 운명과 함께였던 셈이다.

대한민국 역사박물관은 우리의 역사를 함축하는 국가 상징거리에 있어 '문화적 쉼'과 '역사와의 대화'가 가능한 소통의 광장 역할도 한다. 미국의 중심은 링컨이, 영국의 중심은 처칠이 지키듯이 우리의 광화문 광장에도 성왕 세종대왕과 이순신 장군 동상이 지키고 있다.

광화문 광장은 '우리나라를 대표하는 상징 축'이다. 대한민국을 대표한다는 광화문 광장문화가 국가의 격을 높이는 광장이 되도록 하여야겠다.

(3) '서울시민광장' – 월드컵광장

어느 국가든 시민광장이 품고 있는 상징성은 매우 크다. 나라의 정기spirit를 압축적으로 담고 있는 공간이기 때문이다. 대한민국 심장부에 위치한 시민 광장은 내국인은 물론, 외국인도 대한민국의 숨결을 느끼기 위해 즐겨 방문하는 명소다. 서울특별시가 기존의 교통광장을 교차점광장·미관광장·시민광장 중심의 대광장으로 이용하기 위해 40여 년간 서울특별시청 앞에 놓여 있던 분수대를 헐고 주변을 다듬어 2004년

5월 1일 서울광장으로 개장하였다.

서울광장은 1987년 6월 항쟁과 2002년 FIFA 월드컵 등 각종 집회·시위·행사의 장소로 널리 이용되었다.

이러한 서울시민광장의 의미를 살려, 서울시청 구 건물(일제강점기 건물)을 일제만행 역사박물관으로 건립하여 일제 만행을 기록하여 역사유산으로 남겨야 한다. 대한민국의 저력은 한민족의 인성문화에서 발현된 호국인성 DNA의 역사의식에서 나온 것이다. 국민이 역사창조와 국가 수호의 주체세력이므로 일제 강점기의 모든 만행을 최대한 수용할 수 있는 일제만행역사 박물관을 만들어야 한다. 이것이 후손의 도리이자 역사 사랑, 나라 사랑의 길이다.

서울시민광장은 6.10 민주항쟁의 장소로서 민주화의 상징 광장이다. 또한, 월드컵 붉은 악마의 태극기와 함성이 국민의 정신으로 승화된 애국과 역동성의 광장이기도 하다. 이러한 서울시민광장을 월드컵의 역사적 광장, 민주화 광장으로 역사성을 살려 조성하여야겠다.

(4) '서울역 광장'을 '서울 유라시아역 광장'으로 조성

서울역은 우리 국민들의 애환이 서린 유서 깊은 광장이다. 그런데 이러한 유서 깊은 서울역 광장이 고풍을 잃어가고 악취와 무질서로 시민들의 눈살을 찌푸리게 만들고 있다. 근간 서울역 광장이 상업화되고 축소되어 광장의 의미를 상실해가고 있다. 서울역 광장을 역사 문화적으로 복원함은 물론, 유라시아로 진출할 수 있는 서울역을 만들어 중국, 러시아 및 유럽인까지 활용할 수 있는 광장으로 조성할 필요가 있다.

서울역은 경부선과 경의선, 서울 지하철 1호선과 서울 지하철 4호선, 인천국제공항철도의 철도역이다. 경부선, 경의선이 이 역을 기점으로 뻗어 있으며, 경부고속철도와 경부선 계통의 열차가 출발하는 중심의 역할을 하고 있다.

서울역은 통일이 될 경우 지리적으로 세계의 중심지가 될 수 있는 역이다. 서울역은 국제적인 의미에서 유라시아 대륙철도의 종착국가의 중심역이다. 더욱이 정부에서 적극추진하고 있는 신북방정책에도 서울역은 크게 기여할 것이다. 더욱이 미래 세계 문명이 동양으로 회귀할 것으로 전망하는 점을 고려할 때 서울역은 세계 문명의 출발역, 종착역, 중심역으로 동시 발전할 수 있다. 따라서 국제적인 안목에서 서울역광장과 더불어 서울역 건물을 규모 있게 새로이 건축해야 할 것이다. 또한 축소된 서울역 광장도 다시 복원하고 염창동 방면으로 확장하는 동시에 깨끗한 광장문화와 환경을 갖추도록 해야 할 것이다. 특히 서울역 광장을 '서울 유라시아역 광장'으로 명명한다면 역사적 의미는 물론 관광자원 측면에서도 큰 효과가 기대된다.

(5) 남산 애국광장(신설) – 태극기광장

대한민국에 애국광장이 없는 수도 서울의 현재 모습은 국가의 격에 맞지 않는다.

미국은 역사가 짧은 나라임에도 불구하고, 애국심 고취를 위해 뉴욕에 워싱턴 광장을 조성하여 시민의 나라사랑, 역사사랑을 고취하고 있다. 특히 국기를 신성시하며 국기를 중심으로 국민이 단결하고 나라를 사랑한다. 우리나라는 5천 년의 역사를 가진 자랑스러운 민족국가임을 감안하여 태극기를 더욱 소중히 생각하고, 태극기를 통해 애국하고 국민이 하나가 되어야 한다.

더욱이 애국가 2절은 남산이 상징이다. "남산 위에 저 소나무 철갑을 두른 듯 바람서리 불변함은 우리 기상일세…."

남산에 애국광장을 만들어서 유관순, 안중근, 윤봉길 등 주요 애국지사의 동상을 세워 국민들의 애국심을 고취시킬 수 있다. 또한 우리 민족은 3·1절, 6·10만세운동 등 수많은 백성들이 태극기를 통해 애국운동을 전개한 역사와 애국혼을 가지고 있다. 이와 같은 애국혼을 기리기 위해 애국광장에 태극기를 중심으로 한 광장을 조성하여야겠다. 우리 국민들이 애국광장에서 태극기를 휘날리고 태극기의 의미를 더 깊이 새길 수 있는 애국교육의 장을 조성해야 한다. 대한민국을 영원히 보존할 수 있는 혼과 정신을 키울 수 있는 '애국광장' 조성은 큰 의미가 있다.

우리는 애국지사를 기리면서 조국을 사랑하는 정신과 기상을 생활화하여야 할 것이다. 이를 위해서 애국광장에 우리의 영웅 기념관을 다양하게 건설하여 유대인이 통곡의 벽에서 애국심을 기르는 것 이상으로 나라사랑, 역사사랑의 장場으로 적극 활용해야 할 것이다. 따라서 우리 국민들은 애국광장을 아름답고 장엄하게 조성해야 할 것이다.

(6) 장충단 한류광장(신설)

장충단이 공원으로 된 것은 1919년이다. 일제는 민족정기를 말살하기 위하여 박문사라는 절을 세우고 공원을 조성하였으나 광복 후 일제가 세운 건물은 모두 철거되었다. 장충단공원은 특징상 공원과 국립극장의 역할을 분리하여 조화시켜야 한다. 국립극장은 공연, 예술 발전의 중심이 되도록 하고 장충단 공원은 한류공연 중심지가 되도록 해야 한다.

최근 한류는 중국, 일본, 동남아시아를 넘어 EU, 미국, 남미 등 세계적으로 확산되고 있다. 한류는 2013년 오바마 미국 대통령이 한·미 정상회담 도중 "세계의 많은 사람들이 대한민국 문화에 매료당하고 있다."면서 딸들이 자신에게 강남스타일 춤을 가르쳐 줬던 일화를 언급할 정도로 유명하다. 더욱이 2017년에는 방탄소년단의 미국 시장 진출과 트와이스의 일본활동으로 다시 불기 시작한 한류가 세계를 무대로 활성화되었다.

이와 같은 한류확산 현상을 더욱 고양시켜 국가브랜드 가치 제고에 적극 활용해야 한다. 따라서 장충단공원을 한류 야외공연장으로, 장충체육관을 실내 한류공연장으로 하여 한류공원과 국립극장 공연이 상호 보완하는 힘을 발휘토록 해서 한류확산을 지원해야 한다. 한류를 활용 못 하는 정책은 국가보물을 사장시키거나 버리는 것과 같다. 장충단광장이 한류를 세계화시켜 대한민국 위상제고와 국격 향상에 기여토록 하는 광장이 되도록 하여야겠다.

(7) 국립중앙박물관 광장

국립중앙박물관은 1909년 11월 1일 창경궁 제실박물관 개관이 그 효시로서 그 후 1915년 12월 1일 조선총독부에 박물관이 개관하였다, 1945년 해방 후 조선총독부박물관을 인수 개편하여 1945년 12월 3일 덕수궁 안의 석조전 건물에서 국립중앙박물관으로 처음 개관하였다. 2004년 10월까지 경복궁에서 운영되다가 2005년 10월 28일 용산가족공원 내의 새로운 건물에서 개관했다.

대한민국 보물창고인 국립중앙박물관은 30만 제곱미터의 방대한 공간에 30만여 점의 유물을 보관, 전시하는 세계적 규모의 박물관이다. 박물관에 담겨 있는 선조들의 삶의 흔적을 통해 현재의 우리를 이해하고, 미래를 통찰하는 원천을 개발할 수 있다. 국립중앙박물관은 구석기시대의 소박한 손도끼에서부터 삼국시대의 화려한 금관, 고려시대의 청자, 조선시대의 회화, 근대의 사진들에 이르기까지 우리의 역사와 문화 예술이 한데 모여 있는 5천 년 역사의 보물 광장이다.

국립중앙박물관은 우리 문화를 외국에 알리기 위해 우리 문화재 국외전시, 해외 문명전 개최 등 외국과의 전시교류를 적극적으로 추진하여야 한다. 5천 년 역사의 문화에 대한 자부심과 긍지를 갖게 함은 물론, 우리 문화의 정수를 마음껏 즐길 수 있는 광장으로 키워나가야 하겠다.

국립중앙박물관을 이해하고 사랑할수록 역사의식과 문화의식이 깊어진다. 국립중앙박물관에 전시 중인 30여만 점의 유물에 저마다 얽힌 이야기, 시대적 배경을 알고 나면 우리 역사와 문화가 더욱 친근하고 흥미롭게 다가올 것이다. 따라서 국립중앙박물관 광장을 조성하여 역사와 문화에 대한 관심을 높이는 데 기여하여야 하겠다.

(8) 전쟁기념관 평화의 광장

전쟁기념관은 호국 자료의 수집·보존·전시, 전쟁의 교훈과 호국정신 배양, 선열들의 호국 위훈 추모를 목적으로 1994년 6월 10일 개관한 기념관이다. 연건평 2만 5천 평에 지하 2층, 지상 4층 규모이며, 호국추모실·전쟁역사실·한국전쟁실·해외파병실·국군발전실·대형장비실 등 6개 전시실로 구분되어 있다.

기념관 자료의 수집·보존·관리·전시·조사·연구 외에 기념관 자료 및 기념사업에 관한 홍보·교육, 기념관 관련 각종 간행물의 제작 및 배부, 전쟁에 관한 학예 활동, 전쟁사 연구 등 전쟁 관련 사업을 수행한다.

전쟁기념관은 세계적인 여행전문사이트 '트립 어드바이저'에서 '트래블러스 초이스 어워드' 명소 부문을 선정하기 시작한 2013년부터 4년 연속 3위 안에 올랐으며, 2015년에는 주요 관광 명소를 제치고 대한민국

명소 1위에 선정된 바 있다. 2016년 발표한 '아시아 랜드마크 TOP 25'에 대한민국 명소로는 최초로 '경복궁'과 함께 '전쟁기념관'이 선정된 바도 있다.

6·25 전쟁 시 전투부대(16개국)와 의료진(5개국)을 파병했던 21개국의 UN 참전 국가들은 제2차 세계대전 이후 처음으로 '평화의 파괴자'에 맞서 유엔헌장에 입각한 국제기구의 집단적 행동으로 평화를 회복하려고 노력하였다. 한반도가 위기에 처한 상황에서 주도적인 역할을 수행함으로써 한국을 도왔다. 전쟁기념관은 우리 선조들이 목숨 바쳐 참전한 각종 기록과 유물자료를 보존, 전시하고 있는 곳으로서 호국정신과 애국정신을 고양할 수 있는 광장으로 적극 활용해야 한다.

(9) 잠수교 / 한강둔치의 치맥광장(신설)

서울의 한강의 다리 중 잠수교는 유일하게 반포대교와 같이 1층과 2층으로 건설되어 사용하고 있다. 그중 잠수교는 홍수 때에는 수면 아래에 잠기도록 낮게 가설한 교량으로 물의 흐름을 방해하거나 떠내려 오는 물건이 걸리지 않도록 난간을 설치하지 않았다. 서울 한강의 잠수교 위에 다시 교량을 가설하여 2층은 반포대교로 사용하고 있다.

도심 속 잠수교 교각에 LED 조명을 설치해 이미지를 바꾸면 효과가 클 것이다.

서울의 한강은 세계적으로도 손꼽힐 정도로 아름다운 자연조건을 가지고 있다. 그러나 한강엔 도보다리가 없다. 체코 프라하는 도보다리 중심으로 시민들이 쉬고 힐링하며 관광산업의 중심지가 되고 있다.

용산공원에서 잠수교로 가는 걷는 길을 만든 후 잠수교와 잠수교 좌우의 한강고수부지를 확보하여 치맥 문화 광장으로 만들어 레저스포츠 관광을 활성화해야 한다. '치맥'은 치킨과 맥주의 합성어다. 치킨과 맥주는 외국에서 유래됐지만 이 둘을 조화시켜 특별한 음식문화로까지 발전시킨 건 우리나라다. 인기 드라마 '별에서 온 그대'에서 여주인공 전지현이 치맥을 즐기는 장면이 중국에서 방영되고 나서 한국의 '치맥문화'는 세계적으로 유명해졌다.

우리는 한강의 분위기와 잠수교 둔치공원을 조화시켜 잠수교라는 특징 있는 교량을 이용하여 대규모 치맥 행사 시에는 차량통행을 차단하고 치맥광장으로 전체를 사용토록 해야 할 것이다.

치맥문화는 대한민국이 효시로서 치맥광장을 통해 치맥한류를 세계화로 발전시켜야겠다.

(10) 강남스타일 광장(신설) - 서초문화예술 공원

서초문화예술 공원은 양재 시민의 숲 공원에 딸린 공원이다. 1994년 10월에 개장하였다. 총면적은 68,200㎡이고 주요 시설물로 기획전시장과 놀이마당·중앙광장·야외공연장 등이 있다. 야외공연장은 690석 규모로 숲속 영화제와 음악회 등 문화공간으로 활용된다.

강남스타일 노래가 세계화되어 강남지역을 국제적으로 알리는 계기가 되었다. 강남스타일 광장을 조성할 경우, 서울의 홍보는 물론, 관광객 증가 등 효과가 클 것이다. 따라서 서초문화예술 공원을 활용하여 강남스타일 광장을 건설한다면 공원과 광장의 효과가 배증할 것이다.

강남스타일, 방탄소년단의 신드롬은 그냥 이루어진 것이 아니다. 우리의 유형 문화재나 무형의 음악, 마당놀이, 탈춤 등의 DNA가 승화되고 현대화되어 한류의 세계화를 이룬 것이다. 민족문화에 접목되지 않은 뿌리 없는 남의 문화는 마치 화병에 꽂아 둔 꽃과 같아서 언젠가는 시들고 만다. 한류문화에 대한 주체성을 확립하는 일은 민족의 자존심을 높이고, 발전시키기 위해서도 대단히 중요하다.

우리의 문화를 제대로 알고 올바르게 계승·발전시킬 때 비로소 우리는 진정한 문화강국으로 거듭날 수 있을 것이다. 강남스타일을 세계화하도록 발전시킬 수 있는 것이 문화의 힘이다. 우리 민족은 스스로에 대한 강한 자부심과 뛰어난 문화적 기반을 바탕으로 주변 국가들의 문화와는 차별화되는 우리만의 한류문화를 이루어냈다. 그랬기에 중국, 일본의 수많은 침입을 받으면서도 그들의 문화를 무조건적으로 수용하거나 그들에게 동화되지 않고 세계사에 자랑할 만한 우리 고유의 문화를 꽃피울 수 있었다. 강남스타일 광장을 통해 앞으로의 한류발전에 기여할 수 있도록 최선을 다해야 되겠다.

위와 같이 서울 10대 광장을 연계시켜 조성할 경우 그 효과는 클 것으로 예상된다. 고궁과 스마트도시 그리고 산과 강이 연결된 10대 광장은 세계 관광지로 부상될 것이다.

3
서울 구도심지 재개발

    대한민국 서울이 세계 제1의 도시로 도약하기 위해서는 역사 문화, 첨단도시, 관광도시, 무역금융도시 등 여러 가지 조건을 갖추어야 한다. 그런데 서울은 세계적인 도시인데도 불구하고 서울의 구도심지 개발제한으로 서울 발전을 저해하고 있다.

    서울의 구도심지인 종로, 을지로, 퇴계로의 중심지역은 한강과 남산 경관 보호에 막혀 도심지 재개발이 제한되어 서울의 위상을 훼손하고 있다. 서울 종로, 을지로, 퇴계로 일대엔 5층 전후 노후 건축물이 넓게 자리잡고 있다. 한국 경제신문의 한경·건설산업연研 공동 기획기사의 요지는 다음과 같다.[77]

----

[77] http://news.hankyung.com/article/2018022581161

세계 선진국가에서는 도심지의 재개발을 통해 신도시를 건설하고 있다. 미국 뉴욕, 일본 도쿄 등 선진국 도시들이 도시재생사업을 통해 치솟는 집값을 잡고 4차 산업에 적합한 첨단 업무시설을 만들어 내고 있다. 이를 위해 변두리가 아니라 수요가 가장 많은 도심을 특구로 지정해 대담하게 규제를 푸는 추세인데 반해 서울은 규제를 강화해 도심 내 첨단 오피스와 새 아파트 공급을 막고 있는 등 대조적인 모습을 보이고 있다.

건설산업연구원에 따르면 2017년 뉴욕시 주택 인허가 증가율(15.4%)은 미국 평균(4.8%)의 세 배를 웃돌았다. 허드슨 야드, 하이라인 프로젝트 등 도심 곳곳에서 복합개발이 활발하게 진행되고 있는 상황이다. 도쿄에선 2014년부터 2020년 올림픽 때까지 준공 예정인 오피스빌딩(연면적 1만㎡ 이상)이 325개에 달한다. 허윤경 건설산업연구원 연구위원은 "뉴욕과 도쿄의 복합개발은 양질의 주택을 공급하고 새로운 명소를 탄생시켜 부동산시장 안정과 일자리 창출 효과를 낳고 있다"고 설명했다.

세계 주요 도시가 규제 완화로 도시 경쟁력을 키우고 있는 것과 달리 서울시는 규제를 지속적으로 강화하고 있다.

최민수 한국건설산업 연구원은 "도심의 시한폭탄 노후건물 재건축 규제를 완화해야 한다. 도시주거 환경을 개선하고 일자리 창출에도 기여할 수 있다"고 말한다. 도시계획 이론가인 패트릭 게데스는 『진화 속의 도시』에서 도시재생의 성공 여부에 따라 도시의 미래가 결정된다고 했다. 도시성장과 쇠퇴의 순환 과정을 거치는 동안 도시재생은 우리가 살아가는 삶의 터전이 성장할 수 있게 돕는다는 것이다.

우리나라는 경제, 건설, ICT, 문화예술 등 모든 부문이 고루 발전돼 있어 서울을 세계 제1의 첨단도시, 세계 제1의 관광도시로 건설할 수 있는 능력을 가지고 있다. 그럼에도 불구하고 도심 한복판을 슬럼가로 방치한다는 것은 국가는 물론, 서울의 위상을 위해서도 있을 수 없는 정책이다. 세계 모든 나라의 도시경쟁력이 국가경쟁력이 되어 국가경쟁력이 곧 선진국 경쟁력을 좌우하는 시대다. 서울의 첨단도시 건설은 국가발전은 물론, 관광 제1의 대국이 되기 위해서도 필수적이다.

세계 최대 건축설계사무소 가운데 하나인 미국 KPF_{Kohn Pedersen Fox} Associates의 제프리 슈메이커 이사는 다음과 같이 말한다.[78]

"일률적인 높이 제한은 도시 전체 미관상으로도 좋지 않습니다. 얇고 높은 스카이라인을 만들면 공원과 누구나 이용할 수 있는 공용 공간이 넓어질 수 있습니다. 서울시도 건물 높이를 좀 더 자유롭게 만드는 게 공공 이익에 훨씬 부합할 수 있다고 봅니다. 도심 개발에 있어 높이 제한보다는 공원 확대가 더 바람직합니다."

우리도 외국의 주요 사례를 벤치마킹해 서울 주택난, 부동산문제 해결에 힘써야 한다고 생각한다. 특히 원룸, 소형 아파트를 집중 개발하면 주거안정의 문제해결에 크게 기여할 것이다. 서울 구도심지의 개발은 강남북 불균형 문제뿐만 아니라 스마트한 서울 도심지 건설로 쾌적한 도시환경은 물론, 관광산업에도 크게 기여할 것이다.

---

78 http://news.mk.co.kr/newsRead.php?year=2018&no=174865

4

UN평화시티 용산공원 유치
- 자유평화의 도시 위상 홍보

UN 기구의 유치는 상징성이 클 뿐만 아니라, 국가 위상을 제고하고 자유평화에 기여한다. 뉴욕에 UN본부가 있음으로써 뉴욕의 위상 및 영향력이 세계적으로 확산되었고, 이는 미국의 국격 및 국가 브랜드 제고에 크게 기여함과 동시에 뉴욕이 세계 제1의 관광대도시로 발전하는 계기가 되었다. 또한 UN산하 기구가 위치한 유럽의 많은 도시들도 뉴욕 못지않게 자유, 평화의 상징 도시로 평가받고 있다.

대한민국은 6·25전쟁에서 UN의 참전으로 인해 김일성의 무력적화 통일야욕에서 비롯된 기습 남침을 막아낼 수 있었다. 국제공산세력의 전쟁모의에서부터 유엔의 참전과 중·소의 개입, 그리고 전쟁종결에 이르기까지 모든 과정에서 국제사회는 이에 직접 관여해 해결했다.

이와 같은 역사적 사실과 UN정신에 따라 용산공원(358만㎡)에 UN기구를 포함한 'UN평화시티'를 건설하는 것은 대한민국과 세계 평화와 공동번영을 위해서도 매우 의미가 깊다고 할 수 있다.

사람을 이해하고 사람을 위하는 길을 모색하는 인류문화가 조성되도록 용산공원 부지를 기부하여 UN시티를 유치한다면, UN정신을 실현하는 근본적인 토대이자, 훌륭한 자유평화의 관광 자원으로서 국가 위상을 제고할 수 있다. 이를 통해 서울이 세계평화와 자유의 상징이 될 경우, 인류 공존공영에 기여하게 될 것이다.

이러한 점에서 바티칸 시국은 UN시티와 비교할 만하다. 바티칸 시국State of the Vatican City 은 이탈리아의 로마시내에 위치하고 있으며, 국경 역할을 하는 장벽으로 둘러싸인 내륙국이자 도시국가이다. 바티칸 시국은 바티칸 언덕과 언덕 북쪽의 바티칸 평원을 포함하며, 0.44km²의 면적에 약 400명 정도의 인구를 지녔으며 면적과 인구로 보아 매우 작은 독립 국가이나 세계적으로 정치, 종교, 외교 등 평화와 인류발전에 크게 기여하고 있다. 이와 마찬가지로 용산공원 일부 지역에 'UN평화시티'가 건설된다면 바티칸 시국 못지않은 효과가 기대된다.

최근 북한의 완전한 비핵화 및 남북, 북미회담으로 한반도에 세계의 이목이 집중되고 있다. 서울 UN시티(용산공원)에 UN아시아본부 등 UN기구가 들어선다면 세계의 자유평화를 상징하는 대한민국이 될 수 있으며, 세계 최고의 평화상징 관광지가 될 수 있을 것이다.

5

여의도는 동양의 맨해튼

관광산업은 종합 산업으로서 무역, 금융과 경제, 정치, 사회, 문화, 예술 등 모든 것이 융·복합되어야 하는 산업이다. 서울이 세계 최고의 관광 도시로 격상하려면 금융·관광·무역이 융합하여 발전되어야 한다. 이를 위해서는 여의도 금융 지역을 제2의 맨해튼으로 발전시켜야 할 것이다. 그러나 우리나라는 금융 분야를 발전시킬 수 있는 여건보다는 제약이 많아 국제적 기준에 따라 반드시 제도를 개선하고 지원하는 체제를 갖추어야 한다.

현재 우리나라의 금융구조는 '한국판 골드만삭스', '동북아 금융 허브'는 신기루 같은 얘기에 불과할 정도로 크게 뒤떨어져 있다. 최근 각 시중은행들이 사상 최대의 이익을 내고 있지만, 머지않아 가계부채 등으로 인해 금융 위기가 도래할 위험도 내재하고 있다.

우리나라 금융 수준은 후진국 수준으로 한국의 경제 규모에 비해 은

행의 건전성이 브라질보다 나쁘다는 설문조사 결과가 나와 더욱 충격적이다. 금융 선진국이 경제강국인 점을 감안할 때 금융 선진국이 되는 정책을 조속히 강구하여야 한다.

따라서 뉴욕 맨해튼을 벤치마킹하여 금융선진화를 이룰 수 있도록 금융개혁 및 혁신적인 조치가 이루어져야 한다. 금융선진화를 통해 여의도를 제2의 맨해튼으로 만드는 것이 경제선진국으로 가는 길이다.

뉴욕은 세계적인 금융도시로, 그 핵심지역인 맨해튼은 여의도의 20배 면적에 약 160만 명이 거주하고 있다. 맨해튼 금융 지구에는 주요 금융기관의 수많은 사무실과 본부가 위치하고 있으며 이곳은 세계 경제의 중심지이자 관광의 중심지이다.

서울도 여의도를 동양의 맨해튼으로 집중 육성토록 관계법 정비는 물론, 종합 마스터플랜을 수립하여 단계적으로 발전시켜야 한다. 또한 국회를 세종시로 완전히 이전하고 국회의사당을 '세계금융 지원센터' (가칭)로 과감히 내어주는 국가대전략의 지혜가 필요하다. 이곳에서 금융발전과 여의도의 맨해튼을 창조할 수 있도록 모든 육성체제를 강구해야 한다.

금융 분야의 도약을 위한 새로운 패러다임 전환은 필수적인 조건이다. 여의도의 맨해튼화 정책 등을 심층 연구하여 정부와 업계가 공동 정신을 갖고 우리나라가 금융 선진국과 더불어 관광선진국이 되도록 강력히 이를 추진해야 한다.

6

역사체험 관광
- 5천 년 왕조 VS 21세기 대한민국

21세기 서울은 고대, 중대, 근대, 현대사를 견학 및 체험할 수 있는 스토리 관광지다. 5천 년 역사의 왕조국가를 고궁에서 체험하고, 견학할 수 있는 조건을 구비하고 있기 때문이다.

5천 년 역사의 왕조국가 (고궁에서 체험, 견학관광)	70년 자유민주주의 체제의 한국 (현 시설에서 체험, 견학관광)
• 고조선: 사직공원 • 삼국시대: 고구려(아차산), 백제(한성 수도 5백 년 재현), 신라(한강상류) • 고려: 강화도 • 조선: 경복궁, 창덕궁 등 고궁 • 대한제국: 덕수궁 대한제국 역사관 • 2019년 대한민국 임시정부: 임정기념관 • 일제: 舊 서울시청, 서대문 형무소	• 역사박물관(광화문)에서 홍보·관광 비디오 관람 후, 현장 견학/체험/관광 • 청와대: 주요 집무 재현 • 입법: 여의도 국회 • 사법: 서초동 검찰, 법원 • 행정: 정부종합청사 • 6·25전쟁: 용산 전쟁기념관

최근 조선 왕조 500년 역사를 품은 궁궐이 나들이 명소로 자리매김한 결과, 2017년 4대 궁(경복궁·창덕궁·창경궁·덕수궁)과 종묘를 찾은 내외국인 관람객 수는 1,500여만 명으로 집계됐다. 문화재청은 "궁에서 진행되는 체험 및 견학관광 등 다채로운 프로그램이 관람객 증가에 영향을 미쳤다."고 분석했다. 경복궁의 수문장 교대의식, 창덕궁의 후원 특별관람, 덕수궁의 석조전 음악회, 창경궁의 야간특별개방 등은 4대 궁의 최고 인기프로그램으로 자리매김했다. 조선은 물론 삼국시대, 고려시대 왕조의 주요시설을 복원한다면, 고조선부터 대한제국까지 모든 역사를 체험 및 견학할 수 있는 특별한 서울로 탈바꿈시킴으로써 관광활성화에 크게 기여할 수 있을 것이다.

서울은 고조선(사직공원), 삼국시대(고구려 아차산, 백제 몽촌토성, 신라 암사동 재현), 고려(강화도), 대한제국(덕수궁), 대한민국(광화문 역사박물관 및 2천 년 서울) 등 5천 년 유구한 역사와 전통을 직접 체험 비교하며 견학할 수 있는 세계적인 관광 자원을 가지고 있다. 또한 조선500년 역사를 완전히 품고 있어 역사 문화를 관광 자원으로 활용하여 경제활성화는 물론, 국가브랜드 가치도 제고할 수 있다. 예컨대 서울 경복궁에서 왕의 자리를 체험할 수 있는 관광 상품을 판매하여 일일 왕이 되어 보는 체험을 할 수 있도록 하고, 왕과 더불어 신하 등 왕조체제의 시스템을 그대로 도입하여 관광 상품화할 수 있다. 거기에다 궁 스테이Stay까지로 확산하면 효과는 배가 될 것이다.

5천 년 역사의 왕조국가(고궁에서 체험관광)와 대비되는 70년 자유민주주의 체제의 한국(주요 정부기관 체험관광) 비교관광은 매우 흥미롭고 역사의 교훈을 배우는 장이 될 것이다.

예를 들면 행정, 입법, 사법부의 주요 건물과 광화문의 대한민국 역사박물관을 활용하면 체계적인 현대 대한민국 체험 및 비교의 현장견학 관광을 할 수 있다. 청와대(이전 전제)에 대통령, 비서실장, 수석, 비서관 등이 근무하는 시스템을 그대로 도입하여 관광 상품화 할 수도 있다. 거기에다 국무총리, 장관 등 행정부는 물론 입법, 사법 조직도 같은 시스템으로 관광객을 모집하면 좋은 반응을 보일 것으로 예상된다.

관광은 체험적 커뮤니케이션이고 체험은 가장 큰 여행의 선물이다. 여행객이 체험관광으로 많은 것을 느낀다면 우리나라 관광홍보요원으로 발전할 수 있다. 체험관광은 관광이미지 형성에도 큰 영향을 미치기 때문에 관광산업 홍보는 물론 서울의 위상제고를 위해서도 꼭 필요하다.

이와 같이 수천 년 역사와 21세기 첨단 도시가 융·복합적으로 구성된 서울 특징을 제대로 활용한다면 역사 문화 관광산업은 물론이고, 역사교육, 역사의식, 역사사명 제고 등 여러 면에서 시너지 효과가 나타날 것이다

7

서울 둘레길의 세계화

서울 둘레길은 서울외곽을 크게 돌 수 있는 산책로로서 총 8개 코스로 이루어져 있으며, 전체 길이는 157km이다. 2011년부터 조성 공사가 시작되어, 2014년 11월 완전 개통되었다.

서울시 외곽에 중간중간 끊겨 있던 숲길, 하천길, 마을길을 모두 이어 산책길을 조성했다. 각 코스의 기점과 종점이 23개 지하철역으로 구성되어 있어 교통이 용이하며, 서울에 소재하는 하천, 사찰, 유적 등을 함께 돌아볼 수 있도록 했다.

● (1코스) 수락·불암산 코스: 도봉산역에서 시작하여 화랑대역까지 14.3km 거리이며, 6시간 30분이 소요된다. 서울 창포원과, 덕릉고개, 경수사, 성관사, 학도암, 태릉 등의 명소가 있다.

● (2코스) 용마·아차산 코스: 화랑대역에서 시작하여 광나루역까지

12.6km 거리이며, 5시간 10분이 소요된다. 아차산 해맞이 광장, 아차산보루, 아차산 생태공원 등의 명소가 있다.

- (3코스) 고덕·일자산 코스: 광나루역에서 시작하여 수서역까지 26.1km 거리이며, 9시간이 소요된다. 암사동 선사주거지, 올림픽 공원, 방이동 생태경관보전 지역 등의 명소가 있다.
- (4코스) 대모·우면산 코스: 수서역에서 사당역까지 17.9km 거리이며, 8시간이 소요된다. 우면산 자연생태공원 등의 명소가 있다.
- (5코스) 관악산 코스: 사당역에서 석수역까지 12.7km 거리이며, 5시간이 소요된다. 낙성대 공원, 약수암, 한우물 등의 명소가 있다.
- (6코스) 안양천 코스: 석수역에서 가양역까지 18km 거리이며, 4시간 30분이 소요된다. 목동 종합운동장, 양화교 폭포 등의 명소가 있다.
- (7코스) 앵봉산 코스: 가양역에서 구파발역까지 16.6km 거리이며, 6시간이 소요된다. 월드컵경기장, 서오릉 등의 명소가 있다.
- (8코스) 북한산 코스: 구파발역에서 도봉산역까지 34.8km 거리이며, 17시간이 소요된다. 북한산 생태공원 등의 명소가 있다.[79]

서울 둘레길은 제주 올레길과 더불어 국내 대표적인 트레킹 명소로 자리 잡고 있다. 서울을 병풍처럼 둘러싼 산세와 곳곳에 산재한 문화자원을 만날 수 있다. 성인이 하루 8시간씩 걸으면 열흘 정도에 완주할 수 있으며 경사가 가파른 곳이 드물어 남녀노소 누구나 즐길 수 있다.

----

79 http://www.doopedia.co.kr/doopedia/master/master.do?_method=view&MAS_I
DX=141114001489543

서울 둘레길은 서울과 수도권 주민들이 지하철이나 버스만 타면 닿을 수 있다는 게 가장 큰 장점이다. 8개 구간의 출발·도착 지점이 23개 지하철역과 가깝다.

서울 둘레길을 스토리 관광, 힐링 관광의 세계적인 명소로 조성할 만한 가치가 있는 데도 불구하고 관광정책이 결여되어 둘레길이 제 역할을 다하지 못하고 있다. 우리 서울 둘레길은 장대하고 규모가 큼에도 불구하고 홍보부족으로 외국 관광객이 거의 없다. 반면 일본 규슈 올레길은 제주 올레길을 벤치마킹하여 만들었는데도 불구하고 일본의 적극적인 관광정책으로 세계인이 몰려들고 있다.

서울 둘레길엔 산과 강, 마을의 정취가 있다. 북한산·도봉산·관악산 등 서울 경계를 둘러싸고 있는 15개의 산의 숲길(85㎞)이 전체 둘레길의 절반이 넘는다. 봄철 벚꽃으로 유명한 안양천 둑길, 한강과 탄천 일대의 하천 길(40㎞)이나 평창동·낙성대 등 산기슭 마을 길(32㎞)의 운치도 좋다. 암사동 선사유적지, 연산군 묘, 4·19 국립묘지 등 역사·문화 자원을 둘러보거나 상암 월드컵경기장 등을 찾아 스포츠 관람으로 여가를 보낼 수도 있다. 역사 따라 문화 따라 산 따라 꽃 따라 강 따라 서울 둘레길을 걸으면 서울의 아름다움을 만끽할 수 있고 관광은 물론 힐링 차원에서도 아주 행복함을 느낄 수 있다.

국내 관광객은 물론 외국 관광객들이 몰려올 수 있도록 둘레길을 적극 홍보하고 잘 가꾸어야 한다. 우리 둘레길을 지속적으로 보완 정비하여 안전하고 아름답게 가꿔야 한다. 둘레길 환경에 어울리는 카페, 다과점, 산사찻집 등을 운영하면 여행객 편의와 고용창출에 기여할 것이다.

8

하늘에서 조망하는 서울 둘레길
- "꽃가마 케이블카"

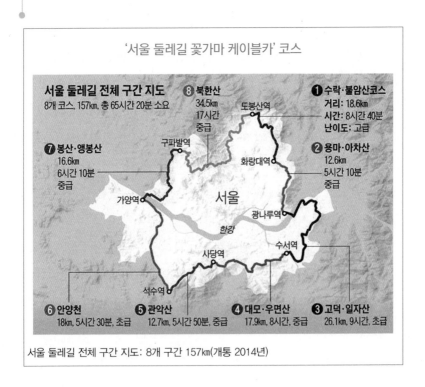

'서울 둘레길 꽃가마 케이블카' 코스

서울 둘레길 전체 구간 지도
8개 코스, 157km, 총 65시간 20분 소요

⑧ 북한산
34.5km
17시간
중급

① 수락·불암산코스
거리: 18.6km
시간: 8시간 40분
난이도: 고급

⑦ 봉산·앵봉산
16.6km
6시간 10분
중급

② 용마·아차산
12.6km
5시간 10분
중급

서울

한강

⑥ 안양천
18km, 5시간 30분, 초급

⑤ 관악산
12.7km, 5시간 50분, 중급

④ 대모·우면산
17.9km, 8시간, 중급

③ 고덕·일자산
26.1km, 9시간, 초급

도봉산역
화랑대역
구파발역
가양역
광나루역
수서역
사당역
석수역

서울 둘레길 전체 구간 지도: 8개 구간 157km(개통 2014년)

세계인이 모이는 서울을 역동적인 관광산업 대국으로 혁신하기 위해서는 글로벌한 감각으로 세계 최장(157km)의 서울 둘레길 케이블카 관광산업을 시행하여야 할 것이다. 관광케이블카를 예술적으로 설계 시공할 경우 아름다운 (가칭)'꽃가마 케이블카'를 건설할 수 있다. 서울 둘레길 '꽃가마 케이블카'는 하늘에서 서울 최고의 경관을 조망할 수 있어 관광객이 몰려올 것이다. '꽃가마 케이블카' 건설은 경제 활성화를 통한 일자리 창출, 소득증대, 관광객 급증 등 효과가 지대하여 서울관광산업의 기폭제가 될 수 있다.

부산 송도해상케이블카는 바다 위를 지나는 국내 케이블카 중 가장 노선이 길다. 애초 지역에선 경제성이 떨어진다는 우려가 컸으나, 개장해서 하루 1만여 명의 관광객이 케이블카를 타고 바다 풍광을 즐겼다. 경남 통영의 한려수도 조망 케이블카는 2017년 200여만 명의 이용객을 기록하며 제2의 전성기를 누리고 있다. 통영시는 남해안 섬 관광의 패러다임을 획기적으로 전환시키는 전략으로 '미륵권-한산도 간 해상케이블카 설치 사업'을 적극 추진하고 있다.

서울 둘레길 케이블카도 수익성을 분석하여 단계적으로 건설할 경우 큰 성과가 기대된다. 1단계로 광화문(북악산)에서 정릉~대남문~대동문~백운대 코스는 경제성이 클 것으로 판단된다. 또한 꽃가마 케이블카가 이용객이 많을 경우 중장기 관점에서 지하철과 연결시키면 관광 상품은 물론 교통편으로도 기여할 것이다.

박종학은 박사논문에서 다음과 같이 말한다.[80]

----

80 목포대 대학원 박종학 2016년 박사논문(지역관광 활성화를 위한 케이블가 사업에 관한 연구), p.2

관광 편의시설업의 하나가 케이블카 사업이다. 적합한 입지에서는 투자비용을 단시간에 회수할 수 있고, 지속적인 수익을 거둘 수 있어 경제적 효과가 매우 큰 사업이다. 뿐만 아니라 지역경제의 연관 산업에 미치는 파급효과가 매우 큰 사업이다. 오스트리아, 독일, 스위스 등의 유럽 국가들은 케이블카 사업에 대한 지속적인 투자를 하고 케이블카와 다른 관광 사업과의 연계를 통하여 많은 관광 수입을 올리고 있다.

서울의 역사문화·자연환경을 즐기는 것은 가장 자연스럽게 서울을 사랑하고 펼치는 것이다. 이러한 '꽃가마 케이블카'는 서울의 역사문화·자연환경을 한눈에 내려다볼 수 있어 관광객을 모으는 효자노릇을 당당히 할 수 있을 것이다.

9

서울의 위상을 높이는 한강 르네상스

한강이라는 명칭의 유래는 우리말로 '큰 물줄기'를 의미하는 '한가람'에서 비롯하였다. 광개토태왕비에는 '아리수阿利水'라 기록되어 있다.

한반도의 중앙부 평야지대를 차지하는 한강은 신석기시대부터 문화 발달의 터전이 되어 왔다. 또한 한강은 한반도의 정치, 경제, 안보, 문화의 요충지로 삼국시대부터 주도권 경쟁이 이루어졌다. 한강은 서해바다와 인천공항, 김포공항 등 교통의 요충지에 위치하고 있는 데다 넓고 아름다운 강으로서 관광레저종합센터를 건설하기 위한 입지조건이 탁월하다고 볼 수 있다.

서울에는 국제적 규모의 복합리조트가 없어 내국인은 물론 관광객 유치에 큰 문제가 되고 있다. 복합리조트의 경제적 파급효과는 이미 입증되어 있다. 샌즈그룹이 산학연구모임인 복합리조트 산업 발전포럼에 의뢰해 경제적 파급효과를 분석한 결과는 고무적이다. 4년간 5조 3천억 원을 투입하면 생산유발 효과가 12조 2천억 원, 고용효과로는 4만 3천여 명 창출이 추산됐다. 서울 상암동 하늘공원에 싱가포르 마리나 베이 샌즈 수준의 복합리조트를 세울 경우 10여조 원 규모의 경제 효과가 기대된다. 싱가포르 '마리나 베이 샌즈'의 사례처럼, 하늘공원에 글로벌 복합리조트, 관광천국 테마파크를 조성하여 한강관광과 융합시킬 경우 경제효과가 클 것이다.

서울관광은 장기적 관점에서 크루즈 관광객이 하늘공원 앞 한강까지 직접 올 수 있도록 주도해야 세계 제일의 관광 도시로서 경쟁력을 가질 뿐 아니라 체류형 관광과 재방문의 비율이 높아질 수 있다.

싱가포르는 열악한 환경에서도 세계적인 글로벌 복합리조트 건설로 해외관광객이 20%가 증가하여 서울만 한 면적의 싱가포르가 우리나라보다 외국 관광객이 훨씬 많다. 한강에 글로벌 복합리조트를 건설하여 관광천국 테마파크의 모범적 모형이 되어야 한다. 특히, 과거에 추진되었던 전경련의 3대 과제인 한강사업 등과 연계시켜 민자사업으로 적극 추진하면 한강 르네상스가 기대된다.

서울코엑스는 전시 일정이 너무 촘촘히 짜여 있어 비정기적으로 등장하는 행사나 각종 대규모 행사를 놓치는 경우가 많다고 한다. 따라서 제2의 서울 코엑스를 한강 관광레저 종합센터로 건설하면 관광레저 종합센터와 융합, 연계되어 시너지 효과가 매우 클 것이다. 한강은 서울의 젖줄로서 한강르네상스는 서울의 관광 제1도시전략에 중요한 역할을 할 수 있으므로 서울 관광 르네상스를 견인토록 해야 한다.

10

대장금 한식 관광의 세계화

우리 한식은 품질과 가치에 비해 세계적으로 인정을 받지 못하고 있어, 국내적으로는 물론 세계인들을 불러들이는 미식국가가 되지 못하고 있다. 대장금 요리는 국내는 물론 세계가 인정하는데도 불구하고 세계 주류 음식으로 발전되지 못했다.

최근 세계여행은 그 지역에서만 맛볼 수 있는 음식이 여행지를 결정하는 중요한 요인이 되는 쪽으로 트렌드가 바뀌고 있다. 관광객들은 식도락을 중시하기 때문에 요식관광의 소비지수가 높고, 음식문화의 질에 따라 재방문의 여부가 결정되기도 한다.

한국에는 면세점에서 명품을 사는 사람이 많지만, 일본에는 식도락을 즐기러 가는 사람이 많다. 여행자는 배를 채우기 위해서만 먹는 것이 아니다. 지역 음식에 담긴 '이야기'를 알고 싶어 하고, 그런 음식을 통하여 체험하는 '즐거움'을 소비한다.

뉴욕의 유명한 음식평론가는 한식을 두고 "이렇게 훌륭한 음식이 잘 알려지지 않은 것은 불가사의하다."고 했다. 한식은 유구한 역사를 가지고 발전해 왔기 때문에 그 문화적 총량은 대단한 것이다. 긴 역사를 가지고 있는 만큼, 한식은 많은 특징을 가지고 있는 건강식품이기도 하다.

최준식은 『위대한 문화유산』에서 다음과 같이 말한다.[81]

김치와 같은 발효음식이 특히 발전해 있는 것은 우선적으로 꼽히는 특징이다. 발효음식은 영양이나 건강 면에서 매우 뛰어난 효능을 갖고 있기 때문에 앞으로 더욱더 각광받을 음식이다. 또한 한식은 음식을 섞어서 비비고 삶고 하는 것이 유달리 많은 음식이다. 그렇게 해서 태어난 국제적인 음식에는 비빔밥이 있고, 서민적인 음식으로는 설렁탕이나 각종 매운탕들이 있다. 아울러 육식보다는 채식을 선호하는 것도 큰 특징이다.

한국 TV 드라마 가운데 '대장금'은 세계적으로 널리 알려졌다. 중동국가, 아프리카 국가 출신 사람들(주로 여성)은 한국이라는 말만 나오면 알은체를 한다. 한국관광을 홍보하기 위해 내세운 포스터도 '한정식 상차림'으로 꾸며 놓은 것을 캐나다에서도 쉽게 발견하게 된다.

우리나라는 5천 년 역사를 가진 고유의 한식은 물론, 사찰음식, 지방의 토종음식 등 다양한 소재가 많으나, 사장시키고 있다. 특히, 세계적인 인기를 누리고 있는 대장금 요리는 관광객들이 구경조차 할 수 없는 실정이다. 대장금의 전통 요리를 특화시켜 외국 관광객들에게 제공할 경우, 그 효과는 상상을 초월할 것이다. 우리 대장금과 전통 사찰음식을 키워드로 미식과 관광을 결합하는 것으로도 많은 관광객을 불러들일 수 있다. 우리도

81 최준식, '위대한 문화유산', 네이버 캐스트 2010.03.04.

지역의 미식이 관광 동기가 되고, 식문화를 관광 매력으로 내세울 수 있는 도시를 만들어야 한다. 계절마다 식재와 그 지역만의 요리 등 '지역地域의 식食'을 즐기는 새로운 여행 스타일인 '푸드 투어리즘'으로 새로운 활로를 모색해야 한다.

대장금 요리의 세계화를 위해 다음 사항을 제안한다.

첫째, 경복궁 부근에 있는 초·중·고를 활용(일부 학교 이전)하여 특성화고교를 설립하고 서울시립 정독도서관을 용산공원으로 이전시켜 대장금 전문대학, 전문대학원을 설립한다.

둘째, 특성화고교, 전문대학, 전문대학원의 숙련된 학생을 경복궁과 연결시키고, 인근 호텔과 협약을 맺어 대장금 식당을 개설토록 하는 등 기업화를 통해 발전시킨다.

셋째, 광화문 인근에 있는 한진그룹 호텔 부지를 인가해서 한국형 전용 호텔을 신축토록 하고, 대장금 전문요리를 체인화시켜 조속히 세계 요리로 발전토록 한다.

넷째, 경복궁, 광화문, 북촌, 서촌, 남촌과 삼청각(성북동) 등을 중심으로 대장금요리 요식업을 장려하여 대중화시킨다.

대장금 한식의 세계화로 한식 요식산업을 세계적으로 발전시켜 한류가 뻗어나가도록 해야 한다. 아울러 대장금 한식과 맥을 같이하고 있는 각 지방의 전통요리와 사찰 요리도 대장금 학교와 공동연구 등을 통해 한식의 발전과 세계화를 이루어야 할 것이다.

지방, 1억

관

8부

지방, 1억 코리아 관광대국 건설

제22장

지방자치 시대의
관광전략

1

지방자치 시대, 관광산업의
전국 연계 강화

국내적으로는 국민의 소득증대로 관광욕구가 증가하고, 국제적으로는 국가 간, 대륙 간 관광욕구가 급증하고 있다. 이러한 시대적 요구에 부응하고자 전국 지방자치단체들이 경제적, 사회적, 문화적 효과가 지대한 관광 사업에 관심을 갖는 것은 당연한 일이다. 이에 지방자치단체들은 열악한 재정적 여건 속에서도 관광산업에 집중적인 투자를 하고 있다. 그러나 2017년 전국 곳곳에서 71개의 축제가 열렸지만 국민들이 기대하는 수준에는 못 미쳤다. 고장의 특징을 가진 지역축제 콘텐츠를 강화하고, 각 지역 간 연계는 물론 SWOT(강점: strength과 약점: weakness, 기회: opportunity와 위협: threat)분석을 통해 통·폐합 등 지역축제에 대한 방향의 재정립이 요구된다.

21세기 관광산업은 국가 경제의 새로운 성장 동력을 제공할 수 있는 종합 산업으로 무한한 가능성이 열려 있는 분야이나 전국지역의 연계로 발전되지 않으면 관광산업으로서의 기능을 제대로 발휘할 수 없다. 종전에는 1, 2, 3차 산업과 더불어 발전시켜 왔지만 향후 관광산업은 1, 2, 3, 4차 산업을 종합적으로 융합하고 예술적으로 발전시켜 독자적이며 총체적, 복합적 산업이 되어야 획기적으로 발전할 수 있을 것이다. 관광산업은 세계의 관심을 집중시켜 새로운 행복산업이 될 것이며, 향후 주요 경제산업으로 성장하여 비전을 실현시키는 산업으로 큰 발전을 이룰 것이다.

국토개발의 패러다임이 도시재생으로 변화하면서, 지역 및 도시 분야에서는 지역관광 개발의 개념을 도시 마케팅의 수단으로써, 도시 브랜드 개발, 역사문화적 자산의 활용, 숙박시설 및 서비스개발 등의 행위로 정의하고 있다. 박종학은 박사논문에서 다음과 같이 말한다.[82]

지역산업진흥차원에서의 관광산업은 유망한 성장산업이다. 지역에 심대한 영향을 미치는 관광 개발이 추진될 때 관광가치에 대한 개념의 정립과 명확한 목표가 설정되어야 한다. 목표가 불분명한 관광 개발은 성공을 거두기 어렵다. 관광에 대한 관점이 다양화되고 지역사회환경이 변화하고 있으므로 지방자치단체에서는 다양화되고 변화되는 환경에 보다 능동적으로 대응하여야 한다. 관광을 위한 관광시책을 재정비하여야 하고 지역 관광 업자에 대한 지원을 늘려야 하며 지도를 해야 한다.

우리나라 각 시도지방자치단체와 서울지역이 연계 및 융합이 필요한 사항은 다음과 같다.

---

82 박종학, 「지역관광 활성화를 위한 케이블카 사업에관한 연구」, (목포대 대학원 박사논문, 2016), p.10

첫째, 연관 산업과의 협력을 통해 그 지역의 관광가치를 높이기 위한 노력을 해야 한다.

둘째, 관광 존재가치를 고양시키기 위해 관광관련 장기계획의 수립 등 지방자치단체의 역할이 필요하다.

셋째, 효과적인 지역 관광 개발을 위해 관광객의 만족도를 반영하고 지역특성에 부합한 관광의 다양성이 필요하다. 특히 지역사회가 주체적으로 추진하는 관광산업이 필요하며 지역산업으로서의 육성이 중요하다. 지역관광 개발은 지방자치단체, 지역주민, 기업이 협력하고 참여하는 새로운 지역경제상을 그려 나갈 필요가 있다.

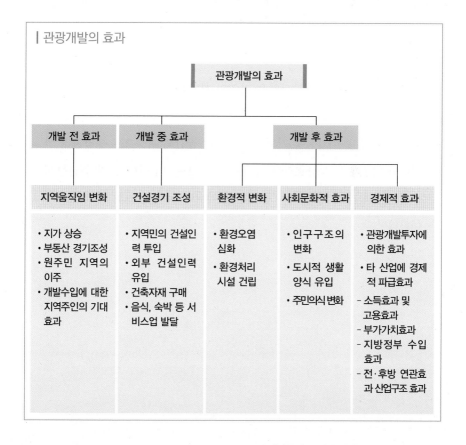

| 관광개발의 효과

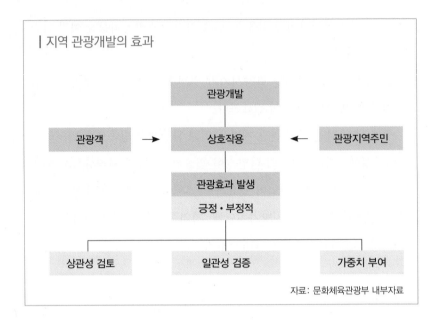

| 지역 관광개발의 효과

```
                      ┌──────────────┐
                      │   관광개발    │
                      └──────────────┘
┌──────────┐          ┌──────────────┐          ┌──────────────┐
│  관광객   │  →       │   상호작용    │   ←      │  관광지역주민  │
└──────────┘          └──────────────┘          └──────────────┘
                      ┌──────────────┐
                      │  관광효과 발생  │
                      │  긍정·부정적   │
                      └──────────────┘
┌──────────┐          ┌──────────────┐          ┌──────────────┐
│ 상관성 검토 │          │  일관성 검증   │          │  가중치 부여   │
└──────────┘          └──────────────┘          └──────────────┘
```

자료: 문화체육관광부 내부자료

　　지방자치 시대의 관광산업은 지역의 개발을 도모하여 낙후지역을 발전시킴으로써 균형 있는 국토개발과 국가 경제발전에 기여할 수 있다. 국민의 휴양 및 여가선용 기회를 위한 여가공간의 확충으로 생활환경 선진화와 복지수준 향상효과를 가져올 수 있으며, 더 나아가 외국 관광객들의 방문확대로 외화 획득 증대뿐만 아니라 국제적 위상 제고에도 기여한다.

2

지방자치 시대의 관광 활성화 전략

    1992년 지방자치제 실시 이후 지역의 경제 성장을 이루기 위한 수단으로 관광 개발이 활발해지고 있다. 그러나 이러한 관광개발로 인한 문제점도 적지 않게 드러나고 있다. 결국 관광개발을 함으로써 얻는 편익은 다른 부분에서 나타나는 비용을 감수해야 하는 대가라고 볼 수 있다. 즉, 일반적으로 편익 측면에서 관찰되고 있는 관광개발의 경제적인 영향들은 이러한 기대효과를 얻는데 필수적으로 따르는 자연자원의 훼손 등에 대한 대가인 것이다. 그러나 과연 기대하는 것만큼 편익을 얻었는가, 그리고 환경 훼손을 감수하면서라도 경제적인 효과는 가치가 있는가 하는 것은 중요한 문제로 제기될 수 있다.

    관광산업의 성공을 위해서는 각 지방자치단체에서 SWOTStrengths, Weakness, Opportunities, Threats 을 치밀히 분석, 추진하여야 한다. 철저한 수익 위주와 지속발전 가능성에 중점을 두어 관광산업을 전개함으로써 부작용은 극소화시키고 효과는 극대화시킬 수 있다.

경제발전에 따른 개인의 소득 수준 향상과 근로시간의 단축은 사람들로 하여금 여가에 대한 욕구를 증대시킨다. 증대된 여가 욕구는 실질적으로 관광수요의 증가로 나타난다. 관광 개발은 지역경제 활성화의 중요한 수단으로 인식되고 있어 지역개발계획에서 빠질 수 없는 개발사업으로 등장하고 있다. 특히 입지 여건상 후방효과가 큰 산업, 즉 제조업을 중심으로 한 지역경제 활성화가 여의치 않은 지역에서는 관광개발을 통한 관광산업 및 지역경제 파급효과에 큰 기대를 걸고 있다.

반면 과도하고 무분별한 관광 개발로 인한 환경 훼손의 사례도 적지 않게 나타나고 있다. 숙박을 비롯한 편익시설이나 위락시설 등 인프라의 개발은 기본적으로 환경의 파괴 위에서 이루어진다. 관광객을 끌어들이기 위하여 이루어지는, 이른바 하드웨어의 투자개발 자체가 환경의 측면에서는 파괴인 것이다. 도로와 주차장의 개설, 호텔, 콘도 및 골프장 건설, 전력 및 상수원의 확보, 하수도와 폐기물 처리장의 확충은 대부분의 경우, 녹지를 잠식하거나 기존 문화유산과 경관의 훼손을 수반한다.

이와 같이 관광 개발은 해당지역에 전적으로 편익만을 제공하는 것이 아니라 오염과 환경 훼손 같은 비용도 동시에 발생시키고 있는 것이다. 즉, 관광 개발 정책은 지역 및 국민경제에 긍정적인 영향을 발생시켜 사회복지 수준을 향상시키는 반면, 환경 훼손 등을 초래하여 사회복지 수준을 감소시킨다. 따라서 합리적인 관광 개발 정책이 되기 위해서는 관광 개발정책으로 인해 발생하는 복지 향상분(편익)이 복지 감소분(비용)보다 크게 나타나는지, 다시 말해서 사회복지 수준을 향상시키는지 비

교·분석해야 한다.[83]

자연과 관광시설의 조화를 이루어 관광산업을 추진한다면 경제적인 효과는 자연스럽게 따라올 것이다. 일본의 각 지방은 외국인 관광객이 연간 44조 원을 소비함에 따라 관광산업이 제2의 내수시장을 형성하여 경제발전의 기폭제 역할을 하고 있다. 일본은 외국인 관광객 급증으로 호텔 신축 붐이 일고 화장품등 내수 업체들이 호경기를 맞아 구인난을 겪는 실정이다.

우리나라의 많은 관광지는 자치지역별로 특수한 환경 및 여건을 갖추고 있다. 철저한 SWOT 분석을 통해 사업 수익을 중점으로 우선순위를 선정해야 한다. 더욱이 인근 지자체와 연계, 확산시켜 시너지 효과를 극대화해서 흑자 경영이 가능한 관광산업부터 단계적으로 확산해야 할 것이다.

---

83 고태호, 「관광 개발정책의 비용, 편익 분석」, (고려대학교 대학원, 2006), P2, 114

3

광역자치단체, 관광 특화 전략

우리나라는 미흡한 지방분권 제도로 각 지방의 특색과 강점을 제대로 살릴 수 없는 데다 법·제도적 기반 취약, 정부 예산 지원 미흡 등 여러 가지 제약으로 발전의 한계가 있었다. 정부는 문제 해결을 위해 향후 분권개헌을 계기로 세계 수준의 분권자치제를 추진하고 있다. 개헌이 되면 지방자치제 강화로 지역특색의 환경과 여건을 적극 활용하여 전국 균형발전의 계기를 마련할 수 있을 것이다. .

대한민국 균형발전을 위해서는 지방지역의 강점은 살리고 약점은 보완하는 대책이 필요하다. 이제 각 자치단체별 '지방, 1억 코리아 관광대국건설'의 특화전략을 제시해 보기로 한다.

세종 행정 자치특별시

2012년 노무현 대통령의 대선 공약의 취지대로 세종 행정 자치특별시가 완전히 행정수도가 되도록 모든 행정기관의 권한과 사무를 완전히 이양해야 한다. 행정수도로써 역할을 완벽하게 할 수 있도록 청와대를 비롯해 행정, 입법, 사법부 등 모든 행정기관을 이전할 필요성이 있다. 서울과 세종시의 완전 분리를 통해 행정, 인적 낭비 등 각종 부작용을 방지하는 등 세종 행정수도 완성에 만전을 기해야 한다.

특히 21세기 미래는 도시경쟁력이 국가경쟁력이다. 세종시도 워싱턴 모델로 만들어야 한다. 제퍼슨 기념관, 링컨 기념관, 스미소니언 박물관 등은 물론 미술관 같은 문화시설, 첨단산업도 눈여겨 볼 만하다.

매년 워싱턴은 평균 21개 정도의 대규모 회의 및 컨퍼런스를 개최하고 있음은 물론, 수도 기능과 더불어 관광도시로 비약적인 발전을 가져오고 있다. 워싱턴의 발전모델을 세종시가 벤치마킹해서 국토의 균형발전에 주역 역할을 해야 할 것이다.

부산 해양 특별수도

2000년 12월 제2롯데월드 기공식 때 부산시장은 공식적으로 '해양 수도, 부산'을 선포하였다. 그러나 지금 부산의 모습은 해양 수도는커녕 경제 침체로 인구가 줄고 있는 등 제2의 도시 역할을 수행하지 못하고 있다. 또한 부산의 관광산업은 정책, 전략의 부족으로 정체를 면하지 못하고 있다.

부산은 산과 바다를 끼고 있는 자연환경과, 축제와 같은 도시문화적 요소,

대도시의 인프라가 융합된 매력 있는 도시다. 세계 여행 안내서『론리 플래닛Lonely Planet』이 2018년 아시아 최고 여행지 1위로, 뉴욕타임즈는 2017년 가 보아야 할 세계명소 52곳 중 하나로 부산을 선정하였다.

또한 동남해안 산업벨트와 남해안선 벨트의 중심지로서 지리적인 여건과 경제구조의 현황을 고려하여 볼 때 해운항만, 조선, 수산, 물류, 해양금융, 해양 관광 등 한국 제1의 해양 도시로서 '해양수도, 해양 관광수도 부산'의 경쟁력은 충분하다.

노르웨이 'Menon Economics'가 발표한 '2017년 세계 해양수도 보고서'에 따르면 전 세계 15개 주요 해양도시 중 부산은 13위를 차지했다. 지방분권강화라는 개헌의 취지를 살려 동북아시아 거점, 해양산업의 집적, 해양 관광의 이점 등 부산의 강점을 살린다면 세계적인 해양 도시건설이 가능하다. 제2의 홍콩을 목표로 각종 문제와 한계를 극복하며 해양 산업발전 잠재력을 극대화해 국가 경쟁력을 제고해야 한다.

제주특별자치도

제주도는 세계가 인정하는 자연환경을 가지고 있어 2010년 전 세계 1억 명의 네티즌 투표 결과 세계 7대 경관으로 선정되었다. 대한민국과 제주도의 이미지 및 브랜드 가치는 더욱 높아졌다. 제주도는 세계적인 관광자원의 보고이다.

국제 관광 진흥시대를 맞아 제주의 아름다운 국토와 해양자원 그리고 문화유산은 세계 최고의 관광도시로 건설될 수 있는 충분한 조건을 갖추고 있다. 세계적인 특징과 강점을 모아 융합할 경우 제주도는 세계

제1의 관광 특별자치도로 발전할 수 있다. 쓰레기 섬에서 관광 특별지역이 된 남이섬을 본받아 제주도를 세계의 관광 보물섬으로 건설하는 대전략과 지혜가 필요하다. 싱가포르 리콴유李光耀 전 총리는 척박하고 열악한 자연환경을 가진 국토를 세계 최고의 관광대국으로 바꾸었다.

과거 말레이시아가 버린 나라인 싱가포르는 가난할 뿐만 아니라 제주에 비하면 10배 이상 열악한 국토환경으로 관광객이 없는 나라였다. 그럼에도 불구하고 탁월한 열정과 리더십으로 관광대국을 건설하여 세계적인 경제 강국(GDP: 약 5만 8천불, 인구: 579만 명, 면적: 서울시 규모, 719.1㎢)이 되었다. 제주는 싱가포르의 금융, 관광 발전 모델을 타산지석他山之石으로 삼아 제2의 싱가포르로 발전시키는 대정책과 전략이 필요하다. 미래 지방자치 시대를 맞아 제주도는 싱가포르를 추월하는 특별자치도가 되어야 할 것이다.

인천 해양 관광도시

인천은 서울의 관문으로서 관광인프라가 모두 갖추어진 여건을 가지고 있다. 인천항구, 공항, 송도국제화 지역, 강화도와 더불어 1,000여 개의 아름다운 섬을 가지고 있어 관광산업을 패키지화해서 전략적으로 육성할 경우 국제경쟁력이 뛰어날 것이다.

인천은 육, 해, 공로 모두를 확보하고 있는 특별한 지역으로 접근성이 가장 뛰어나다. 인천공항은 세계 제일의 공항으로서 대한민국의 관문이자 관광객 유치에 강점을 가지고 있으며, 인천 항구는 우리나라 제2의 항구이자 서울의 관문으로 역시, 관광산업의 이점을 가지고 있다.

인천항과 인천공항의 특징을 살려 영종도, 강화도, 송도 등 인근 주요 지역을 연계하여 관광 특화 전략을 세울 경우, 세계적 교통중심지가 되어 중국, 동남아, 유럽, 미국, 중동 등 다양한 지역의 해외 관광객들이 이용할 수 있다. 더욱이 문화 공연, 골프, 카지노, 의료 관광, 역사 스토리 관광(강화도), 자연 체험(섬) 등을 모두 패키지화할 수 있는 관광산업의 강점을 가지고 있다.

이로볼때, 인천은 한반도 평화번영 시대를 맞이해서 남북교류와 관광연계산업의 효과가 가장 큰 지역으로서 중점 개발이 필요하다고 판단된다.

대전 과학 특별시

21세기 국가 경쟁력은 과학경쟁력이 주도한다. 교육도 경제도 사실상 과학경쟁력이 좌우하는 시대이다. 그러므로 과학을 관광산업과 융합시켜 제2의 과학엑스포를 통해 대전 도약의 시대를 맞이토록 해야 한다.

2017년 6월 8일 대전시가 시청 대강당에서 '제4차 산업혁명 특별시, 대전비전'을 선포하고 세상을 바꾸는 물결인 제4차 산업혁명의 선도도시가 되도록 적극 추진하고 있다. 대전은 제4차 산업혁명의 핵심도시로 빅데이터와 사물인터넷을 기반으로 초고도화 된 인공지능의 시대를 이끌 것이다. 대전시는 2016년부터 우리나라 제4차 산업혁명을 주도하기 위한 구상과 실행계획을 마련하는 등 선제적으로 나서 왔다.

스마트 융·복합과 신산업을 지원하기 위해 대전시장은 4차 산업혁명의 비전과 나아갈 방향을 제시해 미래 국가경쟁력을 강화토록 전담 조직과 추진위원회를 구성한 바, 대전이 과학중심 도시로 발전되어 대한민국 경제 도약에 주춧돌이 되도록 해야 한다.

광주 문화 특별시

예향藝鄕, 의향義鄕, 미향味鄕의 도시 광주는 남도문화의 집결지로 불리며 전라도 지역의 중심 역할을 담당하고 있다. 광주는 전통문화에 대한 자부심과 시민의식이 전국에서 제일 높다고 해도 과언이 아니다. '문화로 풍요로운 광주, 예술로 아름다운 시민의식'을 더욱 제고시켜 우리나라 문화 도시의 대표적 위상을 확립하여야 한다.

2018년 비엔날레에 해외 미술기관들을 비롯하여 신진 작가, 한국·광주 작가 참여 전시를 자부담으로 기획해 선보이면서 국가 간 교류 및 홍보의 장이 될 것으로 보인다. 따라서 비엔날레 행사 등과 같이 국제적 문화 행사를 많이 유치하여 문화의 도시로서 격格을 높이도록 지속적으로 발전시켜야 할 것이다.

우리의 역사문화 유산은 관광의 핵심적인 콘텐츠이다. 광주는 호남의 중심도시이지만 역사문화 관광자원이 풍족하지 못하다. 따라서 숨어 있는 문화원형을 발굴하고 스토리텔링화 해 전남도와 관광산업 진흥 특별 TF를 구성해서 명품 관광상품으로 발전시켜야 한다. 광주가 문화특별도시로 발전하도록 정부에서는 특별한 배려와 지원 등 정책적인 조치가 있어야 한다.

4

시·도별 지방자치단체, 관광 특화 전략

문화관광체육부에서는 우리나라 지역 관광의 수준을 높이기 위해 3~4개 지역을 하나의 관광권역으로 묶어 집중 발전시키는 5개년 프로젝트로 전국 10개 권역을 선정해 '대한민국 테마 여행 10선'으로 육성한다. 예컨대 남해, 통영, 거제, 부산이 포함된 4권역의 테마는 '남쪽빛 감성여행'이다.

따라서 전국 지역별로 '대한민국 테마 여행 10선'과 연계 융합하여, 시너지 효과를 낼 수 있는 방안(정책)을 개발할 수 있도록 테마관광 특화 전략에 민간인, 기업인, 관광대학 등 모든 관련단체가 관심을 갖고 지원하고 참여하여야겠다.

경기도

경기도는 서울 인천을 둘러싸고 있는 도시 광역권으로의 특징과 강점을 가지고 있다. 서울, 인천에서 접근하기 쉽고, 인프라가 발달해 있으므로 국내 관광객은 물론 외국 관광객을 끌어들일 수 있는 시설을 확충해야 한다.

경기도는 인구가 가장 많은 광역자치단체이고 대도시와 인접해 있어, 많은 국민이 쉽게 여행을 즐길 수 있는 장점이 있다. 특히 용인의 에버랜드와 민속촌에는 매년 수많은 가족 관광객들이 찾아온다. 용인지역은 서울에서 가까운 대표적인 관광지역이며, 삼성전자 기흥단지 등 첨단산업 중심지이기도 하다. 첨단산업과 관광산업이 어우러진다면 산업휴양지로 브랜드 가치를 높일 수 있다. 따라서 첨단산업 이미지를 살리면서 현재의 에버랜드와 민속촌을 대폭 확장, 연계하는 관광산업의 특화전략이 기대된다. 또한 기존의 가족관광 인프라를 기반으로 체류관광으로도 효과를 높이도록 종합관광레저 호텔을 건설하면 시너지 효과가 나타날 것이다.

최근 경기북부 지역은 한반도 평화번영의 시대를 맞아 관광산업 발전이 크게 기대된다. 서울에서 40여km 떨어진 민통선 지역에 '장단반도'가 자리 잡고 있다. 북한의 개성공단과 인접한 장단반도는 임진강 하류 및 한강 하류로서 서해와 맞닿아 있다. 맑은 강과 바다가 둘러싼 장단반도는 산자수려한 절경에다 교통이 4통8달로 발달되어 있다. 대한민국 중심지인 서울, 인천과 인접해 있으면서도 호젓하고 아름다운 지역이며 육로, 항로와 더불어 크루즈선이 올 수 있는 해로, 수로가 발달되어 있다. 세계적인 관광도시(가칭 장단반도 관광특별지구) 건설에 최적지라 판단된다.

충청남도

백제 역사와 세종시를 비교하는 관광 특화 전략을 마련한다.

고구려 주몽의 둘째 아들 온조가 세운 백제는 기원전 18년부터 660년까지 약 700여 년간 신라·고구려와 함께 한반도에 뿌리내렸던 한 나라다. 온조왕부터 개로왕까지 493년간 한강을 기반으로 백제 부흥의 시대를 이어왔고, 475년 고구려 장수왕의 침략으로 한성시대를 마감한 뒤에는 문주왕이 웅진으로 천도해 64년 동안 제2의 부흥기를 열었다. 그리고 마지막으로 성왕이 사비(지금의 부여)로 천도, 금강을 따라 펼쳐진 비옥한 평야에서 122년 동안 태평성대를 이뤘다. 이렇게 백제는 크게 한성-웅진-사비 시대로 나뉜다.

백제는 충남 공주에 수도를 뒀던 웅진백제기(475~538) 시대와 한성(서울)백제 후기부터 사비(부여) 백제 초기까지의 서울 백제기 문화를 동시 살필 수 있는 스토리 관광을 콘텐츠로 해야 한다.

'한성에서 웅진으로'의 2천 년 백제 문화는 '무령왕의 생애와 업적'의 역사적 발굴이다. 이러한 역사자료와 대비하여 21세기 세계적인 행정수도 세종시와 비교 및 체험관광을 실시하면 효과가 클 것으로 기대된다.

백제유적 세계문화유산 등재를 계기로 백제유적과 문화를 지속적으로 발굴하여 관광산업의 활성화 및 시너지 효과에 초점을 맞춰야 한다. 아울러 미륵사지를 비롯한 백제유적지구가 세계문화유산으로 등재된 만큼 국가차원의 적극적인 지원과 관심을 뒷받침해야겠다.

충청북도

화장품·유기농·바이오 등을 기반으로 활용하여 생명과학 및 화장품산업을 충북의 주력산업으로 이용하여 관광 특화산업으로 육성할 수 있다.

또한 청남대를 특화하여 관광산업을 활성화 시켜야 한다. 청남대는 1980년 대청댐 준공식에 참석 후 전두환 대통령 시절 중부권에 별장의 필요성이 논의되었고, 주변 경관과 지리적 요건이 잘 맞아 1983년 6월 착공, 6개월만인 12월에 완공되었다.

청남대는 충청북도 청주시 대청댐 부근 1,844,843㎡의 면적에 지어진 대통령 전용별장으로 '따뜻한 남쪽의 청와대'라는 의미이며, '83년 조성 당시에는 봄을 맞이하듯 손님을 맞이한다는 의미의 영빈관 개념으로 '영춘재'란 이름으로 준공되었다. 이후 '1986년도 7월 전두환 대통령에 의해 청남대로 개칭된 것이다.

역대 대통령들은 여름휴가와 명절휴가를 비롯하여 매년 4~5회, 많게는 7~8회씩 이용하여 20여 년간 총 89회 472일을 이곳에서 보냈다. 대통령 별장은 이승만 대통령 시절부터 김해를 비롯해 4군데가 있었으나, 김영삼 대통령 시절 모두 폐쇄하고 청남대 한 곳만 남겼다.

청남대는 2003년 4월 노무현 대통령에 의해 관리권이 충청북도로 이양되어 일반인에게 개방되었기 때문에 청남대 일대를 중심으로 패키지 관광산업을 전략적으로 육성할 수 있는 여건이 조성되어 있다. 청남대와 대청호, 충주호 등 수변 휴양지를 연계 활용토록 하는 일방, 수영, 보팅, 수상스키, 수변별장 등 자연환경을 이용한 관광을 접목시켜 관광객을 적극 유치해야 한다.

청풍명월清風明月 고장의 강점을 살려 충주호, 대청호를 활용하여 자연 감상 및 자연 학습장으로 활용하면서 청주공항을 활용하는 적극적인 전략을 펼쳐야 하겠다.

강원도

강원도는 동해안의 아름다운 경관과 관광벨트 및 백두대간의 자연환경을 연계해 바다와 산의 특징을 살린 관광명소로 발전할 수 있는 여건을 갖고 있다.

강원도는 2018년 평창동계올림픽 개최를 기반으로 관광산업 붐을 조성토록 도정을 집중시켜야 한다. 동해안 탐방로 770㎞(부산~고성)와 백두대간의 설악산, 두타산, 태백산 등을 융합한 관광 상품 개발이 효과적일 것이다. 천혜의 비경을 품은 관동8경은 한 폭의 산수화를 연상시키며, 경포대, 화진포, 삼포 등 해수욕장의 코발트 빛 바다는 감탄사가 절로 나온다. 해파랑길 같은 트레킹의 명품이 해안 도로 전체라고 해도 과언이 아니다. 영덕 블루로드를 비롯해서 강원도 전체의 산과 바다를 명품 관광지역으로 만들면 최고의 자연경관을 이용하면 세계 최고의 관광지역이 될 수 있다.

최근 북한도 관광산업에 눈을 떠 원산에 세계적인 관광단지를 조성하고 있다. 강원도의 특징, 강점을 살려 4계절 해변관광 휴양지를 건설한다면, 향후 통일한반도시대에 북한의 원산관광단지와 강원도의 해변관광 휴양지가 동해권 관광벨트로 시너지 효과를 발휘할 것으로 기대된다.

강원도가 최근 급성장하는 동북아 크루즈 시장에 대비해 크루즈 산업을 본격 육성하는 것은 동해권 관광벨트 활성화에 좋은 전략이다. 2017년 강원도는 동해와 속초항 일대를 환동해권 크루즈 허브로 만들어 미래 고부가가치 산업으로 육성키 위해 정책을 수립하고 있다.

강원도는 관광 뉴딜정책을 통해서 관광천국으로 발전시켜야 된다. 국내외 자본을 유치하여 아름다운 백두대간과 동해바다를 접목시켜 집중 개발할 경우 세계 어느 지역에서도 볼 수 없는 힐링관광 등 관광천국을 건설할 수 있다.

전라북도

전북의 대표적인 현안 관광산업 문제는 새만금 지역의 관광산업이다.

최근 정부는 새만금 관광산업 개발 계획을 수정하여 새만금에 태양광발전 대규모 단지의 건설을 추진중이다. 그러나 넉넉하지 않은 일조량과 환경피해 등을 고려할 때 적절치 않은 개발정책이라는 여론이 확산되고 있다. 새만금지역의 특성상 관광산업 개발이 가장 경쟁력 있다고 판단된다.

개발 전문가들은 "새만금의 성장 가능성은 무한하지만 현재 여건상 국제공항과 부지 등 인프라가 완벽하게 조성되지 않은 점이 최대 약점이다"며 "하지만 최근 국제공항 타당성 검토 계획 반영 등이 이뤄지고 있고 향후 한·중 경협 단지 조성 등이 본궤도에 오를 경우 새만금의 투자 유치 상황이 개선될 수 있는 만큼 현재의 약점을 극복하기 위한 여건 개선이 선행돼야 할 것이다"고 지적했다. 전북지역은 전국적으로 관광자원이 가장 열악한 지역이다. 관광지역이 열악한 만큼 새만금 지역의 특징을 활용하여 세계적인 산업단지와 관광시설 및 단체를 유치하여 산업과 관광이 융합된 특별관광단지를 조성해야 된다.

획기적인 관광산업 대책이 없는 한 큰 효과는 기대할 수 없다. 따라서 새만금을 세계적인 관광지로 육성하겠다는 정부의 계획을 실현할 수 있도록 디즈니랜드 유치를 제안한다. 최근 한 호텔업체 통계에 따르면 세계인이 꼽은 가고 싶은 10대 관광지중 8위가 미국 플로리다주 올랜도에 있는 디즈니랜드이다. 디즈니랜드 유치 이후 한 해 관광객이 무려 6,000만 명에 달하며 1인당 평균 100만 원 이상을 소비하고 있다. 올랜도는 미국을 대표하는 최고의 관광도시가 됐다. 이와 같은 점을 감안할 때 새만금을 살리려면 올림픽을 유치하듯 적극적인 정책으로 디즈니랜드를 유치하여 동아시아 관광도시로 부상하도록 해야 할 것이다. 디즈니랜드가 유치되면 각종 컨벤션 센터와 같은 수많은 문화시설이 들어서 시너지효과는 배가 된다.

경상북도

경북지역은 두 가지의 관광산업자원의 보고를 가지고 있다. 이를 관광산업 특화전력으로 활용할 경우, 세계적인 경쟁력을 갖출 수 있다.

첫째, 신라 천년고도의 관광 자원 특화로 관광촉매제 역할

경주를 천년 고도 문화관광산업 중심지로 육성하기 위한 다양한 정책과 전략이 필요하다. 더욱이 제4차 산업 혁명시대에 경주 문화관광산업은 빅데이터와 인공지능 중심으로 새로운 문화관광산업의 발전방향

을 강구해야 한다.

통일의 기반을 닦은 선덕여왕 리더십은 좋은 관광스토리이다. 선덕여왕은 우리나라 최초의 여왕으로 국가 안팎의 어려운 여건을 극복하고 인재의 육성, 발탁, 등용 등에 탁월한 리더십을 보여주었다. 대표적으로 가락국의 후손인 김유신과 비주류 출신인 진골의 김춘추를 발탁, 등용한 것은 시대를 초월한 뛰어난 리더십의 결과다. 더욱이 무열왕(김춘추)은 국가와 선덕여왕에게 보답하듯이 정치, 외교 등 내·외치에 결정적인 역할을 하여 통일을 이루도록 탁월한 리더십을 발휘했다.

둘째, 청송군 '유네스코 세계지질공원 주왕산'의 특화전략 마련

청송은 2010년 제주도에 이어 우리나라에서 두 번째 세계지질공원으로 등재됨으로써 유명 관광지로 성장할 수 있는 기회를 잡았다. 유네스코의 경제적 지원은 없지만, 유네스코라는 브랜드만으로도 청송을 찾는 이들에게 신뢰를 주기에 충분하기 때문이다. 실제로 유네스코 등재 이후 방문객이 2,000여 명으로 늘었다고 한다.

청송은 그동안 교통이 불편한 내륙의 오지로 알려졌지만 2016년 말 경유하는 상주~영덕 고속도로가 개통되면서 접근성이 한결 좋아졌다. 청송 주왕산 용추협곡의 장엄한 바위가 좁은 계곡을 이루며 방문객을 선경仙境으로 이끈다. 청송은 전체 군 면적의 80%가 산山이다. 리조트 등 대규모 숙박시설까지 주왕산 인근에 들어설 예정이어서 청송의 관광산업은 새로운 전기를 맞이하고 있다.

경상남도, 전라남도 - 남도 해양관광특별자치도

경상남도, 전라남도 지역은 해양, 관광산업 자원으로서 독특한 가치성을 가지고 있다.

경남과 전남은 한려수도지역으로 세계적인 해양, 관광산업 자원이 남해안 동일지역으로 연결되어 있다. 남해안 483km 환상의 드라이브 길 조성(섬과 섬 연결), 남해 주변 섬(1,352개) 개발 계획 등 지금까지 추진 또는 계획된 모든 사안을 종합 검토하면 세계적인 해양, 관광산업 지역으로 발전시킬 수 있다. 경남, 전남의 남해안 해양, 관광산업 벨트는 세계적으로 천혜적인 자연조건을 갖추고 있어 통합을 통해 발전시켜야 한다. 두 도가 (가칭)'남도 해양관광특별자치도'로 전략적으로 통합하여 육성될 경우 해양, 관광산업의 효과와 더불어 영호남의 고질적인 지역감정 문제도 전향적으로 해소하여 국가 대 개조 차원에서 좋은 모델이 될 것으로 판단된다.

두 도를 통합할 경우 해양, 관광산업 강국이 될 수 있는 조건을 모두 구비하게 된다. 조선산업, 해양산업, 관광산업을 융합하여 시너지 효과를 발휘한다면, 세계적인 해양, 관광산업 특구로 발전할 것이다.

또한 우리나라 남해에는 아름다운 섬이 많이 있는데, 고급휴양지로 개발할 경우 관광산업에 큰 효과가 기대된다. 남해안의 한려수도에 흩어져 있는 보석 같은 섬들의 관광개발을 위해 미국, 캐나다의 국경인 온타리오호에 위치한 아름다운 관광명소인 천섬Thousand Islands을 벤치마킹할 필요가 있다. 온타리오호에서는 수천 개의 다양한 섬들이 만들어낸 아름다운 경치를 만끽할 수 있으며, 아름다운 성과 낭만이 있는 섬들을 구경할 수 있다. 천섬이 가지고 있는 관광가치는 섬이 지니는 고립성에 있다고 할 수 있다.

강철희 홍익대 교수는 '3,000개가 넘는 가능성, 섬은 한국 미래의 희망' 제하로 다음과 같이 말한다.[84]

섬 전체를 단독으로 즐길 수 있어 '프라이빗 아일랜드'로 불리는 섬 리조트는 더 이상 실리콘밸리의 거부들이나 할리우드 스타들만의 전유물이 아니다. 최대 34명의 게스트를 위해 60여 명의 스태프가 서비스하는 네커 아일랜드의 빌라형 리조트는 하룻밤 숙박료가 무려 8만 달러에 이른다. 각국의 명사와 셀럽들이 앞다퉈 아지트로 삼은 것은 물론이다. 섬의 고립성 덕분에 가능한 프라이버시 보장과 청정한 자연환경으로 초고부가가치 관광 콘텐츠를 선보일 수 있는 것이다.

천섬의 자연환경 여건은 우리나라의 한려수도에 흩어져 있는 보석 같은 수천 개의 섬과는 비교가 되지 않는다. 천섬은 겨울에는 혹독한 추위로 수개월 동안 얼음이 어는 열악한 자연환경이다. 그럼에도 불구하고 미국과 캐나다는 합작으로 천섬을 세계 관광지로 개발하였다. 전남, 경남 지역은 남해안의 섬들을 관광지로 개발하여 초고부가가치 관광 콘텐츠를 만들어 낼 수 있는 좋은 여건을 지니고 있다.

남해안 관광 벨트 지역의 주요 섬이 개발되어 천섬보다 더 아름다운 고급 관광지역으로 세계에 알려진다면 관광객은 몰려올 것이다. 아름다운 섬과 해안선이 어우러진 관광산업을 전남과 경남의 남해안 지역에 집중 육성하여 관광산업의 견인차 역할을 하도록 해야 하겠다.

---

84 http://news.hankyung.com/article/2017090424991

제23장

전국의 연계,
특화관광

1

세계문화유산의 국가 홍보 및 관광 자원화

    역사문화적 가치가 있다고 인정하는 인류 문화 활동의 소산을 일컬어 문화재文化財라고 한다. 고고학, 선사학, 역사학, 문학, 예술, 과학, 종교, 민속, 생활양식 등 다양한 범주에 걸쳐 그 가치를 따져보고 평가하는 게 보통이다. 국제연합교육과학문화기구UNESCO에서는 1972년부터 인류의 소중한 문화재를 '세계문화유산'으로 지정해 보호하고 있다. 세계문화유산은 세계문화유산협약에 따라 세계문화유산위원회가 인류 전체를 위해 보호되어야 할 보편적 가치가 있다고 판단해 유네스코 세계문화유산 일람표에 등록한 문화재를 의미한다.

    유형유산이든, 무형유산이든 또는 기록유산이든 세계문화유산으로 등재되어 있다는 것은 우리나라뿐 아니라 세계적으로도 뛰어난 가치를 지니므로 세계인의 관점에서 보호되어야 한다는 의미를 갖는다. 우리나라는 전국적으로 많은 문화재를 보유하고 있으며 이를 세계문화유산으로 등재하려는 노력이 필요하다. 이를 통해 각 지역의 특수 관광사업 발전을 이룰 수 있을 것이다.

현재 우리의 문화유산 중 세계문화유산으로 등재된 것은 경주 불국사와 석굴암, 해인사 장경판전, 서울 종묘, 창덕궁, 남한산성, 수원 화성, 그리고 화순·고창·강화의 고인돌 등 11건이다. 각 유적은 모두 시대를 대표하는 것들이다. 불국사와 석굴암은 뛰어난 고대 불교예술의 증거이며, 해인사 장경판전은 팔만대장경을 봉안하기 위해 지어진 건축물로 매우 아름답고 건축사적 가치가 높은 유산이다. 왕실 제사를 모시는 사당인 서울 종묘와 조선 왕조의 궁전 가운데 가장 우수한 건축물로 평가받는 창덕궁, 형식의 다양성과 밀집도 면에서 세계적으로 유례를 찾기 어렵다고 하는 화순·고창·강화의 고인돌, 우리나라 성곽 유적을 대표하는 남한산성과 수원 화성 등도 모두 뛰어난 가치를 지닌 문화유산이다.

한편 유네스코는 1992년부터 '세계의 기억Memory of the World' 사업을 펼치고 있다. 그것은 미래 세대에 전할 가치 있는 기록물을 세계기록유산(훈민정음, 난중일기, 동의보감, 승정원일기, 조선왕조실록, 고려대장경판 등)으로 지정하는 게 주요 내용이다. 현재 총 348건의 기록물이 등재돼 있다.

나라만의 역사성과 고유성이 없는 현대 시설중심의 관광은 관광객들의 흥미를 유발하지 못한다. 관광 자원 중 문화재는 상당히 큰 비중을 차지한다. 세계적으로 유명한 관광지는 대부분 전 세계인 누구나 알 수 있는 문화재를 보유하고 있다. 차별성 있는 문화재를 갖춘 도시, 국가가 매력과 가치를 인정받는다. 5천 년 역사를 가진 대한민국은 우리 민족만의 특색이 드러난 자랑스러운 문화재들을 통해 문화관광대국으로 거듭나야 하겠다.

2

둘레길과 자전거 도로의 연계, 레저관광

대한민국 둘레길의 세계 명품화

대한민국은 둘레길의 천국인데도 불구하고, 세계적으로 홍보가 되지 않아 제주 올레길을 제외하고는 외국 관광객이 적다. 제주 올레길이 세계 둘레길의 효시가 되어 일본에서는 제주 올레길을 벤치마킹하여 관광객이 급증하고 있다. 이에 따라 2016년 6월 열린 문화관광산업 경쟁력 강화회의에서 세계 최초로 전국적인 연계 둘레길 조성에 나섰다. 2017년 10월 3일 경남 창원에서 '코리아둘레길' 브랜드 선포식이 거행되었다. '한 걸음 한 걸음, 대한민국을 발견하라' '만남의 걸음, 치유의 걸음, 상생의 걸음, 평화의 걸음을 이어 4,500㎞ 행복의 길을 만들자'가 내걸린 캐치프레이즈다. 동·서·남해안 길과 비무장지대DMZ 접경지역 등 코리아둘레길 조성의 출발을 알리는 자리였다.

우리나라는 전국에 조성된 걷기 여행길이 527개 1,620코스로, 총 길

〈 전국 자전거 도로 현황 〉

지역	지역과 명칭	지역	지역과 명칭
서울 (7)	북한산 둘레길, 불암산 둘레길, 관악산 둘레길, 서울 성곽길, 구로 올레길, 내·외사산둘레길	대전 (2)	대전 둘레길, 대덕사이언스길
인천 (3)	강화 나들길, 송도 미래길, 인천 누리길	부산 (5)	부산 갈맷길, 백양산 둘레길, 이기대 둘레길, 태종대 둘레길, 해운대 달맞이길(문텐로드)
경기 (16)	가평 올레길, 고양 누리길, 과천 숲길, 광명 둘레길, 구리 둘레길, 군포 수릿길, 남한산성길, 남양주 다산길, 부천 둘레길, 시흥 늠내길, 양평 희망볼렛길, 여주 여강길, 의왕 누리길, 파주 심학산둘레길, 평화누리길(DMZ), 하남 위례길	경북 (8)	대구 올레길, 문경새재길, 상주 MRF 이야기길, 울진 금강소나무숲길, 울진 십이령길, 구만리 청보리밭 길, 영덕 블루로드, 소백산 자락길
강원 (19)	강릉 바우길, 강원 산소길<춘천 실레이야기길, 원구 역사문화순례길, 강릉 대관령옛길, 동해 해안누리길, 태백 연화산 생태탐방길, 속초 풍경길, 삼척 오랍드리길, 홍천 수타사길, 횡성 마루길, 영월 두위봉길, 평창 효석문화100리길, 정선 골지천 산소길, 철원 금강산길, 화천 북한강길, 양구 두타산 DMZ 숲길, 인제 내린천 빙어길, 고성 화진포길, 양양 38선 숲길>	경남 (8)	남해바래길, 마산 무학산둘레길, 영남알프스 둘레길, 울산 솔마루길, 통영 토영이야~길, 하동 토끼길, 함양 숲길, 거제 지심도 동백숲길
충북 (2)	괴산 산막이 옛길, 제천 자드락길	전북 (12)	고창 질마재길, 군산 구불길, 김제 금구면둘레길, 모악산 마실길, 무주 마실길, 부안 마실길, 아름다운 순례길, 완주 고종시마실길, 익산 둘레길, 임실 옥정호마실길, 정읍 대장금 마실길, 진안 마실길
충남 (6)	대청호반길, 서산 아라메길, 태안 해변길, 태안 솔향기길, 가야산 내포문화길, 공주 솔바람길	전남 (9)	강진 남도유배길, 광주 무등산옛길, 순천 남도300리길, 여수 여천동둘레길, 증도 모실길, 청산도 슬로길, 오동도 산책길, 동산 종주길, 신비의 바닷길
제주 (1)	제주 올레길-총 21개의 코스가 개발되어 있으며, 총 길이가 약 350km 길이로 각 코스는 일반적으로 15km이내이며, 평균 소요시간이 5-6시간 정도 소요된다.	기타 (2)	①지리산 둘레길-3개도(전북, 전남, 경남), 5개시군(남원, 구례, 하동, 산청, 함양) 21개읍면 120여개 마을을 잇는 274km의 장거리 도보길. ②동해 해파랑길-부산 오륙도~강원 고성 통일전망대 688km를 잇는 최장 해안길.

이가 1만 6,732km에 달한다. 우리나라는 세계적으로 둘레길의 천국을 만들 수 있는 역사 문화, 자연환경, 자유평화가 연계 및 융합된 관광 자원을 가지고 있다. 제주 올레길(11돌)을 효시로 서울둘레길, 부산갈맷길, 해파랑길, 해안누리길, 이바구길, 지리산 둘레길 등 전국적으로 다양한 개성을 가진 둘레길들이 만들어져 이른바 걷기 천국의 나라가 되었다.

명품 둘레길로 인해 여행객들은 체력단련은 물론 도전정신이 주는 힐링과 재미를 동시에 느끼고 있다. 우리의 둘레길 관광 자원은 세계적으로 뛰어난 입지를 가졌다. 둘레길 효시의 나라로 둘레길을 잘 만들어 놓고도 우리 국민 관광객은 외국으로 나가 잘 이용하지 않는다. 그러다 보니 외국관광객도 오지 않아 방치되는 둘레길이 생겨나고 있다. 관계당국의 관리 및 홍보부족으로 국내외 관광객이 외면하고 있어 대책이 시급하다.

우리나라의 소중한 둘레길 관광 자원을 국민 모두가 아끼고 철저히 관리하여 관광객이 사랑하는 둘레길이 될 수 있도록 해야 한다. 관민이 하나가 되어 둘레길을 잘 가꾸어서 세계적인 둘레길로 발전할 수 있도록 하여야겠다.

자전거도로의 관광 자원화

정부는 해안 일주 자전거도로와 DMZ 구간의 자전거도로를 단계적으로 만들어 지방자치단체의 자전거도로와 연결, 권역별로 테마노선을 개발해 관광객을 유치하는 방안을 추진하고 있다. 전국의 노선은 행주대교에서 시작해 인천 강화를 거쳐 서해안도로를 따라 전남 목포까지 연결된다. 이어 부산 해운대와 경북 포항, 강원도 고성군 통일전망대까지 남해안·동해안 해안도로를 달린다. 고성 통일전망대부터는 비무장지대DMZ의 접경 지역을 따라 행주대교까지 연결된다.

경기도는 서울 한강과 이어지는 자전거 길이 잘 조성돼 있다. 남한강과 북한강을 따라 달리는 길이 대표적이다. 국토 종주 코스로 연결돼 많은 동호인이 찾는다. 강변은 물론, 버려진 철로, 터널 등을 살린 이 지역의 자전거 길은 독특한 운치와 재미를 자랑한다. 코스가 비교적 평탄하고, 쉼터 등 편의시설도 갖춰져 있다. 주말에는 경춘선·중앙선·경강선 등 전철에 자전거를 싣고 이동할 수 있어 당일치기로 '장거리 라이딩'을 하기 편리하다.

〈 전국 자전거 도로 현황 〉

총연장	전용도로	전용차로	우선도로	겸용도로
20,789km(%)	2,971km(14.3)	792km(3.8)	1,193km(5.7)	15,833(76.2)

대개 서울을 기점으로 한강을 따라 팔당댐 일대까지 달린다. 주말에는 중앙선 전철로 쉽게 접근할 수 있어 팔당역을 출발점으로 삼기도 한다. 최근에는 경강선이 여주까지 개통되면서 선택의 폭이 넓어졌다. 남한강 코스는 경사가 심하지 않아 체력 부담이 적다.

양평 북한강 철교에서 여주 이포보까지 33.1km 구간은 남한강 코스 중 첫손으로 꼽힌다. 중앙선 폐철로 구간 등 녹슨 기찻길을 사이에 두고 말끔하게 포장된 자전거길이 강변을 따라 이어진다. 터널 8개를 통과할 때면 시간을 거슬러 과거로 들어가는 느낌이 든다.

남양주 팔당호반의 다산 정약용 선생 유적지, 남한강과 북한강이 합류하는 두물머리와 세미원(수생식물을 이용한 자연정화공원) 등 주변 명소도 빼놓을 수 없다. 봄이면 팔당호 일대엔 갖가지 꽃이 피어올라 수채화 같은 풍경을 연출한다.

이와 같은 아름다운 자전거 길은 세계적으로 자랑할 만한 관광산업 자원이나 둘레길처럼 제대로 관리가 되지 않고 있어 관광객의 불편은 물론 사고 발생 우려도 있다. 자전거 길은 산자수명한 자연경치를 만끽할 수 있어 국민들의 심신수련에 좋을 뿐만 아니라 외국인 관광객을 유치할 수 있는 아주 좋은 관광 자원이다. 국민 모두 관심을 갖고, 정부는 관리를 잘해서 자전거길의 세계화를 이루어 관광 자원으로 활용할 가치가 있다.

3

전국 의료시설의 연계활용, 의료 특화관광

미래는 의료 관광산업 시대

최근 세계 의료 관광산업이 치열한 경쟁을 하고 있는 가운데 일본, 싱가포르 등 주변 국가들은 주도권 장악을 위해 세계를 대상으로 대규모 투자를 하고 있는 반면 우리의 준비는 미흡하다.

의료 관광은 개인이 자신의 거주지를 벗어나 다른 지방이나 외국으로 이동하여 현지의 의료기관이나 요양기관, 휴양기관 등을 통해 본인의 질병을 치료하거나 건강의 유지, 회복, 증진 등의 활동을 하는 것이다. 현지에서의 요양, 관광, 쇼핑 등의 활동을 겸해 경제효과가 크다.

정부에서는 의료 관광 사업의 경우, 고부가가치 창출을 통한 국가경제 발전으로 인식하고 적극 지원하고 있다.

한국의 우수한 의료기술에 관광을 융합시켜 러시아 등 외국인 환자를 유치하자는 전략은 적잖은 성과로 이어졌다. 한국보건산업진흥원의 통계 자료에 따르면 2009년 외국인 환자 유치 실적은 6만 201명, 진료 수입은 547억 원에 머물렀으나 2009년 법 제정 이후 연평균 환자 유치는 30%, 진료 수입은 51.8% 증가해 2015년엔 29만 6,889명에 6,694억 원이라는 실적을 올린 것으로 나타났다. 또한 2017년 외국인 환자 유치는 50여만 명에 달하고, 2020년에는 100만 명에 이를 것으로 예상된다.

이와 같은 추세로 볼 때 의료 관광산업은 그 효과가 이미 입증된 것으로 볼 수 있다. 우리나라 의료 산업의 수준이 높고 외국인들이 호평하는 것을 감안하여 정부에서는 더욱더 관심을 가져야 할 것이다.

의학신문(2017.04.07)에서는 다음과 같이 관광산업의 중요성을 강조하고 있다.

"의료 관광 시장이 활성화되면 의료산업을 포함해 일반여행, 교통, 요식, 화장품, 뷰티 등 여러 업종에 고부가가치가 창출된다. 따라서 정부와 관련기관에서는 의료 관광산업의 중점 육성을 통해 일자리 창출과 고부가가치 지식 산업으로서 가치는 물론, 인명을 최대한으로 존중하고 인도주의적 법칙에 의해 인류에 봉사하는 산업으로서 국위선양에도 큰 기여를 한다."

우리나라는 높은 의료수준과 해외 선진국 대비 높은 가격경쟁력 등을 바탕으로 외국 환자를 적극 유치하도록 다음 사항에 중점을 두어야 한다.

첫째, 중국(성형, 피부관리), 러시아(라식수술, 심장질환 등), 미국(건강검진 등) 등 국가별 특화 의료 관광을 중심으로 한류와 한국 전통의학인 한방을 관광과 결합한 특화 상품을 개발하여 외국인 관광객을 유도한다.

둘째, 한국형 의료시스템의 적극적인 해외진출을 장려한다. 해외진출 병원의 다양한 부대사업 허용 등 수익구조 다변화를 통해 해외진출 활성화 기반을 조성하는 한편, IT 융합형 병원 수출 의료기기, 인력교육 등 병원 설립에 필요한 모든 요소를 패키지로 수출한다.

셋째, 고령화 시대 맞춤형 의료기기, 수술 로봇 등 첨단 의료기기 개발로 의료기기 산업을 수출 산업으로 육성토록 한다.

넷째, 고령화, 만성질환 등 지속적 건강관리 수요 증대에 대응하기 위해 원격진료 시스템인 u-Health의 활성화가 필요하다.

우리나라 의료산업을 관광의료산업으로 전환하여 신성장, 신수출 주력 산업으로 키워야 한다. 전 세계 관광객들이 양방, 한방, 줄기세포 병원 등의 융·복합된 의료를 체험하도록 홍보해야 한다.

럭셔리 의료 관광단지 건설

우리나라는 전국 시도에 동서의학(양의학, 한의학) 대학병원이 세계적인 수준으로 치료영역이 연결되어 있으나 실질적인 협력 체제가 결여되어 있어 의료발전은 물론, 의료 관광산업이 부진한 실정이다. 각 대학병원의 서양의학의 강점과 각 대학 한방병원의 동양의학 강점을 융·복합함은 물론, 우리나라가 앞서가고 있는 줄기세포병원을 융합할 경우 세계적인 의료치료의 선진국이 될 수 있다. 여기에 21세기 럭셔리 의료관광의 세계적 추세를 감안하여 싱가포르 의료 관광을 뛰어넘는 대한민국 의료 아일랜드 조성으로 의료 관광의 시설을 완비할 경우, 세계 제일의 의료 선진국 및 관광 선진국으로 경제와 국가 위상 제고에 큰 효과가 기대된다.

인천 영종도 지역에서 세계항공 및 항만의 중심지 역할을 할 수 있는 경관이 좋은 섬을 선정하고 종합 럭셔리 아일랜드 의료 관광단지(호텔

등 주거시설 포함)로 강점을 살려 세계 최고의 의료 관광산업을 시행하면 큰 효과가 기대된다.

영종도 일대의 주요 섬은 외국에서는 물론 서울에서 1일 코스로 바다여행을 즐길 정도로 경관이 뛰어나 럭셔리 관광단지로서는 최적의 여건을 갖추고 있다. 무의도(면적 9.432㎢)는 전망이 좋아 병원 입지조건에 들어 맞고 서울 관광권까지도 이어져 볼거리, 먹을거리 관광의 확산이 기대된다.

대한민국의 높은 의료수준과 서울, 인천의 인프라와 볼거리, 먹을거리 등을 연계하면 큰 효과가 기대된다. 특히 '의사소통 능력, 의료 전문지식, 서비스 자세'의 삼박자를 고루 갖춘 전문 인력이 헌신적으로 봉사함으로써 재방문을 유도하고 주위에 홍보하는 체제가 이루어지도록 해야 한다. 한국의 럭셔리 의료 관광단지를 수도권뿐만 아니라 부산 등 지방 주요 도시에 건설, 연계하여 활성화 시켜야 할 것이다.

자유평화 관광의 전국화

DMZ를 UN평화생태관광지대로 건설(UN평화공원)

한반도는 대륙과 해양세력이 충돌하는 지역이면서 또한 두 문명이 만나는 지점이다. 이런 지정학적 위치로 인해 한국사는 국제적 분쟁이 끊이질 않았다. 이런 분쟁지역에 한민족의 평화애호정신으로 세계인의 생태공원(세계 최초로 70여 년간 인간의 발이 닿지 않는 상태로 보존)을 조성할 경우 우리나라는 물론, 세계인의 평화상징지대가 될 것이다.

한반도는 패권다툼의 분열이 아니라 평화와 문명의 네트워크로 연결되어야 한다. 해양·대륙 세력의 충돌지점이 아니라, 두 세력이 평화로 공존하여야 한다.

우리나라 DMZ는 무인지대로서 원시림으로 보존되어 있다. 한반도의 원시림 생태를 세계인들이 바라본다면, 평화의 가치뿐 아니라 자연의 소중함까지 느낄 수 있는 새로운 경험을 할 것이다.

접경지대를 포함해 DMZ 하면 떠오르는 것이 '자연의 보고'다. 조류와

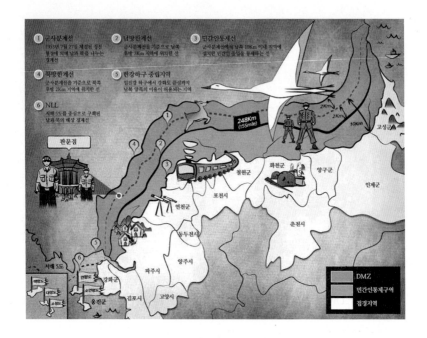

포유류 등 동물은 물론 식물만 해도 2,000여 종이 넘는 다양성을 보여준다. 2016년 10월 국립수목원에서는 'DMZ 자생식물원'을 개원하여 외래종이 아닌 우리 고유의 식물들을 한자리에서 만날 수 있게 되었다.

DMZ 자생식물원은 전쟁 중 전투가 가장 치열했던 격전지인 양구군 펀치볼에 위치해 있다. DMZ의 다양한 식물자원, 특히 북방계 지역의 식물자원을 수집·보전하고, 통일 후 북한 지역의 산림생태계를 복원하기 위한 연구를 하며, DMZ 지역의 희귀·특산식물을 보전하기 위해 설립됐다.

최근 북한의 완전 비핵화를 위한 협상으로 인해 DMZ의 여건과 상황이 급변하고 있다. 도종환 문화체육관광부 장관은 DMZ 평화관광의 실질적 운영 방침을 밝히기도 했다. 국제적인 평화는 물론 한민족의 평화애호주의를 대승적으로 승화시켜 DMZ 특정 지역을 UN에 기부하여 세계평화생태 관광지대로 발전시키는 방향을 적극 검토해야 한다.

한반도 DMZ 평화관광의 실현은 전쟁으로 얼룩진 민족의 과거사를 정화하고 남북 공동 번영으로 나아가는 상징이 될 수 있다. 만델라 전 남아프리카공화국 대통령이 제안했던 평화공원이 DMZ에 건설된다면 한반도의 평화는 물론, 세계적인 생태관광의 보고지가 되어 관광대국 건설에도 큰 효과를 기대할 수 있을 것이다.

7대 종단이 평화롭게 공존하는 한국 – 성지순례 및 템플스테이 활성화

세계는 종교분쟁으로 크고 작은 사건이 지속적으로 발생하고, 종교 전쟁은 세계평화를 저해하고 있다. 최근의 조사 결과를 보면, 한국에는 자생 종교와 외래 종교를 합쳐 500개 이상의 교단, 교파가 있다. 그런데 이렇게 다양한 종교가 모여 있는 집합소임에도 우리 땅에서 종교분쟁 이 일어난 적은 없다.

유독 우리 민족은 예부터 당시의 환경과 형편에 맞는 신앙과 의례를 가졌다. 때로는 주위의 다른 민족과 접촉하는 가운데 새로운 종교를 받아들여 우리 민족의 전통적인 종교사상에 맞게 변용시키기도 했다. 그래서 지금 한국은 종교 박물관이라 불릴 정도로 다양한 종교가 공존하는 나라다.

우리나라는 세계에서 유일하게 석가탄신일(음력 4월 8일)과 성탄절(12월 25일)이 모두 공휴일로 지정되어 있다. 이것이 가능한 이유는 종교적 신념이 다르다 해도 배척하지 않는 홍익인간사상 때문이다. 이런 면에서 한국의 모든 종교는 화합과 관용성이 크다. 우리 민족은 애국애족, 국태민안 등을 기원하는 호국리더십의 DNA를 가지고 있어 5천 년 역사를 보존하는 데 크게 기여했다.

2014년 8월에 프란치스코 교황이 방한하여 명동성당에서 7대 종단 지도자를 만났다. 당시 한국민족종교협의회 한양원 의장은 "모두 합심하여 교황의 방문을 환영했다."면서 "한국은 다종교 국가지만, 평화롭게 모든 종교가 공존하는 모습을 보여드린 계기가 되었다고 생각한다."라고 말했다. 7대 종단의 공동행사는 외국에서는 상상하기조차 어렵다. 우리나라는 한국종교지도자협의회(종지협)에 모인 주요 종교지도자들이 이웃 종교의 성지聖地를 함께 순례하고, 이웃 종교의 명절행사를 찾아가고 축하하는 모습을 보이는데 이는 다른 나라에선 보기 어려운 풍경이다. IMF 외환위기 사태에 따른 실업 문제나 세월호 사고 등 국력 결집이 필요할 때 종교인들이 함께 앞장서는 모습도 남다르다.

지역 순례 (순례관광) 는 종교 간의 유대강화는 물론 관광 자원으로서 특별한 효과가 기대된다. 각 종교의 순례 관광을 실시하고 이에 따른 효과 분석 결과에 따라 전국 주요성지 순례 및 템플스테이 등의 프로그램을 확산·발전시킬 필요가 있다.

첫째, 유네스코 세계문화유산에 등재된 통도사 등 7개 사찰의 체험 관광이 있다. 외국인들은 한국산사의 관광과 템플스테이를 선호하기 때문에 관광정책에 반영해야겠다.

둘째, 천주교의 배론 성지는 1년에 10만여 명의 순례자가 찾을 정도로 인기많은 성지로서 템플스테이 관광과 연결시키면 효과가 클 것이다.

셋째, 순천 선교 유적, 제암리 유적 등 한국 근대 기독교 관광코스를 외국인들에게 소개할 수 있다.

이와 같은 종교 성지 순례지는 전국 어느 곳이나 산재해 있다. 각 지역과 종교의 특성을 살려 성지순례를 활성화시키면 국민정서 순화와 정신문화 고양은 물론, 최근 문제가 되고 있는 인성교육에도 크게 기여하면서 관광 활성화에도 도움이 될 것이다.

6, 7, 8부의 1억 코리아 관광대국 건설을 정리하자면 다음과 같다.

한국의 관광산업은 21세기 경제혁명의 전략산업이 되어야 한다. 따라서 관광산업을 뉴딜New Deal산업화로 적극 추진해야 하겠다. 문재인 정부의 J노믹스 혁신성장도 관광산업을 육성해 경제혁명의 기폭제로 활용해야 한다. 서울과 지방의 관광산업의 연계로 관광 수익 극대화 및 청년창업과 일자리 창출을 이룰 수 있다.

서울의 관광산업 도약이 지방 관광산업 발전으로 이어져 상호 융·복합의 관광산업 체제가 자리잡도록 해야 한다. 모든 지방 자치단체는 지역특성을 살리는 동시에, 서울과 연계·융합을 통해 시너지효과를 거두도록 해야 한다. 관광산업의 수익성과 성장성의 중요성을 감안하여 SWOT분석을 철저히 해야 한다. 서울과 지방 관광산업이 긴밀한 협조를 이룰 수 있도록 제도적으로 체제를 구축하여야 한다.

미래 관광산업은 21세기 국가경쟁력을 좌우하게 되므로, 정부는 관광산업을 핵심산업으로 집중 육성해야 할 것이다.

북한관광의
한반도

9부

북한관광의 꿈과
한반도
통일을 향해

제24장

북한관광을 향한 꿈

1

북한관광의 역사 및 장점

북한은 2018년 남북, 북미 정상회담 이전에는 사회주의 영향을 받아 관광을 부르주아의 생활 행태로 인식하며 비생산적인 것으로 간주해왔다. 1970년대까지만 하더라도 북한에서는 주민의 대외관광이나 외국인의 북한여행을 자본주의 타락의 대표적인 형태로 단정하여 백안시하여 왔으며, 그나마 제한적으로 허용되었던 관광이 주로 체제 선전 목적으로 행해졌을 뿐이었다. 그러나 세 차례 남북정상회담을 계기로 김정은 위원장은 관광산업을 제1의 경제산업으로 적극 추진하고 있어 미래 남북이 연계할 경우 큰 시너지 효과가 기대된다.

북한의 문화유적지는 주로 평양 일원이나 함흥, 개성에 편중되어 있다. 선사유적은 압록강, 두만강, 대동강 유역에서 많이 발견되며 고구려, 고려, 조선의 유적은 평양, 함흥, 개성에 주로 남아 있다. 그러나 선사 유적과 고구려 고분, 산간지역 사찰 등 상당수의 유적과 문화재가 아직 일반인에게 공개되지 않거나 접근이 허용되지 않고 있다고 한다.

관광산업을 개발하지 않는 통제사회의 특성상 사적, 문화재, 자연경승, 향토특산물 등의 관광 자원은 대체로 잘 보호되고 있다. 내륙 산간지대와 해안지대에는 자연경관이 뛰어난 경승지와 명소가 많은데, 이중 금강산, 묘향산 같은 이름난 산과 명사십리, 몽금포 등은 대표적인 관광 명소다. 또한 도처에 산재한 맑은 호수와 깨끗한 심산계곡은 훌륭한 관광 자원이 되고 있어 남한 못지않게 관광 자원이 풍부하다.

1980년대부터 북한의 경제난이 심각해지자 외화수입 증대수단의 하나로 관광자원 개발과 관광시설 확충에 주력하기 시작하였다. 1984년에는 합영법을 제정함과 동시에 동일한 법에 관광산업을 포함시켰으며 1986년에는 여행관리국을 국가관광총국으로 확대개편하고, 1987년에는 9개 관광 개방지역을 선포하여 외국관광객 유치에 주력하기에 이르렀다.

북한은 1995년에 아시아 태평양관광협□PATA에 가입한 데 이어 1996년에는 "나진 선봉 경제무역지대에 대한 관광규정"을 제정했다. 뿐만 아니라 묘향산, 칠보산, 구월산 등 관광 휴양지 개발에 주력해 오고 있으며, 특히 1998년 10월 29일에는 현대 아태간의 금강산관광 및 개발사업 합의서가 체결되어 금강산 관광이 실현되기도 하였다[85]

이처럼 북한은 최근 관광산업이 매우 중요하다는 것을 인식하고 경제 건설 대전략으로 집중적으로 관광산업 정책을 강화하고 있다.

첫째, 북한은 2018년 초 평창올림픽을 기회로 관광산업을 회복하려

---

85 한국관광공사, 상게서, p.299

는 의도를 보였다. 단절되었던 금강산 관광재개를 시도하고, 평창올림픽을 통해 마식령 스키장의 홍보에 열을 올렸다. 북한의 '조선의 오늘'은 2018년 1월 "마식령 스키장은 그 어디에 내놓아도 손색이 없는 세계 일류급의 스키장이다."라고 소개했다. 김정은의 주도하에 적극적으로 추진되어 건설된 마식령 스키장은 고급 호텔까지 갖추어져 있다.

둘째, 북한은 북미회담을 계기로 미국의 투자를 통해 원산 일대에 카지노 등 관광상품을 개발하려는 계획을 세우고 있다. 북한의 비핵화 정상회담과 관련한 급박한 정세에서도 김정은은 원산 관광지구 건설 현장지도에 적극적으로 나서고 있었다. 원산지구가 카지노 관광단지로 개발된다면 매년 5,000만 달러(약 530억 원)의 수익을 창출할 수 있을 것이라는 관측이 있다. 제조업의 기반이 약한 북한은 관광산업이 단기간에 북한경제를 일으킬 수 있다는 기대감을 갖고 있다.

북한은 관광산업을 장기간 개발하지 않아 잠재력이 풍부하다. 또한 최근의 남북평화 분위기가 잘 유지되어 북한에 우리나라의 경험을 지원할 경우, 비약적인 발전을 할 수 있는 조건을 갖추고 있다.

통일 이전에 북한의 관광산업이 발전하도록 직간접적으로 유도해서 기반을 조성한다면 통일 후에는 우리나라의 관광산업이 세계 제일로 도약할 수 있을 것이다.

2

북한관광의 당위성 및 전략

'국가 대 개조-국부론'에서 북한관광은 1.5억 관광대국의 경제적 부흥의 의미는 물론, 한민족의 비전과 정책의 구현이라고 할 수 있다.

북한의 관광산업 진흥을 위해서는 우리의 자유롭고 행복한 삶의 물결이 북한으로 넘어가 북한주민이 스스로 평화통일을 원하는 분위기를 조성하는 것이 효과적이라 생각된다.

만약 북한이 관광대국을 건설한다면 이념을 뛰어넘고 문화적 차이를 극복하여 평화통일을 이룰 수 있다. 통일은 새로운 민족문화의 형성을 가져와 대한민국이 유라시아 대륙으로 진출하여 역사의 전환시대를 맞이하는 계기를 마련할 것이다. 21세기 동양회귀East Turning의 시대를 적극 활용하기 위해 북한의 관광산업 활성화는 큰 의미를 가진다.

2017년 정부는 '국정 운영 5개년 이행 계획'을 국민에게 보고한 바 있는데, 여러 정책 가운데 대북정책 구상이라 할 수 있는 '한반도 신경제

지도 구상'은 한반도 관광산업 정책과도 궤를 같이한다. 2018년 4·27 판문점 선언 이후, 우리 정부의 대북 경제정책인 '한반도 신경제지도 구상'은 더욱 주목받고 있다.

'한반도 신경제지도'는 남북관계 개선과 경협 활성화를 통해 한국 경제의 새로운 성장 동력을 만들고 일자리를 창출하고자 하는 목표를 담고 있다. 아울러 북한의 변화를 유도하여 남북한 경제통합을 촉진하고자 한다. '한반도 신경제지도'는 향후 남북관계를 활성화함과 동시에 더 나아가 관광산업의 협력관계를 구축하는데 의미를 찾을 수 있다.

2018년 남북정상회담을 계기로 한반도 평화번영의 시대가 도래한다면 신경제지도는 경제뿐만 아니라 관광산업에 큰 성과를 기대할 수 있다. 따라서 신경제지도는 중장기적인 관점에서 철저한 분석과 종합대책이 필요하다.

① 환동해 경제벨트: 동해 연안을 중심으로 관광·교통·에너지·자원 벨트를 조성

② 환서해 경제벨트: 수도권, 개성공단, 해주, 남포, 신의주를 연결하는 서해안 산업·물류·교통 벨트를 조성

③ 경기북부 경제벨트: 한강 하구부터 DMZ를 가로지르는 경기 북부 접경지역을 생태·환경·평화·관광벨트로 조성

이러한 세 가지 방안을 관광 사업과 연계지어 추진한다면 남북교류가 용이해지고 한반도 평화번영 분위기를 조성하여 경제발전도 더욱 활성화될 것이다. 특히 한강 하구부터 DMZ를 가로지르는 생태·환경·평화·관광벨트는 UN평화생태관광지대 건설을 통해 세계적으로 주목을 받을 수 있다.

남북한의 모든 국민이 행복한 통일을 이루기 위해서는 행복산업인

관광산업이 활성화되어야 한다. 관광산업은 경제산업, 종합산업, 행복산업으로서 장마당 이상의 다양한 자본주의가 내재해 있다. 따라서 남북이 관광산업을 연계하여 협력을 강화할 때 상호교류와 증진을 통해 통일에 기여할 수 있다.

2018년 세 차례 남북 정상회담과, 북미 정상회담의 시대적 분위기로 볼 때, 김정은은 북한의 관광산업 진흥정책을 강화할 것으로 보인다. 북한이 관광산업을 활성화한다면 중국, 베트남식의 사회주의 개방화가 머지않았다고 판단된다.

안찬일 세계북한문제연구센터 소장은 기고문에서 다음과 같이 말한다.[86]

아마도 북한은 정치체제 면에서는 중국을, 시장경제 발전에서는 미국의 자본을 끌어들일 가능성이 높다. 물론 그렇다고 일본이나 러시아 등을 소외시키는 무리수를 둔다는 말은 아니다. 김정은 체제는 중국과 러시아 일본과 한국 등 주변국의 환대와 지원 속에 시장경제로 가려는 체제전환을 단행하게 될 것이다.

우리나라는 북한의 체제전환 가능성이 커질수록 북한 관광산업을 적극 지원하고, 미래평화통일 차원에서 대비하는 것이 매우 중요하다. 이를 위해서는 대한민국 내의 분열과 갈등을 국민 대화합 혁명으로 통합하는 공동체 정신을 발휘할 필요가 있다. 통일 인식 패러다임을 전환하고 범한반도적인 관광산업 정책을 적극적으로 전개한다면, 국가 안전보장은 물론 한반도의 평화 관광시대가 도래할 수 있을 것이다

---

86 충호안보연합, 2018. 8월 여름호, 15p

제25장

통일을 향해

1

21세기 한반도 평화론

21세기 한반도는 역사적인 대전환 시대를 맞이하고 있다. 2018년 남북정상은 세 차례 회담을 가졌고 북·미정상회담도 열렸다. 남북정상들은 미국뿐만 아니라 중국과 러시아 정상과도 회담을 추가로 개최했다.

한반도에서 10여 차례에 걸친 정상회담은 북한의 완전 비핵화와 한반도 평화번영의 시대를 가져오는 역사의 변곡점이 될 것이다. 특히 남북정상차원의 비핵화 논의는 남한이 핵문제 당사국으로서 비핵화를 선도하는 역할을 했다는 점에서 의미가 깊다.

한반도의 완전 비핵화는 남북협력으로만은 한계가 있을 수밖에 없다. 한·미동맹을 토대로 양국 대통령은 북한 비핵화가 보장되는 날까지 긴밀하게 협조하고 북한과 상호 신뢰를 쌓아야 한다.

문재인 대통령은 2018년 9월 UN에서 다음과 같이 연설했다.

"어려운 일이 따를지라도 남·북·미는 정상 간 상호 신뢰를 토대로 한 걸음씩 평화에 다가갈 것이다. 이러한 극적인 변화는 세계인들의 지지와 응원 덕분이다. 유엔은 북한에게 평화로 나아갈 용기를 주었다. 그러나 시작이다. 완전한 비핵화와 항구적 평화를 위한 여정에 유엔 회원국들의 지속적인 지지·협력을 부탁하며, 한국은 유엔이 채택한 결의들을 지키면서 북한이 국제사회 일원으로 함께하도록 성심을 다하겠다"

어떤 학자들은 "역사적으로 독재 체제는 70여 년이 생명의 한계"라고 주장한다. 북한의 완전비핵화가 이루어진다면 북한정권이 크게 변화할 것으로 판단된다. 북한 주민을 위해서도, 세계 역사의 순리를 위해서도 북한의 체제는 변화하지 않으면 안 된다. 따라서 우리나라는 비핵화가 이루어질 때까지 방심의 끈을 놓지 말고 자유평화통일을 위한 지속적인 노력이 필요하다. 만약 북한이 신뢰를 저버리고 2018년 남북정상회담 이전으로 돌아간다면 사생결단으로 국가를 수호해야 한다. 자유민주주의 가치와 헌법정신을 통해 통일패러다임을 튼튼하게 구축할 수 있는 지혜를 찾아야 한다.

범국민적인 국민대화합과 통합을 이루어 완전비핵화에 성공할 수 있도록 최선을 다해야 한다. 향후 남북 관계에서는 대한민국의 가치를 수호하는 것이 더욱 중요해졌다. 우리에게는 자유민주주의와 시장경제, 개방과 협력, 법치와 인권 등의 가치가 있다. 이런 가치가 북한에도 전파되어야만 비로소 상호 번영과 평화를 이룰 수 있다. 성왕 세종대왕의 지혜로운 리더십과 고려 왕건의 포용의 리더십을 교훈으로 삼아 반드시 대한민국 자유평화통일을 이룩하도록 대승적 역사를 마련해야 한다.

안중근 의사는 20세기에 이미『동양평화론』을 통해 아시아가 정치, 경제, 안보를 넘나들 수 있는 평화체제를 만들 수 있다고 하였다.

안중근 의사가 옥중에서 쓴 '동양평화론'은 다음과 같이 소개되고 있다.[87]

안중근의 '동양평화론'의 근간이 되는 동양주의는 일본맹주론과 달리 평화 공존과 수평적 연대를 기초로 하는 것이었다. 모두가 자주독립해 갈 수 있는 것이 평화이며, 한 나라라도 자주독립이 되지 않으면 동양평화라고 말할 수 없다는 것이 안중근의 생각이었다. 평등성에 바탕을 둔 각 나라의 자주독립이 진정한 평화라는 것이다, 이에 안중근은 동양 삼국이 자주독립과 국제적인 협력을 바탕으로 평화체제를 구축해야 한다고 생각했다.

한반도가 세계 평화의 중심 무대에 선 지금 '동양평화론'은 아직도 유효하다. 우리도 이젠 안중근 의사의 선구자적인 구상을 바탕으로 자유, 평화, 행복의 영세 중립국가 건설의 국가 대전략, 정책을 수립해야 할 것이다. 세계 유일의 분단 휴전국가에서 영세중립의 세계 모범 국가가 되도록 한반도 평화·번영의 시대를 반드시 이루어야 한다.

대한민국 르네상스 시대를 위해 '국가 대 개조 - 대한민국 국부론'의 '21세기 대한국인 선진화 혁명'을 통해 초일류 통일선진강국이 이루어지도록 국력을 쌓아야 한다. 이것이 진정 우리 국민들에게 부여된 시대적·역사적 소명일 것이다.

---

87 박환, 안중근의 못다한 이야기, 동양평화론(선인, 2016), pp219

2

국민이 행복한 민족통일

통일을 이루기 위해서는 리더와 팔로워가 하나가 되어 국민총화 리더십을 발휘해야 한다. 우리의 통일은 한국인의 원형을 창출한 7세기 삼국통일은 물론, 10세기 후삼국시대의 고려 통일을 훨씬 능가하는 의미의 통일이 되어야 한다. 다시 말해, 평화·자유·자주 통일을 이루어야 한다. 한민족과 세계인이 한반도에서 진정한 세계 평화와 발전을 위한 통일 논의를 시작해야 하는 시기가 바로 지금이다.

대한민국 헌법 제4조는 '자유민주적 기본질서에 입각한 평화적 통일'을 명시하고 있다. 대한민국을 부정, 폄하해서는 한민족 한반도의 자유민주적 평화 통일을 이룰 수 없다. 한민족의 통일은 민주적 통일, 평화적 통일이어야 하고, 통일을 통해 이루어야 할 평화도 민주의 평화, 생명존중의 평화이어야 한다.

진정한 통일을 이루기 위해 리더들은 담대한 리더십으로 국론을 결집시키고, 정치, 경제, 사회, 문화, 외교, 군사 분야에서 깊이 있는 연구로 정책 대안을 개발해야 한다.

한민족에게 통일 과업은 민족혼인 동시에 역사적 소명이다. 또한 민족 융성의 기회이다. 남한과 북한은 동일한 언어와 문화를 갖고 있으므로 하나의 국가를 이루어 함께 살아야 한다. 그래야만 고유한 민족정신을 보전하고 단합된 민족적 역량을 발휘할 터전을 확보할 수 있다. 많은 민족들이 타율에 의해서나 어떤 부자연스러운 힘에 의해 분단되었을 때. 기필코 통일을 성취하고자 각고의 노력을 기울인 역사를 우리는 잘 알고 있다.

그럼에도 불구하고 우리 학생들은 낮은 통일인식을 갖고 있다. 통일부가 2017년 전국 초중고생 10만여 명을 대상으로 실시한 조사 결과 '통일이 필요하다'는 응답은 62.6%에 그쳤다. 그나마 초등학생은 74.4%가 공감했지만 중학생은 59.6%, 고등학생은 50.2%에 불과했다. 미래 통일 세대를 위한 통일준비교육이 절실히 필요한 실정이다. 향후 통일교육은 통일의 당위성은 물론 통일이 국민의 삶에 미칠 영향과 국민이 통일에 기여할 역할 등 종합적인 내용을 담을 것이 요구된다.

우리 정부의 통일방안에서 일관되게 주장되어 온 구심점은 민족공동체의 형성에 있다. 이는 우리 정부의 통일정책의 패러다임으로서 민족공동체가 민족을 하나로 묶고 있는 뿌리이며, 우리 민족이 재결합할 수밖에 없는 당위일 뿐만 아니라 그 자체가 통일의 실현을 가능케 하는 힘의 원천이기 때문이다. 분단국가인 남북한은 분단을 극복하고 통일을 이루었을 때 비로소 '하나의 민족, 하나의 국가'라는 자기 충족적 형태를 갖춘 근대적 민족국가를 형성하게 된다. 그러므로 통일된 민족국가를

상정할 경우 현재의 남북한은 결국 하나의 민족에 두 개의 국민을 갖는 미완의 민족국가로 규정된다.[88]

통일을 이루기 위해서는 대내적으로는 정치·사회적 성숙도를 높여 국민 여망 해소의 통합능력을 갖추고, 대외적으로는 미국, 중국 등 관계국과 긴밀한 협조 체제를 구축해야 한다. 통일 과정에서 발생할 수 있는 많은 문제요인과 불확실성을 제거하려면 민생안정과 통일자금 마련이 필수적이다. 독일은 강한 경제력을 통해 통일을 앞당기고 통일 후유증을 조기에 극복했다. 우리나라는 특히 북한의 경제가 취약하므로 통일자금을 충분히 확보해야 한다. 한민족의 대 과업인 한반도 비핵화와 통일 문제를 서두르지 말고 치밀하게 준비해야 우리가 원하는 진정한 통일을 이룰 수 있다.

지금까지 경험에서 배운 바와 같이 성급하게 가시적인 성과에 급급한 나머지 무리하게 일을 추진하면 역효과를 보게 마련이다. 정부는 단기, 중기, 장기의 전략 및 정책에 따라 충분한 준비작업과 세밀한 검토를 거친 뒤 통일 추진에 나서야 한다.

통일의 추진에 있어서 그 무엇보다도 중요한 것은 국민의 행복지수를 끌어올릴 수 있는, 국민이 행복한 통일을 이루어야 한다는 점이다. 한국뿐만 아니라 북한에도 행복한 통일이 되어야 한다. 행복한 통일은 근현대사에서 상처 입은 우리 국민의 마음을 치유하고, 분단 구조에서 오는 다양한 사회적 갈등을 극복할 중요한 계기를 반드시 이루어 줄 것이다.

----

88 조민 지음, 『민족공동체 형성방안을 통한 통일과정』, 민족통일연구원 편, 『민족공동체 통일방안의 이론체계와 실천방향』 (서울 : 민족통일연구원, 1994) 104~109p

3

한반도 통일을 위한 혜안의 전략

21세기 한반도 통일의 시대가 도래했다. 대한국인은 가장 바람직하고 지혜로운 통일 방안을 강구해야 될 시점에 와 있다. 대내적으로는 통일정책의 중요성을 감안하여 정치·경제·사회적 성숙도를 높여 국민의지와 통합능력을 갖추고 반드시 국민적 합의를 이끌어 내야 하는 상황이다. 또한 대외적으로는 주변 4대 강국(미국, 중국, 일본, 러시아)과 긴밀한 협조 체계를 구축해야 한다. 통일과정에서 발생할 수 있는 많은 문제요인과 불확실성을 제거하면서 안정된 통일을 이루려면 민생안정, 통일자금 등 경제적 준비가 철저해야 한다. 대한민국의 역사적 대 과업인 비핵화와 통일문제는 서두르지 말고 치밀하게 준비해야 우리 국민이 원하는 진정한 통일, 행복한 통일을 이룰 수 있을 것이다.

『독일통일, 한국의 모델인가?』는 다음과 같이 말한다.[89]

한국의 통일은 이루어지지 않을 수 없고, 또 이루어지게 될 테지만, 그러나 독일에서 그랬던 것과는 전혀 다르게 진행될 것이라는 점이 거의 확실해 보인다. 앞서 적시된 바, 거의 모든 부분에 걸친 심대한 차이점들이 그것을 보여주고 있다. 혹은, 남한의 국무총리가(1995년 1월 9일) 디벨트 신문과의 인터뷰에서 표현한 것처럼, "한국사람들이 독일의 전례에서 배울 수 있는 것은 만반의 준비를 갖추고 있어야 한다는 경험이다."

독일 통일에서 지혜로운 해법을 찾아 만반의 준비를 갖춰야 한다. 독일은 일류 선진국으로서 통일을 철저히 준비한 나라이다. 부국강병의 토대 위에 경제, 외교, 안보는 물론, 동독과 문화교류를 통해 통일 시대를 준비했다. 그러면서도 통일을 예견하거나 서두르는 자세를 지양하고 준비에 만전을 기했다. 통일 문제는 전망하고 예견 할 수 있는 영역이 아니므로 철저한 준비과정을 통해 어느 날 기회가 오면 기회를 현실화하는 국가능력이 중요하다.

『독일 통일 백서』에서는 다음과 같이 말한다.[90]

동독 그랜츠 서기장은 1989년 11월 9일 저녁 기자회격 직전에 동독 사회주의 통일당의 언론대변인이자 정치국 국원인 긴터 샤보브스키Gunter schabowski에게 임시 여행규정에 관한 정보를 넘겨주는 오류를 범했다. 이 여행규정은 11월 10이레 공개되어야 하는데도, 샤보브스키는 즉각 국경을 개방한다고 선언해 버렸다. 이 같은 선언에 따라 동독시민들은 대규모로 국경지에 몰려들었고, 국경수비대

----

89 박장현 편역, 『독일통일, 한국의 모델인가?』(문원출판, 1999), p22
90 베르너 바이덴펠트외 1명, 임종헌외 4명 역, 『독일 통일 백서』(한겨레 신문사, 1999), p22

(Grenztruppen)와 국가공안국은 이에 대처할 수 없게 되자 11월 10일 한 밤중을 기해 동독측의 모든 차단기를 올려 결국 국경을 열었다.

독일은 평시 통일 준비를 철저히 한 결과 통일 과정은 물론 통일 이후에도 동서독 통합이 순조로워 세계적인 경제 대국으로 계속 발전했다. 독일은 통일 이후 더욱 발전하여 현재 유럽 1등 국가로 자리매김하고 있다. 독일의 국내 총생산GDP은 2018년 기준 4조 2,116억달러로 세계 4위, 유럽 1위이다. 우리는 독일의 통일 과정과 이후를 정밀 분석하고 지혜로운 해법을 강구해야 할 것이다.

한반도는 독일과 달리 남북의 정체성과 이념, 전쟁 등으로 인해 통일 과정이 독일보다 불리한 여건임을 냉철히 인식하고 대비해야 한다. 혼란을 방지하고 평화로운 통일과정을 거쳐야 한다는 점에서 독일보다 더욱더 철저한 대비가 필요하다. 미국 등 4대 강국과 함께 통일을 한다는 정신으로 문제점과 대책을 정밀 분석하여 준비해야 할 것이다. 4대 강국과 원만하게 소통하고 국가 간 외교, 안보, 경제적 문제를 생산적으로 조정, 관리해 나가는 국가 역량이 중요하다.

우리나라의 평화적 통일은 주변국들과의 원만한 관계가 필수적이다. 주변 4대 강국이 한반도 통일을 어떻게 바라보는가를 미리 예의주시하여야 한다. 미국은 한반도 통일에 가장 우호적인 입장을 보일 것이다. 중국은 상황 변화에 따라 북한 중심의 탄력적인 전략을 펼칠 것이다. 일본은 대외적으로 한국통일을 지지하는 모습을 견지하면서 내적으로는 통일한국을 견제하거나 방해할 것이다. 러시아는 한반도 통일 시 자국의 국익에 도움이 될 것으로 예상하여 이익을 최대한 취하는 정책을 전개할 것이다.

독일은 통일과정에서 소련, 미국, 영국, 프랑스 그리고 폴란드 등과의 외교관계를 성공적으로 이뤄냈다. 우리나라도 미국, 중국, 일본, 러시아 4강을 대상으로 나라별 TFTask Force팀을 구성하여 맞춤형 외교를 철저히 구사하는 것이 필요하다. TF 맞춤 외교를 통해 통일의 걸림돌은 제거하고 버팀목은 활용하는 등 탄력적으로 대처해야 한다. 주변국들과의 쟁점을 야기하지 않으면서 평화적인 절차 속에서 독일통일이 이루어진 결과를 본보기로 삼아야 할 것이다.

우리의 통일은 위험과 기회를 동시에 갖고 있다. 특히 어떤 상황에서도 한반도 평화체제와 국민안전을 수호할 국방정책과 군사력을 갖추는 것이 절대적 요건임을 간과해서는 안 된다. 국가적 모든 역량을 동원하여 주변 4대 강국들과의 밀착전략을 통해 위대한 통일을 맞이하도록 해야 할 것이다.

맺는 말

대한민국 초일류 통일선진강국을 염원하며

　필자는 이 책 첫머리에 '정신 차리자!'를 화두로 제시한 바 있다. 또한 맺는 말에서도 '우리 국민 모두가 정신 차리자!'를 강조하고 싶다.

　대한민국은 반만년의 기나긴 역사동안 고난의 세월은 지속되고 선진국으로 도약하지 못했다. '뭉치면 살고 흩어지면 죽는다'는 국민통합의 실천이 없었고, 모든 지도자와 국민들은 이를 알면서도 '정신차리지' 않았기 때문이다. 고난과 한의 역사를 수없이 겪었음에도 불구하고 고뇌에 찬 과거와의 대화는 늘 부족했었다. 그러다보니 제대로 된 개혁, 혁신, 혁명을 이루지는 못했다.

　일찍이 영국의 역사학자 에드워드 카Edward Hallett Carr는 "역사란 역사가와 사실 사이의 지속적인 상호작용 과정이며, 현재와 과거의 끊임없는 대화이다"라고 정의했다. 우리는 과거와 현재 사이를 끊임없이 왕래하면서 우리의 과거사를 거시적이고 객관적이며 종합적인 통찰력으로 관찰해야 한다. 또한 관찰에 그치는 것이 아니라 과거의 역사자료(사실史實)를 분석하여 현재의 문제를 도출하고 미래의 나갈 바를 결정하는 것이 필요하다. 외국의 저명한 학자들은 세계의 메가트랜드는 동양회귀로서 21세기 중반 한·중·일 중 한나라가 세계패권을 주도할 것이라고 예측하고 있다. 현자賢者와 예언가들의 예상에 애써 무관심하려 해도 한반도 비핵화 등 객관적인 상황은 이미 그 가능성을 보여주고 있다. 그렇다면 대한민국이 팍스코리아가 되지 못할 이유가 없다. 지금이라도 '21세기 대한국인 선진화 혁명'의 모든 국민들이 일치단결한다면 세계제일의 국가를 건설할 수 있다.

이제 한민족의 도약과 웅비의 시기를 구체화하고 실현하는 것은 이 시대를 준비하는 국민과 지도자의 역할이라 할 것이다. 그리스, 로마, 스페인 모두가 반도국가로서 패권국가가 되었음을 본보기로 삼아 국민, 지도자가 힘을 합쳐 내우외환의 위기의 나라를 기회의 나라로 만들 수 있다. 따라서 다음과 같이 '국가 대 개조 - 21세기 대한국인 선진화 혁명'의 국민과 국가역할을 제시한다.

첫째, 21세기 대한국인 선진화 혁명시대의 국민역할

민주주의에서는 성숙한 국민의식이 선진국가를 만든다. 국민이 성숙한 사회가 건강한 국가, 선진국가이다. 개인이 국가구성원으로서 역할을 다하는 것이 선진화 혁명 시대의 국민역할이다.

대내적으로는 우리 국민들의 올바른 인성과 도덕성으로 정신문화강국을 만들고 대외적으로는 국격을 갖춘 선진문화국가가 되어 동방에 의지국의 나라로서 존경받는 대한민국이 되어야 한다.

도덕·법 등의 규범을 만들어놓고 이를 지키지 못한다면 국가의 질서 및 정의는 무너질 수밖에 없다. 출세주의, 물본주의 사고에서 벗어나 바르게 살아가는 풍토 조성이 긴요한 시대이다. 이를 위해 '국가 대 개조 - 국부론'을 구현하여 선진화 혁명 시대를 꽃피우도록 해야겠다.

둘째, 21세기 대한국인 선진화 혁명시대의 지도자역할

최근 국제정세는 물론 인류 역사는 약육강식의 논리가 적용된다. 따지고 보면 우리나라 5천 년 역사가 위기의 역사, 고난의 역사인 이유도 약육강식의 논리에 희생된 결과이다. 백성이 굶주려 죽고 전쟁에 비참하게 죽어가며 '이게 나라냐' 라고 절규하는 한 많은 나라, 슬픈 역사는 절대 다시는 있어서는 안 된다.

특히 이웃나라 중국, 일본에게 역사, 영토 침입을 당하거나 겁박당하는 나라가 되어서는 안 되겠다. 우리나라와 같이 비운의 역사를 가진 나라의 지도자에게는 과거의 불행한 역사를 되풀이하지 않겠다는 강한 의지와 결기가 요구된다. 마키아벨리의 군주론의 담대한 지도자의 비르투(덕)가 포르투나(운명)를 개척하여 초일류 통일 한반도가 도래하길 염원한다.

한반도 평화번영의 역사 대전환 시대를 맞이해 우리 지도자들과 국민들이 지혜를 모아야 할 것이다. 21세기 대한민국의 지도자는 광개토태왕의 기상을 이어받아 부국강병을 건설해야 한다. 더 나아가 초일류 통일선진강국 건설을 통해 미래 팍스코리아를 꿈꾸는 비전과 전략이 필요하다.

21세기 대한민국이 위기를 대기회로 전환하기 위해서는 혁명적 리더십과 팔로워십이 융합하여 시너지 효과를 발휘해야 한다. 리더가 희생정신으로 서번트 리더십을 발휘할 때 팔로워는 자신의 존재 가치를 인정해주는 서번트 리더를 신뢰하고 따르며, 신명을 다해 일한다. 리더와 팔로워의 화합으로 '국가 대 개조-21세기 대한국인 선진화 혁명'을 이룬다면 대한민국은 신바람과 흥의 나라가 되어 초일류 통일선진강국으로 도약할 수 있다.

우리 국민은 세계제일의 좋은 머리(IQ 1위 국가)와 잘 살아보겠다는 의지가 충만해 우리 국민과 지도자 모두가 하나로 뭉친다면, 탁월한 능력을 발휘할 수 있는 잠재역량을 갖고 있다. 그러나 국민들이 정치인들을 신뢰하지 않고 정치 리더십에 환멸을 느껴 냉소적이고 방관자적 태도를 취한다면 역량을 발휘할 수 없게 된다.

리더가 변하여 국민의식을 선도하는 리더십 역량과 도덕성을 갖추고 국민에게 신뢰와 희망을 준다면, 국민들은 세계 최고의 능력을 발휘해 부국강병과 통일의 역사적 과업을 이룰 수 있을 것이다.

한반도 역사 대전환의 중심에서 대한민국이 21세기 주역으로 등장하기 위한 용틀임이 일어나고 있다. 4대문명보다 먼저 홍익문명을 태동시킨 한국이 초일류 통일선진강국 건설과 더불어 팍스코리아를 꿈꾸는 것은 너무나도 당연하다 할 것이다. 대한민국의 도약을 위해 국민과 지도자가 하나로 뭉쳐 '소리 없는 대화합 혁명'을 이루는 것이 '국가 대 개조-국부론'의 '21세기 대한국인 선진화 혁명'이다. 선진화 혁명의 구현으로 국민이 행복하고 인류 평화와 번영에 기여하는 대한민국으로 우뚝 서자! 대한민국은 영원하리라!

대한민국 모든 국민에게
행복과 긍정의 에너지가
팡팡팡 샘솟으시기를 기원드립니다!

| 권선복
도서출판 행복에너지 대표이사

　갈수록 살기가 힘들어지고 각박해진다는 말이 버릇처럼 나오는 요즘입니다. 자극적인 사건·사고가 끊이지 않고, 대외적으로도 열강들의 압박이 계속되는 상황 속에서 우리나라는 어떤 태도를 취하며 어떤 방향으로 나아가야 할까요? 쉽지 않은 문제인 만큼 전문가의 의견 또한 여러 방향으로 갈립니다. 한 가지 분명한 것은, 우리 사회가 '변화'해야만 한다는 사실입니다. 그렇다면 우리는 어떻게 변화해야 할까요?

『국가 대 개조 - 국부론』은 이러한 물음에 명쾌한 답을 알려주는 책입니다. 저자의 '나라 사랑'이 전반적으로 녹아 있는 이 책은 현재 대한민국이 직면한 위기에 대하여 다각도로 분석하고, 나라의 뿌리가 되는 역사를 공고히 하며, 우리나라 특성과 국민의 성향에 맞는 해결 방안을 제시함으로써 타당성을 높였습니다. 부국강병의 나라가 되기 위하여 앞으로의 대한민국은 어디로 가야 하는지 올바른 방향을 제시하고 있습니다. 이 책은 장차 미래를 이끌어갈 대학생, 사회로 나왔지만 방황하는 직장인, 또 시대를 이끄는 각 분야의 리더까지 대상에 제한 없이 모두가 읽고 생각해 볼 수 있다는 장점이 있습니다.

나라 안팎으로 잡음이 끊이지 않는 요즘입니다. 한마음 한뜻으로 똘똘 뭉쳐야 지금 우리나라가 직면한 위기를 힘차게 헤쳐 나갈 수 있지 않을까요? 이 책이 조국과 민족을 사랑하는 대한민국의 모든 국민들에게 긍정적인 변화의 바람을 불러일으키기를 바라며, 독자분들의 삶에 늘 행복과 긍정의 에너지가 팡팡팡 샘솟으시기를 기원 드립니다.

참고문헌

국내문헌(저서/편서)

LG경제연구원, 『2010 대한민국 트렌드』, 한국경제신문, 2005

KBS 공부하는 인간 제작팀, 『공부하는 인간』, 예담, 2013

강윤철, 『한 번뿐인 인생 큰 뜻을 세워라』, 휘닉스, 2011

강헌구, 『아들아, 머뭇거리기에는 인생이 너무 짧다: 1 비전편』, 한언, 2000

고동영, 『단군조선 47대』, 한뿌리, 1986

고은, 『화엄경』 민음사, 1992

공병호·윤태익·김기홍, 『거스 히딩크, 열정으로 승부하라』, 샘터사, 2002

공병호, 『10년의 선택』, 21세기북스, 2007

권기경 외 2인, 『임금의 하늘은 백성이고 백성의 하늘은 밥이다』, 한솔수북, 2009

권선복, 『행복에너지』, 행복한에너지, 2014

권오봉, 『퇴계선생 일대기-가을 하늘 밝은 달처럼』, 교육과학사, 2001

권이종, 『청소년교육개론』, 교육과학사, 2000

김경애, 『공자』, 한길사, 1998

한완상·김동길 외 5인, 『무엇이 인생과 사회를 생각게 하는가』, 창조사, 1985

김만중, 『조선왕조에서 배우는 군주 리더십』, 거송 미디어, 2001

김명훈, 『리더십의 이론과 실제』, 대왕사, 1992

김무곤, 『NQ로 살아라』, 김영사, 2003

김보람, 석사학위논문, 『유아를 위한 기독교 성품교육 연구』, 장로신대대학원, 2010

김보성, 『참된 깨달음』, 태웅출판사, 1994

김성홍·우인호, 『삼성 초고속 성장의 원동력』, 김영사, 2003

김양호, 『성공하는 비결은 엉뚱한 데 있다』, 비전코리아, 2004

김영민, 『리더십 특강』, 새로운 제안, 2008

김영한, 『삼성사장학』, 청년정신, 2004

김원명, 『물』, 아카데에서적, 1991

김재웅, 『제갈공명의 도덕성 우선의 리더십』, 창작시대, 2002

김종권, 『명가의 가훈』, 가정문고사, 1982

김종두, 『군 장병의 효심과 복무자세 간 관계에 관한 연구』, 영남대 석사학위논문, 1996

김종서 외, 『최신 교육학 개론』, 교육과학사, 2009

김종의, 『마음으로 읽는 동양의 정신세계』, 신지서원, 2000

김중근, 『난 사람, 든 사람보다 된 사람』, 북포스, 2015

김창균, 『공보의 원리와 실제』, 육군교육사령부, 2001

김충남, 『성공한 대통령 실패한 대통령』, 둥지, 1998

김현오, 『현대인의 인성』, 홍익재, 1990

김헌, 『인문학의 뿌리를 읽다』, 이와우, 2016

김휘경, 『팀장 수업』, 랜덤하우스코리아, 2008

노무현, 『노무현이 만난 링컨』, 학고재, 2001

도은아, 석사학위논문, 『기독초등학교에서의 인성교육에 대한 활성화 방안』, 연세대 교육대학원, 2006

문국인, 『반 고흐 죽음의 비밀』, 예담출판, 2003

문무일, 『길에서 길을 묻다』, 행복에너지, 2014

박성희, 『공감학』, 학지사, 2004

박연호·이상국, 『현대 행정 관리론』, 박영사, 2005

박영규, 『조선왕조실록』, 들녘, 2003

박원순, 『내 목은 매우 짧으니 조심해서 자르게』, 한겨레, 2005

박장현 편역, 『독일통일, 한국의 모델인가?』(문원출판, 1999)

박정규, 『IQ포럼』 보성, 2000

박종연·이보연, 『지식의 힘』, 삼진기획, 2005

박희권, 『문화적 혼혈인가』, TB, 2010

배병삼, 『논어, 사남의 길을 열다』, 사계절출판사, 2005

백기복, 『이슈 리더십』, 창민사, 2005

백기복, 『최근 일부 학자』, 창민사, 2009

백용성, 『우리말 화엄경』, 홍법원, 2000

백지연, 『자기설득파워』, 랜덤하우스중앙, 2005

법륜 스님, 『행복』, 나무의 마음, 2016

베르너 바이덴펠트외 1명, 임종헌외 4명 역, 『독일 통일 백서』(한겨레 신문사, 1999)

불학연구소 편저, 『간화선』, 불학연구소, 2005

성열 편, 『부처님 말씀』, 현암사, 2008

손기원, 『정신혁명, 행복 방정식이 바뀐다』, 경영베스트, 2003

송대성, 『한반도 평화확보』, 한울아카데미, 2005

시서례 편집부, 『우리는 웃음으로 크지요』, 시서례, 1994

신완선, 『컬러 리더십』, 더난, 2002

신응섭 외 5명 공저, 『리더십의 이론과 실제』, 학지사, 1999

심지선, 석사학위논문, 『소학을 활용한 인성교육활동이 유아의 사회적 기술 습득에 미치는
　　　영향』, 한국교원 대학교 교육대학원, 2014

안병욱, 『인생론』, 철학과현실사, 1993

안성호 외 12인, 『지역사회 정체성과 사회자본』, 다운샘, 2004

안외순, 『논어』, 타임기획, 2005

오윤진, 『신고리더십론』, 일선, 1994

오인환, 『조선왕조에서 배우는 위기관리 리더십』, 열린책들, 2003

오점록, 이종인, 『한국군 리더십』, 박영사, 1999

우현민 편, 『논어』, 한국교육출판공사, 1984

유광남, 『사야가 김충선』, 스타북스, 2012

유영대, 『선순환 리더십』, 박영사, 2004

육군본부, 『야전교범 5-0-1』, 육군본부, 2003

육군본부, 『한민족의 용틀임』, 육군본부, 1993

윤남순 전남 초도초등학교 교장, 『주요국가의 인성교육』, 교육전남, 2014

윤남순, 『이스라엘의 인성교육』, 교육전남, 2014

웨이슈밍 지음, 『하버드 새벽 4시 반』, 이정은 역. (라이스메이커, 2015)

이강옥, 『대학 리더십』, 청람, 2005

이강옥, 『대학리더십』, 청람, 2005

이기석, 『명심보감』, 홍신문화사, 1990

이상헌, 『흥하는 말씨 망하는 말투』, 현문미디어, 2011

이남철, 『인성과 예절상식』, 대보사, 2014

이대인, 『대한국인 기로 승부하다』, 밝은미래, 2001

이병도, 『정주영 신화는 계속된다』, 찬섬, 2003

이선호, 『이순신의 리더십』, 팔복원, 2011

이성형, 『라틴 아메리카 영원한 위기』, 역사비평사, 1998

이승주, 『전략적 리더십』, 시그마인사이트컴, 2005

이승헌, 『한국인에게 고함』, 한문화멀티미디어, 2002

이어령, 『젊음의 탄생』, 생각의 나무, 2008

이어령, 『말』, 문학세계사, 1990

이어령, 『생명이 자본이다』, 미로니에북스, 2013

이영직, 『란체스터 경영전략』, 청년정신, 2004

이원설 외 1인, 『아들아 머뭇거리기에는 인생이 너무 짧다』, 한언, 2004

이종선, 『달란트 이야기』, 토네이도, 2006

이종주, 『사람을 읽으면 인생이 즐겁다』, 스마트비즈니스, 2005

이준형, 『리더십 먼저 민주주의 나중에』, 인간사랑, 2004

이한우, 『세종, 그가 바로 조선이다』, 동방미디어, 2003

이혜성, 『소원 성취하소서』, 밀알, 1998

이혜정, 『서울대에서는 누가 A+를 받는가』, 다산에듀, 2014

이홍범, 『홍익의 세계화(아시아 이상주의)』, 하버드·펜실베이니아 대학 합작품의 박사학위
　　　　논문 중 발췌

이홍범·최익용, 『홍익의 세계화(인성편)』, 국회헌정기념관 인성콘서트 발표자료 발췌, 2015

이화용, 『감성 트렌드』, 한솜미디어, 2005

이혜정, 『서울대에서는 누가 A+를 받는가』, 다산북스·2014

임사빈, 『21세기 잡아라』, 김영사, 1995

장개충 편, 『동양의 지혜』, 한림학사, 2015

전미옥, 『위대한 리더처럼 말하라』, 갈매나무, 2007

전영식 편, 『논어』, 홍신문화사, 1974

전옥표, 『청소년을 위한 이기는 습관』, 쌤앤파커스, 2008

정기철, 『인성교육과 국어교육』, 역락, 2001, p.46

정다운, 『사람은 사람일 때 행복하다』, 위스덤교육포럼, 2011

정민, 『미쳐야 미친다』, 푸른역사, 2004

정약용, 『목민심서』, 다산연구회 역, 창작과비평사, 1993

정여울, 『공부할 권리』, 민음사, 2016

정영국, 『정치 변동과 정치과정』, 백선사단, 2003

제장명, 『이순신 파워인맥』, 행복한 나무, 2008

제정관, 『리더십 포커스』, 교보문고, 2006

조성용 편, 『명장일화』, 병학사, 2001

조용헌, 『명문가 이야기』, 푸른역사, 2002

조지훈, 『지조론』, 나남, 1996

주희, 박성규 편, 『대학』(해제), 서울대학교 철학사상연구소, 2004

차상원 편, 『대학/중용』, 한국교육출판공사, 1984

차평일, 『명심보감』, 동해출판, 2008

채희순 편, 『맹자』, 한국교육출판공사, 1984

최규성, 『한국의 역사』, 고려원, 1995

최문형, 『유럽이란 무엇인가』, 지식산업사, 2009

최익용, 『리더다운 리더가 되는 길』, 다다아트, 2004

최익용, 『대한민국 5천 년 역사리더십을 말한다』, 옥당, 2014

최익용, 『대한민국 리더십을 말한다』, 이상BIZ, 2010

최진석, 『인간이 그리는 무늬』, 소나무, 2013

최한기, 『명남루총서』

한국공자학회 편, 『김경탁 선생의 생성철학』, 한울, 2007

한국교육학회, 『인성교육』, 문음사, 1998

한영우, 『한국 선비 지성사』, 지식산업사, 2010

한영우, 『한국문화 DNA는 선비 정신』, 지식산업사, 2010

한영우, 『미래를 여는 우리 근현대사』, 경세원, 2016

한우리독서문화운동본부 교재집필연구회, 『독서교육론 독서지도방법론』, 위즈덤북, 2010

함규진, 『역사를 바꾼 운명적 만남』, 미래인, 2010

함진주, 『아시아속의 싱가폴 세계속의 싱가폴』, 세진사, 2000

현승일, 『사회사상사』, 오래, 2011

홍익인간 이념 보급회, 『홍익학술총서』, 나무, 1988

홍일식, 『한국인에게 무엇이 있는가』, 정신세계사, 1996

홍하상, 『이병철 VS 정주영』, 한국경제신문, 2001

황농문, 『몰입』, 랜덤하우스, 2007

황헌식, 『신지조론』, 사람과 사람, 1998

국내문헌(번역서)

나다니엘 브랜든, 홍현숙 역, 『나를 믿는다는 것』, 스마트비즈니스, 2009

네사 캐리, 이충호 역, 『유전자는 네가 한 일을 알고 있다』, 해나무, 2015

노자, 이중재 역, 『노자도덕경십계경』, 고대사, 2001

다니엘 골먼 외 2인, 정석훈 역, 『감성의 리더십』, 청림출판사, 2004.

다치바나 다카시 지음, 태선주 역, 『21세기 지(知)의 도전』, 청람미디어, 2003

달라이 라마, 류시화 역 『달라이 라마의 행복론』, 김영사, 2001

렁천진, 김태성 역, 『유가 인간학』, 21세기북스, 2008

로이 J. 레이키 외 지음, 김성형 역, 『최고의 협상』, 스마트 비즈니스, 2005

루스 실로, 『한국여성교육진흥회편; 유태인의 천재교육』, 문맥관, 1981

리차드 니스벳, 최인철 역, 『생각의 지도』, 김영사, 2004

리처드 도킨스, 홍영남 역, 『이기적 유전자』, 을유문화사, 2010

마리사 피어, 이수경 역, 『나는 오늘도 나를 응원한다』, 비즈니스북스, 2011

마이크 샌델, 김명철 역, 『정의란 무엇인가』, 미래엔, 2014

마이 클린버그, 유혜경 역, 『너만의 명작을 그려라』, 한언, 2003

마하트마 간디, 박홍규 역, 『간디 자서전』, 문예출판사, 2007

샤론 모알렘, 정경 역, 『유전자, 당신이 결정한다』, 김영사, 2015

스티븐 코비, 김경섭·이원석 역, 『성공하는 사람들의 7가지 습관』, 좋은책 만들기, 1999

아마르티아 센, 이상환 역, 『정체성과 폭력』, 바이북스, 2009

워렌 베니스, 김원석 역, 『워렌 베니스의 리더십 기술』, 좋은책만들기, 2003

웨인 다이어, 신종윤 역, 『서양이 동양에게 삶을 묻다』, 나무생각, 2010

윌 듀런트, 황문수 역, 『철학이야기2』, 한림미디어, 1996

윌 듀런트, 황문수 역, 『철학이야기』, 한림미디어, 1996

윌리엄 데이먼, 한혜민 외 1명 역, 『무엇을 위해 살 것인가』, 한국경제신문사, 2012

자넷 로우, 신리나 역, 『신화가 된 여자 오프라 윈프리』, 청년정신, 2002

제임스M 외 2인, 김원석, 함규진 역, 『리더십 첼린지』, 물푸레, 2004

조나단 B. 와이트 지음, 안진환 역, 『애덤 스미스 구하기』, (주)생각의 나무, 2007

존 템플턴, 남문희 역, 『열정』, 거름출판사, 2002

천웨이핑, 신창호 역, 『공자 평전』, 미다스북스, 2002

피터 셍게 외 66명, 박광량 외 1인 역, 『학습군조직의 5가지 수련』, 21세기북스, 1996

후쿠하라 마사히로, 김정환 역, 『하버드의 생각수업』, 메가북스, 2014

J 네루, 장명국 역, 『세계사 편력』, 석탑, 2009

J 스콧 비거슨과 친구들, 『더 발칙한 한국학』, 은행나무, 2009

J. 롤즈, 황경식 역, 『사회 정의론』, 서광사, 2003

K. S. 데이비스, 신일성 역, 『아이젠하워의 생애』, 일신서적, 1995

게오르규, 최규남 역, 『25시』, 홍신문화사, 1995

고야바시 가오루, 남상진 역, 『피터 드리커 리더가 되는 길』, 청림, 2004

괴테, 홍건식 역, 『파우스트』, 육문사, 2001

김위찬, 강혜구 역, 『블루오션 전략』, 교보문고, 2005

노엘 티시 외, 이재규 역, 『리더십 엔진』, 21세기북스, 2000

다니엘 골먼 외, 장석훈 역, 『감성의 리더십』, 청림, 2004

다치바나 다카시, 태선주 역, 『21세기 지(知)의 도전』, 청어람미디어, 2003

단테 알리기에르, 신승희 역, 『신곡』, 청목사, 2000

대니얼 길버드, 최인철 역, 『행복에 걸려 비틀거리다』, 김영사, 2006

데이비드 네이더트, 정해영 역, 『리더십의 사계절』, 비즈&북, 2006

데이비드 브룩스, 형선호 역, 『보보스』, 동방미디어, 2001

데이비드 호킨스, 박윤정 역, 『치유와 회복』, 판미동, 2016

데일 카네기, 최염순 역, 『카네기 인간관계론』, 씨앗을뿌리는사람, 2004

딘 토즈볼드 외, 조민호 역, 『리더십의 심리학』, 가산출판사, 2007

라다 크리슈난, 이재경 역, 『위대한 영혼의 스승이 보낸 63통의 편지』, 지식공작소, 1998

램 차란, 김상욱 역, 『노하우로 승리하라』, 김영사, 2007

레리 보시드 외, 김광수 역, 『실행에 집중하라』, 21세기북스, 2004

로버트 그린 외, 정영목 역, 『권력의 법칙』, 까치, 2007

로버트 피셔, 박종평 역, 『마음의 녹슨 갑옷』, 골든에이지, 2008

로버트 E.켈리, 김영민 역, 『새로운 노동력의 동력화』, 을유문화사, 1992

로이 J. 레위키 외, 김성형 역, 『최고의 협상』, 스마트비즈니스, 2005

론 시몬스, 『인격의 힘』, 이지북, 2003

리차드 니스벳, 최인철 역, 『생각의 지도』, 김영사, 2004

리처드 D 루이스, 박미준 역, 『미래는 핀란드』, 살림, 2008

마고트 레셔, 박만엽 역, 『공감연습』, 자유사상사, 1994

마셜 골드스미스 외, 박종호 역, 『리더십 바이블』, 브레인, 2008

마이클 린버그, 유혜경 역, 『너만의 명작을 그려라』, 한언, 2002

마틴 루터 킹, 이순희 역, 『나에게는 꿈이 있습니다』, 바다, 2001

마틴 메이어, 조재현 역, 『교육전쟁, 한국 교육을 말하다』, 글로세움, 2010

막스 갈로, 임헌 역, 『나폴레옹』, 문학동네, 2003

모리아 히로시, 박화 역, 『중국 3천 년의 인간력』, 청년정신, 2004

모리야 히로시, 박연정 역, 『성공하는 리더를 위한 중국고전 12편』, 예문, 2002

목포대 대학원 박종학 2016년 박사논문, 「지역관광 활성화를 위한 케이블카 사업에 관한 연구」

미타라이 후지오, 장치수 역, 『캐논에서 배워라』, 일본경제신문사, 2002

미하이 칙센트미하이, 이희재 역, 『몰입의 즐거움』, 해냄, 2007

베라 홀라이터, 김진아 역, 『서울의 잠 못 이루는 밤』, 문학세계사, 2009

스티븐 맨스필드, 김정수 역, 『윈스턴 처칠의 러더십』, 청우, 2003

스티븐 코비, 김경섭 역, 『성공하는 사람들의 7가지 습관』, 김영사, 2003

슬라보예 지젝 외, 이운경 역, 『매트릭스로 철학하기』, 한문화멀티미디어, 2003

시오노 나나미, 오정환 역, 『마키아벨리 어록』, 한길사, 1996

시오노 나나미, 한성례 역, 『또 하나의 로마인 이야기』, 부엔리브로, 2007

이수광 지음, 『한강이 말걸다』, 서울특별시, 2014

아우구스티누스, 최민순 역, 『아우구티누스 고백록』, 바오르딸, 2007

아프사니 나하반디, 박홍식 역, 『리더십, 과학인가 예술인가』, 선학사, 2002

알베르트 아인슈타인, 김기선 역, 『아인슈타인의 나의 세계관』, 중심, 2003

앤드루 카네기, 박상은 역, 『성공한 CEO에서 위대한 인간으로』, 21세기북스, 2005

앤드류 로버츠, 이은정 역, 『CEO 히틀러와 처칠 리더십의 비밀』, 휴먼북스, 2003

앤드슨 에릭슨, 『케임브리지 편람』, 2006

앨빈 토플러, 유재천 역, 『제3의 물결』, 학원사, 1992

에드워드 윌슨, 최재천 역, 『통섭』, 사이언스북스, 2005

여명협, 신원봉 역, 『제갈량 평전』, 지훈, 2007

오런 해러리, 안진환 역, 『콜린 파월의 행동하는 리더십』, 교보문고, 2004

워렌 베니스 외, 『워렌 베니스의 리더와 리더십』, 황금부엉이, 2005

워렌 베니스 외, 최종옥 역, 『퓨처 리더십』, 생각의나무, 2002

워렌 베니스, 김원석 역, 『워렌 베니스의 리더십 기술』, 좋은책 만들기, 2003

자넷 로우, 김광수 역, 『나는 CNN으로 세계를 움직인다』, 크림슨, 2004

자넷 로우, 신리나 역, 『신화가 된 여자 오프라 윈프리』, 청년정신, 2002

잭 웰치, 김주현 역, 『잭 웰치-끝없는 도전과 용기』, 청림, 2001

제인 넬슨, 조형숙 역, 『넘치게 사랑하고 부족하게 키워라』, 프리미엄북스, 2001

제임스 노엘 외, 한근태 역, 『리더십 파이프라인』, 미래의 창, 2008

제임스 C. 헌터, 김광수 역, 『서번트 리더십』, 시대의 창, 2004

제임스 C. 흄스, 이채진 역, 『링컨처럼 서서 처칠처럼 말하라』, 시아, 2003

제임스 M. 쿠제스 외, 김원석·함규진 역, 『리더십 챌린지』, 물푸레, 2004

제임스 M. 쿠제스 외, 송경근 역, 『리더십 불변의 법칙 5』, 한언, 1998

조나단 B. 와이트 지음, 안진환 역, 『애덤 스미스 구하기』, 생각의나무, 2003

조정원, 『대학이 미래의 펀드다』, 룩스문디, 2008

조지 베일런트, 이덕남 역, 『행복의 조건』, 프런티어, 2009

존 나이스비트 외, 김홍기 역, 『메가트랜드』, 한국경제신문사, 2009

존 로크, 박혜원 역, 『교육론』, 비봉, 2014

존 맥스웰, 강준민 역, 『리더십의 법칙』, 비전과 리더십, 2003

존 클레먼스 외, 이용일 역, 『위대한 리더십』, 현대미디어, 2000

존 탬플턴, 남문희 역, 『열정』, 거름, 2002

중국사학회, 강영매 역, 『초각박안경기』, 범우사, 2007

증선지, 『십팔사략』, 동서문화사, 2009

지그 지글러, 성공가이드센터 역, 『정상에서 만납시다』, 산수야, 2005

찰스 C. 맨즈, 이종인 역, 『예수의 비즈니스 리더십』, 해냄, 2000

크리스토퍼 핫지키슨, 안성호 역, 『리더십 철학』, 대양문화사, 1990

클라우제비츠, 권영길 역, 『전쟁론』, 하서, 1973

키스 소여, 이호준 역, 『그룹 지니어스』, 북섬, 2008

데이비드 레이놀즈, 이종인 역, 『정상회담』, 책과 함께, 2009

토마스 G. 크레인, 김환영 역, 『코칭의 핵심』, 예토, 2008

톨스토이, 유명우 역, 『톨스토이 인생론-인생을 어떻게 살 것인가』, 아이템북스, 2010

톰 모리스, 성시중 역, 『성공하려면 하고 싶은 대로 해라』, 한국언론자료간행회, 1995

프란스 요한스, 김종식 역, 『메디치 효과』, 세종서적, 2005

프랭크 퓨레디, 정병선 역, 『그 많던 지식인은 다 어디로 갔는가』, 청어람미디어, 2005

피터 클라인 외, 황태호 역, 『살아있는 조직 만들기』, 초당, 1996

피터 센게 외, 박광량 역, 『학습조직의 5가지 수련』, 21세기북스, 1996

피터 콜리어 외, 함규진 역, 『록펠러가의 사람들』, 씨앗을 뿌리는 사람들, 2004

한비자, 신동준 역, 『한비자』, 학오재, 2015

허브 코헨, 강문희 역, 『협상의 법칙』, 청년정신, 2004

호사카 유지, 『조선 선비와 일본 사무라이』, 김영사, 2007

황견, 장세후 역, 『고문진보』, 을유문화사, 2007

국내 주요 일간 신문

외국문헌

Bass, B. M., "Leadership and Performance Beyond Expectations", New York, Free press, 1985

Bass, B. M., "Bass and Stogdill's Handbook of Leadership", New York, Free Press, 1990

Bass, B. M., "Multifactor Leadership Questionnaire Form-5 Revised", New York, State University of New York, 1998

Berman, F. E. and Miner, J. B., "Motivation to Manage at the Top Executive Level: A Test of the Hierarchic Role-Motivation Theory", Personnel Psychology, vol.38, 1985

Bryman, A., Stephens, M. and Compo, C., "The Impotence of Context: Qualitative Research and The Study of Leadership", Leadership Quarterly, vol.7, 1996

Burns, J. M., "Leadership", New York, Harper & Row, 1978

House, R. J., "A 1976 Theory of Charismatic Leadership", South Illinois University Press, 1977

Kochan, T. A., Schmidt, S. M. & DeCotiis, T. A., "Superior-Subordinate Relations: Leadership and Headship", Human Relations, 1975

Misumi, J. and Peterson, M., "The Performance-Maintenance(PM) Theory of Leadership: Review of a Japanese Research Program", Administrative Science Quarterly, Vol.30, 1985

Peters, T. J. and Waterman, R. H. Jr., "In Search of Excellence", New York, Warner Books, 1982

Yukl, G. A., Leadership in Organization, Englewood Cliffs, Prentice-Hall, 1981

Philip R. Popple and Leslie Leighninger, Social Work, Social Welfare, and American Society(Boston: Allyn and Bacon, 2002

국가大개조

국부론

뉴스와 콩글리시

김우룡 지음 | 값 20,000원

이 책 『뉴스와 콩글리시』는 TV 뉴스와 신문으로 대표되는 저널리즘 속 콩글리시들의 뜻과 어원에 대해 탐색하고 해당 콩글리시에 대응되는 영어 표현을 찾아내는 한편 해당 영어 표현의 사용례를 다양하게 제시하기도 한다. 이러한 과정 속에서 독자들은 해당 영어 단어가 가진 배경과 역사, 문화 등 다양한 인문학적 지식을 알 수 있게 된다. 또한 많은 분들의 창의적이면서도 올바른 글로벌 영어 습관 기르기에 도움을 줄 수 있을 것이다.

장누수가 당신을 망친다

후지타고이치로 지음/ 임순모 옮김 | 값 17,000원

책 『腸(장) 누수가 당신을 망친다』에서는 생소한 용어인 장 누수에 관해 소개하고 장 누수로부터 일어나는 각종 문제를 설명하고 있다. 다년간 도쿄대 의대 교수로 재직했던 저자가 스스로 만들어 낸 장 건강을 회복하는 레시피를 담고 있어 자극적인 식습관과 음주로 인해 여러 합병증을 겪는 현대인들에게 새로운 식생활 및 습관을 실천하는 데 지침을 줄 것이다.

땅가진 거지 부자만들기

전재천, 박현선 지음 | 값 25,000원

이 책 『땅 가진 거지 부자 만들기 Ⅱ』는 이렇게 '땅 가진 거지'가 되지 않도록 부동산 투자에 꼭 필요한 지식을 설명해 주는 동시에 아무 쓸모없다고 생각하는 땅도 발상의 전환에 따라 '금싸라기 땅'이 될 수 있다는 것을 보여주는 책이다. 특히 이 책이 강조하는 건 토지 매입과 개발의 기본 방향, 주택시장의 변화와 흐름, 땅의 종류와 관련 법령에 따른 개발 여부, 개발 불가능으로 여겨진 '버려진 땅'을 철저히 분석하여 '금싸라기 땅'으로 만드는 방법 등의 실질적인 부동산 투자 관련 지식이다.

아파도 괜찮아

진정주 지음 | 값 15,000원

이 책 『아파도 괜찮아』는 한의학의 한 갈래이지만 우리에게는 낯선 '고방'의 '음양허실' 이론과 서양의학의 호르몬 이론, 심리학적인 스트레스 관리 등을 통해 기존의 의학 및 한의학으로 쉽게 치료하기 어려운 '일상적인 고통'을 치료하는 방법을 제시한다. 또한 이론을 앞세우기보다는 저자의 처방을 통해 실제로 오랫동안 고통 받았던 증상에서 치유된 사람들의 이야기를 먼저 전달하며 독자의 흥미를 돋운다.

역전한 인생 여전한 인생

구건서 지음 | 값 15,000원

이 책 『역전한 인생 VS 여전한 인생』은 '인생의 내비게이션'이라는 개념을 통해 누구나 자신의 인생 설계도를 만들어 나갈 수 있도록 돕는다. 또한 고민하는 독자들을 위해 구건서 저자는 꿈·관계·도전·재능·행동·기본·준비·열정이라는 8가지 핵심 키워드를 제시한다. 이 핵심 키워드들은 어렸을 때부터 가난의 고통으로 하루하루를 보냈고 수많은 역경을 겪으면서도 법률전문가이자 법학박사로서 '인생 역전'에 성공한 저자의 경험을 그대로 녹여 낸 핵심 자료라고 할 수 있다.

대학생 진로와 마주하다

이원희 지음 | 값 15,000원

『대학생, 진로와 마주하다』는 방황하고 있는 청춘들에게 진정한 '진로'와 '꿈'을 심어주기 위한 책이다. 현재 대학에서 진로 지도교수로 재직 중인 저자가 집필한 만큼 학생들이 공통적으로 갖고 있는 고민거리에 대해 따뜻하게 조언하고 격려해 주는 '인생 선배'를 만날 수 있으며, 내 삶을 주인공으로 살기 위해 어떤 방향으로 나아가야 하는지 도움을 준다.

영웅

지방근 지음 | 값 25,000원

조직이 살아남기 위해서는 뛰어난 리더십을 갖춘 리더가 필요하다. 어떤 조직
에서든 한 개인이 리더가 되기 위해서 거쳐야 할 수련의 과정이 있고 갖춰야
할 품위와 교양이 있는 것이 사실이다. 이 책 『영웅』을 통해 독자들은 조직원
들에게 편안하게 다가가면서도 꼼꼼하게 범사를 챙기고 화합시키는 진정한 영
웅. 조직의 힘을 극대화해 개인과 기업과 사회가 모두 행복할 수 있도록 만드
는 리더의 품위와 교양을 접하고, 또한 실천할 수 있을 것이다.

열화일기(뜨거운 꽃의 일기)

김은형 지음 | 값 15,000원

이 책 『열화일기 – 뜨거운 꽃의 일기』는 격동의 1980년대 초, 갓 성인이 되어
여대생으로서 세상에 발을 내딛은 저자의 꿈과 포부, 고뇌, 그리고 짧지만 뜨거
웠던 첫사랑의 이야기가 담긴 책이다. 누구나 한 번은 누리지만 두 번은 누리
지 못하는 청춘, 그렇기에 이 책은 뜨거운 청춘을 경험해본 독자들에게는 다시
금 영혼을 울리는 경험을, 지금 청춘을 누리고 있는 독자들에게는 청춘의 의미
에 대해 되돌아보게 하는 기회를 선사할 것이다.

간추린 사서

이영수 지음 | 값 28,000원

이 책 『간추린 사서』는 사서의 방대한 내용 중 핵심만을 뽑아 이해하기 쉽게
풀어냈으니, 깨달음이 있으면서도 손쉽게 가르침을 얻고자 하는 현대인들의
필연적 욕구에 고전의 발걸음을 다소나마 맞춰가려는 노력이 반영되어 있다.
이러한 현대적 발돋움을 통해 공자 사후 2500년 전부터 누적되어 온 동아시
아의 집단 기억과, 인간관계와 그 외적 표현인 예법을 이 한 권의 책을 통해 구
석구석 느껴볼 수 있을 것이다.

지방기자의 종군기

윤오병 지음 | 값 25,000원

6.25전쟁 때 소년병으로 종군한 이후 취재기자에서부터 편집국장까지, 기자 정신으로 평생을 살아 온 윤오병 저자는 이 책 『지방기자의 종군기』를 통해 기자로서 취재해 온 한국 현대사의 굵직한 편린들을 풀어낸다.

이 책은 당시 시대를 경험한 세대에게는 대한민국에 대한 자부심과 보람을, 당시 시대를 알지 못하는 세대에게는 우리가 지금 누리고 있는 평화와 행복 이 많은 사람들의 땀과 노력으로 이루어진 것이라는 걸 알게 해줄 것이다.

아내가 생머리를 잘랐습니다

유동효 지음 | 값 15,000원

시집 『아내가 생머리를 잘랐습니다』는 시련을 통해 가족이 성숙해 가는 과정 을 담고 있다. 암에 걸린 간호사 아내와 남편, 아이들로 이루어진 가족이 함 께 시련을 극복해가는 모습이 오롯이 녹아 있는 것이다.

미약한 일개 인간의 힘으로 넘어설 수 없는 암이라는 시련을 넘어서는 가족 의 힘은 동시에 노력과 자기 단련의 시간이 있어야 가정이라는 사랑의 공동 체를 유지할 수 있다는 진리를 역설한다.

기자형제 신문 밖으로 떠나다

나인문, 나재필 지음 | 값 20,000원

삶을 흔히 여행에 비유하곤 한다. 우여곡절 많은 인생사와 여행길이 꼭 닮아 있기 때문이다. 기자로서 시작하여 나름의 지위까지 올라간 형제는, 돌연 감 투를 벗어 던지고 방방곡곡을 누빈다. 충청도부터 경상도까지, 사기리부터 부 수리까지. 우리나라에 이런 곳도 있었나 싶을 정도로 다양한 지명들이 펼쳐진 다. 문득 여행을 떠나고 싶은 이들, 그동안 쌓아온 것을 잠시 내려두고 휴식 을 취하고 싶은 분, 자연으로의 일탈을 꿈꾸는 분들에게 추천한다.

맛있는 삶의 사찰기행

이경서 지음 | 값 20,000원

이 책은 저자가 불교에 대한 지식을 배우길 원하여 108사찰 순례를 계획한 뒤 실행에 옮긴 결과물이다. 전국의 명찰들을 돌면서 각 절에 대한 자세한 소개와 더불어 중간중간 불교의 교리나 교훈 등도 자연스럽게 소개하고 있다. 절마다 얽힌 사연도 재미있을 뿐 아니라 초보자에게 생소한 불교 용어들도 꼼꼼히 설명되어 있어 불교를 아는 사람, 모르는 사람 모두에게 쉽게 읽힌다. 또한 색색의 아름다운 사진들은 이미 그 장소에 가 있는 것만 같은 즐거움을 줄 것이다.

스마트폰 100배 활용하기

박대영, 양지웅, 박철우, 박서윤 지음 | 값 25,000원

이 책 『스마트폰 100배 활용하기』는 '4차 산업혁명의 첨병'인 스마트폰을 단시간 내에 이해하여 실생활에서 가장 효과적으로 다룰 수 있도록 스마트폰의 기본적인 기능, 사용 방법과 함께 실제 많이 사용되는 스마트폰 앱(App)의 종류와 앱의 사용 방법을 소개하고 있다. 특히 실질적으로 스마트폰이 필요한 분야별로 내용을 나누어 유용한 앱들을 풍부한 사진과 함께 소개함으로써 입문자들의 활용서로도 큰 도움이 될 것이다.

남북의 황금비율을 찾아서(개정판)

남오연 지음 | 값 15,000원

책 『남북의 황금비율을 찾아서 개정증보판』은 2015년에 출간된 남오연 저자의 『남북의 황금비율을 찾아서』의 개정판으로 통일이란 쟁점을 화폐경제의 관점에서 접근하고 연구한 책이다. 다양한 관련 경제학 논문의 분석과 저자의 견해를 통해 한반도 내에서만이라도 남북한 화폐를 통합하고 이를 통해 남북한 내 새로운 일자리 창출과 실질적 경제통합의 물꼬를 틀 수 있는 방안을 제시하고 있다.

펭귄 날다 - 미투에서 평등까지

송문희 지음 | 값 15,000원

전 세계를 휩쓸고 있는 미투 운동. 이제 우리나라도 예외가 아니다. 하루가
멀다 하고 밝혀지는 성추문과 스캔들. 그동안 묵인되어 왔던 성차별이 속속들
이 온오프라인을 뒤덮으며 '여성들의 목소리'가 마침내 수면 위로 떠올랐다.
이 책을 통해 저자는 사회 곳곳에 만연했지만 우리가 애써 무시하던 문제를
속속들이 파헤친다. 그리고 미투 운동이 나아가야 할 방향을 제시하며 미투
운동에 긍정의 지지를 보낸다.

죽기 전에 내 책 쓰기

김도운 지음 | 값 15,000원

언론인 출신의 저자는 수도 없이 많은 글을 쓰던 중 자신의 책을 발행하고
싶다는 생각을 갖고 2008년 어렵사리 첫 책을 낸 후 지금까지 꽤 여러 권의 책
을 발행했다. 그러다보니 자연스럽게 축적된 노하우를 대중에게 공유해야겠다
는 생각으로 이 책을 집필했다. 이 책 속 실용적인 노하우를 통해 독자들은 책
을 써야 하는 이유, 자료를 수집하는 방법, 자료를 정리하는 방법, 집필하는 방
법, 출판사와 계약하는 방법, 마케팅하는 방법 등을 알 수 있을 것이다.

사장이 직접 알려주는 영업마케팅

이남헌 지음 | 값 20,000원

이 책 『사장이 직접 알려주는 영업마케팅』은 현직 사장인 저자가 직접 몸으로
체득한 '성공 습관'을 기술한 책이다. 시간관리와 목표설정, 비전의 성취에 이
르기까지 직장인이 배우고 익혀야 할 회사생활의 기본과 더불어, 저자가 오랫
동안 몸담아 온 영업마케팅 분야에 관해 보다 자세한 철학과 가이드를 제시
한다. 사회초년생부터 중견관리자까지 유용한 정보들을 얻을 수 있는 '직장생
활 필독서'라 할 만하다.

하루 5분 나를 바꾸는 긍정훈련

행복에너지

**'긍정훈련' 당신의 삶을
행복으로 인도할
최고의, 최후의 '멘토'**

'행복에너지
권선복 대표이사'가 전하는
행복과 긍정의 에너지,
그 삶의 이야기!

인터파크
자기계발 분야 주간
베스트 1위

권선복 지음 | 15,000원

권선복

도서출판 행복에너지 대표
지에스데이타(주) 대표이사
대통령직속 지역발전위원회
문화복지 전문위원
새마을문고 서울시 강서구 회장
전) 팔팔컴퓨터 전산학원장
전) 강서구의회(도시건설위원장)
아주대학교 공공정책대학원 졸업
충남 논산 출생

책 『하루 5분, 나를 바꾸는 긍정훈련 - 행복에너지』는 '긍정훈련' 과정을 통해 삶을 업그레이드하고 행복을 찾아 나설 것을 독자에게 독려한다.
긍정훈련 과정은 [예행연습] [워밍업] [실전] [강화] [숨고르기] [마무리] 등 총 6단계로 나뉘어 각 단계별 사례를 바탕으로 독자 스스로가 느끼고 배운 것을 직접 실천할 수 있게 하는 데 그 목적을 두고 있다.
그동안 우리가 숱하게 '긍정하는 방법'에 대해 배워왔으면서도 정작 삶에 적용시키지 못했던 것은, 머리로만 이해하고 실천으로는 옮기지 않았기 때문이다. 이제 삶을 행복하고 아름답게 가꿀 긍정과의 여정, 그 시작을 책과 함께해 보자.